U0632883

文化·宗教·民俗

首届中国佤族文化学术研讨会论文集

主　编　杜　巍

副主编　白应华

云南大学出版社

图书在版编目（CIP）数据

文化·宗教·民俗：首届中国佤族文化学术研讨会论
文集/杜巍主编. —昆明：云南大学出版社，2008
ISBN 978-7-81112-495-8

Ⅰ. 文... Ⅱ. 杜... Ⅲ. 佤族–民族文化–中国–文集
Ⅳ. K285.5-53

中国版本图书馆 CIP 数据核字（2008）第 007168 号

首届中国佤族文化学术研讨会论文集

文化·宗教·民俗

杜巍 主编
■思茅师范高等专科学校学思文库

主　　编：杜　巍
副 主 编：白应华
策划编辑：邓立木
责任编辑：龙宝珍
装帧设计：刘　雨

出版发行：云南大学出版社
印　　装：昆明市五华区教育委员会印刷厂
开　　本：787mm×1092mm　1/16
印　　张：23
字　　数：433 千
版　　次：2008 年 4 月第 1 版
印　　次：2008 年 4 月第 1 次印刷
书　　号：ISBN 978-7-81112-495-8
定　　价：50.00 元

地址：云南省昆明一二·一大街云南大学英华园（邮编：650091）
发行电话：（0871）5033244　5031071
网址：http://www.ynup.com　E-mail:market @ ynup.com

《思茅师范高等专科学校学思文库》总序

杜　巍

古人云："学而不思则罔，思而不学则殆。""博学之，慎思之。"说的是在治学穷理中，"学"与"思"相辅相成，二者不可偏废的道理。"学"一般指了解事实、获得相关的知识，"思"则是从事实和知识中获得全面深刻的道理。"学"是"学其事"，"思"是探究其"所以然"。"学"是"思"的前提和基础，"思"是"学"的必然要求和深化。学有所思，思有所学，才会有收获、有所得、有所用。大凡有创新、有价值、有影响的学术成果，无一不是研究者经过由"学其事"到"穷其理"的过程，是"学"与"思"的成果。我校的学术丛书名之曰"学思文库"，就蕴涵此义。也许，我们很难完全做到这一点，但这是我们努力的方向和矢志不渝追求的目标。我们希望通过"学思文库"的出版，倡导严谨求实的良好学风。

近年来，学校确立"质量立校、科研强校"的发展思路，通过加大科研经费投入和资助力度，确定科研重点和主攻方向，整合资源，打造学术团队等一系列措施，为教师从事学术研究搭建了良好的平台。"学思文库"为我校教师展示学术才华、推出学术成果提供了园地。我们有理由相信，"学思文库"丛书的编辑出版，对推动学校科研工作的发展，提升教师队伍的实力，扩大学校的影响和知名度，将会起到积极的促进作用。

"学思文库"遵循"百花齐放、百家争鸣"的方针，倡导学术文化的原创性和多样性，我们想要展现给读者的，是那些能彰显学术研究的个性和理性的见解和理论。凡我校教师的学术成果，只要体现出严谨的学风，科学的态度，观点新颖，材料翔实，逻辑严谨，论证有力，有较高的学术价值，无论是哲学、社会科学还是自然科学，无论是个人的还是团队的研究成果、专著、论文，均在文库所收之列。

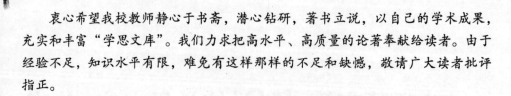

衷心希望我校教师静心于书斋，潜心钻研，著书立说，以自己的学术成果，充实和丰富"学思文库"。我们力求把高水平、高质量的论著奉献给读者。由于经验不足，知识水平有限，难免有这样那样的不足和缺憾，敬请广大读者批评指正。

佤族文化：民族文化中的一朵奇葩

——"首届中国佤族文化学术研讨会"开幕词（代序）

思茅师范高等专科学校校长　杜　巍

尊敬的各位领导、各位学者、朋友们：

　　大家好！

　　由思茅师范高等专科学校和西盟佤族自治县人民政府共同举办的"首届中国佤族文化学术研讨会"今天开幕了，我谨代表"首届中国佤族文化学术研讨会"组委会，向莅临本届研讨会的各位嘉宾表示热烈的欢迎。

　　本届学术研讨会的举办，得到了学术界的广泛关注与支持，参会的学者分别来自北京、上海、广东、广西、福建、山东、新疆、四川、云南等省、市、自治区，我们还特别邀请了我校的教育合作交流伙伴——泰国清莱皇家大学民族文化研究院院长松巴教授，云南大学西南边疆民族研究中心客座研究员、日本丽泽大学的欠端实教授等知名学者，国家及省内多家新闻媒体的知名记者也应邀参会。

　　本届学术研讨会的主题是神话与宗教民俗。与会的学者，大多是活跃于当今中国民族学界、民俗学界、神话学界、民间文学界的知名教授、学者。研讨会期间，大家将就共同关心的学术问题进行广泛的交流与探讨，以提升佤族文化研究的水平。你们的莅临，将保证此次学术研讨会"高质、多元、突破、创新"目标的实现，你们的学术研究成果，必将对佤族文化的挖掘、传承、保护、弘扬和佤族地区的社会进步、经济发展、文化提升产生积极的推动作用和深远的影响。

　　中国是一个统一的多民族国家，少数民族分布较广，发展层次和水平参差不齐。要创建多民族的和谐社会，对形态各异、特色鲜明的少数民族文化研究尤显急迫和突出。佤族是中国众多少数民族中的一员，佤族文化是多元一体的中华民族文化中的一朵奇葩。佤族又是一个跨境民族，除中国外，还分布在缅甸、泰国、老挝等国家，全球佤族约 100 万人，中国境内有 35 万。佤族是一个历史悠久、文化厚重的民族，是一个始终注重保持自己独特的民族传统文化的民族。佤族文化的内涵和价值来自它的悠远、神秘，与古朴、厚重有关，与独特的历史民俗有关。对佤族文化不仅需要激情的赞美、歌颂，更需要严谨的学术思索、诠释和发现。20世纪上半叶以来，佤族文化就吸引着许多学者的关注和研究。新中国成立以来，已有一些学者对佤族文化进行了调查研究并取得相当成果，但由于历史和地域环境等因素的制约，至今尚未形成佤族文化研究的学者群，因此，佤族文化的研究是相对滞后的，还有着极大的提升空间和全新的研究领域。首届中国佤族文化学术研讨会，是佤族文化、学术史上具有里程碑意义的学术盛会，对今后佤族文化研究将产生广泛而深远的影响。我们希望通过此次学术研讨会，吸引更多的学者关注、研究佤族文化，并通过研讨会搭建的学术交流平台，进一步推动佤族文化研究的深入开展。

进入21世纪以来，各个学科都在对20世纪的学术状况进行回顾和反思，不断探寻新的学术思路和研究方法。在佤族文化研究中，我们要学习、借鉴老一辈学者的研究成果，在此基础上把理论创新作为追求的首要目标。我们相信来自全国各地的学者，会给我们带来新的学术信息、新的学术理念、新的研究方法，必将把佤族文化研究带入新的境界，开创新的研究局面。

思茅师范高等专科学校作为一所边疆民族地区的地方高校，通过举办这样高规格的学术研讨会，搭建学术交流平台，在吸引学术界对佤族文化研究进一步关注的同时，也将有利于我校的学术研究寻找新的视点和方向，发挥区位优势，以民族文化研究为龙头，服务地方社会经济发展；加强教师队伍建设，提升学术水平，形成办学特色。对西盟佤族自治县乃至整个佤族地区来说，要继续谱写挖掘、保护、研究、弘扬佤族优秀民族文化的新篇章，在实现传统文化的现代转型，寻找适合本民族经济文化跨越式发展新途径的历程中，更加坚定民族文化兴县、民族文化强县的认识和信心。

此次佤族文化学术研讨会在思茅师专和西盟佤族自治县两地举行，具有特殊意义。茶城学府思茅师范高等专科学校位于有"中国茶城"之称的普洱市。普洱是滇西南的文化中心，生活着佤、傣、彝、哈尼、拉祜等14个世居少数民族，蕴藏着丰富的民族文化宝藏。西盟佤族自治县是佤族文化的中心区，保存着原始、生态、古朴、厚重的佤族文化样貌，可以让研究者得到真实的体验和感受。我们将为与会学者提供学术考察的对象和场所。即将开始的佤族文化实地考察，会让与会学者亲身感受到佤族浓郁的民族风情和神秘的原始文化魅力。

此次学术研讨会的顺利举行，得到了普洱市委、市政府的指导和支持，我谨代表本届研讨会组委会，对普洱市委、市政府表示衷心的感谢！

我们要特别对倡导、策划本届研讨会的学术总顾问、云南大学教授、著名神话学家李子贤先生表示诚挚的感谢！

谨对新闻界朋友们给予的真诚支持与合作表示真诚的感谢！
谨对为本次研讨会付出辛勤劳动的全体工作人员表示感谢！
祝"首届中国佤族文化学术研讨会"圆满成功！

　　谢谢大家！

目　　录

佤族与东南亚"U"形古文化带

——以神话系统的比较为中心

李子贤

一、佤族文化研究的简略回顾

对佤族的文化人类学研究，大约始于20世纪20～30年代。在20世纪上半叶，既有我国凌纯声教授等佤族研究的先驱，又有西方学者的参与，有的西方学者（如海因·格尔顿、斯科特等）已指出佤族是中南半岛北端重要的古代民族之一，独特地保留了一些重要的文化特征，如猎头、木鼓、岩石崇拜等。凌纯声教授则于1935—1936年赴佤族地区进行田野调查，为对云南佤族与台湾高山族猎头祭做比较研究的第一人（《云南卡佤族与台湾高山族的猎头祭》，1953）。但由于猎头习俗的存在，使这一研究的开展受到一定程度的影响。20世纪50年代以后，随着我国对佤族社会历史调查的展开，一批学者的跟进，佤族文化研究取得了一定的成果。这里应当提及田继周、罗之基、宋恩常、汪宁生、王敬骝、魏德明（尼嘎）等各位学者作出的努力。在此期间，一些西方学者及日本学者（大林太良、鸟越宪三郎等）也对缅甸境内的佤族进行了田野调查和研究，取得了一定的成果（如大林太良的《印度支那北部佤族的人类起源神话》、鸟越宪三郎的《倭族之源》一书中的部分章节等）。

二、佤族文化研究应有多维视点

进入21世纪的今天，应与时俱进，探索新的研究思路，寻找佤族文化研究的多维视点：如独具特色的佤族文化丰富了多元一体的中华民族文化宝库；佤族神话与宗教民俗的深层研究，诸如对《司岗里》、木鼓、人头祭、以牛做牺牲、牛头、牛尾、血、木依吉（天神）等一组组符号系统的深层解读；百濮族系（南亚语系孟高棉语族）文化探幽：佤族文化与布朗、德昂族及克木人文化的比较研究；东南亚"U"形古文化带的两端：我国云南佤族与台湾高山族文化的比较研究；佤族文化——东南亚古型文化的鲜活样品；佤族文化——文化人类学研

1

究的最后一块绿洲；佤族传统文化的现代适应与跨越式发展等。

三、从更大的时空范围审视佤族文化

笔者试图拓展佤族文化研究的时空范围，拟以神话系统的比较为中心，寻觅与神话系统相对应的文化类型，进而对佤族文化在东南亚"U"形古文化带中的地位作尝试性探讨。中外学术界早已提出过"东南亚古文化地区"的概念，它大致包括以下内涵：（1）东南亚古文化特指南岛语系诸族的文化；（2）"东南亚古文化区"之文化特征；（3）其地域范围指属南岛语系的台湾高山族及南洋群岛（菲律宾、印度尼西亚等）诸族。20世纪60年代以后，不少学者将大洋洲的波利尼西亚、美拉尼西亚、密克罗尼西亚诸族乃至非洲东海岸的马达加斯加岛族群亦纳入到东南亚古文化的扩布范围中加以考察，但未将属南亚语系的佤族等纳入其考察视线。

四、包括我国的云南、台湾在内，存在一个东南亚"U"形古文化带

笔者借助于既往的研究成果，在将佤族文化与"东南亚古文化区"以及台湾高山族的文化特质进行系统比照之后，提出一个假说：西端从中国云南的佤族开始，中经中南半岛、印度尼西亚、菲律宾群岛，直至东端的我国台湾高山族，存在着一个"U"形东南亚古文化带。这一文化带的巨石崇拜、木鼓崇拜、猎头习俗、精灵信仰以及旱作文化（粟及块根植物栽培）及其相关的祭仪等文化事象，是这一文化带各族文化的古型。这一古型文化亦可称做亚热带、热带山地旱作文化。它应当早于并存于这一"U"形古文化带中的水田稻作文化。

五、佤族独特的神话系统与云南氐羌、百越族系等的神话系统差异较大，却与"U"形文化带诸族之神话系统相似

佤族神话的主要类型是：天地调整（天地分离）神话，人从石洞出、人从葫芦出、人为蝌蚪（青蛙）所变等人类起源神话；单一型与复合型洪水神话并存，复合型洪水神话中有兄妹开亲，但无兄妹合婚仪式的描述；猎头起源神话，其中猎头起源的神圣叙事又与蝌蚪变人、天地分离、洪水泛滥交叉；文化创制神话，如谷种起源。佤族的神话系统与云南氐羌族系、百越族系、槃瓠族系在叙事内容上虽然有所交叉、兼容，但却有较大差异（如鲜见诸神谱系，少有典型的天地开辟神话，没有与水田稻作文化相关的神圣叙事及神祇、原始性史诗之叙事内容尚不稳定等），却与"U"形文化带诸族的神话系统极为相似。在这一"U"形古文化带各民族中，有与佤族相似的神话系统存在：（1）神话系统与精灵信仰体系重合；（2）特殊的神话母题，诸如天地调整（天地分离或举天神话）；与石崇拜相连属的人从石洞或石生人神话；（3）洪水神话中并存着单一型及复合型，复合型洪水神话中有兄妹配偶的关目，但无合婚仪式的描述；（4）有的洪

2

水神话与猎头起源神话融合；（5）诸神的谱系尚不明显；（6）人类起源神话中已出现"父母配偶"的观念。以上几点，在佤族及高山族神话中表现得十分明显（参阅［俄］李福清《从神话到鬼话——台湾原住民神话故事比较研究》，台北，1998；［台湾］浦忠成，邹族，马巴苏亚·博伊哲努《台湾原住民的口传文学》，台北，1995；李子贤《探寻一个尚未崩溃的神话王国》，昆明，1991；张玉安主编《东方神话传说》第六、七卷，六卷上为"东南亚古代神话传说"，七卷下为"东南亚古代神话传说"，北京：1999；［台湾］尹建中编《台湾山胞各族传统神话故事传说文献编纂研究》，台北，1994；《中国各民族宗教与神话大词典》，北京，1990）。

在这一"U"形古文化带的诸民族中，有几类神话的"U"形分布线值得关注：（1）从东端的高山族开始，天降父母型或天降一独身神型创世神话向南至西呈逐步弱化的趋势，即从密集型分布到逐渐稀少。但西端的佤族中，有"父母配偶"的神圣叙事；（2）天地调整神话（天地分离或举天神话），自东端至西端均有流传，乃至一直延续到滇西怒江大峡谷的傈僳、怒、独龙族中（滇西之神话状况为何如此，待考）；（3）人从洞出神话集中分布于"U"形西端的佤族及东端的高山族中。高山族中的布农、泰雅、雅美族有人从洞出的神话，"U"形古文化带的其他地区多有石头生人神话；（4）在这一"U"形古文化带中，历史上普遍存在猎头习俗，其中佤族与高山族的猎头起源神话最为典型，并多与洪水神话融为一体。

六、佤族聚居区可能就是东南亚"U"形古文化带中各民族的祖地及文化发祥地之一

神话是民族文化系统的表征，从属于民族文化这一大系统。笔者发现，这一"U"形古文化带诸族神话系统的相似，恰好是这一文化带均属东南亚古文化带的折射。（1）根据美国著名学者克娄伯（Kroeder）和我国著名学者凌纯声的研究，东南亚诸族共同存在着50项文化特质。据笔者统计，佤族至少拥有这50项文化特质中的26项，台湾高山族亦拥有这50项文化特质中的相当数量（凌纯声：《中国边疆民族与环太平洋文化》上，第330页，台湾联经出版事业公司，1979）。（2）佤族与高山族分属南亚语系与南岛语系，为何文化同型？美国夏威夷大学的布拉斯特（K. Bluse）教授认为，南亚与南岛语系在太古时是一个语系，发祥地是云南南部、缅甸北部（即佤族聚居地——笔者）。后来从那里迁移往东至台湾等地，往西到印度东部。又据卫聚贤教授的《高山族自华西迁来》一书称：随国民党李弥部从云南经缅甸到台湾的佤族，语言能与高山族语相通。（3）台湾学者刘其伟认为，东南亚是亚洲人种迁徙的岔路口，除了第4世纪的古老人类，近世自亚洲大陆向辽阔的太平洋的每次族群移动，几乎都经过东南亚的海岛群（刘其伟：《台湾原往民文化艺术》，台北，1995）。我国著名学者凌纯声、林惠祥早就指出，历史上我国大陆本土曾多次产生过原始族群向中国大陆以南的南太平洋群岛的迁徙，其中有两条移动路线：第一条，由我国东南沿海向海上诸岛移动；第二条，从我国西南地区中经中南半岛再向太平洋诸岛移动（陈国强：《台湾高山族研究》）。（4）20 世纪末，学术界对东南亚古文化区的发祥地的探讨逐渐明晰。布拉斯特教授明确提出了云南南部及缅甸北部是南亚与南岛语系诸族的祖地（R. Bluse, "*The Ausilnesian Howeland*" Perspechile's 26. 1988；李子贤《东亚文化格局中的云南文化》，载《思想战线》1999 年第 1 期；C. Campbell 著，蔡百铨译、国立编译馆出版《大洋洲史》. 台北 . 1994）。

七、佤族与高山族存在许多共同文化要素，属同一文化型

东南亚"U"形古文化带东西两端的高山族与佤族属同一文化型。凌纯声发表于 1953 年的《云南卡龙族与台湾高山族的猎首祭》一文中，在比较了二者的猎头习俗后，首先得出如下结论：佤族与高山族可说一在天之涯，一在地之角，但二者属于同一文化型（Culeure Type）。"此一文化特质的分布，中国而外，广及整个东南亚，在今中南半岛、印度尼西亚、美拉尼西亚诸岛多有之。"根据学术界之研究成果及笔者之梳理、补充，佤族与高山族有如下共同文化要素：（1）木鼓。佤族至今尚存。据三国时吴人沈莹所著《临海水土志》记载，夷州（台湾）有木鼓，"呼民人为弥麟，如有所召，取大空材十余丈，以著中庭，又以大杵旁椿之，闻四五里如鼓。民人闻之，皆往驰赴会"。今日台湾高山族是否还有木鼓，待考。（2）干栏式建筑。（3）猎头习俗。（4）巨石崇拜。台湾的排湾人、泰雅人仍保留巨石崇拜。佤族至今也有石崇拜遗留（见佤族学者赵明生《佤族的石崇拜》，载《思想战线》1999 年第 4 期）。（5）"犬祭"或狗崇拜。台湾土著与古闽越人一样，"父母死亡，杀犬祭之"，而"云南的野卡，造成新的木鼓必以狗祭"。"俟木鼓告成送入草亭，寨长杀黄狗与鸡各一，狗头放在鼓上再以鸡血洒之，狗肉由寨长家亲戚分食之，乃算礼成，主人各赠亲友以牛肉而散"（凌纯声：《古代闽越人与台湾土著族》；又见赵明生《佤族的狗崇拜》，载《民族艺术研究》2004 年第 1 期）。（6）刀耕火种之旱作文化及农耕祭仪以及传统农作物皆为粟、甘薯等块根植物。（7）人形、动物形木雕。（8）精灵崇拜。

八、佤族文化中有许多未解之谜

佤族历史悠久，文化积淀深厚。作为东南亚"U"形地带诸族文化之古型的佤族传统文化为何历久不衰，能一直传承至今？至今居住在中国和缅甸的佤族，聚居区不大，人口不过百万，为何一直保留了东南亚古型文化的基本特征，成为

东南亚古型文化之鲜活样品？在东南亚"U"形古文化带两端的佤族和高山族为何文化同型，有着许多重要的共同文化特质？佤族历史上乃至今日皆为旱作文化，为何居室为水田稻作民族传统之干栏式建筑？为何佤族成了日本学者探寻其族源之"文化寻根"之地（鸟越宪三郎：《倭族之源——云南》）？云南晋宁石寨山古墓群出土的编号为 M1 和 M20：1 的两个贮贝器上绘制的人头祭祀、牛头、铜鼓、葫芦笙、祈丰年仪式等，与佤族历史上的生活习俗相似之处甚多，那么，古代濮人（南亚语系孟高棉语族）与古滇国究竟有何联系？中国云南在东南亚"U"形古文化带中处于何种特殊地位？以上种种，足以说明佤族文化有许多未解之谜，而这些，均可能成为极富挑战性与学术价值的研究课题。

可以肯定地说，别具一格、个性鲜明的佤族文化，不仅丰富了多元一体的中华民族文化，而且与东南亚古型文化又有着如此密切联系，甚至可将佤族文化视为东南亚古型文化的鲜活样品。这极具学术价值，又宛如谜一般的佤族文化，应当引起学术界高度关注，当激励有志于佤族文化研究的学者不断提升佤族研究的层次和水平，拓展学术视野，追求理论创新，力争取得突破性的研究成绩。

（作者单位：云南大学）

5

古典神话与活形态神话之比较

——从古典神话论佤族现代活形态神话

杜 巍

世界上所有民族都经历了神话时代，神话是每个民族由野蛮走向文明的必由阶段，通过人类无边的想象力和创造力为人类的生活构筑出合理存在的依据，人类的文明社会由此开始。随着人类社会的进步，神话渐渐离我们远去，但其影响却一直深植于我们的文化当中。由于社会和历史发展的不平衡性，在文明发达的西方世界和亚洲大部分地区，神话已成为历史，但作为少数文明后进的地区和民族，他们正生活在神话时代，因此，学者们将其称为现代神话或活形态神话，中国云南少数民族佤族是典型的活形态神话代表。所以，我们试将神话最典型、最完整、最成熟的古典神话与佤族活形态神话进行比较，以期探寻不同地域、不同发展阶段人类神话的共性和差异性，寻找不同区域和民族在神话创造过程及生活中的真实状态。

一、古典神话和活形态神话

古典神话以古希腊神话、古罗马神话、古印度神话、中国古代神话等为典型代表。其特征是，它们几乎完美地、合理地阐述了早期人类对世界的认识和人类自身存在的合理依据。对自然界的变化和人们的感情世界、生老病死等现象用虚幻、艺术的手法加以诠释，反映了人们对自然的崇敬和对美好生活的憧憬，是神话所能达到的最高境界。古典神话世界里，有一套系统、完整、职责分明的神的世界，他们创造了人类社会，又服务于人类社会，使人们的生活丰富多彩而又有秩序、有节制。古希腊、古罗马神话庞大复杂的神界系统，是迄今为止我们所能看到的极限，如古希腊神话中的众神之王宙斯、海神波塞冬、智慧女神雅典娜，古罗马神话中的太阳神阿波罗、美神维纳斯、爱神丘比特等在西方现代社会中依然放射着光彩。印度神话在亚洲具有典型代表性，其神话中的众神以宗教形式影响了整个亚洲。古典神话对人类文明进程产生了巨大的影响，并且在当今现代文化中依然占有重要地位，已成为人类文化历史的一部分，是现代科学、文学、艺术的直接源泉。

活形态神话，即活着的神话。处于活形态神话之民族，不仅在发明神话，而且在体验神话。中国云南的佤族，在20世纪50年代，还处于原始社会向阶级社会过渡阶段，即人类学中所称的蒙昧时代，其文化属于"神话宗教型"，"以神话、占卜和梦兆来解释世界"。[1]佤族的神话史诗《司岗里》既是他们的历史，也是他们日常生活的行为准则之一。其神话中的神依然主宰着人们的生活，如众神之王"莫伟"（木依吉），是佤族重大庆典、宗教祭祀等活动中的主角。因此，神话依然主宰着人们的生活。活形态神话的特点是神话和宗教混为一体，没有成为真正意义上的神话。人们的日常生活没有脱离神话世界，神话这一创造过程还没有停止。著名英国人类学家爱德华·泰勒精辟描述了这种活形态神话："这些民族如实地表现出神话发展阶段所属的思维状态，在他们古老的神话里，依然保持着神话传说事理的意识，保持着创造新神话的天真朴实的习惯。蒙昧民族不知存在多少世纪，他们过去是，现在仍然是生活在人类神话创造的思维阶段。"[2]

二、古典神话与佤族活形态神话的共性

神话是人们口头传承的原始文化结晶，是人类最伟大的天赋——想象力开出的最绚丽的花朵，马克思说神话是用"想象和借助想象以征服自然力，把自然加以形象化"。[3]根据马克思关于人类社会发展的自然规律，世界上的任何民族，都应当经历"神话"这一特殊历史过程，人类学家也承认这是一条永恒的规律，那么从时差上相距数千年的两种不同类型神话有无共性呢？答案应是肯定的。古典神话与活形态神话在人类童年时期幼稚的对世界万象进行终极式解释时有着惊人的一致。

首先，对世界的诞生和生命的起源是大体相同的。世界诞生于混沌，在古希腊神话里地母盖亚从混沌而生，然后盖亚又生了天以及群山和海洋。中国的混沌和盘古，是中国神话中的创世神，盘古开天辟地，力竭而死，死后，头变成了群山，眼睛和头发变成了太阳、星星和月亮，眼泪变成了江河、海洋，声音变成了雷鸣、闪电，他的呼吸变成了风，皮肤和神经变成了肥沃的土地和丰富的矿产。在古印度神话里，也提到巨人普鲁沙的牺牲和被肢解，而生命的诞生也是由神身上的一部分创造的。古希腊神话中，普罗米修斯的儿子丢卡利翁和妻子皮拉用地母的骨头（石头）从他们肩头上扔出去，从丢卡利翁的肩头扔出的石头变成了男人，从皮拉肩头扔出去的石头就变成了女人。从古典神话中，我们看到大致的故事梗概，神创造了男人和女人，人类由此诞生，从古埃及、古希腊、古印度、古中国到大洋彼岸的美洲，几乎是一个模式。

佤族活形态神话中，我们同样看到了类似的创世说和人类的诞生过程。佤族神话中"木依吉"创造了天和太阳、月亮、星星，"伦"创造了大地、山川，巨人达能创造了人，人从石洞里出来，这与古希腊神话中用地母的骨头（石头）创造人的故事十分相似。

其次，动物在神话中的作用在两类神话中是相同的，并且对神话中动物的挑选也基本相同。在神话中，动物占有重要的一席之地。不同时间段的神话，对某些动物的情有独钟是一致的。在神话时代，"人可以变成动物，动物也可以变成人，他们互相学习，一起建立了地球上一系列的生活模式。"[4]我们这里举两种动物来加以说明。牛，几乎普遍存在于每一个民族的神话里，牛凶猛而又慈祥，公牛是力量的化身，母牛是母亲女神，牛综合了神话的两个基本主题：繁殖力和破坏性，因此，牛在神话里备受青睐。在古典神话中，牛是必不可少的角色。如中国古代神话中神农就长着牛头。佤族神话中，牛更是明星，她是人类的母亲和救星，是今天佤族崇拜的图腾，传说人就是由人类始祖达惹嘎和母牛交配而产生的。因此，牛被佤族视为圣物。另一个动物明星是蛇，"在许多不同民族的神话中，蛇是一个很有共性的主题。蛇的必不可少源自其神奇的超生存能力，因为蛇通常不仅仅拥有绞噬或毒杀其他生命的能力，而且还有蜕皮（死去）重生的奇异本领。"[5]印度神话中，蛇帮助众神创造了世界；在中国，龙其实就是蛇的化身，女娲就是人身蛇尾的女神，[6]佤族神话中，蛇是凶恶的动物，但是人和动物的能量是从蛇口中吐出的。"大蛇张开嘴卟卟卟地吐出一摊东西，老佛祖就把所有的动物叫来，把大蛇吐出来的东西分给他们，人分得了指甲、牛分得了蹄子和角，虎豹分得了爪子，螃蟹分得了夹子……"[7]这是人类把对蛇的看法通过神话体现出来。

第三，滔天洪水和宇宙山是神话的永恒主题。古典神话中，洪水的灾难是必不可少的，这与早期人类居住在江河湖畔有关，可是生活在高山的山地民族佤族，依然将洪水作为神话的主题之一。希伯来的方舟传说是最具代表性的。洪水之灾必然要有船和山以躲避洪水，古典神话中希腊的奥林匹斯山，印度的墨麓山，中国的昆仑山，就是宇宙山。佤族神话里依然有洪水故事，洪水将一切淹没，只有人类始祖达惹嘎和一条小母牛乘坐猪食槽而得以生存下来。另一传说洪水之中，只有公明山（佤族神话中的宇宙山，今缅甸境内）还露出一点山头，正是这山头拯救了人类。

其实，我们从佤族神话中，看到活形态神话与古典神话有着许多相似的内容，这也是神话发展的规律性所致，说明人类社会进程不论先后次序如何，人们对自然和自我的认识应是共同的。

三、古典神话与佤族活形态神话的差异

神话有其自身的发展规律，遵循着由简到繁，由零散到系统，由"野蛮"到"文明"的大致方向，但其发展却是多种多样、千姿百态的，因而展现出丰富多彩、不拘一格的神话世界，不同的民族发展历程和不同的区域环境下，神话的发展呈现出极大的不平衡性和差异性。在神话已成为遥远的历史范畴的今天，居住在中国西南崇山峻岭中的佤族，仍然生活在神话世界里，因此，我们看到了古典神话与活形态神话的巨大反差。

时序上的差异是两种不同类型神话的最大差别。经历了古典神话时代的希腊、罗马、印度、中国，早在3 000年前就已步入文明时代，神话已升华为一种精神文化和历史遗产。而处在"人类童年"中的佤族，仍在创造、传唱着"童年"的歌谣——神话。神话是他们生活中必不可少的一部分，他们生活中的精神世界、物质形态都离不开神话中的众神指导，神话就是现实，神话就是生活。"如果按现代'神'的概念理解佤族神话，那我们将说佤族没有'神话'"。[8]从这个意义上说，佤族确实没有神话，因为他们正在编写着这部目前还未结束的神话故事。时序上的巨大差距，使我们在今天还能看到人类原初文明、人类创造神话的真实过程，其学术价值是不言而喻的。

神话内容上的差异性是两种不同类型神话的根本区别。古典神话诞生于海洋、河流、冲积平原。神话反映出了早期人类和自然抗争的顽强意志和英雄业绩，具有自由、激昂、开放的特点。内容丰富，规模宏大，如荷马史诗《伊利亚特》和《奥德赛》有27万多行，有专门的神谱，把有关各种神话传说进行分类排列，形成了"俄林波斯神系"。古典神话体系结构完整，有很强的社会性和艺术性。因此，神话很快将人们带入了文明的殿堂。古典神话中，神的社会组织完备，等级分明，职责明确，为现实社会构筑了理想模式。"宙斯、丘比特、奥丁、托尔和因陀罗等神都是众神之王，战争中群神的领袖。他们维护良好秩序和财产安全的成功经验成了他们在世上的对应者们效仿的对象。"[9]古典神话的内容不仅仅只停留在对人类自身过去的回忆上，而且描绘了人类的未来社会蓝图，为人类步入文明社会铺平了道路。"人们背负着极大的梦想站立起来，向旧的传统信仰和集体意识挑战，迸发出一股'积极的、战斗的精神'。"[10]古典神话结束了，换来了一个崭新的文明时代。

佤族的活形态神话，从内容上看比较零散、单一，神界组织结构粗糙、不完整，众神的职责不明确，而且多与巫术有关。佤族神话中的众神之一叫做"莫伟"，又称"木依吉"，他创造了天、创造了太阳、星星和月亮，而地又由另一个天神"伦"来创造，再由巨人"达能"创造了人和其他动物，还创造了

"弩"（云雾神）和"吹"（水神），各种神之间无明确的统属关系，只是各司其职，甚至互不往来。佤族没有文字，神话靠巫师（佤族称"奔柴"，一般称为"魔巴"）来传唱。史诗《司岗里》约有数千行，与古希腊史诗数十万行相比就显得内容较少，佤族神话中的巨人达能，一步千里，"达能一顿吃三亢（180公斤，作者注）小红米饭，身躯有阿佤山的一半。他在耿马、沧源做工，可以伸手到孟连、西盟拿东西吃，他一步能跨千里远，一根指头能拎起一头大象。他一脚踩下去的地方成了今天的耿马坝子，依次踩下去第二、第三、第四脚，分别变成了今天的沧源坝子，西盟木古坝，孟连坝子。"[11]这么一个硕大无朋的巨人，其活动范围也仅限于上述地区约数百里方圆，由此可见，佤族神话受地理条件和社会发展水平的制约，其神话的想象力和想象空间具有很大的局限性，使其神话内容简单而相对贫乏。这也是活形态神话的特点，因为他们正在从事神话的创造过程，内容和表现方式都比较原始而真实。

古典神话与活形态神话对社会生活的影响具有本质上的差别。古典神话对人类社会的发展产生了巨大的作用。经历了古典神话的文明地区，文化高度发达，并由神话演化成民族精神和文化精神，其影响一是演变为宗教，如希伯来神话演变出的犹太教、基督教，印度神话演变出的佛教，为整个人类的精神世界提供了理想的家园。另一影响是为现代文明社会的出现提供强大的理论依据。古希腊、古罗马的神话，在14世纪的欧洲萌发出强大的生命力和战斗力。文艺复兴的主要内容就是神话世界里"众神"的复活，它们代表着人类争取自由、平等、理想、人性解放的进步思想，使欧洲摆脱了黑暗的中世纪，率先进入现代文明社会，这是古典神话对人类的最大贡献。

活形态神话，这是正在形成的文化，它的作用和影响就不及古典神话对人类社会那么直接，但它对正生活在活形态神话中的民族来讲，其意义绝对重大而非凡。它是他们精神生活的主要部分，并且起着宗教的、世俗的、法律的作用，并且这种作用是直接的、现实的。表面看来，活形态神话的影响是有限的，但其存在本身就是人类社会发展中的神话，在神话已普遍并且早就离开了人们现实活动的背景下，活形态神话的存在，让我们现代人体验到人类童年的真实状态，从这一点看，它的作用毫不逊色于古典神话。从佤族现实生活中，我们看到了早期人类生活的真实、朴质，毫无修饰的自然与和谐，这样的神话时代，才使人们由衷地发出"我爱回忆那毫无掩饰的时代"的赞美。

四、古典神话与活形态神话比较之价值

神话在人类发展历程中的作用是显而易见的。神话在人们心目当中是远古和神秘的代名词。它离我们的现实社会实在太遥远了，但是，在当今社会中，神话还真实地存在于我们的极少数民族当中，这对人类学、神话学、哲学都具有不可估量的重要意义，它真实再现了文明社会之前人们的思想感情和精神世界，佤族的活形态神话，为我们展现了神话发展的真实历程，"重演"了古代神话世界，让我们更深刻地体验出神话的永恒魅力，正如马克思所说的："一个成人不能再变成儿童，否则就变得稚气了，但是，儿童的天真不使他们感到愉快吗？他自己不该努力在一个更高的阶梯上把自己真实地再现出来吗？在每一个时代，他的固有的性格不是在儿童的天性中纯真地复活着吗？为什么历史上人类的童年，在它发展得最完美的地方，不该作为永不复返的阶段而显出永久的魅力？"本文就试图以两种不同类型神话的比较，特别是以佤族活形态神话为对象，实是想抛砖引玉，让人们更加关注这一珍贵文化财富，让佤族神话在"更高的阶梯上把自己真实地再现出来"，让人们对人类的过去和未来的思考更为真切而睿智。

注释：

[1] [8] 魏德明（尼嘎）. 佤族历史与文化研究［M］. 芒市：德宏民族出版社，1999. 128，123.

[2] [英] 爱德华·泰勒. 原始文化［M］. 南宁：广西师范大学出版社，2005. 232.

[3] 马克思、恩格斯. 论文学艺术［M］.（第一卷）. 北京：人民文学出版社，1983. 93.

[4] [5] [9] [英] 维罗妮卡·艾恩斯. 神话的历史［M］. 广州：希望出版社，2004. 102，30，54.

[6] 袁珂. 中国神话传说词典［M］. 上海：上海辞书出版社，1985. 43.

[7] [11] 云南省民间文学集成编辑办公室编. 佤族民间故事集成［M］. 昆明：云南人民出版社，1990. 3，26.

[10] 谢选骏. 神话与民族精神［M］. 济南：山东文艺出版社，1986. 43.

（作者单位：思茅师范高等专科学校）

佤族神话形态的典型意义

刘亚虎

对南方民族神话土壤的追寻，大约从对楚辞的探讨开始。公元前 4 世纪末，中国诗歌在经历了二百多年的冷寂之后，一种新的诗体——楚辞在南方的楚地"奇文郁起"，奇迹般地繁荣起来。它五彩缤纷，美不胜收，奇特的意境，瑰丽的色彩，使人为之惊叹，为之折服，历代赞誉，千古未绝。

在楚辞惊世的同时，南方神奇的文化氛围也引起人们极大的兴趣。其时，从西周到战国中晚期，中原文化已经逐渐摆脱了原始文化的束缚，逐渐理性化，而南方诸族文化还弥漫着浓厚的神话、巫术气氛，它们给楚辞的创作提供了丰饶的文化土壤。尤其是神影飘忽、巫音缭绕的《九歌》，更引起文论家"寻根"的热情。东汉王逸《楚辞章句》考证：

> 《九歌》者，屈原之所作也。昔楚国南郢之邑，沅湘之间，其俗信
> 鬼而好祠，其祠必作歌乐鼓舞以乐诸神。屈原放逐，窜伏其域……出见
> 俗人祭祀之礼，歌舞之乐，其词鄙陋，因为作《九歌》之曲。

在这里，王逸提到了"南郢之邑""信鬼而好祠"的风俗，此俗所孕育的"乐诸神"的"歌乐鼓舞"，尽管作者认为"其词鄙陋"，却已把它作为一种原初的艺术形态提取出来，进入了人们的视野。"鄙陋"者，或言其词语粗野，或言其词义赤裸，展现了一种原生的状态。可惜，这些原生态的诗歌乐舞未随屈原《九歌》一并相传。

王逸之后，最早因楚辞而引发的对楚地神歌巫俗一类的追寻持续未断，典籍也时有记载，例如，《搜神记》、《华阳国志》、《后汉书》对盘瓠、廪君、九隆、竹王诸神事迹及祭俗的记录等等。尽管既稀又少，但魅力尽现。这种状况愈加引发了人们的想象和期待，一直到 20 世纪 20 年代，学者胡适在《白话文学史·故事诗的起来》中还提到：

> 古代的中国民族是一种朴实而不富于想象力的民族。……后来中国
> 文化的疆域渐渐扩大了，南方民族的文学渐渐变成了中国文学的一部

分。……疆域越往南，文学越带有神话的分子与想象的能力。我们看《离骚》里许多神的名字——羲和、望舒等——便可以知道南方民族曾有不少的神话。至于这些神话是否取故事诗的形式，这一层我们却无从考证了。[1]

时光进入到 20 世纪 40 年代末 50 年代初，新中国成立以后，随着少数民族受到前所未有的重视，少数民族文化也得到了前所未有的展现。令人无比惊奇的是，在南方少数民族地区，还流传着许多与楚地乐神歌舞一脉相承的以韵文体为主的神话形态，它们存活在一个独特的自然和人文环境里。在南方众多民族的神话形态中，流传于怒山山脉南段阿佤山区的、以《司岗里》为代表的佤族神话形态富于典型意义，从生态环境、外观到深层内涵的诸多方面均体现了南方民族神话形态的某些特征，它对于认识南方民族与楚地乐神歌舞一脉相承的原初的神秘叙事形态具有无可替代的作用。

一

佤族神话形态存活于独特的文化土壤中，与族群所处的自然环境、经济状况、社会形态、精神氛围和风俗民情形成一个整体。

南方民族在南方地区所处的自然环境，从北到南、从西到东大致可以分为大峡谷地带、高寒山区、山区、半山区和丘陵、河谷和平坝等类型，其中，彝族、佤族等藏缅语族、孟高棉语族各民族分布在从川西北至滇南、滇西北至黔西的广大地区，最富于特色的自然环境是大峡谷、高寒山区、山区、半山区。佤族所处的自然环境是山区类型的具有代表意义的样式。

佤族居住于怒山山脉南段的阿佤山区，这里的山岭海拔大都在 1 000 米到 2 500 米之间，多森林，多云雾，村寨常在深山密林、云遮雾障中时隐时现；人与人面对面，往往一阵云雾飘来，就会你看不清我，我看不清你，充满了神秘的气氛。

公元 19 世纪，恩格斯在谈到格林童话时曾经说过这样一段话：

只有认识了北德意志的草原之后，我才真正了解了格林兄弟的《童话》。

他设想，在一个暴风雨的夜晚，一个人骑着马在北德意志的草原上奔驰，远处水潭映着惨淡的月光，磷火在坟地燃烧，暴风雨越下越大，于是他觉得整个大地都摇晃起来，了解了为什么在这个地方产生了格林童话。他写道：

所有这些童话几乎都带有这样的印记：它们是在夜幕降临、人的生活开始消失、人民的想象力所创造的可怕的无形东西在白天也为之胆寒

的寂寞荒凉地方的上空疾驰而过的环境中产生出来的。[2]

参照恩格斯这段话，也许可以从自然环境的角度理解为什么南方民族"其俗信鬼而好祠"，为什么"越往南，文学越带有神话的分子与想象的能力"。的确，与中原地区大河平原相比，南方地区山高林密，云遮雾障，电光常闪，雷声常鸣，易造成神秘感，易启发人想象。云海之中的山巅草地，峰峦深处的奇洞巧石，还有林间的飞禽走兽，水底的鱼虾龟鳖，都具有生发某种神奇境界、神奇形象的巨大张力。可以稍举一两个例子加以说明。

例如，滇东北乌蒙山的主峰落雪山，雄伟、险峻。站在山顶，放眼一望，只见所有的山头都在脚下，它们在云雾中起起伏伏，宛如一颗颗泥丸在跳动。更绝的是，高山之巅，就是一大片静谧的草地。这神妙迷人的景致启发了云南禄劝等地彝族人民的想象，他们把它想象成祖先灵魂的栖息地，并演绎出一系列神话：远古时期，洪水泛滥，彝族的先祖阿卜笃慕来到这里躲过洪水。洪水消退以后，他娶了三个仙女，生了六个儿子；六个儿子又在这里繁衍生息，逐渐发展成六个部落；最后"六祖分支"，六个部落分别迁徙到四川、云南、贵州、广西等地，这里也成为彝族发祥地和先祖灵魂栖息地。并且彝族每一个成员在任何一个地方死了，他的灵魂都要沿着当年祖先迁徙的路线，一步一步地回到这个地方来安息（神话中这里被称为"洛尼白"或"洛宜山"）。[3]

佤族人民创造了更为神奇的境界。阿佤山中部缅甸境内的布拉德寨（又译巴格岱）附近约一公里的山顶，也有一片荒草地。那里野草丛生，神秘诡谲，西盟等地的佤族相传，他们的祖先就是从此处曾经有过的石洞（称"司岗"）里出来的。神创造人类以后，就把他们放在这个石洞里，小米雀啄开石洞，人们便走了出来。洞中原有一个大铜鼓，人们出来时想把这个大铜鼓带出去，但带到洞口，就拉不动了，因而只能将大铜鼓留在洞口，并把洞口堵死了。这一带佤族人民视此地为圣地，每隔五年要举行大型祭祀活动。这个"司岗"的传说或认为表现了"洞穴信仰"，或认为反映了"母体崇拜"，这或许难觅精确的答案，但神秘的自然环境启发人们"神圣的想象"这一点是无法否认的。

各语族所处的不同的自然环境，还决定了他们从事不同的生产活动，具有不同的经济状况。以20世纪50年代初为基准，居住在高原的藏缅语族、孟高棉语族各民族有季节性的原始采集、狩猎经济、旱地农耕、水田农耕等类型。如怒族、傈僳族等民族还保存着季节性的原始采集、狩猎经济的遗风，佤族则是旱地农耕经济的典型。

阿佤山中心区的佤族耕作的方法有两种："刀耕火种"、"挖犁撒种"。刀耕火种的主要手段是放火烧山，先伐木割草，砍下的草木晒干后放火焚烧，烧出来的草木灰用作肥料，土地稍稍平整后就挖坑点种或遍地撒种。这种耕作方式似乎仍停留在原始农耕时期。挖犁撒种是砍倒烧光后，用锄挖一道或犁一道，然后撒种。

南方民族各种形式的实践建构着人们的心理结构和思维形式。采集狩猎实践引向图腾观念、植物动物化生世界的观念。民族学的资料已经表明，不少民族图腾的起源与食用有密切的关系。如碧江怒族相传他们的女始祖就是蜂与蛇（或虎）交配生下的茂英充；另外，凭借偶尔相遇的采集狩猎经济，使早期人们的思维具有更多的非逻辑因素。而佤族旱地农耕经济简陋落后的刀耕火种技术，则使他们对超自然力量怀有更大的期待，表现之一就是，由于与雨水等的密切关系，他们在农业首领和气象神灵两种原型的基础上，创造了作为依赖对象的主宰大自然的天神形象，他们最大、最高的鬼或神木依吉就具有这样的性质。

由于自然环境、经济状况、相互关系等原因，20世纪40年代末50年代初，南方各民族存在多种社会形态，有的保留着浓厚的原始社会残余，有的还在奴隶制发展阶段，有的尚处于封建领主制社会，有的已进入地主经济发展阶段，这在中国各民族社会发展中是很独特的。同样独特的是，无论哪种社会形态，都以某种形式延续着氏族时代形成的群体文化特质，而且无论哪种社会形态的哪种社会组织体系，祭祀事类的管理者都居于重要地位。这些，影响着民族生活的方方面面。

阿佤山的佤族处于原始社会后期农村公社解体阶段。他们的社会组织有家族、村寨两级。家族由来自同一祖先的若干个体家庭组成，有家族长，个别家族还保留着家族公有土地；村寨由若干家族组成，有自己的领地，其中荒山野岭公有，有共同的政治、宗教活动。村寨事务管理者为"窝郎"、头人、"魔巴"（最近达成共识，统称"魔巴"）。窝郎是早期村寨政治、宗教事务的管理者，通常由建寨最早的姓氏的人担任；如果几个姓氏同时建寨，则杀鸡看卦产生。窝郎有一定的世袭性，但遇特殊情况也可以改选。如岳宋寨起初由最早建寨的蒙库姓人当窝郎，后来大家到河里捕鱼准备祭祀，有一只鸟把鱼叼到了芒姓人的掌上，于是人们认为"老天"有意让芒姓人当窝郎，便改选芒姓人当窝郎。[4]头人是随着经济的发展而后起的村寨事务管理者，通过自然选举产生，一般都是经济条件好、能说会道、善于办事的人，窝郎则仅限于管理某些宗教上的事情，魔巴主持村寨重大的祭祀活动。

远古时代，由于相对大自然的弱势地位等，人们聚族而居，形成了许多"集体表象"、"集体潜意识"，它们积淀在族群成员的深层心理结构中，深刻地影响着族群的意识形态、精神文化。在中原地区，华夏族先民较快地进入"早熟的"奴隶主专制社会——夏、商、周三代奴隶社会，这样的奴隶制国家以及奴隶制上层建筑和意识形态产生以后，社会各阶层人们的意志感情出现分裂，产生和流传"集体表象"、"集体潜意识"外化形式的神话和史诗的土壤不复存在。与此相对照，南方民族各种社会形态独特的群体文化特质，同一群体内人与人之间起码在形式上地位大致平等，关系普遍和谐，群体成员尊崇共同的图腾、共同的始祖、共同的发祥地、共同的文化传统，并经常参与一些群体性的活动，如群体祭祀、群体歌舞等，为这类族群传统文化包括神话等的长期流传、延伸提供了重要的人文环境、群众基础。

与社会组织体系中祭祀事类的管理者居于重要地位这一点相联系，南方不少民族的精神氛围都体现出一种神巫文化的特质。如果以 20 世纪 50 年代初为基准，有这样两个特点：首先，灵魂观念或万物有灵观念还广泛地存在于南方各民族的精神世界里。其次，原始灵魂观念基础上的自然崇拜、祖先崇拜遗风普遍留存，而且两者经常呈现混融一体的状态。佤族集两者于一体的崇拜对象，就是木依吉。

按照《司岗里》等佤族神话的叙述，木依吉大致具有以下功绩和功能：儿子利吉神和路安神造了地和天，他从而主宰大自然，"刮风、下雨、打雷都是他做的"；创造万物和人类，指派小米雀啄开司岗让人类出来，并震慑了威胁人类的老虎，从而与人类（从某种意义上来说应为族类）的起源与保护联系了起来；给人以谷种，又成为庄稼的主宰。这样，在佤族人民的心目中，由第二点，木依吉与自己族类有了渊源关系，从而可以依附；由第一点和第三点，木依吉可以借以主宰大自然和庄稼。佤族人民创造的木依吉成为人们原始欲望和渴求的寄托。

南方民族创造的这些形象在各民族群众心目中具有崇高的地位，得到各种方式的供奉。侗族村寨设有祭祀祖母神"萨岁"的神坛"然萨"（祖母屋）或"堂萨"（祖母堂），设在露天者，用石头砌成圆丘；设在室内者，用石头砌成圆堆。苗族用枫木（相传他们的始祖妹榜妹留出自枫木）做成鼓，祭祀时敲击以唤起始祖的灵魂……而佤族则是既有"神居"，又有"通神之器"的最"厚道"的民族。

例如，在西盟，每个村寨的附近都设有"鬼林"，有的鬼林还盖有小草房，用来安置天神木依吉。每个村寨还设有木鼓房，里面放两个木鼓，用来与木依吉联系。他们认为，木鼓能通神，"一击木鼓，木依吉就听到了，就来享受供奉了"。后来，木鼓又被他们视为木依吉等神住的寓所，成为祭祀活动的中心。

与崇拜相结合的是各种仪式，仪式的目的就是祭神、咒鬼——祭祀所崇拜的神，诅咒所憎恨的鬼。在仪式中，最重要的组成部分就是语言形态——祭词、咒语，其中，叙述神或鬼的来源和事迹的部分就是神话。

南方民族的群体文化特质、神巫文化特质，引领着他们的风俗民情。此外，与自然、经济、社会等多种因素相联系，南方少数民族古代除了傣族、彝族等几个民族有历史比较悠久的民族文字以外，其他民族包括佤族大都没有自己民族的文字，他们传达什么信息，接受什么经验，以至交流感情、继承文化等等，大都依靠声音、形体特别是歌谣来进行，从而形成了南方少数民族发达的歌、舞、乐的传统，口传文化的特质。群体文化特质、神巫文化特质、口传文化特质结合起来，形成了南方民族两类很有特色的传统群体性活动：全民祭祀，全民歌舞。和这相关联的是，许多民族都有传统的祭司、巫师和歌手群体以及他们独立的传承制度。这些，都与以韵文体为主的神话的演述有关，前者是神话演述的场合，后者是神话演述的主体。在佤族，全寨性的祭祀活动和歌舞活动场合有拉木鼓、猎人头祭谷、砍牛尾巴、祭水鬼、祭火鬼、盖大房子等，单从名称就可以想象其活动场面的壮观，其内容的独特。其中，《司岗里》等神话、咒语的演述置于重要位置。根据最新的共识，佤族演述神话、咒语的祭司称"魔巴"，巫师称"巴kei"，都具有悠久的传统。

也许，通过上面的描述，人们可以了解佤族等南方民族的神话形态与族群所处自然环境、经济状况、社会形态、精神氛围和风俗民情的密切联系，它们是一个整体。人们也不难理解，为什么佤族等南方民族地区长期流传与楚地乐神歌舞一脉相承的以韵文体为主的神话形态了。它们是在一种独特的文化生态中孕育和生长的奇葩，具有独特的风姿和永久的魅力。

二

王逸《楚辞章句》说楚地俗人以祠神的"鄙陋"之词演述于他们的"祭祀之礼"，配之以"歌舞之乐"，目的是"以乐诸神"，这就点明了那些"鄙陋"之词演述的场合、演述的形式和演述的功能，这或许印证了英国人类学家马林诺夫斯基（B. K. Malinowski）说过的话：神话"不止是说一说的故事，乃是要活下去的实体"。[5] 从流传下来的屈原《九歌》之词，可以想见当时祭礼、歌舞的大致情况。只是如同那些"鄙陋"之词没有流传下来一样，原生态的具体的"祭祀之礼"的场景、"歌舞之乐"的形式、"以乐诸神"的功能，却无从知晓了。

与此相类似，以20世纪50年代初为基准，佤族等南方民族以韵文体为主的神话的演述，也与他们的全民祭祀、全民歌舞相联系。在什么样的场合演述什么样的神话，有什么布置、什么仪式、什么歌舞、什么神秘的功能，都一一展示在人们面前。它们所蕴涵的意味，甚至不亚于神话本身的内容。

根据资料，佤族演述《司岗里》等神话，有很多场合，下面挑几个加以描述：

阿佤山佤族每年春播以前，要举行供人头、砍牛尾巴并念诵《司岗里》以祭祀木依吉的仪式。其中砍人头祭鬼，西盟岳宋的佤族人讲，很早以前，谷子长不好，人死，牲畜也死，人们用狗头、猴头祭鬼，还不好，后来砍人头祭鬼，才好了。沧源县一些村寨的佤族人讲，从前，有一个教会佤族祖先种庄稼的老妈妈被坏人杀死了，谷子便年年歉收，人们杀了这个坏人来祭谷，谷子才长好了。以后就形成年年砍仇人头来祭谷的传统仪式。整个仪式约十多天，在高潮即砍牛尾巴抢肉的那一天晚上，由最大的祭司"庇"念诵《司岗里》。《司岗里》叙述，木依吉叫小米雀啄开"司岗"，让人类出来；拿谷种给人类，叫人们种庄稼……其中谈道，有一年，佤族祖先撒谷种时，大火烧天，土地干裂，谷种不发芽；收谷子时，洪水发怒，淹没了庄稼和村寨。木依吉告诉阿佤要砍人头祭鬼，才能保证谷物丰收。这样，既祭祀了木依吉，又以"神示"的形式重申了佤族在春播前砍人头祭鬼的习惯法。人们相信，经过这种祭祀，木依吉就会保佑春播，保佑生产。

西盟马散等寨的佤族在盖"大房子"的过程中要举行祭祀活动，请魔巴吟唱《司岗里》。这种大房子在屋脊两端有男性雕像和木刻的小鸟，男性雕像据说是木依吉，小鸟是传说中啄开石洞让人类出来的小米雀。把旧的大房子拆除以后，人们要在房后的空地上用竹竿搭成伞状的房子——"尼柯到各"，以把木依吉等暂时"迁到"这里。在拆旧房盖新房的过程中，大魔巴带领小魔巴和人们围着"尼柯到各"唱歌跳舞。新房盖上草以后，迁回木依吉，大魔巴要吟唱《司岗里》，追忆阿佤从石洞里出来在木依吉的教授下学会盖房子的过程。在这样的场合吟唱《司岗里》，似乎是以木依吉的名义重申盖房的神圣性，同时以木依吉的名义占据一方地盘或一方居室，驱逐恶鬼。

阿佤山佤族村寨中德高望重的老人去世，也由魔巴吟唱《司岗里》，并为主人家数家谱，一代一代地由现在倒数回至司岗里。

……

上述佤族《司岗里》的各种演述形态，蕴涵了创作主体各种深层的欲望——获取某种物质：谷子；或某种权益：气象、地盘的主宰；或某种精神依托：司岗。

由此生发，可以说，佤族等南方民族在祭祀、巫术仪式上演述的神话形态，具有两个突出的特点，一个是实用目的，一个是神秘色彩。这两个特点似乎体现了先民创造神话的两个突出的心理因素，实用目的体现了先民的原始欲望，神秘色彩体现了先民的原始思维。

首先，早期神话形态是充满了实用目的和欲求的。在佤族这些神话形态里体现了三种：物欲、权欲、对族群及族群精神寄托物的依附欲（此外还有性欲等）。就是说，这些神话的演述形态，都有一个突出的特点，就是都萌生于叙述者强烈的欲求——或者是获取某种物质的"物欲"，或者是支配某种境界的"权欲"，或者是依附某种力量的"依附欲"（此外还有追求某个异性的"性欲"等）。往前追溯，这些欲求或许是萌生神话的先民的深层心理动机。

其次，早期神话形态又是充满神秘色彩的，这体现了先民的原始思维。从这些形态可以看出，先民原始思维最基本的特征是两点：一个是具象思维，一个是简单联系。前者是对事物本体的感知，后者是对事物关系的认识。

先民原始思维的这些特征，如果用两个字来概括的话，就是幼稚。从根本上来说，先民是刚刚脱离动物状态、处于童年时期的人类，他们最基本的心理功能就是：用直觉具象的方式感知事物，还有，对外形特点相似、空间时间相近的事物进行简单比附。这有点像儿童的思维，儿童对直觉感知的任何事物都喜欢用熟悉的具象的东西进行简单的比附。例如看见太阳，就称太阳公公；看见月亮，就称月亮婆婆。另外，这种直觉具象、简单比附的思维方式，还可以在南方一些民族那里看见痕迹。这里又是佤族的例子。例如，直到20世纪四五十年代，云南西盟佤族在村寨交往的时候，还保留着许多传递信息的原始方式：表示与这个寨子友好，就用送甘蔗、芭蕉、盐巴、穿孔的黄蜡、牛肋骨和草烟来传达（穿孔的黄蜡表示两个寨子互相通气，一条牛肋骨表示两个寨子一条心，草烟表示两个寨子的人可以和好地在一起抽烟）；表示气愤，送辣椒；表示事情紧急，送鸡毛；表示要烧对方寨子，送火炭……

原始先民这些初级的心理功能，与他们的劳动实践结合起来，形成了许多富有特征的观念意识。例如，早期人类所从事的采集和狩猎，收获的偶然性比较大，哪次，可能一天打得几只野兽；哪次，可能几天打不到一只野兽，都是凭运气。人们不能洞察果实、禽兽由来的全过程。例如，果树是怎样生长的，禽兽是怎样发育的，他们找到一种果实，或者打得一只野兽，往往认为是某种偶然的机遇，或者是某种超自然力量的恩赐。这种主要凭借偶然机会的实践活动，"内化"进心理机制，使他们的思维带有较多的神秘性、臆测性。在他们的思维中，往往不顾及因果关系、逻辑顺序，常常把物和人的形状与它的实体、物和人现实的形象与它在人们心目中的映像等混为一体，认为它们之间存在着一种神秘的、奇特的关系。这种现象一直延续到20世纪四五十年代。云南一些民族在狩猎出发前，首先要砍开一棵大树的树皮，然后用木炭画成各种野兽，在 50 米以外张弩射击。如果射中所画的野牛，就相信当天可以捕获野牛；射中所画的其他野兽，就相信可以捕获其他野兽。[6]在他们的思维中，木炭画成的野兽和现实生活中的野兽，即动物的"形"和"体"之间，存在着一种神秘的奇特的"互渗"关系，他们可以通过图画描绘、动作模拟等来影响实际情景。他们更企图通过语言描述来影响实际。在他们看来，画半天才画出一个形象，模拟半天才拟出一个动作，而语言一句话就能够把所见与所闻、所做与所想统统标示出来，把过去与未来、这里与那里随便联系起来，没有什么比语言更神奇了。这直接导致了前述佤族春播以前供人头、砍牛尾巴并念诵《司岗里》形态等的产生。下面仅就这一形态作点阐述。

随着人类社会的进步，原始农耕、饲养由原始采集、狩猎发展而来。原始农耕、饲养形成的一个伟大的意义，就是意味着人类支配植物、动物的努力取得了伟大的胜利。人们在农耕、饲养等实践中，逐渐认识了一些植物、动物，笼罩在它们头上的一些光环逐渐消失。同时，在农耕时期，驾驭野兽行踪的渴望退居次要地位，支配气象变幻上升为主要欲求。这样，原来作为族类依附对象和神圣表征的动植物图腾、动植物祖先以及猎神等，已经不适应新的时代，不满足新的欲求，于是与时俱进，代之而起的是体现农耕时期人们欲求的天神。

南方民族的这一类天神，具有两个突出的特征。第一，作为各种自然力量的凝聚和象征，主宰整个大自然；第二，又带有农耕时期族群首领的品性，创造世界万物和自己族类。农耕时期先民创造这些形象，一个基本的目的就是：依靠他们来影响气象，驾驭自然。因而，先民从与农耕生产直接相关的祭祀、巫术的需要出发，创作了一系列天神或巨人创造世界万物（从而可以主宰整个自然界）以及自己族类乃至人类（从而可以认同）的神话。从某种意义上来说，很多创世神话、人类起源神话就是这样创造出来的。

再回到佤族。佤族先民创造的木依吉等形象，就是想凭借这些形象来操纵天气，主宰庄稼，求得一年的风调雨顺，五谷丰登。所以每年春播以前，他们要供人头、砍牛尾巴、祭祀木依吉等并念诵《司岗里》，以神奇的咒语形式叙述他们创造天地万物、赐予人们谷种等事迹，以及操纵天气让其风调雨顺、主宰庄稼使五谷丰登等功能。在他们的心目中，这样的语言叙述会有神奇的功能，描述的情景会在未来实际显现。

三

农耕时期先民创造的这些形象，不仅寄托着人们支配自然的愿望，也担负着社会的责任，即对内凝聚族群意志，对外确立族群地位。在那个"万物有灵"的时代，从关系族群生存的大事，到涉及族员利益的小事，都只有在神的名义下才有可能进行。因而，人们所创造的关于这些神灵的神话，不仅叙述了他们如何开天辟地，如何战胜灾害性天气的象征，如何确立族类在大自然中的地位，也叙述了他们对族群内部社会结构、族群成员行为规范的指导，以及如何确立自己族群在各族群之间的地位。下面仅说说"对内"。

神话对族群内部的社会性功能，或者说对族群内部的神圣性规范，表现在社会体制、经济形态、婚姻关系、信仰风俗、伦理道德等很多方面。佤族神话在规范婚姻关系、信仰风俗等方面很突出。

婚姻关系：

南方各民族有多种婚姻方面的习惯法，它们大都通过神话得以神圣化。云南德宏地区景颇族在婚礼上唱诵的神话史诗《穆瑙斋瓦》，就以回顾洪水后景颇族祖先定的规矩的方式宣示了民族婚姻习惯法，即"同姓不婚，氏族外婚，单方姑舅表婚"。[6]

佤族的例子是宣示氏族外婚制。《司岗里》提到，远古时，由于雷神与其姐妹性交，造成天气大变，风雨交加，人们地种不好，田也种不好，人神共怒，"鹰去啄他的嘴"，人们殴打他，抄他的家，并把他逐出氏族，对违反氏族外婚制的行为给予最严厉的惩罚。雷神只得跑到天上。[7]

信仰风俗：

在南方民族先民的社会生活中，各种祭祀等带神秘性质的活动占据着重要的地位，它们更通过"神示"的方式得以规范。南方民族不少神话是祭祀仪式上的"经典"，其中不少篇幅叙述了相关仪式的起因和最初的情况。佤族《司岗里》叙述了佤族先民供头祭神的由来：有一年洪水很大，要淹人，木依吉神说，如果佤族砍头就不让洪水涨，如果不砍头，就五年涨一次水。从此，佤族先民就砍头、供头，"谷子才长得好，小米也长得好"。[8]

通过以上的分析可以看出，这一类神话，对内确实起了凝聚族类意识、调理人际关系、维系社会秩序的作用。维系内部一定的社会组织、制度和习惯法，规范伦理道德，调理人际关系，用我们当前一句时髦的话来说，体现了一种建立和谐社会的理想。我们南方民族先民那时候就想到了。

注释：

[1] 胡适：《白话文学史》，上海新月书店，1928；见苑利主编《二十世纪中国民俗学经典·史诗歌谣卷》，社会科学文献出版社，2002，第95~96页。

［2］《马克思恩格斯论艺术》（四），人民文学出版社，1966，第389～390页。

［3］罗希吾戈：《彝族"六祖分支"雏议》，载《思想战线》，1983（1）。

［4］陈本亮主编：《佤族文化大观》，云南民族出版社，1999，第389～390页。

［5］［英］马林诺夫斯基著，李安宅译：《巫术科学宗教与神话》，中国民间文艺出版社，1986，第85页。

［6］阿南：《从创世神话的社会作用看神话的本质特征》，载《神话新论》，上海文艺出版社，1987。

［7］艾扫讲述，邱锷锋、聂锡珍等记录翻译整理：《"佤族历史故事司岗里"的传说》，载《佤族社会历史调查》（二），云南人民出版社，1983，第175～178页。

［8］艾扫讲述，邱锷锋、聂锡珍等记录翻译整理：《司岗里》，载《佤族社会历史调查》（二），云南人民出版社，1983，第191～193页。

（作者单位：中国社会科学院民族文学研究所）

"遗产旅游"与"家园遗产"：
一种后现代的讨论

彭兆荣

一、后现代性与遗产旅游

"后现代"是什么？利奥塔德用极简单的话说："我将后现代定义为对原叙事的怀疑态度。"随后他更具体地做了说明："后现代应当是这样一种情形：在现代的范围以内表象自身的形式使不可以表现之物实现出来；它本身也排斥优美形式的愉悦，排斥趣味的同一，因为那种同一有可能集体来分享对难以企及的往事的缅怀；它往往寻求新的表现，其目的并非为了享有它们，倒是为了传达一种强烈的不可表现之感。"20 世纪 60 年代以降，随着世界政治格局的改变，全球化经济与科技主义的发展，后现代主义演变为一种世界范围的文化思潮。它对人类社会生产与生活方式的改变起到了非常重要的作用。这个异彩纷呈的世界是由围绕在我们周围的发达资本主义企业和自由的政治制度所开创的，现在它被称为"后现代"。

人类学研究将后现代主义的特质归纳为：（1）一种对 20 世纪社会和文化变化形式的研究，这种变化来自于现代性的、急速的、激化的或转型的过程。（2）重新关注民族志研究中的权威和关系在表述方面的认识论问题；反对自启蒙运动以后的现代主义所创立的客观认识传统。（3）后现代主义民族志的"范式"变革所包括的意义：（a）对现代主义所建构的"客观"认识论作全面的反思，特别是"真实性"问题。（b）"主位/客位"的边界和关系的重新确立。（c）对表述权力，特别是"书写文化"（writing culture）的政治学批判。

毫无疑义，"移动性"（播衍性）是后现代社会最具表现力的社会方式和社会属性；具体表现在：以往传统社会里发生并限制在同一个地方、同一个人群范围的事情和事务已经发生变化，成了超越社会、民族和地域边界的"全球性"事情和事务。"全球化"使得后现代叙事更加充分，在政治经济领域，社会文化的各个方面出现空前的"移动—流动"景象。学者们根据移动性的特征，归纳出以下五种"移动—流动的图景",即族群的图景(ethnoscape),技术的图景(technoscape),财金的图景(finanscape),观念的图景(ideoscape)和媒体的图景(mediascape)。

后现代主义的"移动性"又创造一种新的"旅游文化",并成为一个拥有广泛的使用空间和争论的议题。旅游与消费紧密地结合在一起被认为是当今社会最大的产业,而后现代的消费主义有两个明显的特色:(1)大众市场的时尚变化为消费者提供了一个重要的风向标。这种时尚的"变动"不仅表现在像服装、装饰、装潢等方面的变化情况,也包含了与生活方式和生活"再创造"理念相联系的更大方面,诸如休闲、兴趣爱好等。(2)消费的转型明显地表现出从"对物的消费"到"对服务的消费"的痕迹。(3)现代社会的再生产"需求"提高了遗产的可"消费"性。(Graburn,2001:68)有的学者据此称之为"后现代主义遗产"(post-modernist heritage),(Uzzell,1989:3)并构成后现代主义的社会景观。在这样的背景和"产业化的生产模式"的推动下,"遗产旅游"(heritage tourism)必然出现。诚如学者所说:"旅游成为引导遗产行进的旗舰";"遗产叙事是一种为了旅游目的而被选择的特殊表述方式。"换言之,在现代语境中,遗产成为旅游中的一个品种、品牌进入到大众消费领域。

反过来,旅游文化中的这种遗产消费现象与传统的旅行文化相比又呈现出新的特点。后现代性的另一个特征是:肤浅的认同、复制品的泛滥与历史的崩溃导源于技术革命的一种发明,以及随之而来的电子技术革命等,都附和着资本主义消费至上的明显痕迹。这些特征对旅游业产生了深远的影响。后现代的这种消费主义时尚在"遗产旅游"中"发现"了更多的符合现代游客口味新的遗产地和遗产景观;而这样的消费趋势又会在"新遗产"中附丽更多"人工"的元素和元件。需要指出的是:后现代主义在"遗产旅游"的社会现象中呈现给我们一个悖论:它以与日俱增的"多样性、分裂与异质性"为特征,取代了曾经是现代主义和大众社会的标志的同质化与标准化。逻辑性地,后现代主义的游客在有些情况下被称为"后旅游者"(post-tourists)——具有后现代主义的特征。

有学者认为,"后现代主义"的旅游中的一个突出标志是"形象和象征的增殖与扩大"(the proliferation of images and symbols)。也有学者认为,"我们不仅无法否认视觉形象和视觉经验在旅游活动中所扮演的重要角色,甚至在旅游工业范围内有的时候还可能出现'超视觉化'(over-visualisation)的旅游话语。"尤里认为,应该从具体的社会形态来理解后现代主义,或者说,从社会的总体形势的某一个特定情境中去看待它;把它看成是一个由"符号"(signs)和"象征"(symbols)构造的系统。它在特定的时间和空间中具有特定的含义。正如拉斯所描述的那样，这一系统可以在特定的领域表现出其特殊的品质。这一系统生产出来的文化产品，在一个特殊的范围被接受和传播。当然，这些文化产品也包含着相关的"能指"（signifier）和"所指"（signified）的功能性意义。如果说两个人对"后现代主义"有什么认识上的差异的话，那就是，拉斯认为，后现代主义对特定范围内的基础性结构的意义特征是所谓的"解异"（de-differentiation）。以这样的理念去看待"遗产旅游"，我们可以得到这样的结论："遗产热"在当代出现的一个重要的动力来自于大规模的群众旅游活动，遗产的形象在后现代主义的"放大镜"中被扩大，并成为"他者化"的一个品牌符号，其指示功能和结构呈现出"解构—再建构"的变迁现象。

二、人类遗产归属性的空间认知

2006年5月25日，我国政府决定将每年6月的第二个星期六作为中国国家"文化遗产日"，2006年的6月10日成为我国第一个文化遗产日。其主题为"保护文化遗产，守护精神家园"。"文化遗产"和"精神家园"这两个关键词遂成为我们对文化遗产进行人类学研究的切入口。

"遗产运动"在今天出现的一个动因是：随着人类及其生活的脚步越来越快，人们发现传统文化迅速变迁，古老的建筑、社区、民风民俗等在现代化的过程中逐渐消亡。保护遗产因此显得必要和紧迫，对此，《世界遗产公约》在序言中作这样的阐释：

> 联合国教育、科学及文化组织大会于1972年10月17日至11月21日在巴黎举行的第十七届会议，注意到文化遗产和自然遗产越来越受到破坏的威胁，一方面因年久腐变所致，同时变化中的社会和经济条件使情况恶化，造成更加难以对付的损害或破坏现象，考虑到任何文化或自然遗产的坏变或丢失都有使全世界遗产枯竭的有害影响，考虑到国家一级保护这类遗产的工作往往不很完善，原因在于这项工作需要大量投入，而列为保护对象的财产的所在国却不具备充足的经济、科学和技术力量。回顾本组织《组织法》规定，本组织将通过保存和维护世界遗产和建议有关国家订立必要的国际公约来维护、增进和传播知识。而现有的关于文化和自然遗产的国际公约、建议和决议表明：保护不论属于哪国人民的这类罕见且无法替代的财产，对全世界人民都很重要，考虑到部分文化或自然遗产具有突出的重要性，因而需作为全人类世界遗产的一部分加以保护，考虑到鉴于威胁这类遗产的新危险的规模和严重性，整个国际社会有责任通过提供集体性援助来参与保护具有突出的普遍价值的文化和自然遗产，这种援助尽管不能代替有关国家采取的行

动，但将成为它的有效补充；考虑到为此有必要通过采用公约形式的新规定，以便为集体保护具有突出的普遍价值的文化和自然遗产建立一个根据现代科学方法制定的永久性的有效制度，在大会第十六届会议上曾决定应就此问题制订一项国际公约，于 1972 年 11 月 16 日通过本公约。

为什么在后现代主义的今天人们会出现对遗产存续的担忧呢？一个根本的原因在于：大规模的群众旅游的到来，使遗产出现了因原初性归属性"变更"而出现一定程度的主体性［创造并传袭遗产（尤其是文化遗产）群体权力弱化甚至丧失］的"倒置现象"，而现代旅游又加剧了这一现象的严重性。遗产主体性的"倒置"带来了两方面的变化：（1）游客通过到现场"观光"人类遗产来确认和反省自己。比如考古学通过发掘古人和随之消亡的世界和文化来确认人类的现在和未来，游客通过参观博物馆在历时和共时性两个方面建立人类的认知框架。地理学"对地球表面演化的特征与组织的研究，对空间中自然与人文现象相互作用造成不同的地方和区域的方式的研究，以及对那些地方和区域对各种自然与人文事件和过程所产生的影响的研究"，从而"在从环境变化到社会矛盾的广泛范围内进行有价值的研究和教学"。这些科学的兴起、发展、普及和运用过程，其实也是当代文化遗产概念和实践的"再建构"。（2）由于由联合国教科文组织（UNESCO）主导、各国政府参与实施所导致的政治权力化，以及大规模群众旅游的介入等，反而淡化、弱化了遗产主体的归属性。遗产的发生与存续必然存在着"我们的"的归属性，——即与某一个地缘性人群共同体、地方知识体系、特殊的认知等相联系。简言之，任何遗产都被视为某一个人群共同体的家园"财产"。所谓"家园感"（sense of homeland），指一个人对自己根源和归属的认知，是对"我来自哪里？""我属于哪里？"这两个问题的感知和回答。家园感存在于个体在社会群体中，存在于个体的"移动"中，通过建立人与人（人际的、家庭的、宗族的、姓氏的、族群的、国籍的、种族的……）、时空与时空（古今的、辈分的、家户的、村落的、乡镇的、城市的、国家的……）之间的多重边界得以建构。

家园遗产的归属性必定有一个地理的概念。每一个文化遗产一定坐落在某个具体的地点（site or place），或一定属于某个具体的个体、族群、村落、城市、国家。换言之，每个文化遗产都存在于某个或某些人的家园里，或者有时某个文化遗产点（cultural heritage site）就是某个或某些人的家园。"文化遗产/家园"这对结构直观的呈现便是文化地图。"文化地图"这个词在不同的语境里被赋予差别颇大的指喻：美国弗吉尼亚州立大学美国研究中心对文化地图作如下定义：文化地图致力于用图画（graphical）的表达方式呈现非图画型（nongraphical）

"遗产旅游"与"家园遗产":一种后现代的讨论

的信息。文化地图不仅表达了物理意义上的地形图，更重要的是呈现了精神和文化的"地形图"：记忆、愿望、焦虑和假说……文化地图呈现了很多未知的知识领域，在文化地图的空间里，包括了图像、表格和影像，以及任何一种可以表达抽象理念和无形感受的具体有形的表达手法（http：//xroads. virginia. edu）。文化地图也是一种知识或观念视觉化的空间呈现。地图绘制的对象可以是某些人喜好的事物，可以是建筑、道路、花园、市场、公交车、商场、地铁等社区中任何事物。另外，文化地图还可以是人们对某个地方未来的规划蓝图；还可以是人们选择某个社区居住的原因等通过主观态度呈现出来的视觉化符号。如 2002 年澳大利亚有一项"首都区域文化地图项目"，由 18 个地方理事会和 ACT 政府发起，他们通过咨询当地居民，以发掘居民选择这里生活的原因；他们最喜欢这里的什么；为改善社区当地居民对未来有何地方性知识和主意。该项目的"区域性文化地图"旨在为项目中的十九个市政的区域氛围、区域识别和独特性（atmosphere，identity and uniqueness）提供一张清晰的图画。每张文化地图都要揭示并阐述该社区的价值以及居民的愿望，为政府服务社区提供有价值的信息。它不仅要传达出每个地方理事会对该社区的规划，还要通过促进当地文化的活力，协助发展经济，发掘旅游潜力。

我们对文化地图的定义是：边界及其关系在空间的视觉化呈现。边界可以是具体有形物，如行政区划、街区、山水地势等的边界，也可以是理念、知识、时间、族群、文化等无形（intangible）物间的边界。视觉化并不排斥文字，文字也是一种视觉化的符号，很多地图如果没有文字很难完整。视觉化甚至可以包括影像等多媒体符号。因为我们的文化地图不仅表现对象及其边界，同样重要的是要表现它们之间的关系。因此，我们的文化地图可能不仅仅是平面的，在条件允许的情况下还包括立体的文本，如超文本链接。

在这样的视角下面，充满了各种学派的认识论以及与之相关的方法论的纷争，马克思主义和结构主义地理学观和方法论强调政治和经济结构起着制约人类行为的作用；现实主义方法坚持经验的偶然性和理论的非普适性；文化地理学强调地理学研究的阐释性；女权主义的方法强调分析妇女生活边缘化；后现代主义地理学观强调研究的偶然性和表述危机……

无论对于遗产归属性的空间认知有什么视野和视角，"地方性"都是一个具体的形态和形貌（包括地理上的、认知上的、宗教上的、情感上的），它是人类"家园"的依据。家园的"地方性"在地理学家那里被定义为："在某种程度上是以来自他处的人、物和思想的运动。"而在工具理性主义眼中，每一个地方都有相应的空间性；雷尔夫（Relph，E.）做了四种空间或有关空间知识的划分，

27

它们的产生是由于与地方的不同关系造成的。第一种是依据人身体所处的位置形成的"实用"空间（如上、下、左、右）；第二种是根据我们的意向，我们注意的中心形成的观察空间，它是以观察者为中心的；第三种是由于文化结构和我们的观念而形成的存在空间，这是一个充满社会意义的空间。以上三种空间的定义都是根据它们与人类的经历或任务的关系来确定的。第四种认知空间，即我们如何抽象地构筑空间关系的模式。把空间仅仅局限在第四种意义上是地理学家经常犯的错误。

三、遗产旅游与家园重建

随着现代社会的快节奏变化和变迁，在全球化进程中，"移动性"已经成为一种社会属性的背景下，"移动"、"迁移"、"离散"、"旅行"、"旅游"等已经成为社会实践的一种基本的样态。从这个意义上说，"空间的实践"（spatial practice）的时代已经到来。克里福德借此来指涉人类学的田野调查和旅行所表达的空间意义。虽然原来并非用来指涉一般意义上的旅游。从"旅游文化"的层面看，无论是人类学的田野作业还是旅游行为中的游客活动都自然存在着对某一个特定空间的实践问题。因此，确定具体的空间单位和空间概念也成了我们必须进行分析的要件。这里的"空间"不仅指地方人民生活（insider）的居所，由于后现代社会的移动性，"地球村"的概念出现，它也指外来者——旅行者（outsider）进行短期生活、观察、了解、体验或者观光的地方和地点。从旅行文化的角度看，我们可以把旅游活动和旅游行为视为一种"空间实践"，它所包含的意义还可以有很多不同的指示：

1. "静态/动态"的空间指示和关系。这是一种"地理空间的转移"。游客离开日常的家庭生活外出旅游，就出现了基本的空间关系和空间结构的转换，即把"日常家庭生活"当做一种"静态的"、"停滞的"和"不变的"空间感受与旅游活动中的"动态的"、"移动的"和"变化的"空间感受放在一个基本的"二元结构"关系上，游客最直接的旅游动机即从这样简单的空间感受中产生出来。在这一个外在的空间关系中，二者时常会发生相互"挤兑"的现象。我们在从事旅游研究的时候，一般会更多地强调游客由于不满和厌烦没有新意的工作内容、一成不变的生活节律、"两点一线"（家庭—单位）单调的工作地点和环境、丧失"激情"和死板的社会关系以及紧张的人际关系，并因此产生强烈地暂时要改变生活方式和环境空间的要求和愿望，于是，旅游成了一种实现这一要求和愿望的最佳选择。然而，实际上游客在经过一段时间不断变化的节律和改变环境空间之后，在心理上又会产生对家庭生活"回归"的渴望。所以，通常而言，游客在出游之前会有"离开家真好"，旅游结束后会有"回家真好"的感觉。其实，旅游正是通过这样的空间改变和场景变化，使人们对生活、对旅游、对家庭不断地在这样转换之间保持对生命的热爱，对工作的热情，从而提高对生活的体认和欣赏态度。

2. "交流机制"的空间指示和关系。这是一种由于旅游行为所产生的"游客与东道主"之间非常复杂多样的社会空间机制。旅游是一个具体的行为，同时，这些行为由于被特定的地点、人群、氛围、礼仪、规矩所限制和规定，也就附加上了情境中符号的特殊意义。在这一关系空间里面，交流当然属于至为重要的内容，因而具有一种机制性的含义。事实上，我们也可以把旅游活动中游客与东道主所建构的关系空间当做一种基本的交通传媒，它聚集了社会价值观念、道德语码等。它成为不同文化实际接触与交流的空间背景。人类学对旅游的研究特别重视不同文化的接触与交流。然而，在实际的旅游活动和旅游行为中，游客对东道主地方社会和民众的所谓"行为接触"（语言、文字、实际参与生活活动等）机会非常有限，其文化接触与交流更多的还是通过那些旅游活动空间机制的关系符码作交流和体验。比如，游客在短暂的旅游活动中通常没有机会体验到地方社会中较为完整的事件，然而，我们却并不能因此认定游客对地方社会一无所知，原因就在于游客在旅游行为中经常是通过对当地的各类象征符号（包括零星的、分散的、拆解的）进行观察、"组装"、体会和解释。

也正是在这个意义上，我们确立"家园遗产"的概念。它是人类遗产原初纽带（primordial tie），也是时下人们经常使用的"原生态"（primordial statement）的根据。虽然在联合国教科文组织的定义中，遗产已经从地缘的、世系的（lineage）、宗教等的范围上升到所谓"突出的普世价值"（outstanding universal value）的层面，成为"地球村"村民共享的财产，但这并不妨碍任何一个具体遗产地的发生形态和存续传统的历史过程和归属上的正当性。具体而言，现在的遗产所有权基本上属于民族国家（nation‑state），但民族国家从概念到实体从来就是"想象的"、"有限的"、"时段的"现代国家表述单位。也就是说，多数历史遗产在从发生到存续过程中的归属权并不在国家。另一方面，即使是在后现代的背景下，也没有因为遗产的所属权发生"转换"，原先遗产的所有者就完全丧失了对它们的认同与继承关系。所以，强调"家园遗产"仍然极其重要。

"家园遗产"的归属性所包含的东西和关系非常复杂：诸如时间、空间、方位、归属、居所、家庭构造、财产、环境、地方感、"神龛化"……

在人类学研究中，"家"（family）、"家族—宗族"（lineage）、"家户"（household）等是核心概念，也是人类学研究社会文化的最小单位。从家庭的内部结构出发构成了基本视野，在定义上一般采取两种类型：一是以家庭为经济独

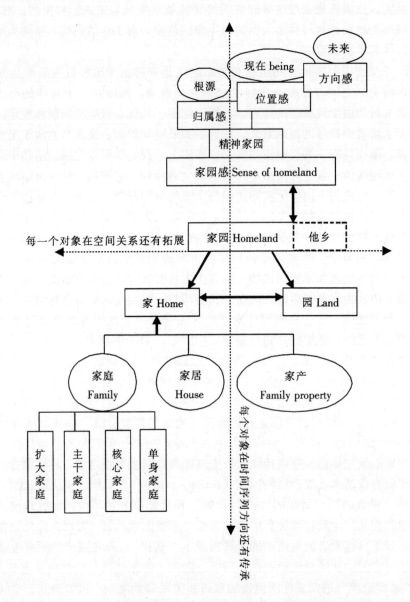

立自主的家户单位；二是偏重家族与宗族关联所形成的继嗣单位或仪式行为单位。一般而言，在农业社会的家族继嗣制度的原则是父系制，正如费孝通所说，在中国的乡土社会里，家并没有团体界限。这社群里的分子可以依需要，沿亲属差序向外扩大。而扩大的路线，是以父系为原则，中国人所谓的宗族（lineage）、氏族（clan）就是由家的扩大或延伸而来的。与此同时，他又将家庭分为大小两类，所谓"小家庭"，指"家族在结构上包括家庭；最小的家族也可以等于家庭。因为亲属的结构的基础是亲子关系，父母子的三角。家族是从家庭基础上推出来的。"所谓"大家庭"，指"乡土社会中的基本社群。""社群是一切有组织的人群。"家庭的大小并不取决于规模的大与小，不是在这社群所包括的人数上，而是在结构上。与"小家庭"的结构相反，"大家庭"有严格的团体界限。费孝通先生的"大家庭—社群"类似于我们在强调的"家园"。

"遗产旅游"包括了对遗产价值的区隔和分裂的因素：

（1）游客与东道主对遗产的认知和实践价值存在着差异。对游客而言，到遗产地旅游只是"客位性"的，而东道主则属于"主位性"的。

（2）对于游客来说，到某一个遗产地旅游属于"观光"活动，而对于家园遗产的地方民众来说，遗产成为他们的"展示"活动。

（3）由于遗产的所属权发生了转换，遗产地政府为了配合旅游，迎合游客的"时尚口味"而对遗产进行改造、装饰等，使之成为名副其实的"创造遗产"的行为。对此，家园遗产的主人经常处于"失语"状态。

（4）现代旅游是以资本作为交换的活动。当资本的"中介"性质被突出和凸显，并成为现代社会的杠杆，遗产便很可能面临一场劫难。

参考文献：

［1］［法］让-费郎索瓦·利奥塔德：《后现代状态：关于知识的报告》，载王岳川、尚水编《后现代主义文化与美学》，北京大学出版社，1992 年版。

［2］［法］让-费郎索瓦·利奥塔德：《何谓后现代状态?》，载王岳川、尚水编《后现代主义文化与美学》，北京大学出版社，1992 年版。

［3］**Jameson, Fredrick**, 1985 "Postmodernism and Consumer Society" in Hal Foster（eds.）*Postmodern Culture.* London：Pluto. p. 111 ~ 125.

［4］**Barfield, T.**（eds）, 1997. *The dictionary of Anthropology.* Oxford：Blackwell Publishing. p. 368 ~ 369.

［5］［英］罗伯特·莱顿：《他者的眼光》，蒙养山人译，华夏出版社，2005 年版。

［6］彭兆荣：《民族志视野中"真实性"的多种样态》，载《中国社会科学》2006 年第 2 期。

［7］**Clifford, J. & E. Marcus.**（eds.）1986. *Writing Culture：The Poetics and Politics of Ethnography.* Berkeley：University of California.

［8］**Appadurai, A.** 1990. *Disjuncture and Difference in the Global Cultural Economy.* In M. Featherstone, （eds.）*Global Culture. Nationalism, Globalization, and Modernity.* London：Sage.

[9] Mowforth, M. & Munt, I. 2003. *Tourism and Sustainability: Development and New Tourism in the Third World*. London/New York: Routledge.

[10] Harvey, D. 1989. *The Condition of Postmodernity*. Oxford: Basil Blackwell.
Boniface, P. & P. J. Fowler, 1993. *Heritage and Tourism in "the global village"*. London and New York: Routledge. p. 10~11.

[11] Benjamin, W. 1968. *The Work of Art in the age of Mechanical Reproduction. In* Benjamin, W. (eds) *Illuminations*. New York: Harcourt, Brace & World.

[12] Tucker, H. 1997. *The Ideal Village: Interactions through Tourism in Central Anatolia. In* Abram, S. & Waldren, J. (ed.) *Tourists and Tourism: Identifying with People and Places*. Oxford/New York: Berg.

[13] Urry, J. 2002. *The Tourist Gaze*. London: SAGA Publications.

[14] Graburn, N. H. 2001. *Learning to Consume: What is Heritage and When is it Tradition? In N. ALSayyad (eds) Consuming tradition, Manufacturing Heritage*. New York: Routledge.

[15] 1995. *Tourism, Modernity and Nostalgia. In* Akbar S. Ahmed and Cris N. Shore (eds) *The Future of Anthropology*. London & Atlantic Highlands, NJ: Athlone.

[16] 《重新发现地理学》，美国国家研究院地学、环境与资源委员会地球作科学与资源局重新发现地理学委员会编，黄润华译，北京：学苑出版社，2002 年。
http://xroads.virginia.edu.

[17] [英] 迈克·克朗：《文化地理学》，杨淑华等译，南京：南京大学出版社，2005 年。

[18] 班纳迪克·安德森：《想象的共同体：民族主义的起源与散布》，吴睿人译，时代文化出版股份有限公司（台北），2000 年版。

[19] Uzzell, D. L. (eds.) 1989. *Heritage Interpretation*. Introduction: The Natural and Built Environment. London and New York: Belhaven Press.

[20] 费孝通《乡土中国 生育制度》，北京大学出版社，1998 年版。

（作者单位：厦门大学人类学研究所）

浅论《司岗里》神话在佤族
文学中的重要位置

赵富荣

《司岗里》神话，以其想象之奇特，高冠于佤族民间之首。佤族的先民们曾通过幻想中神灵的行为来表达自己企图解释自然、控制自然、探寻自然规律的愿望。广泛流传于佤族地区，几近家喻户晓，人人皆知的《司岗里》就是其中最典型的代表。《司岗里》的传说，集开天辟地神话、人类起源神话、自然神话、物种起源神话，民族族源神话、英雄神话等内容于一身。《司岗里》神话有多少传播者，几乎就有多少种神话内容。就"司岗"一词，因佤族的许多支系和地区方言土语不同，所以各地区称谓也不尽相同，如有的叫"阿岗"，有的叫"西岗"，"岱岗"，还有的叫"得岗"。葫芦与司岗，各地区佤族也有各种各样的解释，有说"石洞"的，又有说"石柱"的，也有说"圣葫芦"的，甚至有说男人和女人生殖能力等等。据调查，"司岗里"当为双关语：一指地名，即巴格岱（缅甸佤邦）这个地方，传说它是人神一体的女始祖叶奴姻降生佤族女始祖安姆拐的地方；二指男女，雄雌生产人类及生命的生殖器官与功能，它们是生命产生的玄奥妙门。正因如此，所以成了佤族神话的源头，其内容在佤族民间文学中占有重要的位置。

一

《司岗里》神话既有散文体的神话流传，又有韵文体的古歌传唱。散文体的文学作品主要表现在：如神话、传说、故事、童话、寓言、笑话等形式；韵文体的文学作品主要表达形式：如歌谣、史诗、抒情诗、叙事诗、劳动歌、风俗歌、情歌、儿歌等形式。另外还有音乐、舞蹈、绘画和戏剧等艺术门类。可以说，文学艺术的各个门类，几乎应有尽有。佤族先民运用散文体神话来解释天地开辟、日月产生、宇宙变化和万物起源，通常将这类神话称之为"创世神话"；运用韵文体形式唱述的称之为"创世古歌"；有的又称为"创世史诗"。两种文体所反映的佤族社会内容基本相同，作品记叙了佤族先民对天地开辟、宇宙形成方面的内容，而着重反映的是关于人类起源的神话，同时也涉及了人类赖以生存的衣、食、住、行等各个方面的内容。散文体《司岗里》神话，是一组几乎囊括了佤族远古时代万物起源的神话的记叙和解释。它围绕关于人类起源这个核心，集中表现了人类最早怎样从"司岗里"出来后，对于尚处在人类童年时代的佤族先民是怎样渴望并寻求认识自然、改造自然和征服自然，并企图利用自然造福于人，求得生存与发展的现实。在这样一个具有"永久魅力"的母题下，派生和汇集了佤族远古神话的各个方面的内容，包括开辟天地、宇宙形成、大水淹山、人类起源、万物来源、民族区别、性别区分、语言文字产生、物种的驯化与种植，火的发现以及某些民族习俗和宗教信仰的起因等等，展开了远古时期广阔的社会生活的场景。也就是说，在"司岗里"这样一个最基本的母题下孕育出一连串的子题。具有系列性和连锁性，既跟母题紧密联系，成为母题的有机组成部分，也可以独立成篇，单篇流传。每一歌篇，记叙一种自然现象或一件事物的起源以及某种风俗礼仪的起因，构成了一部丰富多彩的具有多功能性的神话作品。

《司岗里》神话的第一篇，就是解释天地是怎样形成的。佤族的原始先民们依据自己民族赖以生存的自然环境和地域特色，对无法抵御的自然灾害和变幻莫测的自然现象，以及试图改造所处自然环境，求得生存发展的理想和愿望，通过天真浪漫而幼稚的思维方式，借助于想象和幻想，将其形象化地反映在神话之中。《司岗里》神话传说对天地开辟就充满着神奇的、美丽的想象。作品中并没有记叙天如何"混沌"未开，也没有去记述"洪水淹天"，人类怎样再生等带共同性的神话内容，而是开门见山就直接讲述天形成之初，"像癞蛤蟆的脊背，疙里疙瘩，很难瞧"，地形成之初，"像知了的肚子、空落落的很别扭。"[1]后来，"里"用巴掌把"天磨的像山白鱼的肚皮滑溜溜、亮涮涮"并"在光滑平坦的天上出现了太阳、月亮、星星"。[2]"伦"用泥巴堆出了高山、河海、堤岸。那时候的天和地，是用"铁链拴在一起的"，天和地之间的距离也很近。只有白天、没有黑夜、地上的生灵活不下去了，"达能"使用巨斧砍断拴着的铁链，使天地分开；"里"和"伦"把大树放进月亮里，分开了黑夜、白天。更奇妙的是佤族先民把天和地解释为是"一对夫妻"。雨水、露珠和云雾是天地"夫妻"俩由于分离哭泣时流的泪而变成的。通常，各民族开天辟地的创世神话，大多是由一个或几个力大无比，神力无边的创世英雄，也就是远古神话的神来主宰世界。《司岗里》神话传说中所创造的辟地开天的天神——利吉神"里"，地神——路安神"伦"和动物神"达能"，就是佤族远古神话中的创世英雄。利吉神"里"能够将"像癞蛤蟆脊背，疙里疙瘩"的天，磨得"像山白鱼的肚皮滑溜溜、亮涮涮"。路安神"伦"则"用泥巴"堆出高山、深谷河道和海堤。而"达能"则"用巨斧砍断了拴着天地的铁链",让天和地分开。他担心分开后升高的天会掉下来砸死万物,于是,他又用"双手托举着天"直到把地踩通了掉进地里。这些个个被神话了的创世英雄既有非凡本领,又具备原始初民那种普通的、活生生的、平常人的情感与欢乐。佤族把长者、爷爷尊为"达"。"达能"这位"双手撑天"的被人格化了的神,同时也是一位被人爱戴和尊重的神话了的长者。这些神实际上是原始先民心中集体智慧和力量的化身,也是远古时代率领佤族原始先民向大自然作斗争的杰出代表。

佤族在远古时代就生息繁衍在云南边疆的阿佤山区,对人类起源的认识与所生活的地理环境紧密联系。生活在崇山峻岭中的佤族未经过洪水泛滥,水患灾害及人类社会的历史,佤族先民对人类起源的解释,就不是由洪水泛滥所引和遗民再生神话,而是从他们所处地域环境来认识和思考。因此《司岗里》神话传说中关于人类起源的神话非常富有佤族神话的地域文化特征和民族特点。

《司岗里》神话传说这个题目本身就显示出了它的独特性。按照西盟地区的佤族解释:"司岗"是"石洞","司岗里"就是人是从"石洞里出来"的。按照沧源地区的佤族解释:"司岗"是"葫芦","司岗里"就是"人是葫芦里出来"的。但"司岗"这个"葫芦"并非其他民族的洪水神话中的再造人类的"葫芦"。佤族远古神话中的人,是由造人之神莫伟(又译:木依吉)把人类造出来放在石洞里的。在佤族心目中,危害人类生存繁衍的并不是洪水之灾,而是和原始先民共同生活在一起的动物和植物。最早发现石洞里的人,既不是神,也不是人,而是一名叫"差"的普通的小鸟。小鸟最先把人藏在石洞里的消息告诉了动物和植物,而引起了动植物界"该不该让人出来"的讨论。结果,在最不愿意让人从石洞里出来的呼声中,大家才作出决定:"帮助人打开石洞,让人出来。"首先站出来响应的是兽类中的大象、野猪、犀牛、老熊、麂子等,它们各自施展出自己的看家本领,但都没有把石洞打开。鸟类中的鹞鹰、臭雕、啄木鸟、猫头鹰等飞禽也紧跟其后,拿出各自的绝活,仍然没有把石洞打开。最后把石洞打开,让人从石洞里出来的过程中,苍蝇、蜘蛛和老鼠也立有很大功劳。苍蝇用唾液配合小米雀啄开洞门;蜘蛛用自己吐的丝,让大树压不断而认输;老鼠咬住豹子的尾巴而使可恶的豹子不敢再咬从石洞里出来的人。尤其是那一只让人从石洞里出来的"日伟"小米雀,成了佤族人民尊重和喜爱的神鸟。

佤族所居住的阿佤山地处澜沧江以西和怒江以东的怒山山脉南端,属热带气候,在起伏连绵的原始森林里,栖息着诸如虎、豹子、大象、野牛、熊等动物,生长着各种奇花异草和珍贵林木。这样的地域环境为佤族先民提供了驰骋想象、引发各种奇思妙想的现实生活依据。与野兽为伍，以狩猎和采集为主的历史阶段，人与动物共同生活、战斗在一起，把人和动物并列，共同抵御大自然的威胁。其中善兽会助人，恶兽会伤人。所以，才产生了从石洞里出来时被豹子咬死，老鼠们挺身而出，跳过去咬住豹子尾巴而吓跑豹子，从而保护了人类的生动记录。《司岗里》神话传说正是佤族先民在对远古生活认识的基础上，采用现实性与幻想性相结合的方法，为我们描述出来的一幅幅神奇而又多姿多彩的佤族早期的生活画卷。

《司岗里》神话的内容较为广阔，以下择其主要部分加以评述。

首先，与人类生产生活联系紧密的是氏族的区分。人类从"司岗里"出来时，是"从第四个起，人才活了下来。这个人是佤族（岩佤）。从此，佤族就排行为老大。以后出来了拉祜族、傣族、汉族、分别排行为老二、老三、老四，就是岩佤、尼文、三木傣、赛口，在以后出来的就是其他民族了"。[3]作品描写人类刚刚从石洞里出来时，"身上灰扑扑的，面貌模糊不清"。[4]是造人之神莫伟（又译：木依吉）吩咐妈农做了人类的第一个母亲。妈农领着这些从石洞出来的人到阿龙黑木河去洗澡，才使人的面貌清晰了。

至于民族的区分，《司岗里》神话所反映的是：第一，按照植物生长的地域和特点来划分的。譬如，老大跑去抱住了一棵椿树，所以，"佤族就像大椿树一样，黑红黑红的"。[5]老二跑去抱住一棵竹子，所以，"拉祜族就像竹子一样，青黄青黄的"。老三跑去抱住了一棵芭蕉树，所以，"傣族就像芭蕉一样，白嫩白嫩的"。[6]老四跑去抱住一棵大车树，所以，"汉族像大车树一样，又白又高大"。[7]第二，按照居住的地域特点来区分。比如佤族最先从石洞里出来，排行是老大，又抱的是椿树，所以，"凡有大椿树的地方"，就是佤族祖先岩佤居住的地方，也就是"离石洞不远"的阿佤山上。拉祜族的祖先尼文，就住在"竹子多的半山腰"。[8]傣族的祖先三木傣，就住在"芭蕉树最多"的"热带平坝地方"。汉族的祖先赛口，"就像大车树一样分布很广，热地方冷地方都能住"。第三，按照语言不同来区分。人类刚从"司岗里"出来时"不会说话，只会像独弦胡（一种佤族拉弦乐器）一样哼"。[9]是造人之神莫伟（又译：木依吉）告诉岩佤"去像牛学说话"，所以，佤族说话就"拗嘴拗舌"的。拉祜族先民是去向"斑鸠学说话"，所以拉祜族说话不由自主就"紧一声慢一声"。傣族先民是去向"蜜蜂学说话"，所以，傣族说话"甜蜜蜜的"。汉族先民是去向"画眉学说话"，所以，汉族说话就像唱歌一样好听。

《司岗里》神话传说中按照地域特点和使用语言不同来区分民族，虽然是佤族先民从他们自身所处的地域环境和植物习性出发，把自己对周围植物生长的特

文化·宗教·民俗
首届中国佤族文化学术研讨会论文集

性和飞禽走兽的不同叫声联系起来，幻想出不同民族之间的差异，其中却孕育着古老的科学思想幼芽，表现了佤族先民朴素的唯物主义思想。

其次，与人类生存繁衍联系紧密的又一个问题是人类的生育问题。《司岗里》神话传说还记叙了人从石洞出来后，"不晓得生娃娃"。[10]究竟怎样繁衍后代，佤族先民仍然去求教造人之神莫伟。碰巧莫伟喝多了酒，正在打瞌睡，就迷迷糊糊地告诉大家："让男人去生娃娃。"[11]这是多么神奇而又大胆的幻想。这样一来，可难坏了男人。"男人平时要打猎撵山，盖房子，砍木鼓，做的都是重活。在哪里怀孕生娃娃好呢？肚子里肯定不行，怀里揣着一个娃娃咋好去干活？想来想去，男人就决定在磕膝头（膝盖）上怀孕生娃娃。九个月过去了，娃娃从男人的膝盖头上生下来了。可是生出来的娃娃只是蟋蟀那样一点大，而且老是长也长不大"。[12]由男人生娃娃的说法，在有的民族的远古洪水遗民再造人类的神话中有过，但在"膝盖"上怀孕生娃娃之说，似乎是佤族先民的独创。后来又为什么由男人生娃娃转化成女人生娃娃了呢？《司岗里》神话传说中作了十分有趣的描写："有一天，大人叫蟋蟀娃娃去守晒场。娃娃很听话，抬了一根竹竿在簸箕边上蹲着。太阳火辣辣的。几只饿馋了的公鸡'咯咯'地叫着跑来偷吃谷子，娃娃举起竹竿敲打。公鸡不怕蟋蟀娃娃。打一下，跳一下。公鸡被打恼了，纵起来把蟋蟀娃娃啄死了。"[13]娃娃的爹妈很伤心，又去找莫伟，莫伟这下才明白过来，让男人生娃娃原来是他酒醉后说错了话，结果把女人说成了男人。于是，他把错误改过来，向女人们宣布："以后就由你们女人去生娃娃吧。"[14]从此，怀孕生娃娃就变成了女人的事了。这是多么奇妙的散发着浓郁生活气息而又充满人情味的叙述。虽然带有某些后人的目光去看远古时代原始先民的生育状况，但是，这则神话却是佤族先民对人类生育繁衍的大胆探索和思考，它折射出远古氏族由母系制向父系制社会转变的历史遗迹。

二

《司岗里》神话是佤族文学史上一部宏大的文学艺术作品。"史诗只能在一个民族的幼年期出现，是艺术发展的不发达阶段的产物"，[15]它对文学艺术的发展有很大的促进作用。马克思在《〈政治经济学批判〉导言》中，评价希腊神话时曾经指出："希腊神话不只是希腊艺术的武库，而且是它的土壤。"[16]在马克思这一著名论断的启示之下，我们发现远古时代的佤族神话传说《司岗里》，从一定意义上说，对后世的佤族文学艺术发展的影响同样也起着"武库"和"土壤"的作用。《司岗里》神话传说与佤族古代神话传说和英雄传奇故事关系密切，促进了佤族民间口头文学艺术表现力的发展。《司岗里》神话传说融神话、传说、叙事为一体，连开天辟地神话、万物起源神话、宗教习俗传说为一体，熔佤族生存、迁徙、繁荣等传说为一炉，缀佤族历史上各种杰出人物和各种民俗为一幅，对古代佤族社会作了动人的艺术描绘。

在《司岗里》神话传说中，所塑造的半人半神的各具特色的群神形象中，除了举着天的"达能"是十分典型和明显的巨大形象外，还有许多是外形微小，却立有巨大功劳，具有高尚品德的小生灵，如蜘蛛、小米雀、老鼠等等，充分体现了神——人性格的多面性和丰富性。《司岗里》神话传说不仅以神话的形式叙述了天地形成，日月产生，人类及万物起源、民族来源、而且还以写实记事的手法，叙述了佤族的迁徙，安居和社会发展的内容，开始进行了写人的倾向。可以说，《司岗里》神话传说既是一部史书，又是一部神话诗歌，以诗叙史，以神话载史，成了佤族文学史上规模宏大的文学艺术作品。

《司岗里》神话传说作为佤族民间文学的代表作，也被视为佤族文学的"先驱"。它的创作手法是将现实性与幻想性结合在一起，即在现实生活的基础上，借助想象和幻想来表现，有着十分浓厚的神话色彩和浪漫主义特色，对后世佤族文学的发展奠定了优良的传统并产生了巨大的影响。《司岗里》神话传说中充满着神奇瑰丽的幻想，所展现出的原始古朴而又神秘虚幻的佤族远古时代生活图景，都是"用想象和借助想象以征服自然力，支配自然力，把自然力加以形象化"。[17]无论是散文体的神话传说，还是韵文体的古歌史诗，《司岗里》神话传说在描写佤族原始先民的创世英雄利吉神、路安神和人神"木依吉"在率领各种动物从"石洞里"将人类解救出来时，都是把这些创世英雄"神话"之后，通过神奇的幻想来实现的。对于尚处在人类童年时期的佤族原始先民来说，面对着这神秘莫测，不可思议和理解的自然界，"单是正确反映自然界就已经极端困难……在原始人看来，自然界是某种异己的、神秘的、超越一切的东西。在所有文明民族所经历的一定阶段上，它们用人格化的方法来同化自然力"。[18]正是这种人格化的欲望，创造了许多神，原始先民"用人格化的方法来同化自然力"，其表现方式通过人民的幻想用一种不自觉的艺术方式加工。所以，当《司岗里》神话传说出现了"大水淹山"时，是那位达摆卡木老人与黑母牛交合而产下葫芦，人类才能够"从葫芦里出来"。当天和地最初拉得很近时，是妇女"舂谷子"的杵棒顶着天"把天顶高"，用畚箕扬出的米糠飞上天"变成了山"，又因为竹子划破了胯子，而分出男女。这真是大胆的奇思妙想。类似这样一些神奇而美妙的幻想和想象，都离不开佤族先民所处的地域环境所提供的自然条件和社会现象的独特性，他们诱发了原始先民不同的想象力，而构成了这五光十色的多姿多彩的神话传说和古歌，形成了佤族远古文学独特的地域文化特性和民族特点。

《司岗里》的神话传说这一富有浓厚浪漫主义色彩的创作手法，不仅成为佤族远古文学的主要创作倾向，而且还成为佤族文学发展的一个优良传统，对后世佤族文学的发展，产生了巨大的影响。

许多反映古代佤族先民由狩猎、采集过渡到农耕、定居生活甚至反映原始氏族社会解体、阶级开始分化、私有制观念和贫富差异出现后的佤族文学作品类似孤儿故事、爱情故事和生活故事以及机智人物的故事等，都或多或少地运用神话来表现。比如《岩惹与龙女》、《岩惹可与岩萨特》、《两姊妹》、《兄弟俩的遭遇》、《牛哥哥》和《岩江片》的故事等作品中的主人公，大多数都是被"神化"或沾有"仙气"的人物，他（她）们往往借助某种"神力"或"仙气"的帮助而使主人公在危难之际能够转危为安，获得幸福。在《兄弟俩的遭遇》中，被丢进深山老林里的兄弟俩，在危急关头，竟然获得了具备"仙气"的活命药，使得许多鸟兽起死回生，最后用活命药救活一家富人的姑娘，而获得美好的爱情。尤其是当作品中的主人公陷入困境，生死攸关之际，都是借助于幻想的翅膀，创造出一些神力无边的人或事来帮助主人公克服困难、战胜恶势力，在奇异的幻想中赐予作品主人公以永恒的生命。

《司岗里》神话对佤族先民在远古意识中天地形成，人类起源，天象物候，生产生活习俗以至其他原始文化现象都作了奇异的解释，并表达了自己民族独具新奇的审美情趣，其中也不乏深邃的人生哲理。《太阳、星星和月亮》表现了佤族征服自然的顽强意志；《月亮的故事》则表现了佤族战胜自然，不屈不挠的斗争精神和英雄主义气概。表明了人们对不可知世界积极的思索态度和可贵的探索精神。

《司岗里》神话故事富有浓郁的传奇色彩。传奇的神话大多具有完整的故事情节、鲜明的人物形象、突出的性格特征，这类故事较之神话更接近生活现实。《救生石》通过岩嘎救民于水火，甘愿自己变为石头的故事，塑造了救苦救难的佤族英雄形象，表明了佤族传统的献身精神。《公明山》通过虚拟的孔明进佤山的故事，塑造了一个智力大，神力奇特的孔明形象，反映了佤族崇尚武功的习性和对汉民族的美好情感。

《司岗里》神话为我们展示了广阔生动的社会风貌画卷。神话量多面广，除了上述讲的基本内容外，还几乎包容了生活的每个方面：有讲述佤族社会演进过程的《我们是怎样生活到现在的》；有表现坚贞爱情的《黄瓜姑娘》、《阿维和龙女的故事》；有表现社会人情世界的《两兄弟》、《坏心眼的哥哥》；有反映家庭生活的《春胆卖妻》；有反映人的勤劳本质的《岩勤》；有表现社会礼俗观念的《还奶汁》等等。反映在《得岗》神话中的佤族机智人物故事，主要表现佤族社会尚处于原始社会正在崩溃、阶级社会正在形成的阶段中，部落百姓对窝朗头人的不满和愤懑。《岩坝的故事》通过塑造大智大勇的代表人物岩坝和窝朗头人巧妙、机智，充满幽默感和乐观主义精神的斗争，揭示了"卑贱者最聪明，高贵者最愚蠢"的真理。

"司岗里"神话还包含着大量的动物故事，内容精彩、形式别致。由于佤族社会长期处于采集、狩猎的生活环境，人们对各种动物的习性了如指掌，为了表达自己的愿望、要求、理想，人们将自己对善恶、美丑、是非曲直的认识、甚至伦理道德等都附着在动物上。把人的社会性格和动物的自然属性有机地结合在一起，创造了一个个神采四射，妙趣横生的故事。

"司岗里"神话是佤族历史文化的恢弘开篇，它是阐释佤族信仰、心理、伦理、道德与法律的宝典，是一部佤族的口传百科全书，在佤族文学中占有重要位置。"司岗里"神话自诞生之日起，就与佤族的精神文化和佤族的各种社会意识形态融为一体；要知晓佤族的精神文化以及社会意识形态，就必须从"司岗里"这一作品中去寻找和探研。佤族老人每每讲述寨史、人类起源、动植物故事、婚姻故事，寻找幸福故事等，都要从"司岗里"谈起。因此，"司岗里"神话具有诠释一个古老民族的全部秘密和行为符号的多方面的价值。

注释：

[1] ~[14]《司岗里的故事》（佤文汉文对照），云南民族出版社，1990，4～30。
[15]《别林斯基论文学》，文艺出版社，1958，559。
[16] ~[18]《马克思恩格斯选集》（第二卷），人民出版社，1973，113。

（作者单位：中央民族大学）

世界各民族的几则人从洞出神话

——兼论《司岗里》的独特价值

胡立耘

人类起源神话有多种形态，如创生神话、化生神话、演变神话、再生神话、出人神话等，出人神话中没有过分渲染神的创造作用，而是强调在大地或其相应的组成部分如岩石、山、岩洞、水渊等潜在的孕育能力。在世界各民族的各种人类起源神话中，人从洞出（山洞、地洞、岩洞）神话并不是具有典型意义的起源神话，尽管不是十分丰富，但在亚洲、美洲、非洲、大洋洲均有零星分布。在这些神话中，佤族神话《司岗里》以其内容的丰富性、形式的多样性和民间流传的活形态特点而相对突出。本文拟就笔者从中外相关文献中所收集到的世界各民族的几则人从洞出神话进行介绍，并在此基础上分析《司岗里》的独特的学术价值。

一、世界各地各民族的人从洞出神话

（一）中国

在中国，人从洞出的神话主要有：

1. 古代巴族的《石穴出五姓》

据《晋书卷一百二十·载记第二十·李特传》记载，"昔武落钟离山崩，有石穴二所，其一赤如丹，一黑如漆。有人出于赤穴者，名曰务相，姓巴氏，有出于黑穴者，凡四姓；曰瞫氏、樊氏、柏氏、郑氏。五姓俱出，皆争为神"。《后汉书》、《太平寰宇记》等文献亦有记载。

2. 墨脱东部地区的珞巴族神话

墨脱东部地区的珞巴族在《浪错湖的来历》的神话中讲道，峡谷处的珞巴人是从山洞里出来的。传说之一，墨脱东布错的珞巴人是从古雅颇章（庙）附近浪错湖的山岩里出来的。珞巴人出来时，一个老人因舍不得岩洞里的人，便用葫芦瓢带了一瓢水，不小心摔了一跤，将水泼到地上形成了今天的浪错湖……老

人的子孙就是后来的米古巴人。在东布村西面的高山上，有一个大岩洞，据说就是出人的洞。[1]传说之二，珞巴人最初是从背崩村北面柔里比洞内出来的。传说之三，达冈错的珞巴人的来历是：从古堆颇章直达普田山里出来一个人，他到处乱走，发现树上有一把刀，地上有脚印，找到古根地方的石岩上，发现岩下有很多人，就跳下去一起居住。[2]达额木部落的传说也讲，他们的祖先是从宫堆颇章的山洞里出来的。[3]

珞巴族有一部歌唱世界的形成，万物的起源和人类的诞生的创世史诗《斯金金巴巴娜达萌》，珞巴语"斯金"意为"大地"，"达萌"是本名，合起来就是"大地诞生的女儿达萌"。

3. 云南佤族人从洞出神话《司岗里》

云南西盟佤族的创世和人类起源神话《司岗里》说：司岗里洞穴，就是"人类所由来的地方"。"人是从地洞里出来的——这是我们阿佤人的说法"。[4]关于人的来历说得很模糊，其大意是神造了人，把人放到了洞穴里去，后来人才从岩洞里走了出来。佤族的人类起源神话《司岗里》记述：佤族的第一代神路安神和利吉神造了人后，把人放到了一个石洞里，并用石门封住，人出不来。普冷鸟发现了此事，并告诉了好朋友哥龙地（一种类似杜鹃的鸟）。它们分头把这个发现告诉了大地上所有的飞禽走兽和花草树木。动物们都想打开这个石洞，却没成功。这时，木依吉神（佤族传说中的第二代神）跑来告诉它们："查查还有什么雀没有来，去请它来，石洞就能打开了。"大家查了查，只有小米雀没有来。普冷鸟找到了小米雀，把木依吉的意思告诉了它。小米雀飞到石洞上啄起来，渐渐地石洞裂开了一条缝，里面的人用力一推，打开了一道门，人就从石洞里走了出来。接下来讲到人类洗了脸便会说话，人类形成不同民族，取得了谷种，并不断迁徙。[5]

4. 台湾泰雅人、布农人等的人从石洞出神话

布农人的始祖创生传说讲道，太古的时候，在 Mintongon 这个地方有两个洞。有一天，一只 narhar 虫把自己的粪搓成两个球，分别投入洞中。经过了 15 天左右，从一个洞中生出了男孩，而另一个洞中生出了女孩。两个人长大了之后结为夫妻，他们的孩子又互相配婚，于是人类逐渐繁衍增加。在台湾高山族还有很多石裂生人的神话，如泰雅人的神话说，在太古时代，在叫做 Pasvakan（意为石头破裂、人诞生）的地方诞生了一男一女，他们繁衍了子孙分散四处，成为泰雅人的祖先。[6]雅美人神话中则说，神降大山，让一石、一竹各生一男人，两人又各从膝后弯处生出一对兄妹，后来兄妹结婚繁衍。因渎神，神降洪水，人们迁徙高山，又因大雨山崩迁徙平地，并恢复祀神。[7]排湾部落有神话讲，古时在

telau 地方，山壁的山石裂开后，生出一男一女，背对着背成婚繁殖人类。另一则神话则是往昔达瓦兰部落，第乐奥的地方有一个大岩石，有一天裂开生出了四个小孩，长大相婚，子孙繁衍；于达瓦兰部落东边约1 000米处有一部落叫土旺（tuvun），亦有一岩石裂开生出三个小孩，长大后也相婚繁衍子孙。[8]

（二）朝鲜

神话《济洲岛的人是从哪里来的》讲道，最初并无人类，从洞窟中出来了高乙那、良乙那、夫乙那三人。东边海滨飘来木箱，里面有三个女人，还有五谷和家畜，据说女人是从日本来的。三人分别与之婚配以繁衍后代。时至今日，三人逃出来的洞窟还依然存在，被人们视为神圣。[9]

（三）南亚、东南亚

分布在印度及缅甸部分地区的那加人（Naga）、钦人（Chin）、库基人（Kuki）等，普遍流传着人从洞出的神话。大林太良指出，"那加人中的阿奥人、洛塔人、安加米人、卢胡中白人，坦库尔人，库基人中的卢谢人、塔杜人、肯加人、辛颇人、米什米人、缅匈人，东南亚大陆的拉瓦人等都产生了这个主题（本文作者注：'人从地下出'的主题）的神话"。[10]

钦人（Chin）、库基人（Kuki）又被合起来叫"Kuki－Chin"，就是"库钦"人，他们的神话中说，他们从"洞"里出生，或者从地球的"肠"、"胃"里出生。

"Chin"指钦人，这个词也可翻译成"我们人类最初居住的洞"，或"我们祖先出来的地方"。代代相传的神话认为，钦人是从地的肠或岩洞里出来的，这个洞被叫做"Chin－lung"或者"Cin－lung"。据说在中国的西藏或其他某个地方，一说在 Chindwin Valley 亲墩江流域（缅语中的 Chindwin，意思是钦人的洞）。不同的部族关于人从洞出有不同的说法，并依据其相应的神话来作为其部族认同的特征。一则神话说，从出人洞"Chinglung"出来了不同部族的人，他们一出来就喋喋不休，最高神 Pathian 认为人太多了，所以用石头将洞堵起来。另一则神话则说，很久以前，被称做 Khazanghra 的大黑暗笼罩着世界，人从地下通过洞来到地面，每一个部族的人出来都叫自己部族的名字。Tlongsai 部族的人出来就叫"我是 Tlongsai"；Zeuhnang 部族的人出来便叫"我是 Zeuhnang"；Hawthai 部族的人叫"我是 Hawthai"；Sabeu 部族的人叫"我是 Sabeu"；Heima 叫"我是 Heima"。神根据叫声来控制不同部族出来的人的数量。而当 Lushai 部族的人从洞里出来时，只有第一个人叫了，其他人则沉默不语，神以为只有一个 Lushai 人出来，所以给了更多一点时间，因而 Lushai 的人数多。不同部族的人出洞后，神让他们的语言变得各各不同。[11]

库基人的神话中认为他们是从地球的肠或岩洞里出来的。这个肠或洞被称为 Chinlung or Shionlung or Khul，叫做"Khul"的洞被认为是"Gun"河（即英帕尔河，the Imphal River）的源头，据说在中国的西藏或其他某个地方。如被认为是库基人（也有认为是那加人）的一个支系的 Koireng 人，神话说其祖先被称做 Khurmi，即洞人（Khur = cave，Mi = man）。当他们从岩洞里出来时，遇见了老虎，多数被老虎吃掉，只有 Song 部落的 Koireng 人穿着有虎皮纹样的箭衣而幸免。Kom 人（the Koms）的神话也说人从洞里出来时，由于 Kom 人穿的是成条的衣服，类似虎皮而与老虎做了朋友，没被吃掉，从此他们的后代不能杀或吃虎。而 Salchapa 人出来时杀死了老虎，Leivonpa 人则砍下了老虎的舌头并揣在身上。另一则库基神话说，一天，一个人在猎刺猬，他的狗追到了地面，而他在洞里等了很久没有等到狗回来，便循着狗的踪迹到了地面，地面的景象使他既震惊又兴奋，便回到地下告知了他的兄弟，并在地上建立了新的国家。另有一个版本的神话中，一个名叫 Chongthu 的人随着猎豪猪的狗通过一个大洞到了地面，可是在地上七天七夜都是持续的黑暗，他用法术变出了一个村庄。当时，在地下正由其父亲 Noimangpa 举行一个叫做"chon"的节日，人人都来参加，Chongthu 及其哥哥 Chonkim 都参加了。在宴会上，Chongthu 蓄意拿出锋利的宝剑刺伤了许多亲属，激怒了大家，从而得到借口离开地下到地面生活。[12]

缅甸佤邦流传着与云南佤族类似的人从洞出的神话。在云南佤族《司岗里》中还有佤族人伏在葫芦中随洪水漂到缅甸的情节。值得注意的是，在缅甸与中国的交界地区，有一则佤族神话中讲，人是由蝌蚪变成青蛙，再由青蛙变成妖魔。妖魔住在帕克特山洞里，抓到人把头盖骨带回山洞。后生了许多妖魔，均具人形，共九个儿子，居住在九条佤族山谷；有十个女儿，住在荒野，女儿们的后代猎头比儿子们的后代更彻底。有保存人的头骨的风俗，以求和平繁荣。这个新民族说的是蛙语，即是后来的佤语。[13]

在孟加拉吉大港（Chittagong）的 Bungogee 人、Pankhoos 人、山地人（Hill tribes）等，都有他们的祖先是在一个名叫 Tlandrokpah 的头领的领导下，从地下的一个洞穴里面出来的叙述。[14]

此外，印度尼西亚的加里曼丹岛（婆罗洲）的伊班人（the Ibans）有人从地窖里出来的神话。[15]在瓦图贝拉（Watubela）和凯群岛，传说初人是自大地中生出。[16]

（四）美洲印第安人

北美印第安人中的纳瓦悠人（the Navajos）的神话中，说在一段时期内，各种民族，如 Navajo 人、Pueblo 人、Coyotero 人以及白人住在地下，在 San Juan 河边的一座大山中心的洞穴中，他们以肉为食，洞里光线很暗，Navajo 人的两个哑巴会演奏笛子，以音乐来打发人们的黑暗时光。一天笛子碰到了洞顶，发出了空洞的声音，部落的长者们决定从这个地方挖洞。最后由一种蛀虫（the Moth - worm）挖开了洞到达了地面。后来，人们陆续从洞里出来。在洞里人们说一种语言，但出来后人们说不同的语言。由于地面很暗，没有月亮、星星和太阳，所以人们造了这些发光体。还有一则神话则说在人种还没有区分之前，一些重大的事故使剩下的人被赶到了洞里，各种动物也在洞里避难。洞口被某种漂浮物挡住了，人们以动物为食。最后他们挖开了出口来到地面，发现世界被泥和水覆盖。风把泥土开成深谷，水流走后，泥土干了。人们发现外面的世界被云遮盖，没有月亮、太阳和星星，人类造出了它们。[17]分布在美国的新墨西哥西北部、亚利桑那、犹他州东南部的 Navajo 印第安人普遍流传着最初的人从地下的不同世界中出来的神话。[18]

居住在新墨西哥州的印第安人支系的祖尼人（the Zunis）的神话说人从地下深处出来。在四个洞穴子宫（the four cave - wombs of the world）中最底层的那个子宫，人和生物的种子成形并生长，像在蛋里孵化生命一样，具有残缺的人们堆积在一起，拥挤、爬行、互相埋怨、悲伤、吐唾沫，用下流和侮辱的语言相骂。一些人试图逃脱，其中，有一个突出的最有智慧的具有某种神性的人 Poshaiy-ankya，在穿越了四个地洞子宫后，他出现在地面的光亮中，并找到了太阳神，恳请太阳神让地母重新产生人类。又有神话说四个地洞子宫由梯子连接，类似女性母体，第一层地洞，人在其中像草或藤蔓一样产生；第二层地洞为脐带子宫（the Umbilical - womb），在这里，陆续形成六种人（黄色、茶灰色、红色、白色、混合色、黑色人）之父；第三层为妊娠的地方（K'olin tebuli or the Place of Gestation），人类长大，并分别繁殖，形成不同的部族和国家；最后一层是阴道子宫（the Vaginal - womb），人类从此出到地面。类似人类的孕育到生产的过程的不同的阶段。代表孕育、成形、长大、分娩。又代表人分化成为具有不同语言、信仰的不同民族，建立不同国家的过程。[19]

苏族印第安人中的 Lokota 人（the Lokotas）神话说，神住在天上，而人住在地下，没有光明，Inktomi（蜘蛛）设下计谋使太阳和妻子月亮之间的天出现裂缝，他们的分开标志着时间的诞生。Inktomi 和它的共谋者被放逐到大地。为使大地兴旺，Inktomi 变成狼的形状去到地下，告诉人类地面上的美妙世界。他说服了一个名叫 Tokahe（意即初人 "the first"）的人通过一个洞穴（Wind Cave in the Black Hills，黑山的风洞）来到地面，认为地上十分美丽，并返回地下劝说其他家庭一起到地面生活。但到了地面生活十分艰辛，而 Inktomi 阻止了他们返

回地下，因此这些家庭在地上四处分散谋生。[20]

印第安人中的 Paween 人的出人神话中，是玉米妈妈（Mother Corn）带领最初的人到达地面。最初人们生活在地下，玉米妈妈赋予了生命，人们来到地面并站立起来，成为人形，并有了智力。洪水过后，人们在玉米妈妈的带领下从地下来到地面，见到了光，找到了居留的处所。

南美盖丘亚族（the Quechuas）认为祖先是从 pacarinas（places of origin，意为出人之地）自然出来的。至今在传说中仍然宣称自己的先人是从山、泉、礁湖或洞里来的。

秘鲁印加人（Inca）的神话中说，初人（the Origin People）从洞中出来，造物主（Viracocha）为他们安排了生活。他们成了统治阶层，而野人（the Wilderness People）从其他洞里出来，成了普通人并增长迅速，发展了不同的语言和文化。在另一时期内产生了战争人（the Wartime People），他们凶残强悍狡诈，掠夺所需，并将人们赶到不好的地方，继而促进了人在不同地方的分布。印加人的另一则神话中，库斯科（Cuzco）的第一个王国的建立者 Manco Capac 是太阳神 Inti 的儿子，他和他的同胞被太阳神送到地下，后从岩洞中出来（the cave of Pacaritambo），并带着一根叫做 tapac - yauri 的金色的棒子。他们在棒子沉入地下的地方建立起太阳神庙，并通过地下洞穴到达库斯科。在途中，Manco 的兄弟及可能有一个妹妹被化为石头。[21] 而印加人帕卡里坦博（Prarari - Tambo）山地人的神话中提道，从前，四对兄弟姐妹从帕卡里坦博山洞里出现。年龄最小的弟弟除掉了哥哥，成了世界的主宰。其中一个哥哥化为石像。[22]

墨西哥阿兹特克人（Aztec）神话中，他们是源自 Chicomostoc，是有七个岩洞的地方（the place of the seven caves）。

（五）非洲

南非的班图人（the Bantus）神话中也不乏人从洞出的神话。如赫雷罗人（the Hereros）的神话说他们的祖先是从一个叫 Omumborombong 的洞里出来的，随他们一起出来的是牛群，而山羊和绵羊群则是从另一个地洞里出来的。

非洲东南部的尼亚萨兰人（the Nyasalands）的一支 Anyanja 人（the Anyanjas）常常说他们的先人从尼亚萨湖（Lake Nyasa）西边的一个叫做 Kapirimtiya 的地洞或岩洞里出来。据说初人及和他一起出来的动物的脚印还印在岩石上面。[23] 赞比亚地区马夸人（the Macouas）和巴拿维人（the Banayis）关于创造第一对男女的神话是这样的：他们称为穆伦古（Muluku）的上帝在大地上捅了两个洞，从一个洞里出来一个男人，从另一个洞里出来一个女人，上帝赐予他们耕地、工具、锅、盘子和小米，教他们如何耕作，建立居所和煮食物，人不听指点，上帝便招来公猴和母猴教其耕作、生活，猴子接受了上帝的教导，上帝把猴子尾巴砍掉变成人，而以前的人则变成了猴子。[24]

据安德鲁·朗的研究，在贝专纳人（the Bechuanas）和 Boeotian 人中也有人从附近的沼泽或岩洞里出来的神话。[25]

（六）大洋洲

大林太良的研究表明，人从地出的神话在特罗布里恩德群岛、美拉尼西亚群岛有流传。[26] 在巴布亚的埃莱马人（the Elemas）中，传说初人是自大地中生出。[27]

二、人从洞出的不同形式

以上这些分布在世界不同地区的不同的出人神话具有个性特点但也有一些共同的要素，值得比较研究。总的来看，人从洞出有不同的形式：

（一）从以前地下的家通过洞到地面

人类在地下生活，从洞里出来开辟新生活，甚至参与完成世界，如造星星、月亮等。在珞巴人、那加人、库钦人、阿兹特克人等神话中可看到。

（二）从洞里自然而然地出来了人

人类连同动物从洞里出现前已经存在，但如何来的，怎样存在的，没有交代。在印加人、班图人、朝鲜神话中可以看到。

（三）神造人后放进洞里

云南西盟佤族神话较为典型。

（四）由动物或其他物质演化生长成人后从洞里出来

缅甸佤族神话、台湾布农人、美洲祖尼人神话中可以看到。

（五）始祖生人或神与人或动物结合生人后从洞里出来

哈尼族、藏族、北美印第安人中的 Tinneh 人等，都有类似的神话。如藏族神话中，人是魔女与神猴结合从洞里出来的。

尽管这些神话中，有的与其他类型的人类起源神话（如创生神话、演化神话）相结合，但其主体是出人神话。

三、人从洞出神话产生的思考

比较世界各地的人从洞出神话，我们可以看到，这些神话尽管形式不尽相同，但仍有着十分明显的共同点：第一，以洞为母体或者说是一种仪式性的道具，人只有从洞中出来，才成为真正意义上的人。第二，洞是氏族的源头，是氏族认同的一种方式，洞崇拜与祖先崇拜联结在一起。

为什么在不同的地区不同的族群中会有类似的人从洞出的神话？究其原因，有三点值得注意：首先，心理学意义上的趋同。不同地区和时期不同群体的创作者的心智状态和创作环境如果有某种类似，类似的想象就可能产生类似的神话。其次，相关民族的相互借用。如果不同的民族具有地缘或邻近关系，就可能在神话中体现一定的类似。第三，和传统上的共通。不同的民族如果有族缘关系，从一个母体传承而来的精神胚胎，在不同的环境下开花结果，就会产生同中有异的神话。故此，我们可进一步就导致不同民族形成人从洞出神话的心理、环境、族群关系等做一些分析。

（一）这些民族的经济文化形态多为农耕文化

在农业文化中，土地是产出各种作物的丰饶的所在，仿佛地下有一个作物的仓库，各种作物的产生如同从地下涌出，所以在农耕民族中可能产生人从地里出来的神话思维。本文所搜集的具有人从洞神话的这些民族几乎都是农耕民族。就西盟佤族的社会生产力发展水平看，1949 年以前已由刀耕火种农业向锄耕农业社会过渡，并开始出现犁耕农业萌芽。[28] 印第安人农耕文化发达，如玛雅人的刀耕火种、阿兹特克人的灌溉农业、古秘鲁人的梯田农业都达到了一定的规模，直到 19 世纪在印度尼西亚西部，经济的主要形态是游耕稻作，是西米和不同的根茎植物。那加人、库钦人主要从事农业，种植水稻及杂粮，大部分仍处于刀耕火种阶段，并有隆重的农业祭祀活动。库钦人神话中还说明，人从地下出来到地面时带了一些粮食、粟、木薯、豆、山药等，在地面种植，人们以稻米为主食，并在地上找到了猪和家禽饲养起来。非洲赞比西地区的土著神话中，也强调了小米的种植。这些细节都说明了在这些民族中农业的重要性。在纳瓦悠人和祖尼人的神话中，提到了人由种子长大，或像植物一样生长，是直接将人与大地产出的生物进行类比。

（二）这些民族具有共同的文化要素，有的在族源上可能具有渊源关系

农耕民族对太阳有很大的依赖性，具有洞出神话的民族一般都崇拜太阳。值得注意的是，作物在土地中，得到能量补充并能再生，因此，土地的产出神性为人们所重视。正是在农业民，而非狩猎或牧民中，曾有猎头祭祀的风俗，以求通过人的生命，通过血的生命力量，致使土地丰饶，增强土地的再生能力。在文中所搜集的具有洞出神话的民族中，除了佤族有猎头和人血祭祀外，直到 20 世纪，印度尼西亚西部还保留着村与村之间的仇杀及猎头的传统习俗。[29] 婆罗洲的雅达克人（Dayak）也有该习俗。印第安人中的 Pawnee 人将俘虏来的年轻女孩献祭给晨星。阿兹特克人崇拜太阳，需用人血献祭。印加人亦用人牲祭祀，祛除瘟疫、疾病，统治阶层活动都需要人血。用孩子作为祭品时，使其饱食之，以免其在神面前饥饿和哭泣，而太阳神庙则需女性做祭品。在从前，那加人中谁要是在战场上杀死一个敌人，则把敌人的首级带回来，借此他就有权让人在他的胸膛

上刺一个特殊的刺青，然后再把那颗人头挂在自己的房前，以光耀门庭，赢得别人的敬佩。[30]

除了太阳崇拜、猎头外，克娄伯和凌纯声先生曾归纳五十条东南亚古文化特质，其中至少有三十六条在佤族文化中有并有相当一部分还延续至今。[31] 佤族与东南亚乃至南亚的一些共同的文化要素表明，其中某些民族具有共同的族缘或历史上的相关性。如那加人属于蒙古人种，据说是古时候从中国的西藏和缅甸的一些地区来到印度北部，然后根据不同的地点或山名而有不同的名称。库钦人也在神话中将其出人的源头指向中国。

佤族除了与东南亚的一些民族具有某种联系外，与台湾高山族也有许多共同文化要素。如膝盖生人、石崇拜、太阳崇拜、猎头、刺青、父子连名制等。

在一些人从洞出的神话中，强调氏族的独特性及氏族之间的关联性。人从洞出时，或各呼其部族之名，或有衣着区别，或有携带物的不同等，方导致不同氏族的出现。如在云南佤族地区，将人从洞出还是从葫芦出作为区分不同部族的依据。

（三）这些民族的神话中曲折地反映了遥远的穴居生活

在以上介绍的神话中，不乏有关氏族社会的由来、民族的分化、迁徙等内容，说明神话与历史的真实之间具有一定的联系。考察这些具有人从洞出神话的民族所居住的环境及其历史，可认为一些民族的人从洞出神话与其实际的穴居生活之间存在某种关联。

珞巴族长期生活在喜马拉雅山东南部的深山峡谷中，在珞巴族的现实生活中仍能找到穴处巢居的踪迹。据调查，20世纪60年代，在珞巴族个别部落中，仍有部分人住于山洞或搭架树巢而居。佤族地区的民族考古发现了多处新、旧石器遗址，如沧源勐省镇农克硝洞旧石器遗址、勐省镇和平牧场洞穴新石器遗址、勐来镇丁来岩厦新石器遗址等。[32] 有学者考证，在沧源崖画中，有一幅描述人从洞出的神话。[33] 台湾洞穴遗址众多，被认为是南岛民族的发源地。珞巴族神话中的赤穴和黑穴，也被武汉大学一教授考证出确有其洞。[34]

人从洞出神话在一定程度上反映了远古人们穴居洞处的情况，"人们最先居住在洞穴里，野兽也常常出入于人类居住的洞穴"，因此，"原始先民幼稚地认为，人是从山洞里生出来的。"[35]

（四）这些民族的神话中有类似的关于洞的象征意义

在人从洞出神话中，洞具有丰富的意义。佤族中前去朝拜过司岗里的人说那个山洞像女性外阴，或说像木鼓、葫芦等母体象征物；祭司"巴差"在拉木鼓时穿的法衣前襟下摆处，用银泡或鹿角果镶缀出一对被称为司岗里的图案，类似女性外阴。[36] 佤族还认为，司岗里是储存祖先的仓库，新一代人可能从中出来。

在一些人从洞出神话中，生物的出现次序类似孩子在子宫的孕育到生产。如祖尼人直接将洞称为子宫，并与女性身体具有对应性。在地下，人和生物的种子成形并增长，形成爬行生物，然后越来越变得像人且变得聪明起来，强调大地从胚胎到成熟乃至生产的过程。库钦人将大地视为肠胃。几乎所有的美洲创生神话中都有人从大地母亲的肠里出来的情节。在秘鲁，湖、泉、岩石、山、悬崖、洞穴分别被不同的部族视为 paccariscas，即他们的祖先到上面的世界的出来的地方。常常在膜拜 Paccarisca 时祝道："你是我的出生的地方，是我生命之源，护佑我远离恶魔。O Paccarisca！"在秘鲁普遍存在石崇拜。人们相信石头是大地的结构，是大地的骨架，认为自己是从岩洞里出来的，也就是从大地的内脏里出来的。作为 paccarisca 的岩石在很多地方都存在。在的的喀喀（Titicaca），有一个巨大的红色砂岩，高高的山脊上有许多深不可测的斜坡和凹陷，被认为是太阳自己在大洪水时躲藏的地方，即太阳自己的 paccariscas。

可见，在人从洞出神话中，洞象征着母体，象征着祖地。洞与大地相连，是孕育生命的子宫，是分娩生命的界面，是繁殖、轮回、再生的场所，隐蔽与庇护的圣地。

四、佤族神话《司岗里》的特点

通过以上分析可以看出，《司岗里》在世界范围内的人从洞出神话中，具有典型性和代表性。此外，通过比较我们还可以看到，《司岗里》具有以下特点：

（一）《司岗里》是一种复合体系神话，具有多种内容、多种形式的变体

世界各民族的人从洞出神话，多以散文形式存在，而《司岗里》具有神话、史诗、韵文、散文、祝词等多种形式。此外，《司岗里》的内容有多种变体，除了人从洞出外，有从葫芦出，葫芦山出及其他变体，内容详细完整，具有丰富性。

（二）《司岗里》是解释性神话，起到了解释与规范佤族人民生活的作用

以上搜集的人从洞出神话中，大多数神话在其民族内部已成为只是讲一讲的神话，没有规范作用；有些神话已不再存在于本民族现今的认知体系中，事实上已经消亡，固定成了文献神话。《司岗里》却不同，它仍然活跃在佤族人民的现实生活中，解释和规范着人们的生活。

赵明生详细介绍了佤族崇拜"司岗里"的种种表现，尤其提到父子联名家谱上第一代始祖的名字为"司岗"。关于佤族姓氏的最初来源，在他们那儿也是同有关人类起源的《司岗里》神话《创世纪》联系在一起的。从"司岗里"（出人的岩洞）出来，经过一片树林后，人们便开始各行其路，行进途中涉过一条什么河或翻过一座什么山，则以此地名为自己的姓氏。这片树林被称为"寡

莫",此为"人类分家"之意,亦即"人们开始有姓氏"之意。不过,有趣的是,相传,由"司岗里"最后出来的一支,人称"管磁打",意即"尾巴",这一批人便以此为姓,此刻自然尚没有来到那个"寡莫"树林。该姓氏苗裔绵延至今,就生活在一个叫做巴格得的村寨里,想来当是佤族人中的开天辟地第一姓了。[37]

"司岗里"在服饰上也有所反映。佤族的织裙、包、头箍和手镯,还有木鼓两侧,都有菱形图案,被巫师和纺织者解释为"司岗里",象征着女阴。[38]佤族喜欢在躯干和四肢文身,花纹有牛头纹、十字纹、几何纹、太阳纹图案以及菱形纹。

佤族节日也与神话《司岗里》相关。神话中说,人类从司岗中出来以后不会讲话,不懂道理,不知道什么叫山,什么叫树,人类走到河边洗了脸后才会讲话,这一天正是一月三日("脓凯铁"日),所以,后来佤族不论迁徙到什么地方建村立寨,首先要搭槽接水,而佤历每年的"脓凯铁"必定举行隆重的接新水仪式。此外,拉木鼓、猎头等节庆、祭祀活动的由来,也可在《司岗里》找到依据。

可见,《司岗里》有着与其相应的文化生态系统,是活形态的神话。

(三)《司岗里》是神圣性神话,具有神迹、祭仪和祭司传承

司岗里有明确的神迹:西盟佤族认为"司岗"实有其洞,就在今西盟县城西约三十公里的巴格岱(今属缅甸)的一个山梁上。"此地森林茂密,草木葳蕤,巉崖耸峙,奇石林立","石洞风化沉陷而为水塘",当地老百姓定期祭祀。[39]"此圣洞就在岳宋对面山上的巴格岱(缅甸境内),那里有一块巨大的岩石封住了洞口,如果这块岩石被搬开,洞中就会走出另一代人,现在的人必遭毁灭。"[40]"不知道是几千年,还是几万年以前,出人的地洞叫养贺;距离西盟山百多里的岳信也是出人的地方。我们每隔三年就要杀白公鸡去祭哩!"[41]尽管说法不尽相同,但神迹却固定而清晰可辨,并为佤族人民所崇拜、祭祀。在佤族的节庆祭祀活动中,至今仍有祭司"巴差"吟唱《司岗里》。可见,《司岗里》在佤族人民心中具有神圣性和权威性。

通过比较世界不同民族的人从洞出神话,我们可以看到,佤族神话《司岗里》具有重要的学术研究价值,《司岗里》对于佤族文化的研究有着关键性的作用。

注释:

[1] 珞巴民俗奇风 http://big5. visittibet. cn/travel/17. html.

[2] 西藏旅游信息网 http://www. xizangok. com/web/xzgk/2003 – 10/1067345238. html.

[3] 珞巴民俗奇风 http://big5. visittibet. cn/travel/17. html.

［4］ 我们是怎样生存到现在的．潘春辉整理，云南少数民族神话选．李子贤编，云南人民出版社，1990.

［5］ 中国少数民族社会历史调查资料丛刊．佤族社会历史调查（二），云南人民出版社，1983 年 11 月，讲述：艾杨，地点：西盟，1957 年搜集．

［6］ 中国各民族宗教与神话大词典．学苑出版社，1993.

［7］ 雅美族一则人类起源传说的文献考察．陈劲榛 http：//w3. ydu. edu. tw/chi/2004.

［8］ 德马拉拉德·贵（王贵）2002 排湾：拉瓦尔亚族部落贵族之探源，台北县板桥市：稻乡出版社，转引自历史与神话的——以二份文本中的排湾族起源神话为例．刘荣桦 http：//gwrx. itaiwan. net/text_ analysis. html.

［9］ 东方神话．王燕编．河南文艺出版社，1998.

［10］ 印度支那北部佤族的人类起源神话．大林太良著，谢国先译．载于中国神话．袁珂主编．中国民间文艺出版社，1985.

［11］ THE ORIGIN OF THE CHIN Lian H Sakhong. http：//www. chro. org/index. php/scholar_ section/186.

［12］ http：//www. kukiforum. com/content/view/182/38.

［13］ 印度支那北部佤族的人类起源神话．大林太良著，谢国先译．载于中国神话．袁珂主编．中国民间文艺出版社，1985；凌纯声也于 20 世纪 50 年代初收集到类似的神话，见罗之基《佤族社会历史与文化》，中央民族大学出版社，1995。

［14］ LEGENDS OF THE CAVE – LIFE. http：//www. sacred – texts. com/atl/rag/rag21. htm.

［15］ 婆罗洲土著文化艺术．刘其伟．台北市立美术馆，1990.

［16］ 世界神话百科全书［J］. – H. 吕凯等著，徐汝周等译．上海文艺出版社，P670.

［17］ EB98 不列颠百科全书电子版 1998.

［18］ EB98 不列颠百科全书电子版 1998.

［19］ F. H. Cushing Outlines Of Zuni Creation Myths, in Thirteenth Annual Report, Bureau of Ethnology（Washington. D. C. 1896 p. 325 ~ 447；Quotation from p. 379 ~ 383）. http：//alexm. here. ru/mirrors/www. enteract. com/jwalz/Eliade/063. html.

［20］ http：//www. answers. com/topic/creation – belief.

［21］ http：//www. answers. com/topic/creation – belief.

［22］ 世界神话百科全书［J］. – H. 吕凯等著，徐汝周等译．上海文艺出版社，P634.

［23］ CHAPTER I：INTRODUCTORYWho are the Bantu?

［24］ 世界神话百科全书［J］. – H. 吕凯等著，徐汝周等译．上海文艺出版社，P681.

［25］ Myth, Ritual, and Religion Volume I by Andrew Lang（1844 – 1912）Chapter 6NON – ARYAN MYTHS OF THE ORIGIN OF THE WORLD AND OF MAN. Origin belief http：//www. reference. com/browse/wiki/Origin belief.

［26］ 印度支那北部佤族的人类起源神话．大林太良著，谢国先译．中国神话．袁珂主编．中国民间文艺出版社，1985.

［27］世界神话百科全书［J］．－H. 吕凯等著，徐汝周等译．上海文艺出版社，P670.

［28］西盟佤族的土地制度［M］．宋恩常，云南少数民族研究文集．云南人民出版社，1986.

［29］EB98 不列颠百科全书电子版 1998.

［30］印度文化神秘之谜 http：//ebook. mumayi. net/49/wxls/ts049032. pdf.

［31］临沧佤族文化中的东南亚古文化特质［M］．杨兆麟，民族艺术研究. 2003（1）.

［32］云南沧源崖画与石器遗址［J］．曾亚祥，文物研究，1989（总 25 期）.

［33］佤族石崇拜［J］．赵明生，思想战线，1999（总 154 期）.

［34］巴人"赤、黑二穴"考［J］．宫哲兵，三峡大学学报（人文社会科学版）2005（1）.

［35］禹启出生神话及其他［M］．刘锡诚原载，作者与马昌仪合著《石与石神》，学苑出版社，1994；《广东民俗文化研究》（第 1、2 期合刊）。

［36］衣装秘语．邓启耀．中国民族服饰文化，四川人民出版社，2005.

［37］佤族石崇拜．赵明生．思想战线，1999：25（154）.

［38］佤族服饰考略．杨兆麟．北京服装学院艺术版《饰》，2001（2）.

［39］佤族民间故事集成．云南民族出版社，1990.

［40］论佤族神话——兼论活形态神话的特征 探寻一个尚未崩溃的神话王国．李子贤．云南人民出版社，1991（191）.

［41］我们是怎样生存到现在的．潘春辉整理，云南少数民族神话选．李子贤编，云南人民出版社，1990.

注：一些民族支系及地名的英文名称无法通过工具书得到中译名，故保留了英文名称。

（作者单位：云南大学公共管理学院情报与档案学院）

《司岗里》神话传说在佤族
文化中的地位

赵玲玲

一、《司岗里》神话传说内容

（一）天地开辟的神话

《司岗里》神话传说中的第一篇神话就是解释天地是怎样形成的。佤族的原始先民们依据自己民族赖以生存的自然环境和地域特色，对无法抵御的自然灾害和变幻莫测的自然现象，以及试图改造所处自然环境，求得生存发展的理想和愿望，通过天真浪漫而又幼稚的思维方式，借助于想象和幻想将其形象化地反映在这远古神话之中。《司岗里》神话传说对天地开辟充满着神奇的、美丽的想象，作品中并没有记叙天如何"混沌"未开，也没有去记述"洪水淹天"，人类怎样再生等带共同性的神话内容，而是开门见山就直接讲述天形成之初，天"像癞蛤蟆的脊背，疙里疙瘩，很难瞧"。地形成之初，地"像知了的肚子，空落落的，很别扭"。后来，"里"用巴掌把"天磨得像山白鱼的肚皮滑溜溜，亮涮涮"，并"在光滑平坦的天出现了太阳，月亮，星星"。"伦"用泥巴堆出了高山、河海、堤岸。那时候的天和地，是用"铁链拴在一起的"，天和地之间的距离也很近。只有白天，没有黑夜，地上的生灵活不下去了，"达能"便用巨斧砍断拴着天地的铁链，使天地分开，"里"和"伦"把大树放进月亮里，分出了黑夜、白天。更奇妙的是，佤族先民把天和地解释为是"一对夫妻"。雨水、露珠和云雾是天地"夫妻"俩由于分离哭泣时流的泪而变成的。

（二）关于人类起源的神话

按照西盟地区佤族的解释，"司岗"是"石洞"，"司岗里"就是"人是从石洞里出来"的。按照沧源地区佤族的解释："司岗"是"葫芦"，"司岗里"就是"人是从葫芦里出来"的。但"司岗"这个"葫芦"并非其他民族的洪水神话中的再造人类的"葫芦"。佤族远古神话中的人，是由造人之神莫伟（又译：木依吉）把人造出来放在石洞里的。在佤族心目中，危害人类生存繁衍的并不是洪水之灾，而是和原始先民共同生活在一起的动物和植物。最早发现石洞里的人，既不是神，也不是人，而是一只名叫"差"的普通的小鸟。小鸟最先把人藏在石洞里的消息告诉了动物和植物，而引起了动植物界"该不该让人出来"的讨论。结果，最不愿意让人从石洞里出来的是大树，随后是豹子。但在大多数动植物力主要让人从石洞里出来的呼声中，大家才作出决定："帮助人打开石洞，让人出来。"首先站出来响应的是兽类中的大象、野猪、犀牛、老熊、麂子等，它们各自施展出自己的看家本领，但都没能把石洞打开。鸟类中的鹞鹰、臭雕、啄木鸟、猫头鹰等飞禽也紧跟其后，拿出各自的绝活，仍然没有将石洞打开。最后把石洞打开，让人从洞里出来的竟然是一只极不起眼的小米雀。在人得以从石洞中安全顺利走出来的过程中，苍蝇、蜘蛛和老鼠也立有很大功劳。苍蝇用唾液配合小米雀啄开洞门；蜘蛛用自己吐的丝，让大树压不断而认输；老鼠咬住豹子的尾巴而使可恶的豹子不敢再咬从石洞里出来的人，尤其是那只让人从石洞里出来的小米雀，成了佤族人民尊重和喜爱的神鸟。

（三）从"司岗里"出来后，围绕着人类的生存繁衍这个中心所产生的神话

这类神话的内容较为广阔，包括民族起源、物种起源、火的发现、人类生育、语言文字的由来以及某些宗教信仰和风俗礼仪的产生等等。这里择其主要部分加以评述。

首先，与人类生产生活联系紧密的是民族的区分。人类从"司岗里"出来时，是"从第四个起，人才活下来了。这个人是佤族。从此，佤族就排行为老大。以后出来了拉祜族、傣族、汉族，分别排行为老二、老三、老四，就是岩佤、尼文、三木傣、赛口，再以后出来的就是其他民族了"。作品描写人类刚刚从石洞里出来时，"身上灰扑扑的，面貌模糊不清"。造人之神莫伟（又译：木依吉）吩咐妈农做了人类的第一个母亲，妈农领着这些从石洞里出来的人到阿龙黑木河去洗澡，才使人的面貌清晰了。

至于民族的区分，《司岗里》神话传说所反映的是：一是按照植物生长的地域和特点来划分。譬如，老大跑去抱住了一棵大椿树，所以，"佤族就像大椿树一样，黑红黑红的"。老二跑去抱住一棵竹子，所以，"拉祜族就像竹子一样，青黄青黄的"。老三跑去抱住了一棵芭蕉树，所以，"傣族就像芭蕉一样，白嫩白嫩的"。老四跑去抱住一棵大车树，所以"汉族像大车树一样，又白又高大"。二是按照居住的地域特点来区分。比如佤族最先从石洞里出来，排行是老大，又抱的是椿树，所以，"凡有大椿树的地方"，就是佤族祖先岩佤居住的地方，也就是"离石洞不远"的阿佤山上。拉祜族的祖先尼文，就住在"竹子多的半山腰上"。傣族的祖先三木傣，就住在"芭蕉树最多的热带坪坝地方"。汉族的祖

先赛口，"就像大车树一样分布很广，热地方、冷地方都能住"。三是按照语言不同来区分。人类刚从"司岗里"出来时"不会说话，只会像独弦胡（一种佤族拉弦乐器）一样哼"。是造人之神莫伟（又译：木依吉）告诉岩佤"去向牛学说话"，所以，佤族说话就"拗嘴拗舌"的。拉祜族先民是去向"斑鸠学说话"，所以拉祜族说话不由自主就"紧一声慢一声"。傣族先民是去向"蜜蜂学说话"，所以，傣族说话"甜蜜蜜的"。汉族先民是去向"画眉学说话"，所以．汉族说话就像唱歌一样好听。

其次，是与人类生存繁衍的生育问题。《司岗里》神话传说还记叙了人从石洞里出来后，"不晓得生娃娃"。究竟怎样繁衍后代，佤族先民仍然去求教造人之神莫伟。碰巧莫伟喝多了酒，正在打瞌睡，就迷迷糊糊地告诉大家："让男人去生娃娃。"这样一来，可难坏了男人。男人平素要打猎撵山，盖房子，砍木鼓，做的都是重活。在哪里怀孕生娃娃好呢？肚子里肯定不行，怀里揣着一个娃娃咋好去干活，想来想去，男人就决定在磕膝头（膝盖）上怀孕生娃娃。九个月过去了，娃娃从男人的膝盖上生下来了。后来又为什么由男人生娃娃转化成女人生娃娃了呢？《司岗里》神话传说中作了十分有趣的描写："有一天，大人叫蟋蟀娃娃去守晒场。娃娃很听话，抬了一根竹竿在篾笆边上蹲着。太阳火辣辣的，几只饿馋了的公鸡'咯咯'地叫着跑来偷吃谷子，娃娃举起竹竿敲打。公鸡不怕蟋蟀娃娃。打一下，跳一下。公鸡被打恼了，纵起来把蟋蟀娃娃啄死了。"娃娃的爹妈很伤心，又去找莫伟，莫伟这下才明白过来，让男人生娃娃原来是他酒醉后说错了话，结果把女人说成了男人。于是，他把错误改过来，向女人们宣布："以后就由你们女人去生娃娃吧。"从此，怀孕生娃娃就变成了女人的事了。这则神话是佤族先民对人类生育繁衍的大胆探索和思考，它折射出远古氏族由母系制向父系制社会转变的历史遗迹。

二、《司岗里》神话传说的文化价值

一个民族的文化，从纵的方面来说，一般都带着由远古时代继承下来的传统文化的基因；从该民族所处的状况来说，它主要是受该民族所处的地域环境、生产生活、风俗民情、精神氛围等因素的影响。它的形成，是历史因素的凝聚和积淀，现实因素的影响和制约等共同作用的结果。《司岗里》神话传说作为佤族文化的结晶，同样也是佤族先民所居住的地域环境、经济状况、社会形态、精神氛围和民俗风情所构成的大文化环境作用影响的产物。《司岗里》神话传说是整个佤族文化的基石，它既是佤族民间文学的先驱和代表，又是一部佤族伦理道德婚俗的"法规"。它不仅反映了佤族的原始宗教文化和禁忌习俗，还体现了佤族自身特有的一系列哲学价值观念。

（一）《司岗里》神话传说的文学价值

马克思在《〈政治经济学批判〉导言》中，评价希腊神话时曾经下过"希腊神话不只是希腊艺术武库，而且是它的土壤"的论断。在马克思这一著名论断的启示之下，我们发现远古时代的佤族神话传说《司岗里》，在一定意义上，对后世的佤族文学艺术发展的影响，同样也起着"武库"和"土壤"的作用。

《司岗里》神话传说作为佤族民间文学的代表作，也被视为佤族文学的"先驱"。它的创作手法是将现实性与幻想性结合在一起，即在现实生活的基础上，借助想象和幻想来表现，具有十分浓厚的神话色彩和浪漫主义特色。《司岗里》神话传说中充满着神奇瑰丽的幻想，它所展现出的原始古朴而又神秘虚幻的佤族远古时代生活图景，都是"用想象和借助想象以征服自然力，支配自然力，把自然力加以形象化"，（马克思《〈政治经济学批判〉导言》，第113页，人民出版社，1973年版）无论是散文体的神话传说，还是韵文体的古歌史诗，《司岗里》神话传说在描写佤族原始先民的创世英雄利吉神、路安神和人神"木依吉"在率领各种动物从"石洞里"或"葫芦里"将人类解救出来时，都是把这些创世英雄"神化"之后，通过神奇的幻想来实现的。对于尚处在人类童年时期的佤族原始先民来说，面对着这神秘莫测，不可思议和无法理解的自然界，"单是正确反映自然界就已经极端困难……在原始人看来，自然力是某种异己的、神秘的、超越一切的东西。在所有文明民族所经历的一定阶段上，他们用人格化的方法来同化自然力。正是这种人格化的欲望，到处创造了许多神"。（恩格斯《自然辩证法》，人民出版社，1973年）原始先民"用人格化的方法来同化自然力"，其表现方式是通过人们的幻想用一种不自觉的艺术方式加工。所以，当《司岗里》神话传说中出现了"大水淹山"时，是那位达摆卡木老人与黑母牛交合而产下葫芦，人类才能够"从葫芦里出来"。当天和地最初挨得很近时，是妇女"舂谷子"的杵棒顶着天"把天顶高"，"用簸箕扬出的米糠飞上天，变成了云彩"，然后，"达能用双手托着天，不让天掉下来"，"男人用斧子劈柴劈着地面，变成了山"。又因为竹子划破了胯子而分出男女。这真是大胆的奇思妙想。类似这样一些神奇而美妙的幻想和想象，都离不开佤族先民所处的地域环境所提供的自然条件和社会现象的独特性，它们诱发了原始先民的不同的想象力，从而构成了这五光十色的多姿多彩的神话传说和古歌，形成了佤族远古文学独特的地域文化特征和民族特色。《司岗里》神话传说这一富有浓厚浪漫主义色彩的创作方法，不仅成为佤族远古文学的主要创作倾向，而且还成为佤族文学发展的一个优良传统，对后世佤族文学的发展，产生了巨大的影响。

许多反映古代佤族先民由狩猎、采集过渡到农耕、定居生活，甚至反映原始氏族社会解体、阶级开始分化、私有制观念和贫富差异出现后的佤族文学作品，类似孤儿故事、爱情故事和生活故事以及机智人物的故事等，都或多或少地运用神话来表现。比如《岩惹与龙女》、《岩杰可与岩萨特》、《两姊妹》、《兄弟俩的遭遇》、《牛哥哥》和《岩江片》的故事等作品中的主人公，大多数都是被"神化"或沾有"仙气"的人物，他（她）们往往借助某种"神力"或"仙气"的帮助而使主人公在危难之际能够转危为安，获得幸福。在《兄弟俩的遭遇》中，那个被丢进深山老林里的兄弟俩，在危急关头，竟然获得了具有"仙气"的活命药，使得许多鸟兽起死回生，最后用活命药救活一家富人的姑娘，而获得美好的爱情。尤其是当作品中的主人公陷入困境，在生死攸关之际，都是借助于幻想的翅膀，创造出一些神力无边的人或事来帮助主人公克服困难，战胜恶势力，在奇异的幻想中赋予作品主人公以永恒的生命。

此外，《司岗里》神话传说中塑造了众多对人类有巨大贡献的神灵，他们大多是外形弱小，毫不起眼，但却善良勇敢，品德高尚，并且往往通过自己的智慧战胜那些貌似强大，与人为恶的坏蛋而造福于人类，如蜘蛛战胜大树，迫使大树同意让人出来；老鼠咬住豹子的尾巴，使它痛得顾不上去咬死从石洞里出来的人；小米雀形体虽小却是啄开石洞让人得以走出来的功臣等等，诸如此类的以弱胜强，以小胜大的故事贯穿全篇。这些描写反映了佤族先民在人类童年时期与大自然抗争的历史。与大自然相比，人类是那么弱小，但人类却以自己的聪明才智战胜了灾难，征服了自然。与此同时，这种以弱小战胜强大的反衬的写作手法也成了佤族民间文学创作的一个特点。佤族后期的文学作品中，不管是孤儿故事，生活故事，还是童话、寓言中都渗透着这种反衬的写作手法。

(二)《司岗里》神话传说的婚姻文化价值

《司岗里》神话传说中涉及佤族婚姻习俗的文字篇幅虽然不多，但却在一定程度上反映了佤族先民的早期婚姻形态，是研究佤族社会形态、家庭形态的重要材料。

在人类历史的长河中，任何民族的原始先民，从脱离"同与禽兽居，族与万物并"的状况，走出鸿蒙漫长的原始氏族社会，都曾经历了相当长的时期。婚姻生活是社会生活的一个方面，它随着社会的发展而发展。与之相适应的婚姻形态也同样随着社会形态由低级阶段向高级阶段的发展而进行着从野蛮形态到文明形态的演变。佤族婚姻家庭形态的演变历程和其他各个民族一样，先后经历了血缘婚、群婚、对偶婚直到一夫一妻制。其中佤族先民们经历的血缘婚和群婚在《司岗里》神话传说中都有反映。《司岗里》神话传说中有关雷神和他的姐妹通婚，受到惩罚，不但地种不好还被抄家、驱赶的描述以及佤族"女子领导男子"

的母权制氏族社会都从不同方面论证了佤族先民的婚姻形态经历了氏族内血缘婚向氏族外群婚转变的历程。

《国语·晋语》曾提出"同姓不婚，恶不殖也"。《司岗里》神话传说中也提到了这个问题，正如摩尔根所说："家庭是一个能动的因素，它从来不是静止的，而是随社会从较低阶段向较高阶段的发展，从较低的形式进到较高的形式。"随着社会的发展，社会生产力的进步，人类的生产生活能力不断提高，抵御外界以及存活的能力也不断增强，人口数量逐渐增多，为外婚制提供了可能。加之原始先民们在长期的生产生活中逐渐发现血缘婚导致了后代生产数量少，智商素质低，身体发育出现许多缺陷，严重阻碍了人类社会的发展和进步，遂遭到了全社会的反对。血缘婚已不能与社会的发展与进步相适应。这在《司岗里》神话传说中有着清晰的反映，如西盟佤族流传的《司岗里》神话传说中叙述"雷神犯了错误，他和他的姐妹性交，于是他的地种不好，田也种不好"。"民以食为天"，田地种不好，就意味着没有收成。一旦赖以生存的最基础的物质——粮食，不能得到满足，生存也就受到了威胁。佤族先民把兄妹之间的乱伦所产生的不良后果形象直观地描述成"田地种不好"，这一方面说明了佤族先民当时的社会经济状况处于原始农业社会，另一方面也反映了佤族先民对血缘婚所导致的严重的后果已有了深刻意识。同时，再次证明，一个民族的文化形成和意识观念都与该民族的地域自然状况、社会经济状况密不可分。粮食是人类赖以生存之本，与人类的生死存亡构成一种直接利益关系，而人类自身的再生产——生殖繁衍，同样也是人类社会得以延续与发展的重要条件，如果人类的生殖繁衍不能得以正常、良性地进行，人类社会也同样会面临灭亡的危机。可见，把乱伦的后果与田地种不好相提并论，反映了佤族先民已清醒地认识到继续乱伦的后果只能导致人类灭亡。如果说在这里仅是简单地提到"雷神乱伦"导致"他的地种不好、田种不好"，把这种乱伦所带来的灾难狭隘地局限于"雷神"——乱伦本人的话，那么另一个版本的《司岗里》神话传说（载于李正新编《司岗里的故事》1990年版）中对此却有着更为详细的描述，它已把乱伦所带来的灾难及危害扩散到了全人类乃至全生物界："有一年，寨子里突然发了洪水，房屋被冲毁了，许多人畜被淹死了，洪水落了以后，人畜又遭瘟疫，谷子长不好。牙董把这个情况报告了莫伟，莫伟亲自下来调查。发现是因为达赛（雷神）和牙远（虹神）兄妹通奸触怒了天神降下灾祸的缘故。"

在佤族先民们意识到兄妹乱伦的血缘婚带来的种种严重的后果后，在恐惧血缘婚的同时悟出一个道理——同姓及近亲不能通婚。他们立即作出了积极的反应，采取了相应的措施："莫伟很生气，叫牙董派人抄了达赛的家，把达赛撵到天上去了。临行时,达赛对大家说:'以后哪个再犯我的过失,我就要用雷劈死他!'牙远害羞了,钻到地里去了,变成了彩虹,每年只好意思出来两三回。从那以后,佤族就形成了同姓不能结婚的严厉习俗。"

直到现在,佤族人仍然禁止同姓男女通婚。若同姓人通婚,发生性关系则被视为乱伦,是大逆不道的行为,会触怒"鬼神",会给同姓及全村寨人带来不幸,降临灾难。所以,同姓通婚或私通都会遭到严厉惩罚。寨子里若发现同姓有私通行为的,就要祭鬼神,用小母猪祭祀,罚私通男女"打扫寨子"以除灾求福。但是在极个别地方,因他姓太少,影响正常的男女婚嫁,也允许在同姓之内,不同族支之间通婚。但这种通婚须剽牛祭血,举行"佑迈木"的仪式,"佑"意为"做","迈"是"黄牛","木"为"砍","佑迈木"也就是"砍牛剖姓"的意思,表明从此之后已经分为两姓,因而可以通婚了。

(三)《司岗里》神话传说的宗教习俗价值

"宗教是最原始时代,从人们关于自己本身的自然和周围的外部自然的错误的,最原始的观念中产生的"。(《马克思恩格斯选集》第4卷,第250页,人民出版社,1972年)佤族先民在漫长的原始社会阶段,也产生了自己最原始的宗教观念,成为原始宗教产生和发展的最具普遍意义的原始观念,这就是所谓的"万物有灵"。

在人类童年时期,人类并未将自己跟自然界区别开来,而是将自然与自己等同起来,他们认为各种自然现象与人本身一样具有意识、意志、需要、愿望和情欲,把自然力量加以人格化。这种观念的产生,是因为人类用同自身类比的方法去判断自然现象和自然力量。费尔巴哈说:"……未开化的自然人不但使自然具有人的动机、癖好和情欲,甚至把自然物看成真正的人。"(《费尔巴哈哲学著作选集》下卷,第469页)佤族先民们在漫长的原始社会阶段中也是如此,他们在认识世界时,总是采取形象直觉和类比象征的思维方式,常常处于一种"物我混一"的状态。他们一方面误认为自己能唤起和创造出所看到的某些自然现象和外部力量,另一方面,又常常把仅为人所有的能力赋予自然界和外部物体,赋予自然界生命和意识。于是天上的日月、星辰、雷电,地上的花鸟、树木、虎豹、牛羊,到地下的金、银、宝藏等都被人格化或神化了。正如英国文化人类学家 E. B. 泰勒曾经陈述的:"原始人普遍认为世界是一群有生命的存在物。自然的力量,一切看到的事物,对人友好的或不友好的,它们似乎都是有人格、有生命或有灵魂的,在一个人、一朵花、一块石头和一颗星星之间,在涉及他们有生命本体的范围内是不加区分的……"([美] 墨非、哥瓦奇同著《近代心理学历史导引》,第199页,商务印书馆,1981年)于是乎,最原始的"万物有灵"的观念便产生了。

在《司岗里》神话传说中所讲述的人类是如何走出"司岗"以及人类是如何生存繁衍的恢弘博大的篇章中，同人一样生活、有人的思想感情、帮助人的自然现象和物体几乎囊括了佤族先民们所能看到、接触到的一切物体，佤族先民们赋予它们人的生命，把它们同自己的生活融为一体。在这种"万物有灵"的原始观念下，佤族先民们对那些对生产活动具有重大意义的自然力无法应付或理解时，便很自然地产生畏惧的心理，因此，他们希望一切自然力对自己同情，想方设法讨好自然力量，他们用祭祀的方法去取得自然力的欢心，这样便产生了最原始的崇拜，即对自然的崇拜。尤其是对那些对生产具有巨大意义的自然力，如太阳、雷、雨、水、火、土地和森林等特别尊敬，并当做神圣的东西进行崇拜。

社会发展到氏族公社后，"随着人越来越大地把自然力引进生活的范围，随着人们逐渐地认识了他们"，（拉法格《思想起源论》，三联书店，1978年）人们的生活实践不断深化，便逐渐提高了对自然的认识和概括能力，对自然的依赖和崇拜的心理也逐渐加强了：走兽能疾奔狂跑、鸟类能自由地在天空翱翔，是值得当时的人们羡慕的；树木高大挺拔，旺盛的生命力，更是为原始时代的人们所祈望；当人们从某种自然物得到好处，而好处又来之不易时，就产生了祈求其能满足自己的某种需要的愿望；当人们的生命受到某种自然物的威胁时，由对自然物的恐惧和敬畏，又转而祈求它不要伤害自己，最好能变祸为福。最后，当"需要、恐惧、羡慕"等种种心理交织在一起时，原始人类"不仅不把自己同动物对立起来，反而在很多场合下愿意承认动物高人一等"。（普列汉诺夫《论俄国的所谓宗教探寻》，第384页）《司岗里》神话传说中有关小米雀的神勇使人类走出石洞，老鼠的机智使人类免遭豹子咬死的危害，水蛇用长尾巴替人拿回了谷种等的故事再一次证明了这一论断。

随着万物有灵观念的发展，人类从梦境、错迷、死亡等奇异的现象中，形成了灵魂和肉体可以分离的观念。即认为人有灵魂，并且人的灵魂可以脱离肉体，永恒存在。"在远古的时代，人们还完全不知道自己身体的构造，并且受梦中景象的影响，于是就产生了一种观念：他们的思维和感觉不是他们身体的活动，而是一种独特的、寓于这个身体之中而在人死亡时就离开身体的灵魂的活动。从这个时候起人们不得不思考这种灵魂与外部世界的关系。既然灵魂在人死时离开肉体而继续活着，那么就没有任何理由去设想它本身还会死亡；这样就产生了灵魂不死的观念"。（《马克思恩格斯选集》第4卷，第219页，人民出版社，1972年）佤族先民很早就认为自己的始祖和列祖列宗的灵魂都是不灭的，他们生活在另一个世界，只要虔诚崇敬和祭祀，他们就会保佑子孙幸福，驱邪避灾。而且

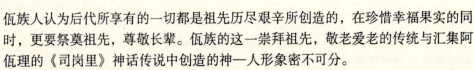

佤族人认为后代所享有的一切都是祖先历尽艰辛所创造的，在珍惜幸福果实的同时，更要祭奠祖先，尊敬长辈。佤族的这一崇拜祖先，敬老爱老的传统与汇集阿佤理的《司岗里》神话传说中创造的神—人形象密不可分。

《司岗里》神话传说汇集了佤族远古时代的许多神话的内容，因此，在这些神话中同时也创造和汇集了一大批既是人又是神的人物形象。这些半人半神的群神形象，他们的思想、情感和行动都与佤族原始先民的生活紧密地联系在一起。人与神、神与动植物乃至整个自然界共生在一起，为人类的生存繁衍而共同战斗。所以，《司岗里》神话传说中所出现的神，都是作为佤族原始先民在创世、造物、人类衍生等某一个方面或某一种活动中共同征服自然和支配自然的象征，是佤族先民理想和愿望的化身。这些神与人和动物的关系比较亲密，其神性并不复杂而显得比较质朴、单一。你看，《司岗里》神话传说中所创造的诸如里（天神）、伦（地神）、努（云雾神）、吹（水神）、达能（动物神）、普冷（植物神）、达赛（雷神）、牙远（虹神）、妈农、安木拐、牙董、克列托等一大批群神，其中有的神就是与佤族先民共同生活、朝夕相处的长者。譬如那位被佤族尊为最大神灵的"里"，又称为"莫伟"，是佤族神话传说中的天神，又叫"利吉神"，有的叫"木依吉"，是主宰万物的最高神灵。是他用巴掌把"像癞蛤蟆脊背，疙里疙瘩"的天，"磨得像山白鱼的肚皮滑溜溜，亮涮涮的"。里还创造了人，并把人放在石洞里，又叫小米雀去啄开石洞让人从石洞里出来。但是，即使像里这样一位主宰万物的大神，也曾发生过因喝醉酒而叫男人在膝盖上生孩子的荒唐事来，待酒醒后才知自己说错话而改叫女人去生孩子。这哪里是神，简直就是日常生活中的一位善良睿智的长者。至于达能这位动物神，实际上他也是一位老爷爷。佤族一直把爷爷或老人尊为"达"。神话中的"妈农"是人类的第一个母亲，这位母亲带领着刚刚从司岗里出来的"身上灰扑扑的，面貌模糊不清"的原始人去河里洗澡。而神话中出现的第二个母亲牙董，她教会佤族先民从蜜蜂那里学会了酿制水酒。佤族社会中最早出现的部落头人克列托，也是一位半人半神的形象首领。这些神都不是凌驾于原始先民之上，在那里乱施神威，而是和原始先民及各种动物共生在一起的亲友，它们比一般的普通的原始人高明之处在于具有战胜自然和支配自然的智慧和本领，即神力。《司岗里》神话传说中的这群神，没有像有的民族的神话和史诗那样形成一个比较完整的"神谱"系统。佤族远古神话传说中所出现的以"里"为代表的群神，基本上是属于远古神话中的自然神范畴，是高尔基所说的"完全现实的人物"。他说："神并非是一种抽象的概念，一种幻想的东西，而是一种用某种劳动工具武装着的十分现实的人物。神是某种手艺的能手，是人们的教师和同事。"（高尔基《苏联的文学》，载

《高尔基选集·文学论文选》第 322 页，人民文学出版社，1960 年版）

佤族"尊老敬老"这一优良传统，古已有之，今仍奉之。佤族人民最隆重、最具民族特色的传统节——新米节就是佤族人尊老敬老传统习俗的现实见证。新米节，一方面反映了佤族人民热爱劳动、珍惜劳动果实的真挚感情，另一方面还含有深刻的思想内涵。有关新米节的来历，《司岗里》神话传说中说到：莫伟（天神）是创造万物、主宰宇宙的至尊；伦、普冷、达能是创造地、动物和植物的天上使者；妈农是人类的第一个母亲，也是人类的第一个首领；第二代首领是安木拐；第三代首领是牙董。牙董之后，才由男人担任首领。她们为人类找回了种子，让人类有吃有穿，繁衍后代。为表达对她们的感激和敬仰之情，后代们在收割谷物之前，首先要到地里去选择最好的谷穗回来，一部分挂在门上，昭示谷魂回家；一部分脱粒炒干，煮成新米饭祭献祖先，缅怀他们给后代传下谷种和种植技术。然后，先让老人们尝鲜，以示对老人们的尊敬。这样的习俗世代相传，久而久之，便形成佤族的传统节目。直到现在，新米节的内涵仍然如此，并且越来越受到佤族人民的重视。

另外，《司岗里》神话传说还是佤族其他许多宗教习俗的理论依据，例如：佤族各地对"木依吉"，谷神、棉神的祭祀以及过去的"猎头"祭祀等；又如接新水，拉木鼓等宗教节日等都可在《司岗里》神话传说中找到来历。

（四）《司岗里》神话传说的哲学内涵

梁启超曾说过，一个民族能立于世界，必有其独特精神，"上自道德法律，下至风俗习惯，文学美术，皆有一个独特之精神，祖父传之，子孙继之，然后群乃结、国乃成，斯实民族主义根柢源泉也。"佤族是中华民族成员之一，它的文化无疑与中华文化血肉相连。作为一个民族实体，《司岗里》神话传说无疑是佤族的民族精神所系。因为不管"司岗里"意味着什么，抑或有各种解释，但作为佤族，无论是哪一个支系，他们的"洛奔恩"（神话）都溯源到"司岗里"，都把司岗里作为向己的根基，如原西盟佤族自治县政协主席隋嘎说："佤族是司岗里的儿女，祖先留下的所有阿佤理都汇集在司岗里。"

在《司岗里》神话传说中，我们可以看到佤族的唯物史观、生命观、平等观、报应观等富含哲学意义的价值体系，实际上是他们对自己生活历程和经验的反思，是他们价值系列的总构架。

1. 唯物史观

人类从何而来，由何而往，历来是哲学与宗教首先探讨的课题。佤族先民们也不例外，他们结合历史与客观环境，用神话的方式，凭借大胆新奇的想象，试图通过《司岗里》神话传说这一神话（史诗）来回答世界的本源，人类的由来以及万物的千变万化。

《司岗里》神话传说中解释的佤族先民对人类起源的认识——人从石洞中来，突出地反映了佤族先民的朴素的唯物主义思想和唯物史观。"人从石洞中来"这一观点，首先表明了佤族先民在思考这一问题时是以自我生活居住的客观的地理环境为基础。其次这一观点证明了佤族先民是以自身曾经经历过的"穴居生活"的历史事实为依据。人类曾经经历过"穴居生活"这一史实已为史学家们所证实。在人出来之后，《司岗里》神话传说继续进行了民族区分的解释，它按照植物生长的地域特点，各民族居住地的地域特点和使用语言的不同来区分民族。这种解释虽然过于天真和幼稚，仅是从他所处的地域环境和动植物习性出发，把自己对周围植物生长的特性和飞禽走兽的不同叫声联系起来，幻想出不同民族之间的差异，但其中却孕育着古老的科学思想的幼芽。斯大林在论述民族形成的条件时指出："民族是人们在历史上形成的一个有共同语言、共同地域、共同经济生活以及表现在共同文化上的共同心理素质的稳定的共同体。"（《马克思、恩格斯、列宁、斯大林论民族文学》，第66页，中国民间文艺出版社，1990年版）所以，佤族先民在划分民族和描述民族之间的差异时，虽然过于直观、简单和幼稚，但却已不自觉地吻合了唯物主义基本指导思想的要求。《司岗里》神话传说中对民族区分的这种天真解释表现了佤族原始先民朴素的唯物主义思想。

2. 生命观

生命观，这是佤族特别重视的价值观之一。例如，《司岗里》神话传说中的描述认为，由天神所造的世间万物都是有生命、有灵魂和语言的，都有着思想和感情，就连石头也不例外。石头为什么后来停止了生长和不能再言语呢？是因为它们太贪心了，总想多占别人的地盘，这样它得罪了众神，大家经过评判之后决定惩罚石头：没收它的语言，且不许它再生长。正因万物都是生命体，都有神灵，所以它们都被作为神话陈述的对象。至于哪些神灵能登上祭坛，作为人们供奉的对象，那就要看它们与人类的关系如何，即它们在人类生活中的功能如何。

3. 平等观

生命观产生了佤族的平等观。《司岗里》神话传说中蕴涵着这样的理念：既然万物都是有生命的，有神灵（灵魂）的，那么大家也都是平等的。不管是谁，无论大小强弱，大家都有自己的权利和义务。例如，小米雀体型最小，但它却成了打开司岗（山洞）的英雄之一；蚂蚁和蚯蚓在洪水泛滥期间作出了自己应有的贡献，蚯蚓甚至献上了高贵的头颅；蟾蜍和马鬃蛇（蜥蜴）也在造平原、建山河中立了大功；谷神、棉神这些植物类都各司其职，各有其用。至于里、伦、达能、普冷、妈农、安木拐、达惹敢木这些智慧和创造之神，它们即使能耐大一点，也不会居功自傲，凌驾于人之上。鬼神之间虽有大小之分，却无任何统辖关系，各司其职，大者管大事，小者管小事。大家一样平等相处，友好相待。这是"神话"世界的社会风尚，实际上也是佤族现实生活之光的折射。在佤族先民的原始思维里，人与同时被造就的万物在生命的价值上是完全平等的。人与动物不过是在很长很长的生命系列里的一个链环。他们对自然的崇拜，包括了对万物的均等崇拜。在其所处的生态场中，人是以审慎和恭谨的态度来对待其他物类的。平等共生，这一直是佤族人民的生活处世态度，也是他们追求的理想与愿望。

4. 报应观

《司岗里》神话传说认为无论是什么样的神灵都得遵从因果报应律这一神圣法则。如前面谈及的石头类，它们原本是众神中之强者，因为做了对不起大家的事，所以被没收了语言和被剥夺了生长权利。又如花豹，起初它也表现得不错，后来它自恃力气大而滋生了骄傲情绪，所以才不断做错事，因此百战百败，就连蜗牛、螃蟹它都跑不过。小凤鸟虽然体重最轻，但在过独木桥时还能使桥发出"吱咯吱咯"的响声，可是花豹走起路来却什么声音也没有。花豹最严重的一次错误是在人类伟大始祖安木拐过世时，因不遵从牙董的指令而不慎吓坏了来追悼的各种动物，被罚去背茅草，结果它又敲石头玩，最终使自己烧坏了衣服（皮肤），成了现在的花斑模样。相反，如木鼓神、谷神、棉神等这些有贡献的神灵，它们都得到了好报，成了人们祭祀的神祇。又如老鼠，由于"最初从司岗里出来的人被守在洞口的豹子咬死，老鼠在情急之下跳到豹子身上，咬住豹子的尾巴，趁豹子疼痛至极人们便一个个从石洞里跑出来。所以后来佤族都做老鼠鬼，谷子撒在地上让老鼠吃一些也不禁止，因为老鼠救过人的命，人有吃的，老鼠也应有吃的。佤族的这种基于实惠的感恩观念，渗透在其源远流长的文化血液里，牢固地根植于集体意识中，从而成为相当稳定的价值理念。

参考文献：

[1] 陈建宪. 神话解读［M］. 河北教育出版社，1997.

[2] 郭思九，尚仲豪. 佤族文学史［M］. 云南教育出版社，1999.

[3] 赵富荣. 佤族风俗志［M］. 中央民族大学出版社，1994.

[4] 赵富荣. 佤族［J］. 中华文化通志——苗、瑶、畬、高山、佤、布朗、德昂族文化志.

[5] 赵富荣. 佤族文化史［J］. 中国少数民族文化史，辽宁人民出版社，1994.

[6] 王有明，陈卫东. 佤族风情［M］. 云南民族出版社，1993.

[7] 陶阳，钟秀. 中国创世神话［M］. 上海人民出版社，1989.

[8] 罗之基. 佤族社会历史与文化［M］. 中央民族大学出版社，1995.

［9］周植志，颜其香．佤语简志［M］．民族出版社，1984.

［10］颜其香，周植志．中国孟高棉语族语言与南亚语系［M］．中央民族大学出版社，1995.

［11］魏德明．佤族历史与文化研究［M］．德宏民族出版社，1999.

［12］叶舒宪．中国神话哲学［M］．中国社会科学出版社，1992.

［13］［苏联］叶·莫·梅列金斯基．神话的诗学［M］．商务印书馆，1990.

［14］谢选骏．神话与民族精神［M］．山东文艺出版社，1986.

［15］佤族简史编写组．佤族简史［M］．云南教育出版社，1986.

［16］黄尧．世纪木鼓［M］．云南人民出版社，1998.

［17］佟德富．中国少数民族哲学概论［M］．中央民族大学出版社，1997.

［18］李正新编，陈学明译．司岗里的故事［M］．云南民族出版社，1990.

［19］全国人民代表大会民族委员会办公室编．云南西盟卡佤族社会经济调查总结报告［M］．1958.

［20］王敬骝，胡德杨．佤族创始神话——司岗里探析［J］．民族学研究（七）．

［21］李子贤．略论神话与原始宗教关系［J］．民族学研究（三）．

［22］胡阳全．近年国内佤族研究概述［J］．云南民族学院学报．1996（4）．

［23］杨健伍．我国少数民族宗教文化特点的历史分析［J］．社会科学研究．1990（6）．

［24］覃彩銮．壮族神话学术价值初探［J］．广西民族研究．1990（2）．

［25］徐铭．凉山彝族祖先崇拜及其社会功能［J］．西北民族学院学报．1990（2）．

［26］郭海云．简述中国古代少数民族的宇宙观［J］．西北民族学院学报．1993（2）．

［27］苏世同．论苗族文化与苗族主体心理的建构［J］．吉首大学学报．1991（4）．

［28］木拉提·黑尼亚提．论哈萨克族创世神话的民族特征和哲学意义［J］．新疆大学学报．1993（3）．

（作者单位：昆明市财政局）

佤族史诗《司岗里》历史价值试探

段世琳

历史学界、民族学界、考古学界专家已普遍公认，佤德语支的佤族、布朗族、德昂族是我国云南与东南亚地区的历史悠久的少数民族，在古代曾创造过灿烂的"桐华布"文化、铜鼓文化和沧源崖画以及《司岗里》文化、木鼓文化；在云南，是保存"人类社会活化石"最多的少数民族之一。

佤族的历史文化是一个含金量很高的富矿，一旦给予深层次的开发，不仅可以揭开云南古代文化的一些历史之谜，还丰富了云南的民族历史文化，必将在澜沧江、萨尔温江之间创造一个世界级的旅游亮点上发挥出不可估量的作用。然而，目前阿佤山这块热土基本上还是一块未开垦的处女地，优秀的《司岗里》史诗的历史价值至今还鲜为人知。在此对它的历史价值做一次探索，以求教于专家们。

一、《司岗里》史诗的基本内容

佤族创世史诗《司岗里》[1]是流传在临沧市、普洱市和缅甸佤邦以及泰国北部等地区的佤德语支民族、孟高棉人聚居区的神话传说。经过民族工作者的收集整理，约有1万余字。主要内容有：开天辟地、日月星转、人类起源、人与万物的关系、母系氏族公社、图腾崇拜起源、猎头祭祀起源、语言起源、民族起源、火起源、农耕起源和木鼓起源等。

二、《司岗里》史诗的特点

由于远古先民们当时生存的自然地理条件的差异以及生存斗争的历程和思维方式的不同等原因，必然在内容上的认识与反映程度方面有其自己的特点。依笔者之见，佤族《司岗里》史诗不仅在国内各民族史诗中独具特点，与国外著名的《荷马史诗》等各文明古国里的史诗比较，其特色更浓、更有个性化。

1. 古朴与粗犷特色

从它反映和折射出来的迹象来分析，其时间要比国内流传"盘古开天"说更为远古；从内容迹象上分析，比"盘古开天"更有真实感，更与人类社会贴切，现实主义色彩更比浪漫主义色彩浓。古朴、粗犷特色更远远超过《荷马史诗》。这一点，《司岗里》史诗应该是摩尔根划分"蒙昧期"和恩格斯界定的"人类童年时代"最理想的"直接的证据"[2]之一。如"木依吉神"怎样使人类和动物从"司岗"出来，人和动物怎样向木依吉神要谷种，女子先懂道理，"女子领导三十代，男子领导二十代"以及猎头祭祀等说法在哪一部史诗中可以见到和听到？

2. 全面性与民族性特色

恩格斯为著名历史学家摩尔根《古代社会》对原始社会发展进程的 3 段分类中的"蒙昧期"的衡量标准提出了界定，即"蒙昧期——以采集天然现成产物为主的时期"，[3]另有语言的产生与弓箭的发明使用。按此标准，《司岗里》史诗里几乎都有口述，如人工取火，语言的产生，生食动物，猎头以及无数的迁移等，说明先民们还无定居生活，农耕和畜牧还处于萌芽状态。天然的动植物仍是主要食物，人类还过着"茹毛饮血"、"穴居野处"的艰难的"披星戴月"的采集生活。其次，《司岗里》史诗所反映的远古先民生活与劳作的情况十分简单粗犷，但有女始祖的名字和人类起源、民族起源、人工火起源、语言起源、性爱起源、木鼓起源，农耕起源和猎头起源等传说，比国内外民族史诗记述更全面。

3. 没有社会大分工和私有制的迹象

历史学家告诉我们，原始人类从旧石器时代进入新石器时代直到私有制产生和阶级对立关系的萌芽是要经历几次社会大分工的。但《司岗里》史诗里，只有先懂道理的女子首领领导男女人群和动物共同活动、共同迁移的传说，没有私有制，没有贫富、贵族和帝王、奴仆之说，只有同甘共苦、生死与共、命运相连之说。还找不到社会分工的迹象。

4. 有较明显的原始体系和规律特色

《司岗里》史诗里已有天地起源、人类起源、火起源、语言起源、猎头祭祀起源、耕作起源以及人类母系氏族的体系与共同劳作的关系，人与自然界关系的记述，也展现出原始人类缓慢进化的阶段性规律。从人类起源到耕作起源的足迹和历程其脉络已基本清晰。万物有灵的观念是先民宇宙观的核心，而祭祀则是维护人类生存的原始文化载体。其中恩格斯认为："音节语言的发生是这一时期的主要成就。"[4]

《司岗里》史诗具有的上述几个特点正是我们下面探索它所固有的历史价值的基础。正如恩格斯指出："由于自然条件上的这种差异，每个半球上的居民从此就各自循着独特的途径发展，而表示各个发展阶段的界标在两个半球也不相同了。"[5]这就是我们分析和认识《司岗里》史诗独具特色的重要理论依据。

三、《司岗里》史诗的历史价值

著名文学家茅盾高度重视神话传说和史诗。他指出："原来古代的神话确是这么一件随着人们的主观而委婉变迁的东西，历史学家可以从神话里找出历史来……哲学家找出哲学来。"[6]拉法格也曾经说过："神话并不是骗子的谎话，也不是无畏的思想的产物，它们不如说是人类思想的朴素的自发的形式之一。"[7]

众所周知，20世纪80年代以来，国内外许多人文学家对云南这块"人类社会活化石"之地蕴藏着的丰富、神奇的神话史诗给予了更多的关注。神话史专家冯天瑜认为："上古神话不仅具有无可代替的史料价值，因而成为史学研究的重要对象，同时，还具有多方面的认识价值。上古神话作为人类童年时代辉煌的遗留物，反映了原始人类对外在世界和人类自然的认识。""因此，当人们追踪自然科学史、史学史、文学史、艺术史、宗教史、哲学史的源头时，无一例外地都要上到神话这块'圣地'。"[8]神话的价值如此之多，如此之高，那么，史诗的价值必然更高了。著名的历史学家、文学家郭沫若早就指出："民间文艺才是研究历史的最真实、最可贵的第一手的材料。因此要站在研究社会发展史、研究历史的立场来加以好好利用。"[9]

神话史诗如此重要，那么，佤族《司岗里》史诗的历史价值如何评价呢？笔者认为：

1. 它是认识人类童年时代的母体

人类历史发展演变的过程与结果都是阶梯式的，其源头都是从人类起源开始的，而且都要经历原始社会阶段，专家们把它称为"人类的童年时代"。恩格斯分析研究摩尔根的《古代社会》后就形成了"人类童年时代"的一个观点，而且是把它界定在"史前文化阶段"、"蒙昧期"的"低级阶段"。恩格斯对《古代社会》和《荷马史诗》等世界名著用最美的语言高度评价说："摩尔根的伟大功绩，就在于他发现了并且在主要方面恢复了我们成文历史的这种史前的基础，并从北美印第安人氏族的联系中，找到了一把钥匙来解决古代希腊史、罗马史和日耳曼史中的那些极其重要，至今尚未解决的哑谜。……所以他所著的一本乃是今日划时代的少数著作之一。"[10]"摩尔根提出了新的，在许多方面来讲都是决定性的材料。""希腊的和罗马的氏族，一向对所有历史学家都是个哑谜，现在已被根据印第安人氏族解释清楚了，因为就为全部原始历史找到一个新的说明基础了。"[11]恩格斯对《荷马史诗》的评价也很高："野蛮时期高级阶段的全盛时期，我们在荷马的史诗篇目中，特别是在《伊利亚特》中，可以见到。荷马叙事诗以及全部的神话——这就是希腊人由野蛮期移交给文明期的主要遗产。"[12]然而，在马克思、恩格斯的慧眼中却留下了一种美中不足的眼光，即在《古代社会》、《荷马史诗》中看不到原始社会低级阶段——"蒙昧时期"的"直接的证据"——母体资料，以致恩格斯不满足地说："上述那个原始社会阶段，即使确实存在过，也是属于非常遥远的时代，以致在社会发展的遗迹中间，在发展程度落后的蒙昧人中间，未必可以找到证明它存在过的直接证据。"[13]这就是说，原始社会的低级阶段——蒙昧期在恩格斯的观念中肯定应该存在，但只是理论上存在，还无实际的"直接证据"可供佐证。笔者把这种"直接的证据"称为"母体资料"，在《司岗里》史诗里则已发现，而且还以纯真和丰富的内容达到了恩格斯的界定标准——"这是人类的童年时代"——"以采集天然现成产物为主的时期。"[13]

下面请看《司岗里》史诗是怎么说的。

首先，《司岗里》史诗就以天真、活泼、粗犷而真切的语言开门见山地回答了人类起源这样一个天大的问题：人类的祖先是从"司岗"出来的，尽管阿佤山（含云南省临沧市、普洱市和缅甸的佤邦及泰国等地）各地佤族对"司岗"的解释虽有所不同（有的说从岩洞里出来，有的说从葫芦里出来，有的说从竹篷根出来），但本质都是一致的，都是母体生殖出来的，都是同母同根生殖出来的。佤族流行口碑中有三个提示：一是人类和动物从"司岗"出来前在"司岗"时已听到"木依吉"女神在讲话，至今佤族人都把木依吉作为天上人间的最高权威，最神圣的女始祖崇拜和敬奉；二是史诗已有"女子先懂得道理"，"女子领导三十代，男子领导二十代"，女子不想领导才交给男子领导之说；三是有木鼓的起源与母体生殖造型的传说都与木依吉女始祖有关。据说，佤族有一个女首领"安木拐"叫人做了一个木鼓要祭先祖，但声音传得不远。有一天晚上，她做了一个梦，梦中看到木依吉女神眯笑着拍拍她的肚皮，发出很大的声响。安木拐震惊醒来，悟出了做木鼓的道理。第二天，她指着自己的小肚下面对人说："以后你们照着这个样子凿吧！"从此以后，声音能震动山谷的木鼓就造成了。猛兽不敢乱袭击人了。人们看到了木鼓的威力，想到木依吉神就在身边，安全感与凝聚力增强了，社会生活前进了一步，砍木鼓祭祀活动由此产生和延续下来。

佤族木鼓起源与造型特殊的口碑传说，不仅回答了木鼓起源的问题，更有意义的是对"司岗"之名作了深入的诠释。由此，显然已为恩格斯"人类童年时代"的母体观点提供了"直接证据"。

2.《司岗里》史诗填补了"人类童年时代"的一个历史空白

恩格斯高度评价摩尔根原始历史研究上的重大发现与贡献。指出摩尔根"给原始历史的研究开辟了一个新的纪元。……自它（母权制氏族）被发现以来，我们知道向什么方向研究，应研究什么以及如何去整理所得的结果了。"

"他在原始历史研究上提出的体系，在基本的要点上，至今还是有效的。甚至可以说，人们越是力图隐匿摩尔根为这一伟大的奠基者，则他的这个体系愈益获得大家的公认。"[14]但恩格斯认为，摩尔根的《古代社会》发现的印第安人原始氏族社会只是"野蛮期"低级阶段历史形态，而不是"蒙昧期"的任何一个阶段。由此，恩格斯肯定《古代社会》有一个历史空白留下来。然而，佤族《司岗里》史诗则已具有填补这一历史空白的功能。

其一，它在天、地、人起源方面以虚实包容的方式比较系统、全面而粗犷地记述了上述宇宙变化和人类与天、地、动物的关系。万物都会说话，都有"灵"感，天地在先，动物和人类在后。

其二，记述了远古人类初期吃、住、行生活的基本情况和语言的产生过程。例如，在"吃"的方面有这样记述："那时……饭是太阳晒熟的，水是太阳晒沸的。"在迁移中"看不见能吃的东西，只有吃土。离开了距昂寨开始奔跑，兽类跑在前面，人类跑在后面。水牛跑着跑着流出屎来，以此我们就开始吃水牛肉、黄牛和猪、马鹿、麂子……各种鸟……花面狗都流出屎来。从此，我们就吃这些动物肉。它们跑完，人就跑"。这是人类"茹毛饮血"、靠天吃饭，过着采集生活的情况。说得多么粗犷，多么天真浪漫和纯真！

语言的产生也有口碑："在阿维的河水里人们洗了脸和脚，我们会说话了。我们从左边到右边，从右边到马音寨（可能只是地名），这时我们已能说话。"这表明人类语言的产生，是在人类集体寻捕食物的过程中产生的。

其三，有人工取火和农耕起源的记述。人工取火的原始记述，我国史书中有"燧人氏"钻木取火之说。但为什么想到钻木取火以及怎样保持火种等方面则无说法，仅有燧人氏观鹗鸟啄木发出火花受启发之说。而《司岗里》史诗有说法，却更为具体，虽也有神话色彩包装，但更有可信感。如："火熄了，向天去要求。"萤火虫去"请神给我火"。"但仍摩擦不出火来。把蚱蜢的头盖上，蚱蜢从缝里朝上窥视雷神取火了。蚱蜢回去后，就教人摩擦取火，从此才点着了火。是谁点着了火呢？是蚱蜢。……你们拿鸡蛋做火鬼，你们把萤火虫拿的火留下来。"这里反映了人工取火的产生，是先人们对雷击生电火的观察后经过思考和实践创造出来的。另外有"以后你们要忌，把萤火虫拿的火留起来"之说，表明先民们对取火法和火种的珍爱程度。至今，佤族村民的火塘全年不熄火的习俗仍在传承，直到年终最后一天——"除夕"之日才熄灭旧火而做迎新火的活动，仍保留着摩擦生新火的习俗，从而创造了独具特色的年节——"俄烤"。这种崇拜火的"俄烤"节从萌芽到传承至今，地球上有哪一部史诗有此流传？

农耕的起源，从种子到耕作也有记述，种子都是木依吉女神给的，耕作是木

佤族史诗《司岗里》历史价值试探

依吉教的。虽有神话色彩，但这是远古传说的共性。上述农耕起源的内容与"神农"和"后稷"传说类似，但更有远古之感。如"谷子不生长，我们向雨神祈求……"这不是更为古朴吗?!

其四，万物有灵图腾崇拜与祭祀起源。在《司岗里》史诗里，佤族先民们认为天地万物都是有灵魂、灵感、灵气的，而且像人一样会说话，能与人沟通和对话；这方面有大量的记述，并冠以"神"崇拜。这种被历史学家、民俗学家称为"图腾"的崇拜至今在佤族山寨中还有流传。

史诗里已有农耕起源之说，但还只是萌芽。人们抵抗自然灾害的能力几乎还是零。由于这一原因加之万物有灵观念的存在和图腾崇拜物是无限的，先民们的祭祀活动产生了而且很繁多，几乎很多动物都用来祭祀了，其中最突出的是牛祭、猪祭、鸡祭和人祭，即有剽牛、剽猪和砍人头等，尤以头祭突出。例如有这样的记述："从来瑞布经过山谷停了一下到老虎寨（老虎在的地方）。人们向老虎说：'我们要剥你的皮，要骑你，还要供你的头，以后我们还要做食物，做了自己吃。'老虎说：'这个东西不是老虎的事情，老虎是吃人的。'""从老虎寨到高布饶，又自高布饶到立克寨……商量着分开走路并杀鸡献神，留了鸡头、鸡叫。……我们不愿让水涨起，就杀了头，水就不会涨，因此避免了死亡。""以后学道理，看卦。""阿佤拿头了，我们从此供头。""我们佤族带了人头礼，从块朗寨分路……""以后因为要砍木鼓……做供人头的竹篓，把头放两三年，再砍牛尾巴……"上面所引的记述，表明了图腾祭祀的真实情况，也有原始宗教萌芽的迹象，大约是产生在农耕萌芽的进程中，这在其他史诗中也是难以见到的。

3. 史诗为解开人类起源、民族起源的"哑谜"提供了神奇的"钥匙"

佤族《司岗里》史诗由于它所包含的远古人类社会生活的门类比较丰富，源头性、萌芽性和古朴性比较突出，占领着"水有源，树有根"的源头优势，属于含金量很高的一座富矿，具有非凡的功能，可以为后人揭开一些历史的、自然界的"哑谜"提供重要的线索或诠释一些问题。

例如，地球上各民族史诗或神话中，关于人类起源的问题，就有神仙造人说、日月造人说、山河造人说、触木感生说、卵生说、岩石爆人说、猴子变人说、葫芦出人说、泥土造人说以及躯体造人说等等，众说纷纭。上述说法，我国各民族《史诗》和神话中几乎都有。其中能够比较客观回答或提供重要线索的，首推"女娲"说和《司岗里》的母体生殖说。

"女娲"说，实际含两层意思：一是表明"女娲"是人类的母亲——女始祖；第二层意思是表明她是一个神通广大的女首领。

72

《司岗里》史诗的母体说有四层意思：一是表明"木依吉神"是人类万能的女始祖；二是表明人类各民族都是从一个母体里孕育和生殖出来的；三是表明有些哺乳动物、爬行动物也是从母体生殖出来的，木依吉神是神圣的母体，是万物的主宰；四是表明各民族都是同母同根的弟兄姊妹，木依吉女神是各民族的母亲。与"女娲"造人说有些类似之处，但《司岗里》的说法则显得更为具体，真切，更有研究价值。关于人类是怎样从"司岗"（岩洞或葫芦）出来的情节，佤族有两种说法。从岩洞出来的说法是木依吉（莫依吉）最后教小米雀用嘴啄开岩洞的。从葫芦里出来的说法是"天神"教母牛的丈夫"惹戛木"用刀劈开葫芦以后才出来的。人先出来后，大象、猴子、蛇、螃蟹才跟着出来。人为什么没有尾巴，猴子的屁股为什么红着一块，大象为什么没有角，蛇为什么没有脚，螃蟹为什么没有头等等都是刀劈葫芦时砍掉的，说得更加天真浪漫。两种说法实际上都大同小异，因为岩洞和葫芦都是母体生殖的象征，佤族人善于用比喻方法、拟人方法记述客观世界和表达深厚的情感；"葫芦"说的"天神"也就是"岩洞"说的"木依吉神"；先从"司岗"出来的人类都是"岩佤"，后面出来的人类也基本相同，其不同点是在汉族上，这可能与地域和古代民族交往有关系。总的说法都是人类各族都是同母同根同一个天。

从民族关系上，《司岗里》提供了我们这样一条重要线索：在远古时代，云南境内最早的土著民族是佤德语支的先民——濮人，氐羌民族和汉族是后来的土著民族。按此线索分析研究，云南西部的古"哀牢人"的族属、铜鼓族属和保山"蒲缥人"族属的谜团并不难揭开，距今3 000多年前的沧源崖画、耿马石佛洞新石器遗址以及澜沧江中游地区出土的旧石器、新石器文化遗址的族属之谜显然已可以揭开。事实上，著名民族史学家方国瑜教授等许多专家已倾向于"濮人"说，著名考古学家汪宁生等也有此倾向，著名考古学家李昆生已肯定澜沧江中游地区的新石器遗址均为"濮人"族群的文化遗址。"澜沧江中游地区新石器文化的主人是古代百濮的先民。"[15]

另外，《司岗里》史诗里记述的人类从"司岗"出来后，最先见到的自然世界的物体是老虎和天地，"天地是用绳子捆在一起的，相距很近。造了我们人后又给了太阳和月亮。造了人后就把人放在岩洞里。"这种说法已反映了人类出来后是住在高山岩洞里的，才会有"天地是用绳子捆在一起的"这种云中有山，山中有云，天地"相距很近"的感觉。佤族人自称"布饶"，即"住在山上的人"。此说就确切地表明处于原始社会低级阶段"蒙昧时期"的远古人类是生活在高山上的类似"司岗"人的族群。"万物有灵"的图腾崇拜和剐杀野兽的祭祀活动更证实了这些说法的真实性。而北京猿人、山顶洞人、元谋猿人等化石的出

土以及近年耿马石佛洞遗址人体化石的发现，与《司岗里》史诗中记述的居住在洞穴的"司岗"人的这一人类之源是完全吻合的。

云南自古以来就是一个多民族的聚居区，但有居住分散的特点和山川阻隔的自然条件障碍等原因，各民族的关系演变得比较复杂，西汉时伟大的历史学家、文学家司马迁曾到过云南考察，但他对当时云南有多少个民族以及民族的源和流的体系基本上还是一个未知数，在他的千古名作《史记·西南夷列传》里只留下这样一笔："西南夷君长以什数，夜郎最大。其西，靡莫之属以什数，滇最大。……"仅以此语作了高度概括。至今离司马迁已两千多年，许多史家还在进行揭谜的努力与探索，成果很多，但学术界还有不少争论。然而，就在《司岗里》史诗里已给我们提供了引子和导向："蜘蛛和佤族先自岩洞出来……汉族说我不丢开同伴，我要跟随阿佤。以后汉族跟佤族，他俩一起回去，格雷诺在后面。佤族、汉族、拉祜族、傣族一同走。傣族皮肤白，佤族皮肤黑，汉族更白。傣族供茶，佤族供茶，汉族是煮茶的，他们一起走。""请格雷诺和格利托领导我们人，格雷诺领导汉族，格利托领导佤族。"以此之说，我们对佤德语支先民"濮人"与氐羌、百越族群支系民族的关系就不难理解了。司马迁没有听到《司岗里》口碑，这是千古的一大遗憾。

4. 对屈原《楚辞·天问》[16]名著里提出的 100 多个问题中，在《司岗里》史诗里可以找到一些解答

伟大的爱国诗人屈原也是一个历史学家。他文史兼通，《天问》就是他的杰出代表作之一。他对我国黄河流域远古传说中的圣人尧、舜、禹直到战国时期长江流域的楚怀王为政的得失给予了历史的、辩证的剖析和总结，从正反两方面提出了一些质疑，同时也对天地和人类起源做了研究，对这些天大难题提出了一些质疑。有些是人类共同关注的共性难题，有的是个性问题。虽然秦汉以来历代文人都在研究和作了一些解疑的努力，但至今由于资料不足，有的质疑仍然难解难分。屈原在《天问》中发出的问题，约有三分之二是属于政界方面的社会问题，如对尧、舜、禹和楚怀王选用人才方面发出了一些感慨；约有三分之一是关于宇宙变化和人类起源的问题。他发出的 100 多个问题都是前无古人的政见和宇宙观。

这里要说的是屈原在天地、人起源与变化方面的发问。从"洪荒"到"盘古开天地"的"蒙昧时期"的发问，到恩格斯研究之时，至今仍还没有诠释的遗留问题，我们用《司岗里》史诗也可以做一些间接乃至直接的解疑。

其一，屈原问："遂古之初，谁传道之？上下未形，何由考之？冥昭瞢像，谁能极之？冯翼惟像，何以识之？"

《司岗里》说:"起初天和地相距很近……""那时天天都是白天没有夜晚……月亮回去太阳又升,他俩轮流不息地出来。……""造了人后就把人放在岩洞里。""格利托是剑造道理的……女子比男子先懂得道理。"天地尚未形成去问造天地的"利吉神和路安神",宇宙间昼夜不分混沌一片,"鸡神"能"把太阳扒开",元气充满天地的迷景去问先懂道理的女子们。

其二,屈原问:"女岐无合,夫焉取九子?伯强何处?惠气安在?"

《司岗里》说:"女子要和男子睡……自此有了孩子。""风神"和"雨神"在一起,"雷神与他的姐妹性交","太阳落了月亮升"和顺之气在那里。

其三,屈原问:"何盖而晦?何天何明?角宿未旦,曜灵安藏?"

《司岗里》说:"太阳和月亮轮流不歇地出来",分出白天黑夜,"鸡神"未叫,还没有"把太阳扒开"。

其四,屈原问:"惟浇在户,何求于嫂?何少康逐犬,而颠娟厥首?女岐缝裳,而馆同爰止?何颠易厥首,而亲以逢殆?"

《司岗里》说:"女子要和男子睡,自此有了孩子。"" 剽子砍奴人的头,砍了以后放在人头桩里。""他俩在一起了,女子爱上了男子。""格雷诺在旁边看着,女子领导男子做各种事情。"

屈原问:"舜闵在家,女何以鳏?尧不姚告,二女何亲?"

《司岗里》说:"男子跑了,女子到那里看到男子就哭了起来。""雷神与他的姐妹性交"。

屈原问:"该秉季德,厥父是藏。胡终弊于有扈,牧夫牛羊?于协时舞,何以怀之?平胁曼肤,保以肥之?"

《司岗里》说:"我们听女子的话,男子后来懂得道理。""这时风雨交加气候大变,乃搬迁到有树的地方,最后即到天上去了。""格朗布饶叫道,我们打木鼓,不怕他。""轿神说过这话后就打木鼓。""他俩一起写字,一起去洗,他俩看见了乳房。"

屈原问:"昆仑县圃,其尻安在?……四方之门,其谁从焉?"

《司岗里》说:"绳子捆着地和天,月亮和太阳在天上。""在距昂寨(山)地面上出现了大海。"木依吉神领着她的儿女们能走四方。

屈原问:"日安不到,烛龙何照?羲和之未扬,若华何光?"

《司岗里》说:"我们钻木取火……我们把萤火虫拿的火留起来。"

屈原问:"焉有石林?何兽能言?"

《司岗里》说:"有铁神的地方就有石林,天下的动物都会说话。"

上述《司岗里》史诗的回答,当然只能是间接的回答,而且还带有一些童话趣味，给人以一种天真浪漫之感，但毕竟它是用折射的方法回答屈原《天问》的最佳史诗之一。它的年岁则比《天问》还要早呢！

5. 《司岗里》史诗的内容是沧源崖画最好的诠释

民族史学家史军超在《沧源崖画与佤族文学》专论[17]的结尾指出："沧源崖画是佤族先民们的宝贵遗产，它对艺术史有着极高的研究价值，有心独创的艺术家如能潜心探索其中微妙当可借古开今，自成一番气象。"此说有很高的启发性和指导性，使我们自然会意识到史诗与沧源崖画的关系。

著名的沧源崖画不仅是我国大地上最古老的崖画，而且以古朴、神奇和丰富闻名中外。它以生动的画面展现出了原始人类"蒙昧时期"真实生活的历史画卷，成为恩格斯要寻找的"人类童年时代"的一个"直接的证据"，但并无文字或其他形式的说明，特别是族属问题更是专家们关注的中心问题。虽然史军超专家持《佤族先民》文化遗迹的观点，笔者也持这一观点，多数专家学者也倾向于这一观点，但仍有少数专家学者还有"傣族先民"说的看法。经过对《司岗里》史诗的深入研究后，我们发现，《司岗里》史诗在内容上和古朴、粗犷的沧源崖画有着内在的、不可分割的、如双胞胎一样的血肉关系。二者是佤族远古文化的"姊妹篇"。

其依据是：

第一，《司岗里》记述的基本内容，从"司岗"出人洞到剽牛祭祀和图腾崇拜等情况在沧源崖画中都可以看到，而且在今天的佤族村寨中也还可以看到一些迹象。

第二，从历史文献、考古资料和许多云南考古专家、民族史专家都公认澜沧江中游地区古代是佤德语支先民聚居区域。在这方面，缅甸、泰国和我国的一些东南亚史的专家也持此观点。

第三，沧源崖画的创作年代也与《司岗里》史诗内容上所反映的时代特色——"人类童年时代"相吻合，应该都在 3 000 年以前。

第四，沧源崖画的地理位置在古代和现在都在《司岗里》神话流传的中心区——临沧市、普洱市和缅甸佤邦中心区。

从上述几点依据分析，《司岗里》史诗的历史价值将高于它自身的文学价值是毫不过分的，应提高到世界级史诗的历史地位。因为它是人类不可多得的史诗寿星。

6. 《司岗里》史诗还为亚洲稻种的起源地之谜与农耕起源地之谜提供了解谜的"钥匙"：例如耿马石佛洞遗址出土了大量的炭化稻谷，这里就提出了年代、地区、族属等重大的学术课题。虽然考古专家已基本肯定石佛洞遗址的年代是距今约 3 000 年左右，但按照《司岗里》史诗里记述的谷种起源和耕作起源与当时人类不断迁移转换地方的口碑资料分析，当时人类虽已能人工取火和有了耕作的萌芽，但食物的主要来源仍是以采集和猎捕野兽为主。而且按恩格斯所说，原始人类从"蒙昧期"的低级阶段过渡到"野蛮期"的低级阶段这一过程可能要经历数千年的观点来分析，石佛洞新石器遗址的主人发现和使用谷种的时间也还可以提前数千年。由此可以说，阿佤山是亚洲稻的发源地之一，佤德语支先民是亚洲种植旱谷的最早的民族之一。这是《司岗里》史诗的又一大贡献。

7.《司岗里》史诗为中国云南与东南亚国家架起了一座永恒的天桥

《司岗里》史诗的历史价值是多方面的。因为佤德语支民族属于南亚语系的民族，不仅历史悠久而且分布很广，在澜沧江（湄公河）、萨尔温江（怒江）、伊洛瓦底江（恩梅开江）流域直到南海，东盟国家几乎都有分布，尤以缅甸、泰国、老挝、柬埔寨、越南分布最广。这是一个跨境而居的土著少数民族，山水相连，血脉同贯，在族源、经济、语言、文化、宗教等方面都有许多共同性，在历史上自然已架起了一座永恒的天桥。在佤德语支民族和孟高棉人中，至今还流传着孔明的传说而世代尊奉，甚至佤邦勐冒县境内最高的公明山至今还有"孔明"之传。此山佤语原称"垒姆"，大概三国以后改为"孔明山"。英国占领缅甸后为了侵占阿佤山的全部区域，在他们划界中有意把它改为"公明山"。现今，临沧市、普洱市和佤邦的佤族民间老人仍有孔明到过公明山的口碑。尽管孔明到过阿佤山很难找到直接证据，但说明佤族人与汉族人的亲密关系是源远流长的，《司岗里》史诗里就可以找到直接的证据。如人类从"司岗"出来时，汉族、拉祜族等各族都跟着佤族出来，出来后由格雷诺（首领）和格利托（首领）两个共同领导。"格雷诺领导汉族写字，格利托领导佤族。""后来格雷诺欺骗了佤族，佤族打他，汉族仍请他去领导，以后他即领导汉族，汉族也懂得了道理。""汉族说我不丢开同伴，我要跟随阿佤，以后汉族即跟阿佤……"格雷诺领导汉族写字，汉族要求跟随阿佤并请阿佤当领导，话虽不多，内涵却很深；总的是足以作为"架起了一座永恒的天桥"的佐证之一吧。这说明汉族永远不会忘记佤族，佤族人永远不会忘记从"司岗"出来的同母、同根、同宗的汉族和其他民族。显然，这种天然的历史文化关系，是我国云南和西南地区扩大对东盟国家的对外开放，发展跨国经济和跨国旅游产业、促进经济文化交流，互惠共赢，构建澜沧江—湄公河、萨尔温江、伊洛瓦底江三江流域东盟国家联合经济开发区的一大优势。这一地区将来很可能成为世界第三大经济实力区和世界级的旅游新亮点。因为这里不仅自然资源、人文资源十分丰富，还有天时、地利、人和的坚实基础。最大的优势是老祖宗已为我们架起了一座永恒的天桥。一旦东南亚国际大通道开通，东盟国家必将首先受益，加快脱贫致富的步伐。

四、结语

马克思在其经典著作《政治经济学批判》中指出："一个成人不能再变成儿童，否则就变得稚气了。但是，儿童的天真不使他感到愉快吗?"[18]我国有5 000年的文明史，但社会科学界的专家们早已发现在长江以北广大地区历史上由于多种原因，留下来的神话传说很零碎，没有形成系统的、完整的专著，达不到"史诗"的高度，只在西北、西南少数民族中才有大量发现。对《司岗里》史诗的发现显然是我省民族学界、史学界的一个重大成果，因为它本身的历史价值很高，是"人类童年时代"的"直接的证据"，是含金量很高的、不可多得的历史珍品，是"人类社会活化石"的瑰宝。依据恩格斯对世界名著《荷马史诗》的评价观点，笔者认为，《司岗里》不仅是"人类童年时代"的"直接的证据"，还为多学科领域中的重大课题研究上提供了解释"哑谜"的"钥匙"。仅就恩格斯所期望见到的"人类童年时代"的"直接的证据"这一方面的标准而言，就已超过了《荷马史诗》。当然，从文字量和文学记述方面的优势来说则比《荷马史诗》逊色得多，有待有关部门组织专家组深入阿佤山区再次进行调查、收集和整理、升华，它的功能还会更多、更大、更深远，知名度还将更高。

注释：

[1]《云南佤族社会历史调查》，云南民族出版社。

[2] [3] [4] [5] [10] [11] [12] [13] [14] [18] 恩格斯：《家庭、私有制和国家的起源 马克思恩格斯文选第二卷》，外国文书籍出版局，1950。

[6] 茅盾：《神话研究》，上海百花文艺出版社，1981。

[7] 拉法格：《宗教和资本》，上海三联书店，1963 年译本。

[8] 冯天瑜：《上古神话纵横谈》，上海文艺出版社，1983。

[9] 郭沫若：《中国民间文艺论文集》。

[15] 云南省博物馆编：《云南省博物馆学术论文集》，云南人民出版社，1989。

[16] 黄学森选注：《屈原楚辞》，珠海出版社，2004。

[17] 史军超：《沧源崖画与佤族文学》、《云南少数民族文学论集》第 1 集，中国民间文艺出版社，1982。

（作者单位：云南临沧市志办）

佤族《司岗里》神话的历史人类学研究

杨文辉

作为影响最为深远，传播范围最为广阔的创世神话之一，《司岗里》神话[1]在佤族民众中间被广为传诵，在长时期口耳相传的过程中，与佤族所经历的社会历史变迁过程相适应，《司岗里》神话也经历了不断被增删修改的过程，从某种意义上而言，《司岗里》神话的衍变过程曲折而生动地反映出佤族社会历史的坎坷进程。本文在参阅史籍和前人研究成果基础上，运用历史人类学理论与方法对《司岗里》神话予以解析。由于其内容的丰富，在本文中仅就几个较具代表性的问题做一简要分析。

一、佤族先民对于人类自身起源的认识

如同在汉族中流传的盘古开天辟地的传说一样，《司岗里》神话一开始便讲述了世界万物的起源，不同的是，盘古是单独完成开天辟地之举的，而《司岗里》中则是由两尊神来完成的。"利吉神和路安神造了地和天。利吉神是辟地的，路安神是开天的。"在天地造成以后，人类才有了活动的空间。太阳和月亮则是为了满足人类的需要而被创造出来的："造了我们人后，又给了太阳和月亮。"在这一部分中，对人类尚处于初民社会阶段的环境作了简要的描述："造了人后，就把人放在岩洞里。……我们人不能从岩洞里出来，在里面觉得难以生活。"众多考古学材料证明，人类初期均经历了一个穴居野处的时代，此处的岩洞当即指此而言。[2]

在《司岗里》神话中，人类是神的产物，但同时人类又经历了一个从岩洞里出来的过程，而且这一过程颇为艰难，各种各样的神灵（包括动物神、植物神、石头神等）均参与了这一过程。这种艰难的过程可能蕴涵着对人类新生命诞生过程的一种曲折的记忆。

二、佤族先民的宗教观念

我们看到，在《司岗里》神话中出现的各种动植物以至石头、山都是有神性的，地震也有地震神在专司其职。这些各种各样的代表了各种事物的神在

《司岗里》中被置于和人类同等重要的位置。当人类被放置于岩洞中而岩洞口尚未凿开时,"我们就要求辟地开天的,他们听到我们的哭声。鹦鹉神、蛇神也哭起来了,但仍打不开。"这里鹦鹉神和蛇神显然被视为是与人类声息相通的朋友。最终啄开司岗的小米雀、阻止了老虎杀人的老鼠、和人类一起对抗树的蜘蛛,都是以人类朋友的面目出现的,令人感到分外亲切,与我们平常心目中的形象不太一样甚至大相径庭,甚至人类找到赖以生存必须的水源也是在老鼠的帮助下实现的。("我们由老鼠带领去到有水的地方。")联系上下文,可以说神话的本质在这一部分中体现得比较明显,正如马克思在《〈政治经济学批判〉导言》中深刻揭示的一样:"任何神话都是用想象和借助想象以征服自然力,把自然力加以形象化。"《司岗里》神话同样也不例外。

三、关于用铁的问题

《司岗里》中说:"铁绳子捆着地和天。咱们把铁绳子砍断了,天即高高地升起,地则低低地下降,此后天地远离。"天和地是为人类的生存而由神创造出来的,但天地的分离却是由人来完成,这可以视做是佤族先民在同自然界作斗争的初期阶段的一种历史记忆,体现了人类的努力和拼搏精神及后人对此的景仰和尊崇。值得注意的是,这里开始出现了铁,而且是作为工具的铁绳子。后文中又说到在破昂寨时,人开始用铁三脚架煮饭。铁三脚架作为煮饭工具,在人类日常生活中发挥了相当重要的作用。

我们知道,人类进入铁器时代要晚得多。佤族使用铁器更是晚近的事情,且据各种调查材料反映的情况来看,佤族使用铁的技术是从其他民族传来的。如田继周、陈士奎等推测:"佤族受傣族影响很深。特别是在生产上影响很大,佤族用铁可能最初是从傣族传来的。"[3]而陈士奎、徐志远的调查则说得比较明确:"佤族不会冶铁,是用厚铁(多买自缅甸或内地)或废铁加工,所用工具与马散和岳宋铁匠所用相同,惟风箱与内地汉族相同,是汉族到此开矿时传来的。"[4]在西盟翁戛科,据1957年的调查,当时佤族使用的"铁质生产工具是分别向外寨的佤族和拉祜族买来的。……铁质生产工具传到这一带的准确时间难以查考。……这一带佤族大量使用铁质生产工具还是近八十多年的事。"[5]

而在《佤族简史》中则记载了西盟佤族有关铁的一个传说:"在18代至20代人(原文按:以每代人25年计,约450年至500年)前,他们会'用石头煮铁'(即冶铁),后来冶铁的技术失传了。"因此,一直到20世纪50年代,佤族地区的原铁完全靠从其他民族地区购买。[6]另一种说法是与茂隆银厂的吴尚贤有关,据20世纪50年代的调查,"班洪部落"小滚弄"大户"的大伙头白殿银谈及佤族用铁的渊源时曾说:"吴尚贤对佤族很好,帮助很大。他来前,很多事情我们不懂得，条锄和铁三脚架也没有。煮饭用三块石头撑起来。他来后，教给我们很多道理，条锄和铁三脚架也有了，也会制银器和使用银子。"[7]

由此，我们可能会产生一个疑问，既然佤族用铁是晚近时期从傣族、拉祜族、汉族地区以及境外的缅甸等地传入，即使500年前会"用石头煮铁"，相对而言的时间跨度也不大，为什么使用铁制工具的情况会在流传久远的《司岗里》中与其他显然年代要早得多的故事情节融在一起，而且从故事的语境来看，并无令人感到生硬编造的感觉？

笔者以为，这恰恰反映了佤族人的历史观念，由于佤族历史上没有本民族的文字记载，许多重大事件的记忆便依赖于口耳相传。如果我们可以将历史视为一种集体记忆，那么这种记忆通常经过该社会中精英阶层的整理加工，得到相关群体绝大多数成员认可，其文本往往以口头或其他技术手段（纸质、石质等）相传。历史不可能将日常生活中鸡零狗碎的细节都一一记录在案，哪怕信息传递和记录手段发展到今天这种水平，我们也不可能将民众生活中的一切细节都笔之于书。历史的记录和编纂都是有选择性的，作为一种集体记忆，对整个群体的发展趋向容易发生影响的重大事件、重要人物自然容易进入历史的视野。同时，随着时间的推移，可能原来很重要的一些事情逐渐会淡出人们的视野，原本声名显赫的大人物会灰飞烟灭，而在当初并不起眼的一些人和事则因时间的因素逐渐彰显其价值，这时就会发生一种有趣的现象，历史记忆如同一道小学生的数学运算题，它既在做着"加法"，把一些东西加进来；同时又在做着减法，许多曾甚嚣尘上的东西会如轻烟般飘散，令后人难觅踪影。至于什么时候做"加法"，什么情况下做"减法"，背后的潜规则究竟是什么？历史学家当然可以仁者见仁，智者见智，但大而言之，无外乎社会价值观念的变化，导致社会生活中游戏规则的修改，不同历史时期的社会各阶层的审美倾向、精神追求和心理调适的需求都会有着或显著或微妙的差别，简言之，即所谓"此一时，彼一时"。正如有学者指出的"我们关于过去的概念，是受我们用来解决现在问题的心智意象影响的，因此，集体记忆在本质上是立足现在而对过去的一种重构"。[8]正因为集体记忆都是立足于"当下"的，因此其自身也就处于被不断修改、不断完善的过程中。"每当我们回溯到这些事件和人物，并对它们加以反思的时候，它们就吸纳了更多的现实性，而不是变得简单化。这是因为，人们不断地进行反思，而这些事件和人物就处在这些反思的交汇点上。"[9]

四、关于疾病与医药的问题

在《司岗里》中，人类生病是因种地而起的。"人因种地生了病，做鬼的人说我们肚子痛。人病了不去要求做鬼的人，而要吃药。我们要吃什么药呢？（做鬼的说）'你做老鼠鬼'。他们给他做了老鼠鬼，但病没有痊愈，又去要求做鬼的。（做鬼的说）'你做鸡鬼，鸡鬼做完了，以后做猪鬼，猪鬼完了，再做老母猪鬼'。你（引者按：原文注释为：指神或鬼，待考）给了各种各样治病的药，其中有树药。我们（佤族）不给病人吃药，我们给佤族鸡、猪和老鼠，而给汉族药，这样才好。"此外，后文中关于生病原因和医药问题又有一段叙述，说在猎到马鹿以后，"马鹿带了伤，你们吃马鹿肉，喝他的血，吃了会生有味的病，因此给咱们吃药，肚子痛也就好了。我们吃医病的药，病就好了。这就是（说明）给汉族用药治病，给佤族用鸡和猪治病。"（原文叙述者解释：佤族生病杀鸡杀猪，汉族生病吃药，就是从这里来的。）

把前后两段综合起来看，这一传说实际上反映了一种"神药两解"的观念，"神药两解"正可以理解为在医疗、疾病知识有限的情况下人类祈愿健康的一种集体意识，即在使用科学意义上的药物治疗的同时，借助于巫术等手段求得神灵的帮助。而这本身也是一种治病的方法。它实际上发挥了精神疗法的功能。如果我们更多地考虑历史的时间线索，也许可以做这样一种推测，即"神药两解"观念的形成有一个长时间的过程，最初可能仅仅是"神"帮助人们祛除疾病，后来慢慢地才有了"药"的位置。

列维·布留尔在《原始思维》中曾论及初民社会中人们关于疾病、诊断、治疗和药物的观念。以大量民族学调查材料为依据，列维·布留尔得出的结论是：在初民社会中，"关于病的观念本身就是神秘的。这就是说，疾病永远被看成是由一种看不见的、触摸不到的原因造成的，而且这原因是以许多各不相同的方式来被想象的。"[10] 在《司岗里》中，我们看到的是疾病的起因被归之于两个方面，一是种地，一是由于吃了受伤的马鹿肉并喝马鹿血引起，显然，这里的神秘色彩已大大降低，尤其是吃马鹿肉、喝马鹿血而致病，已经与现代人"病从口入"的观念十分切合，显然，这样的内容如果不是在后来的传承过程中添加进去的，那毫无疑问是经过了修改以后才成为现在这个样子。因为后面的内容提示我们佤族先民关于疾病的认识其实起源更早。在生病以后，"做鬼的人说我们肚子痛"，不难看出，"做鬼的人"在这里充当了诊断者的角色，而"关于诊断的风俗就是直接来源于关于疾病的这个神秘观念。重要的是要了解到是什么凶恶的力量或影响控制了病人；是什么妖术施到他身上；是哪个活人或死人在谋害他的生命，如此等等。这个决定一切的诊断，只能由拥有与神秘力量和鬼魂交往的能力并有足够的威力来战胜和驱走它们的人来作出。"[11] "做鬼的人说我们肚子痛"可谓一语泄露天机，如果不是关于疾病有着更为古老的神秘观念，"做鬼的人"在疾病与健康事务中毫无疑问将不再有生存的空间，因为他将不会被其他群体成员视为"拥有与神秘力量和鬼魂交往的能力并有足够的威力来战胜和驱走它们的人。"正因为具备这种神秘力量，所以关于治疗手段和疗效也就无一例外带有这样的特点："不管什么样的疗法，只有具有神秘力量的疗法才有价值。疗效完全决定于具有神灵或巫术性质的联系和互渗。"[12] 在"做鬼"使用的猪、鸡、老鼠正是为了达到使神秘力量发挥作用的目的，而中间的桥梁便是"做鬼的人"。当"做老鼠鬼"未能奏效时，"做鬼的人"并未受到任何责难，而是依然受到信任，"因为关于疾病、病因、疾病的治疗的观念乃是神秘的观念，所以，对患者治疗的失败通常也像治疗的成功那样很容易得到解释。这就是更强大的'力量'或'影响'或'神灵'的得胜，是这些东西在建立或者破坏决定生死存亡的互渗。"[13]

至于《司岗里》中说到"给汉族药，这样才好"以及"我们吃医病的药，病就好了。"笔者以为反映的是一种迥异于佤族先民原有的观念和技术的传播，在《司岗里》中，关于本民族传统与外来文化因素的记忆相交融而无风马牛不相及之感，其原因便在于美国社会学家巴里·施瓦茨所说的"集体记忆既可以看做是对过去的一种累积性的建构，也可以看做是对过去的一种穿插式（episodic）建构"。[14] 随着时间的推移，更多的医药知识和技术从汉族地区或由汉族移民传入到佤族民众当中。如同生产技术、生活用具和其他物质文化方面的东西一样，先进的知识和技术往往源于汉族地区，这一点可说是包括佤族在内的西南民族的共性。

五、《司岗里》中"雷神事件"的简要分析

《司岗里》中，雷神因和他的姐妹性交而受到惩罚，"于是他的地种不好，田也种不好。"这是上天施与的惩罚。在农业社会里，田地种不好意味着年成收入没有保障，生存将受到直接的威胁。但对雷神而言，灾难性的后果远不止于此，雷神不仅"地种不好，田也种不好"，还遭受了肉体的惩罚，各落"就要扭他的手，要打他"，"鹰去啄他的嘴"，而且为此倾家荡产，被众神抄了家；最为严重的后果是，雷神无法在原有的群体中继续生活下去了，他被迫远离故土，几经辗转迁徙，流离漂泊，最后搬到了天上。"天上"实际上也就意味着完全与世俗隔绝，远离了人间，远离了原属群体的视线以至完全消失。在个体的生存需要更多地有赖于集体的力量才能得以延续的古代，被驱逐出群体无疑是相当严重的惩戒措施，越是在生产力不发达的情况下，生存空间的丧失，其程度的严重性几乎无异于被直接剥夺生命。

如果将《司岗里》置于神话研究的视野内来考量，很容易产生的一个疑问便是，为什么它对同辈血亲之间的性关系会采取这样一种严酷的立场？兄妹成婚曾是西南民族神话中普遍的主题，一般是在大洪水或其他毁灭性的灾难之后，幸存的兄妹在神的旨意下，为了人类种的延续而成婚。但在《司岗里》中我们看到的却是另外一种场景，更准确地说与我们从通常的民族学调查材料中获得的印象大相径庭的一种态度和立场。其原因究竟是什么？

在上文中已述及，《司岗里》文本流传至今，中间经历了不断的增删修改过程，每一个阶段的社会生活可能都会在其中留下痕迹，同时由于这种修改不是由某一个特定的个体在特定的一时一地完成，其中将不免出现时间、地点以至重要情节错杂或叠加的情况。顾颉刚先生曾将中国古史传说越往后关于远古的材料越丰富的情况精练地概括为"层累地造成的中国古史"，对于各民族神话的流传情况同样是重要的考量原则。作为一种集体记忆，《司岗里》流传至今这一事实本身便意味着佤族社会的延续，因为"记忆需要来自集体源泉的养料持续不断地滋养，并且是由社会和道德的支柱来维持的。就像上帝需要我们一样，记忆也需要他人。但是，那些在现在的路标指引下描述过去的人，一般都会意识到历史既是由变迁构成的，但也包含了连续性。"[15]《司岗里》文本的一大重要价值也正在于以一种曲折的方式反映了佤族社会的变迁。

在《司岗里》的语境中，人们对兄妹婚的憎恶和反对是在进入农业社会以后的事情。因为对雷神的惩罚之一便是农业生产无法得到应有的回报。农业社会意味着定居、稳定的生活，这时人类社会生活中游戏规则的建立与传统的延续、知识的传承比起游移不定的迁徙状态更具有稳固的基础和前提，对敢于向规则和传统挑战的行为自然会施以严厉的惩罚。同时，在长时间的生活实践中，人们已经意识到同辈血亲之间的性交会带来严重的后果。从《司岗里》传说的语境来看，兄妹（或姐弟）之间发生性行为的戒律已为全社会普遍认可，触犯了这一戒律的雷神才会陷入被众神群起而攻之的孤立无援的尴尬境地。

与上述时间背景相应的是，这时已有了私有财产的观念，而且至少已经有了习惯法的萌芽。雷神被抄家很明显是为社会观念所认可的行为。作为在许多社会的现实生活中依然发挥作用的法律体系的初级形态，今天在众多民族学调查材料中尚随处可见，神判法的痕迹尚依稀可见。一方面人和众神均对雷神的行为予以无情的攻击，另一方面在某种程度上也是顺应上天的旨意。所谓"风雨交加，气候大变"即是上天意旨的表达。

这一传说在文本中先后两次叙及，不难发现故事情节基本相同，初看会令人有重复之感，但细读之下便会发现在后面的叙述中，雷神与他的姐妹性交这一消息经历了一个传播过程："鸡鼠神告诉了布洛克布洛神，后来，布拉神又告诉乔神……乔神说过这话就打木鼓。"在通讯手段并不发达的古代社会，信息的传播手段最主要的是口耳相传，雷神触犯戒律的消息同样是以这种方式辗转传到乔神那里的，最后出面召集大家的也是乔神。很显然，这里的乔神实际上是处于领袖地位的角色，因为处理的方式是打木鼓召集群众。熟悉佤族社会的人都知道，木鼓在平时是不能触动的，只有在遇到重大事件时才敲击木鼓召集群众。接下来，对雷神的处理也显得更加程序化、民主化，结果是在"个个都说过了"包括雷神自己也发表了意见之后才予以执行的。部落民主制的色彩已经非常明显。而在第一次叙述"雷神事件"时这些情况都没有出现，笔者以为，这实际上反映了《司岗里》传说的文本变迁过程，在人类社会不断进步的过程中，佤族先民所经历的社会生活中存在的变革均成为一种历史记忆沉淀在《司岗里》传说中，讲述者依据父祖辈口耳相传的材料对《司岗里》不断地充实、完善，并依据社会现实的需要予以增删取舍，从这一意义上说，将《司岗里》称为佤族历史文化的百科全书并不为过。

通过以上对《司岗里》传说中部分内容的简要分析，可以看到《司岗里》如同一根纽带，一头连着佤族先民的社会历史，一头连着正在日新月异的今日佤族社会，从这一意义来说，《司岗里》就不仅仅是可供我们鉴赏品评的一个文本，它深深地植根于佤族民众的精神世界中，这也正是一代又一代学人不遗余力对其予以解读的根本意义和魅力所在。

注释：

[1] 本文中作为分析和论述主要依据的文本是《佤族历史故事"司岗里"的传说》，该文载《民族问题五种丛书》云南省编辑委员会编《佤族社会历史调查》（二）第158、209页。

[2] 关于这一点，与下文的盖房子的情况联系起来看可能更具有说服力："岩燕盖房子是好的，我们看了岩燕做的房子便也学着盖了，以后我们就有房子了。我们盖的房子很矮……"说明人类最初的住所是充分利用自然条件，依山为巢，甚至最初可能就是利用天然洞穴栖身，以后逐步加以简单修缮（即学着岩燕的样子盖房子）。

[3] [4] [5] 《佤族社会历史调查》（二），云南人民出版社，第3、38、27页。

[6] [7] 《佤族简史》，云南教育出版社，第38、27页。

[8] [9] [14] [15] [法] 莫里斯·哈布瓦赫著，毕然、郭金华译：《论集体记忆·导论》，上海人民出版社，2002年10月。第59、107、53、60、107页。

[10] [11] [12] [13] [法] 列维·布留尔著，丁由译：《原始思维》，商务印书馆，1981年1月，第255、257、259、267页。

（作者单位：云南大学民族研究院）

《司岗里》的叙事结构分析

秦　臻

一个民族的神话与该民族的宗教仪式及社会生活联系如此紧密，佤族是一个极好的个案。我们听到《司岗里》的神话叙述，看到相关的文本。《司岗里》从文本规模来看并未形成如史诗般的鸿篇巨制，却融入这个民族的思想、祭仪、生活之中，形成以巴格岱为中心，在阿佤山的村村寨寨里，回荡着这千百年来的神话讲述。

《司岗里》是佤族神话叙事体系的核心，神话文本仍然保留在"魔巴"的讲述中。对于一般民众而言，他们也在讲与"司岗里"有关的"故事"，但没有形成"魔巴"叙事的完整性。那么，作为佤族神话其神话叙事与行为叙事之间的联系如何形成？从民族生活的视角看，神话讲述与祭祀场景的关系怎样构成？在集体感情中形成并表现的宗教行为中文化的本质是什么？本文借助神话结构的分析方法，对《司岗里》进行解读。

一、《司岗里》的叙事模式

我们最早看到的《司岗里》神话文本是在 1983 年云南人民出版社出版的《佤族社会历史调查（二）》中收录的《佤族历史故事"司岗里"的传说》。1989 年上海文艺出版社出版，由尚仲豪主编的《佤族民间故事选》里也有收录。第三个神话文本是 1990 年云南民族出版社出版的《佤族民间故事集成》里的《司岗里》。其他读本还可以从一些正式出版的短小的韵味体"古歌"里见到。

同时《司岗里》的口头叙事文本还存活在佤族社会之中，其"活形态"特征仍然明显。以上两种神话叙事方式都是我们关注的重点。

1990 年云南民族出版社出版的《佤族民间故事集成》里搜集的《司岗里》是一个较为全面的文本，本论文主要以该文本作为分析对象。

《司岗里》文本由二十二篇构成。笔者将其神话的叙事情节依次归纳为以下母题，进而讨论其关系（序号在下文中仍然使用）。

（1）天神木依吉造天地。（2）众神出现与第一次洪水滔天。（3）人走出

"司岗"山洞。（4）分民族。（5）各民族划分居住区域。（6）学语言。（7）女人负责生小孩。（8）造文字。（9）知贫富。（10）第二次洪水滔天。（11）人类学会用火。（12）得种子会种地。（13）知农时节令。（14）先祖迁徙。（15）蛇祭谷子。（16）造木鼓。（17）鸟声卜。（18）酿水酒。（19）存谷种。（20）同姓不结婚。（21）砍头祭木鼓。（22）砍头打冤家。

神话叙事是言语叙事，以语言文字为媒介。我们细读《司岗里》，文本以神的"故事"叙述情节，呈现出神灵系统。佤族神灵不是抽象神，情节叙事中构成"神灵—人祖—动物"关系的三重组合。《司岗里》讲述的大神木依吉是佤族的最高神，围绕他出现了众神。神和人又没有绝对的区分，特别是人神"达能"出现后，变出了人和动物。动物特别是"小米雀"帮助人走出了"司岗"山洞，小鸟"木丙领木"的叫声成为人们出门或行动的预兆。这种活鸟声卜，犹如"人巫"，在原始自然宗教信仰中非常独特。所以说"神—人—动物"的三重组合由此构成。这种三重组合关系形成佤族的基本认知系统。[1]

我们从下列的图表可以初步看出"神—人—动物"的三重组合关系。

神灵	木依吉	伦	达能	普冷	努	吹	达赛	牙远
职能	最高天神	地母神	造物神	植物神	云雾神	洪水神	雷神	彩虹神
人祖	妈农	安木拐	牙董	克列托				
职能	始祖母	女首领2	女首领3	部落头人				
动物	小米雀	大蟋蟀	金马鹿	大象	犀牛	野猪	麂子	老熊
职能	啄开山洞	助神造物	神鹿	助人开洞	助人开洞	助人开洞	助人开洞	助人开洞

从表面看，神、人、动物之间拥有各自独立的领域，互不关联，其实在深层叙事关系中三者之间发生着互动的联系，佤族神灵中人性的因素较多，而人祖又兼备神性的能力，动物对人的帮助是那么重要，不可或缺。

《司岗里》神话叙事没有准确的叙事时间和事序结构。这儿所谈到的"事序结构"指叙事事件的自然延续。从以上《司岗里》母题概括我们看出事序结构的关系是间断的。（1）（2）（3）（10）大神开天辟地造人。（4）（5）佤族居住。（6）（8）语言文字的"发明"。（11）（12）（13）（19）农事耕作。（7）（20）女人生小孩，成婚。（21）（22）猎头祭祀。以下叙事更为独立，（9）贫富观念。（14）迁徙。（15）滴蛇血祭谷。（16）造木鼓。（17）鸟卜。（18）神与动物的故事。对于这种现象，以往我们常常用神话"口头变异性"特征来解释，事实上更主要的是神话叙述被"抽离"，致使情节"缺失"。正如列维·施特劳斯所说，"组成结构的板块并非绝对的彼此相同，而形成结构的非连续性。"[2]因此解决这种事序的"间断"和结构的"连续"只能从"神话素"的分析中得出。

《司岗里》通过"结构板块"，形成以神的世界和活动组成叙事的"结构场"。这里所谓"结构场"即叙述情节的实况。我们看到开天辟地、创世造物、走出圣洞、文字创造、婚丧礼俗、洪水迁徙、农耕季节、猎头祭祀等场景。这些"场景"叙述在佤族口头文学中又呈现另外一种"独立"形式，可以单独讲述。

神话情节的"缺失"似乎令我们遗憾，但在分析《司岗里》神话母题和其他独立"故事"时，佤族神话却建立了一个民族对世界认知，宗教行为叙事和农耕知识的最初形式。我们结合其宗教情况做进一步分析。

二、佤族自然宗教的类型性

佤族的行为叙事可以分为世俗行为叙事和宗教行为叙事。

在世俗行为叙事的认知层面，人们对"司岗里"的叙述十分确信，所以，就民族聚落布局来看，莱姆山、巴格岱成为佤族居住的阿佤山的中心，神话中"神洞"、"司岗"的叙述进一步确立了这个中心。

神话叙事并不是孤立的，而与宗教行为叙事相联系。

《司岗里》神话这样讲，"天成之初，像癞蛤蟆的脊背，疙里疙瘩，很难瞧，木依吉伸出巴掌不停地磨，不知磨了多少年，磨出了天。又磨出了月亮和星星，木依吉自己变成了太阳，从此，天变得好瞧了。"

根据神话的讲述，木依吉是佤族最大的天神，在族群中确定了他的最高地位。

在佤族的宗教观念中，认同了以木依吉大神为主的神灵，因此，在宗教行为叙事中被不断演述着。

佤族宗教信仰认为天神"木依吉"主宰着世界的万事万物，于是在具体祭礼过程中的剽牛、拉木鼓、猎头血祭、砍牛尾巴、杀猪等都是为了供奉神灵，求得庇护。宗教行为叙事与神话叙事是一致的。

《司岗里》神话这样讲，"地成之初，像知了的肚子，空落落的，伦用泥巴不停的堆，不知堆了多少年，堆出了高山，堆出了深谷，伦造出了大地，他自己跳到了月亮里面，变成了月亮的心脏。"在神话叙述中没有说明"伦"神的实质。从情节看，木依吉造出了天，伦造出了地，一个变成太阳，一个成为月亮。神话里说到"天和地原本是一对夫妻"。所以"伦"可以确认为"地母神"。在神话的深层结构中形成，俚[3]/伦、天/地、太阳/月亮、天公/地母的"二元对峙"关系。

结构主义者认为，"二元对峙"是人类社会和自然现象的基本范畴，往往具有文化的意义。在神话叙事的言语层面形成表层结构，而在深层结构中则形成文化之间的联系。神话/现实、历史/隐喻通过结构的沟通和逻辑的关联获得有效的转换。[4]

《司岗里》神话叙事与佤族宗教行为叙事之间存在着这种联系。

下面我们把佤族一年之中的重要宗教节祭依次呈现并进行分析。

佤族一月，做"吹"鬼，即祭水神。主要是为吃水而祭祀。

佤族三月至四月，猎头，做"人头鬼"，祭祀谷魂。

佤族五月至六月，"砍牛尾巴"送"人头鬼"。主要意义是把供祭的旧人头送到寨外人头桩处或"鬼林"里。

佤族七月，祭"偶普"鬼，即供"被猎首者"；祭"木依吉"、祭"达能"，意义在于求得大神庇佑。

佤族八月，盖木鼓房，叫谷魂，做"新谷鬼"。

佤族九月，再祭"偶普"鬼，再供奉"被猎首者"。

佤族十月至十二月"拉木鼓"，根据需要，为村落补充新的木鼓。

佤族宗教信仰类型主要是神灵观念、鬼神观念与动植物崇拜、祖先崇拜对应的形式，在宗教行为礼仪中，魔巴、巫师、占卜构成现实生活宗教的"场景"。

下面我们主要就16"木鼓"崇拜和21、22"猎头祭祀"分析神话叙事与行为叙事之间的联系，分析宗教行为中文化的本质。

关于"木鼓崇拜"的叙述在不同地区会涉及佤族的两位女始祖：妈农、安木拐，但造木鼓的情节是一致的。《司岗里》16，讲安木拐听到帮助天神造天地的"大蟋蟀"唱歌，受其启发先造出了石鼓，敲不响。后来木依吉拍着她的肚子，听到响声，安木拐才知道按其"下身"凿出了木鼓。从此木鼓用来打猎，用来跳舞，用来保护人类，形成了"拉木鼓"、"造木鼓"，用兽头祭祀木鼓的习俗。

后来，安木拐为了培养人们的勇敢精神，让猎手撕抢猎物，形成"砍牛尾巴"的习俗。在这里石鼓/木鼓、男/女、公/母、召神/祭神在"对峙"中完成了意义转换。神话叙事中，从石鼓到木鼓说明木鼓起源的原始性，木鼓是女性生殖崇拜的象征物，与猎头习俗密切相连。[5]

关于佤族"猎头祭祀"的习俗，虽然在20世纪50年代已经被革除，但宗教的观念影响却很深远。

每年春播时候，"猎头祭祀"开始。村寨得到人头后即开始"做人头鬼"。目的是为了祭祀谷魂，以获丰产。"砍牛尾巴"活动中送人头鬼迁入"鬼林"或埋入地下。在佤族的认知体系里，神、鬼、魂、祖先是同一的模糊概念。"鬼林"又被称为木依吉神林。木依吉是最大的神，是自然力的主宰，也是祖先之灵。[6]

可见,在具体的宗教行为叙事中,神/鬼、野鬼/家鬼、村寨/鬼林、进寨/出寨的"对峙"也是存在的。

《司岗里》21,讲述了"砍头祭木鼓"习俗的来历。佤族最早的部落头人克列托得木鼓托梦,发现老婆和养子"通奸乱伦",便杀了养子祭祀木鼓房。

《司岗里》22,讲述因为误解,允恩部落和芒杏部落砍人头打冤家。"冤家打得实在是冤枉哇!"这里婚姻/乱伦、好/坏、善/恶,构成一个民族最基本的是非观念。

叙事文本与句子结构以及"真实生活"之间存在对应和同源关系。神话的意义不可能存在于构成神话的各种孤立要素中,而显现在这些要素的相互组合关系里,并具备一定的转换能力。[7]神话叙事与行为叙事之间的联系,神话讲述与祭祀仪式的关系构成,在叙事的深层结构中"建构"起来。

三、神话叙事与宗教仪式的"交融"

神话叙事具有社会组织和社会实践的合法性。神话作为社会结构的符号表述形式与仪式发生互动作用。[8]

《司岗里》的叙述在生活世界里是一个表演过程。在形成文字"文本"后,以往的"研究视角"往往将其孤立对待,这就是杰内普所说的与日常世界的脱离,但经过宗教仪式的"场景"组合,神话叙事与宗教仪式重新进入日常生活的世界里,这种"交融"是在叙事结构中完成的。如日本学者大林太良所言,"神话的真实性是只有在祭礼的氛围中才能心领神会的东西"。

《司岗里》的神话叙事在佤族社会中至关重要。随着佤族社会生活的变迁,神话的活态性也有变化,但神话叙事的核心模式与宗教信仰仪式紧密相伴。

《司岗里》叙说着久远的祖先事迹。洪水过后,佤族居住在了公明山。中心/边缘、巴格岱/阿佤山"对峙"。

洪水滔天时,"人为了躲避洪水而藏在洞里"。人要走出山洞,动物来帮忙,小米雀啄开山洞。这一情节是佤族独特的神话叙事。洞内/洞外、人类/动物、开/关、进/出、生/死"对峙"。

民族聚落与平坝/高山;农业生产与农时/耕种;祭仪/欲求;鸟声占卜与吉/凶;知道贫/富……

我们将人类的社会生活看做一个生命不断演进的过程,"交融"处在首要的地位,交融是关系的一种形式,神话叙事和宗教行为叙事在深层结构中"交融"。因此形成其具体性、历史性、特异性。这让我想起利奇的话,"神话和仪式都属于对同一种信息的不同的交流方式,神话和仪式都是关于社会结构的象征性、隐喻性表达"。

注释：

[1] 彭兆荣：《文学与仪式》，北京大学出版社，2004年版，第130页。

[2] 列维·施特劳斯：《神话的结构分析》，载《20世纪西方宗教人类学文选》，第428页。

[3] 即"木依吉"，《佤族民间故事集成》，云南民族出版社，1990年版，第1页。

[4] [7] [8] 彭兆荣：《神话叙事中的"历史真实"》，载《民族研究》2003年第5期。

[5] [6] 付爱民：《佤族木鼓文化解析研究》，载《民族艺术》2006年第1期。

（作者单位：云南大学）

《司岗里》的叙事结构分析

从"司岗里"神话看佤族的生态意识

薛敬梅

世代生活在佤山的佤族人民，是自然之子，森林之子，他们的生活是在自然中的生活，他们的情感是在大山中孕育的，他们的歌声，他们的舞蹈，他们的生活都是大山赋予，与山林、溪流、动物不可分离，是佤山这片神奇的土地孕育了剽悍勇敢、能歌善舞的阿佤儿女，大山是养育他们的父母和家园。

一、绿色残损的佤山

然而，走进今天的西盟佤族自治县，在 1 390 平方公里的土地上，随处可见被大火和刀斧肆虐后裸露的土地，让我们看看记载吧："刀耕火种，火攻围猎，故原始森林很少……毁林开垦仍未杜绝，尤为突出的是 1965 年毁林开荒 0.7 万亩，1980 年 2 万亩，1981 年 3 万亩，1982 年 1.5 万亩。森林火灾亦频繁，仅 1961—1964 年分别为 181、58、92、77 次"。[1] 来到西盟佤族自治县境内，传说中森林氤氲的大地已经从视线中消隐，统计数据表明，即使把灌木林算上，西盟全县的森林覆盖面积也只有 29%。由于森林植被的严重破坏，生态环境日益恶化，20 世纪中叶以来，西盟佤山不断遭受着旱涝灾害的侵袭，雨季山洪暴发，旱季溪流干涸，仅 1988、1989 两年的农田受灾面积就达 5 017 亩，还有数十次公路塌方，桥梁沟渠冲毁，今天西盟县政府所在地之所以搬迁到勐梭，也是由于水土流失导致老县城中心大面积滑坡的缘故。这里是贫瘠的山野，贫穷的人民，谁都知道，西盟是国家每年都要重点扶贫的国家级贫困县。

这难道就是一个世代与大山为伍的民族对土地的报答？让养育他们的山林湖泽失去它的活力生机？佤族的生态观念究竟是建立在何种文化机制上又是如何变迁的呢？他们传统的生态观念究竟在何种层面上影响他们？或许，我们可以从佤族的民族神话"司岗里"中寻找到答案。

格罗塞在《艺术的起源》中说过："艺术的起源，就在文化起源的地方。"[2] 司岗里神话作为佤族流传下来的最古老的神话，反映了佤族先民对开天辟地、人与万物的起源及人类生存繁衍的认识和理解以及他们的生产生活方式，原始宗教信仰，伦理道德和社会关系等等。每一个民族的生态意识和生态智慧都是由社会发展水平，现实生存要求，生存方式，思维能力，自然环境，宗教信仰，政治经济的变迁等因素决定的。这些因素汇合为不同民族和地区的生态观念和传统，并成为他们生态行为的精神内核，左右着他们与自然和万物的关系。一旦成为民族传统文化习俗，其行为观念就有着恒定性和合理性，很难转变。而民族的神话传说常常是他们历史和习俗的原初解释和依据，透过民族神话传说，我们可以窥见民族生态意识的原初面貌。"神话发生在全人类于遥远的世纪里所经历过的蒙昧时期。它在现代那些几乎没有离开原始条件的非文明部落中仍然无甚变化。"[3]长期以来，佤族属于"几乎没有离开原始条件的非文明部落"，"司岗里"神话作为佤族文化的核心组成部分，其传承的文化生态场域并没有发生太大的改变。佤族的民族记忆中仍然保留着浓郁的"司岗里"情结，在佤语中，"司岗"主要是山洞和葫芦之意，"里"是出来，"司岗里"的意思即人类是从石洞、葫芦里出来的，"司岗"也就是佤族对生命产生玄妙之所的隐喻。其中折射出的佤族传统生态意识，值得我们反思和关照。"通过宗教所加以肯定和整理的原始文学，包括神话传说、史诗、寓言故事、历史掌故等，已决不是一种纯文学现象，它们事实上包含了原始时代意识形态的全部重要内容：哲学、天文、地理、物候、民俗、心理、历史、科技、语言文字等。"[4]因此，"司岗里"决不仅仅是神话，更是佤族人的宗教，是他们日常生活行为的"法典"，精神和情感平衡的依托，力量的源泉。因为"对原始人的思维来说，神话既是社会集体与它现在的现在和过去的自身和与它周围存在物集体的结为一体的表现，同时又是保持和唤醒这种一体感的手段"。[5]

二、"司岗里"神话与万物有灵观念对佤族生态意识的影响

佤族相信万物有灵和灵魂不灭，到现在，绝大多数佤族仍然相信万物都有灵魂，哪怕一草一木。"万物有灵论"（animism）一词源于拉丁文"anima"一词，原意是指一切存在物和自然现象中均存在一种神秘属性，即神灵，今天一般沿用泰勒的理论，是在一种原始宗教的意义上用万物有灵去说明原始部族中盛行的对灵魂和神灵的普遍信仰。因为"那时人性和生命不仅被归诸于人和野兽，也被归诸于物，凡是我们称之为无生命的事物，像河流、石头、树木、武器等之类的东西无一不被作为一种有智能的事物来看待，可以和它们交谈，向它们表示赎罪或惧怕由于伤害了它们而得到的惩罚"[6]。佤族人把自己内心世界的体验直接延伸到外部自然现象上去，在他们看来，所有的自然现象和自然物都是有生命的，都有由某种神或精灵鬼怪"住"在里面。司岗里世界中，万物都有着人的灵魂和情感，都有它们的爱恨倾向和价值选择，人与动物、植物没有被划分为各自独立的领域，彼此之间是同一的。司岗里中说：人被造出来后，被放在山洞里，里面发出了很大声响，一种叫做差的小鸟听见了，把这个发现告诉了所有的动植物。动物和植物听说人要出来的消息，都很紧张，大家议论纷纷：该不该让人出来？人出来了怎么办？最后，动物们决定帮助人打开石洞，让人出来……[7] 正是万物有灵的感知和思维方式，使司岗里中所描绘的世界成为一个充满灵性的世界，人周围的动植物都有灵性的存在，并对人类的诞生和繁衍生存等问题发表自己的意见，或帮助或阻挠人类的出现，世界好像一个大的王国，所有的动植物就是这个王国的主人，都有权利生存在这个世界上并发表自己的意见和看法，甚至人生命合法性的获得也都是建立在它们普遍认同的基础上的。

司岗里神话早期的世界可谓是一个万物和谐相处的大家庭，人类刚诞生的时候，大地上所有的存在物热热闹闹，熙熙攘攘，平等相处，友好相待，共同关注身边世界的变化，每一种动植物都有自己的立场和观点，没有权威和偶像，彼此是平等的，以自己的方式生活在大地上，都具有同样的价值和尊严，都处在同等的生命层次上。这种具有生态整体主义萌芽的思想，就是佤族从古就秉承下来的人对周围生态环境的认识和观念。司岗里神话中的动物们没有强弱尊卑王臣之别，每逢人类有困难，各种动物争先恐后来帮助，而且起关键作用的往往是些很弱小的动物。在它们的世界中，人周围的自然环境不是异己的、与人的意识和感知无关的外在世界，而是和人一样的共在的世界，动植物的存在和人的存在息息相关，甚至决定着人类的生死存亡，自然成了一个巨大的社会和家庭，人在这个社会和家庭中并没有被赋予突出的地位，只是其中的一员，在任何方面都不比其他成员更高，人与万物在生命的价值层面是完全平等的，他们对待万物的态度是极为审慎的。

因此，受"司岗里"神话体系影响的佤族人的日常生活中充满了对神灵的敬畏，对所有存在物的尊重，对动植物的保护。在佤族生活的地方，你经常可以看到百年大树的树根上散放着鲜花和草叶，那都是人们过路时敬献给树神的。

三、"司岗里"人与动植物关系的演变中所隐喻的生态意义

"《司岗里》这部神话和古歌中，不仅让后人窥见到佤族史前时期原始初民在阿佤山的峻岭深谷、莽莽森林中狩猎、采集、与动物为伍、与动物共生和穴居在司岗里的那一幅充满神秘色彩而又散发原始时代浓厚的生活气息的生动画卷。"[8] 自然环境的构成不仅指非生物的环境，也包括生物环境，尤其是动物，人的生活是离不开动植物的，它们的存在是人类存在的前提，和我们今天一样，它们遇到的生态问题同样是伴随着生存问题出现的。在司岗里神话中我们可以看到，刚开始，被困在石洞中的人们发出了渴望来到世上的呼声，各种各样的动物

想方设法帮助人们从山洞中出来，走出山洞后的人们又依靠动物的帮助得以在大地上生存：蜘蛛教人搭桥，猫头鹰、萤火虫、蚱蜢帮助人求火，老鹰、鹭鸶、蛇帮助人取稻种……司岗里神话其实告诉人们一个很简单的道理，那就是动物不仅是有灵的，而且是人的恩人、朋友，因此，我们对动物应心怀敬畏感激之情。然而，人类的出现打破了司岗里早期和谐的世界，首先就是对动物的捕猎活动，因为狩猎几乎是所有山地民族必然经过的阶段，人们必须通过狩猎活动获得食物，得以生存。那么，如何在对自然的信仰崇拜和生存的需要面前寻求到平衡点呢？在司岗里中，佤族先民通过神设的赌局获得了把动物作为食物的合理行为："人从司岗里出来后，找不到东西吃，就吃土。人去找莫伟要吃的。莫伟说：'你们去和野兽赛跑，哪个跑出屎来了，就吃哪个的肉。'野兽跑在前面，人跟在后面。野兽跑得屁股流出屎来了。从此，人就捉野兽来吃。野兽害怕人，和人分开了，躲进了森林。"[9]然而大地上的野兽也渐渐不够吃了，人又去求神灵莫伟帮助，获得了谷种和夺铲种懒火地，从此佤族人从狩猎转而开始了一直延续到现代的刀耕火种的农耕生活。动物的噩梦未了，植物山林的噩梦又开始了……在"司岗里"中，人在攫取生活资料的过程中，对自然生态的观念不断变化。佤族实质上是用圣洁和血腥在崇拜和征服中奠定了他们的生态意识。人与动物由和谐走向冲突的过程中，是动物作出牺牲，植物让位给了人类，仅仅获得了灵魂的祭奠。

尽管佤族人心中对动物和土地山林满怀感激敬畏，尽管他们的狩猎和农耕活动都是在神的允诺下进行的，尽管每次捕猎和毁林开荒之前都要祭祀，尽管他们的耕地都要抛荒轮歇……然而，仅仅通过祭祀就可以消除禁忌和畏惧的信仰观念很容易为他们自己的行为找到平衡的支点。就在短短的一个世纪里，在运动的驱赶和潮流的冲击下，佤族的很多传统文化遭到了毁灭性的破坏，"司岗里"中的一切似乎成为远逝的记忆，"司岗里"缺少了佤族人的精神内核，成为商业和文化炒作的符号，人与动植物和谐相处的世界成了记忆中的乌托邦。这让我们想起了不同意人从司岗里出来的大树和豹子说的话：大树说："不能让人出来，人出来会砍死我们，要是人出来了，我就倒下去把他们压死。"豹子说："我也不同意让人出来，人出来会打死我。要是人出来了，我就咬死他们。"[10]或许，这是司岗里为动植物们预示的一种宿命吧。由于对自然的崇拜属于日常生活中的信仰，是以个体的方式持存的，这样的信仰是建立在对自我生命的保全基础之上的崇拜，它缺乏一种崇高的救赎与奉献的自我牺牲精神，极易通过祭祀获得崇拜与破坏之间的和解与平衡，因此，在生存的需要面前，动植物们给人让位也就成为一种必然。佤族没有支配这种信仰的绝对权威，没有与之相应的完整的伦理和哲学体系，没有维护这种信仰的制约规训和惩罚体制，这种观念缺乏一种群体的凝聚力、威慑力和精神的超越性，从而导致佤族在遭遇人与自然的矛盾时形成了以人的现实需要为中心，再通过对自然神灵的祭祀求得宽恕与和解的生态意识。

四、生态的反思与拯救

"人类创造了文化来与自然斗争，在人与自然的抗争中，文化曾为人类带来了辉煌的胜利。然而，人们发现人类文化的这种胜利是极其有限的，并且常常意味着某种更大的危险。于是，在对自然思考的基础上，开始了文化的反思。"[11] 是的，佤山的儿女们在反思：为什么司岗里中的和谐世界成了遥远的记忆，为什么神圣的信仰和现实的需要会在利刃下和解，为什么不能善待动物和山林，为什么青山不再，鸟儿不鸣，而我们的日子还是那样艰难……泰勒在《原始文化》中说："在人类思想史中曾有过这样一个时期，当时整个世界好像都是由精灵的生命赋予灵性的。……以力代替了生命和以规律代替了超自然力的横暴之后，物理、化学和生物占据了古代万物有灵的整个领域，我们从那时起，就如此远远地离开了原始社会所信奉的那些概念。"[12] 我们的阿佤人并没有失落它们那个万物有灵的世界，并没有远离原始社会所信奉的那些概念，谈不上工业文明和技术主义的侵蚀，也没有所谓的环境污染，可同样尝受到了生态破坏的恶果。在今天一些生态主义者呼唤回归自然、荒野、原生态的生活方式和生命的自为状态，甚至对带有贫穷、落后、封闭的生活状态的和荒野之地的审美回望和推崇中，这或许是现实的另一种颤音吧。

可见，并非封闭和不受现代工业文明的污染就能保全人与环境的和谐，生态问题也绝非现代才出现的问题，它一直伴随着人类的生存和发展过程，与民族和时代的宗教、习俗、生产方式、人口密度等因素紧密结合在一起。佤族的生态意识就是如此，他们一方面崇拜大自然，敬畏大自然中的动植物，深知动植物对人类生存的重要，把它们视为在人出现之前就生活在大地上神造的有灵之物，时时膜拜它们，另一方面又把动植物视为神定的，必须为人类生存服务的存在，因为人的生存发展，不可避免地要把自然当做生产对象，从自然界获得生活资料，再加上政治运动和短期的经济效益等因素的破坏，造成了今天的佤山满目疮痍，生态环境严重失衡的现状和困境。其实，岂止是佤族的生态历史如此，在人类发展的历程中，这样的例子实在是太多了。恩格斯说过："美索不达米亚、希腊、小亚细亚以及其他各地的居民，为了想得到耕地，把森林都砍完了，但是他们做梦也想不到，这些地方今天竟因此而成为荒芜不毛之地，因为他们使这些地方失去了森林，也失去了积聚贮存水分的中心。……因此我们必须时时记住：我们统治自然界，决不像征服者统治异民族那样，决不像站在自然界之外的人一样——相反的，我们连同我们的肉、血和头脑都是属于自然界，存在于自然之中的。"[13]

　　生态反思的目的是为了重建人与自然和谐相处的生态环境，我们追溯文化的历史是想从根本上恢复自然生态、文化生态和精神生态的和谐，因为自然生态不是孤立的，它是文化生态和精神生态的产物。信仰和禁忌毕竟只能在一定程度上对人的行为有所限制和规范，对生态保护有着积极的影响和作用，即使人们认为通过祭祀可以补偿对环境人为的破坏，获得内心的平衡和神灵的谅解，但在他们的内心深处，仍然存留着对大自然无限愧疚的情感，仍然懂得这样破坏自然的做法是有违神灵意愿的，尤其是对本民族有着特殊意义的神山、神树、水源、湖泊，对它们的崇拜和禁忌已经超越一般的生存需要之上，如同对力所乡阿瓦莱寨北面的"罕空姆"神山和孟梭龙潭的敬畏那样，一草一木都严禁破坏，这样的禁忌不仅是一种行为观念，更是一种信仰，它可以使人们对大自然的感激和敬畏真正超越现实的功利目的而具有精神的意义和价值。由于今天的佤族人民对司岗里神话仍保留着信赖感和需求度，其传承场和传承方式依然存留，因此，一旦生态破坏的现实让人们警醒，原本在传统文化习俗中留存的生态保护意识就会很快复苏。当然，在不同的历史语境下，传统意识在今天必然注入新的因子，今天佤族人的生态意识已经更趋于理性的自觉和生命本体的理解和感悟，已经开始从人与自然的和谐并存中来思考人与环境的矛盾与冲突，反思和建构现代的生态意识，这样的生态意识，必然更加稳固持久和坚定。值得欣慰的是，佤族人民已经从自身的教训中懂得了保护生态环境的重要性，再加上地方政府和林业部门的重视，毁林开荒已经杜绝，西盟县从 20 世纪 80 年代以来开始了植树造林，到目前为止已经植树造林近 10 万亩，很多昔日裸露的土地又重新披上了绿装，正如西盟的佤族老县长隋嘎所说的那样："七八十年代，到西盟的人看到，西盟山不少的地方，连小鸟都见不着，吃水都困难，要恢复这些，当然只有绿化一条路了。"[14]佤山的昨天和今天在警示着我们，我们要记住"司岗里"，记住动植物是有生命的存在，它们是人类的恩人和朋友，我们要敬畏和保护一切生命，我们的存在离不开它们的存在，正如一首"司岗里"祭祀歌中所唱的那样：

　　　　司岗里哎司岗里，

　　　　　　历弱、寡团、司，司岗里。

　　　　我们不能忘，不能丢！

　　　　　　我们不能忘，我们不能丢！

　　　　忘丢了我们将遭灾难，

　　　　　　忘丢了我们将会，将会遭灾难。[15]

注释：

[1] 云南西盟佤族自治县志编纂委员会编纂．西盟佤族自治县志［M］．云南人民出版社，1997.120.

[2] ［德］格罗塞．艺术的起源［M］．商务印书馆，1984.26.

[3] ［12］［英］爱德华·泰勒著，连树声译．原始文化［M］．广西师范大学出版社，2005.232.

[4] ［11］史波．鬼神之祭［M］．云南教育出版社，1992.104.

[5] ［法］列维·布留尔．原始思维［M］．商务印书馆，1985.438.

[6] 朱狄．原始文化研究［M］．生活·读书·新知三联书店，1988.28.

[7] ［9］［10］尚仲豪主编．佤族民间故事集成［M］．云南民族出版社，1990.5.

[8] 郭思九，尚仲豪．佤族文学简史［M］．云南民族出版社，1999.63.

[13] 马克思恩格斯选集［M］．第3卷．人民出版社，1972.518.

[14]［15］隋嘎．从部落王子到佤山赤子［M］．云南美术出版社，2005.103.

（作者单位：思茅师范高等专科学校）

《司岗里》的传承初探

邓　瑾

　　《司岗里》属于佤族民间口头文学中最具影响力和艺术魅力的作品，是佤族先民们在长期的发展过程中用质朴、清新、通俗易懂的口语创造出来并世代传承的佤族文化遗存。《司岗里》广泛流传于我国佤族聚居地区，在阿佤山中心地区西盟和沧源两个佤族自治县流传最普遍，影响也最为深远，邻邦缅甸佤族中也有流传。迄今为止，关于"司岗里"的解释主要存在两种说法，一说是从"石洞里出来"；一说是从"葫芦里出来"。据说，这个"石洞"在缅甸境内巴格岱的一个山梁上。[1]《司岗里》讲述了远古时期佤族原始先民对于天地开辟、人类起源、氏族形成和人类在繁衍生息过程中与生存发展密切相关的事物的认识和理解，是一部反映佤族远古时代社会生活和原始先民思想、情感、习惯等最丰富、最集中、也最具代表性的原始神话或创世史诗。现在流传的《司岗里》是过去无数代佤族人民创造和享用的生活文化，是佤族可贵的精神遗产。让我们惊奇的是为何它能穿越时空至今存活在阿佤人民的心中，是靠什么让它历经岁月而流传至今，成为一种流动的活态文学？结合传承学的理论，笔者将对《司岗里》的传承做些粗浅的研究。

一、传承的载体

　　文学是一种特殊的意识形态，是以语言为媒介形象地反映社会生活。《司岗里》是佤族民间文学的一部分，同样是文学的一部分。《司岗里》的传承自然离不开记忆力和口头语言，二者缺一不可。通过记忆力的发挥，这一反映佤族远古时代无形的精神文化遗产才能存活至今，它凝结着不同社会历史阶段无数人的记忆力量。并非所有的记忆都经得起时间的考验，《司岗里》是佤族人民选择的长久记忆文化，而记忆力必然借助一定的形式得以体现，语言便是记忆力物化的结果，《司岗里》的创作过程也就是记忆力物化为口头语言的过程，通过口传心授的方式展现了古朴幽远，神秘豪放的佤族文化。

　　不管是民间文学还是作家文学，生活永远是文学创作的源泉。生活的内容包罗万象,包括物质层面和精神层面,生活的多样性、立体性特点势必影响和决定记忆的复杂性、多面性。《司岗里》作为活形态神话是处在动态结构中的,对它的记忆自然也是流动的、立体的。《司岗里》流传的历时性和深广性说明它在阿佤人民心中的地位是极其神圣、崇高的。

(一)记忆力

"记忆是过去经验在人脑中的反映,没有记忆也就不可能有思维活动。"[2]按记忆活动特点可以将记忆分为感觉记忆、短时记忆、长时记忆。长时记忆是指"记忆信息的保持从一分钟以上直到许多年甚至保持终身的记忆。"[3]长时记忆保持时间长,记忆容量极大。因此对《司岗里》的记忆应该属于长时记忆,其中囊括了佤族远古时代有关开天辟地、人类起源、日月形成、衣食住行等万物起源的神话。如此丰富的内容,佤族文化的传承者们如何跨越时空保存至今,这和《司岗里》赖以存在的文化生态系统息息相关。

走进佤族中心寨,如果想听《司岗里》神话,它的传承者们能讲几天几夜,一个个美妙、神奇的故事营造出扑朔迷离、绚烂多姿的世界。我们知道口承文化的口头性特点带来了变异性特点,两者是矛盾统一的。《司岗里》在传承过程中自然也体现了稳固性和变异性特点,讲述的语言,情节、结构的安排等都在流传的过程中容易发生改变,同时也有许多情节被稳固地传承下来,在佤族生活不同的区域某些情节仍保持着统一性。当利吉神和路安神造好了天和地时,自然界出现了许许多多的动物,但是还没有人类的踪影。人类造好后被放在岩洞里不能出来,这时来了几十种动物神去凿岩洞,最后是小米雀神把岩洞凿开。老虎在洞口想要咬死人们,老鼠便乘老虎不备时咬了它的尾巴,老虎痛苦地跑开了,人们才不断地从岩洞平安出来。这一具体的情节我们无法去考证它是从什么时候开始产生的,延续了多长时间,但我们可以肯定的是它流传了许多年。除此之外,还有取谷种的情节同样被清楚细致地流传下来,这些情节的记忆至今仍清晰可见。

《司岗里》作为一种记忆文化,对它的记忆绝不是死记硬背,不是我们拿着要记的资料将其输入到我们的大脑里并储存下来,这种记忆是流动的。一个古老的神话能穿越数千年存活下来,其间必然有维系它存在下去的体系或支撑环境。神话的存在方式呈现出复杂性和多样性特点,《司岗里》神话与它赖以生存的文化生态系统息息相关,所谓文化生态系统是指"某一族群为了适应生存于其中的自然环境而对其进行长期的改造、加工而形成的具有特定人文特点的生态系统。它是由自然环境、经济文化系统、社会组织系统、精神文化系统组成的复合体。"[4]试想如果离开了文化生态系统,《司岗里》神话还会流传至今吗?是靠佤族人民的民间信仰、宗教祭祀、生活民俗、经济活动、文化心理等诸多因素来维系着这个古老神话的传承。

（二）口头语言

在过去漫长的社会里，广大劳动人民，包括他们的专业艺人或半专业艺人，被排斥在文字使用者之外，他们的文学创作，一般只能用口头语言去构思和传播。现在处于新社会的佤族人民，已经享有使用文字的权利，但经济发展水平仍然不高，经济生产方式仍处于落后的状态之中，走进阿佤山我们看到了阿佤人民极其贫困的生活面貌。文盲比例较大，很多阿佤人不但不会写字而且难以用汉语与他人交流，但佤族文化并未因此而苍白，同样像其他少数民族一样用自己的口头语言向世人展示了其独特且丰富多彩的民间文学。

口头性创作也有很多优点，它能使民间文学和社会生活、劳动生产紧密结合在一起，发挥很大的作用。在荷马史诗中有段这样的描述："舌头是极灵活的东西，它有广大的词汇可以运用，可以把我们的思维用任何风格表达出来。"这便是口头性创作优点的最好说明。口头语言传播的面比较广，传播的速度也较快，加上语言是能发声的，在特定的场合下语言艺术的表现力量会变得更加强烈。如在佤族的丧葬活动中，当"魔巴"（佤语音译，即为通晓、掌握本民族文化的智者、能人）吟诵《司岗里》时，伴着音乐、舞蹈、表情、动作等艺术手段时，能让人产生一种敬畏的心理。

对于一个没有自己的文字记载其历史的民族来说，口碑文化便显得更加珍贵，通过这种方式传承着他们的历史、文化、民族情感、民族性格等，我们可以漫游于这丰富的口碑文化中，去探寻所需要的珍贵资料。

二、传承主体

民间文学的传承形态，自古以来就是"人"的传承，是人与人之间的直接传承，是通过口耳传递深层文化信息的传承。这种传承只能以传承人为纽带，才能连接起来。因此，我们在对传承者进行研究时，应当十分注意对传承者个体的独特的文化心理结构做深入剖析和开掘，细心观察文化积淀在具体的传承者身上特异的表现，同时还应当考察作为一种文化基因的民间叙事，是如何融化在传承者的思想、意识、行为和习惯之中；他们的人生观念和思维意识是如何发生作用的，又是怎样影响了他们的性格、心理和思维定式的。《司岗里》的传承主体主要由民间故事家、老年人、魔巴构成，有三种身份集为一身的，也有两种身份集为一身或身份单一的。

（一）民间故事家

民间叙事的传承人不同于一般的讲述者，他们是一些具有较高艺术才能的人。他们往往从幼年起便喜爱民间故事，喜欢听，喜欢讲。他们大多记忆超群，阅历丰富，见多识广，能说会道。在叙事过程中，他们善于把零散、片断的故事组织、连贯起来，经过生动的描述再传播出去，显示出惊人的集结串编作品的才能。研究者将他们称做"故事家"。我国学术界一般认为，能讲五十则以上作品的讲述人，基本可称其为叙事传承人。他们的叙事活动在当地有较大的影响，表现为有一定的知名度，讲故事活动得到地方听众的普遍认同和喜爱。

民间故事家具有较高的讲述技巧，有独特的风格与创造才能。故事家是民间文学传承群体中的杰出代表，他们普遍具有良好的传承素质，对民间作品从来不是机械、死板地进行传承，总是努力发挥其主体的积极作用，对作品程式能够很好地把握与运用。《司岗里》的传承离不开这些故事家们，他们以说故事的形式娓娓道来一个个扑朔迷离的神奇故事，不仅让人们了解了本民族的历史、经历的生活，还满足了人们的审美需求。

民间叙述传承人都有自己的传承线路，这是由民间叙事作品的流传规律所决定的一种民俗现象。传承人讲述的作品，不仅都有其直接的源头，而且还有清晰的传承脉络。几乎每一位故事家都能记得哪些故事是从哪一位长辈那里听来的。几乎每一位故事家都拥有几条主要的传承路线。他们对前人讲述作品的大量接收、贮存、传递、创新，为民间叙事文学的保存与发展作出了重要贡献。

一部宏伟、古老的《司岗里》之所以能够历经千百年传承至今，史诗说唱艺术家起着关键性的作用。他们既是史诗的传承者，又参与史诗的创作与修改。常年的耳濡目染、潜移默化的影响，对于民间艺人史诗演唱能力的形成具有重要意义。千百年来，无数的民间艺人在民间传承着《司岗里》，使它逐渐成熟。民间艺人在保存史诗、发展史诗方面的贡献是卓著的、不朽的。

（二）老年人

在民间叙事活动中，老年人是个特殊的群体。从社会角色的角度看，老年人已不再是积极活跃的成员，但他们继续扮演着一个给定的角色，如果我们把老年人放回到社会角色中去，那么，我们就能更好地理解，是什么原因引起了老年人新的兴趣，使他回忆起自己长期以来一直忽视的族群的过去的生活。在原始部落里，老人是传统的护卫者，这不仅是因为他们较其他人来说，更早地接受了传统，而且无疑还因为他们是唯一能够享有必要闲适的群体，这使得他们可以在与其他老人的交流中，去确定这些传统的细枝末节，并在一开始的时候就把这些传统传授给年轻人。

在佤族社会生活里，老人是受到尊敬的，因为在生活了很长时间后，老人阅历丰富，而且拥有很多记忆，他们参加过无数次的丧葬仪式、婚礼仪式、传统节日等很多民俗活动，长期受到民族文化的熏陶。既然如此，老人们怎么能不去热切地关注过去，关注他们充当护卫者的这一崇高威望。《司岗里》是佤族人民文学的一部分，更是佤族人民生活不可缺少的一部分，老人长年生活其间便自觉不自觉地参与到传承主体的行列中来。

（三）魔巴

自史前时代开始，人类就处于虔诚的信仰之中，在这种思想的支配下，人们认为，世界除了自然界外，是由人和鬼神组成的，彼此共同存在于一个宇宙之中，人类为了取得与鬼神的密切联系，就必须有沟通人与鬼神的桥梁。现今佤族社会生活中仍然少不了这座桥梁——魔巴。他是原始宗教的产物，是佤族原始宗教仪式的主持者、占卜者、祭司和传统文化的继承、传播者。魔巴懂天文地理，知晓本民族的历史、宗教祭仪、风俗习惯、医术等传统文化，每逢举行宗教和传统节日活动都离不开魔巴，他在佤族生产生活中具有重要作用。如果魔巴连《司岗里》都没掌握，那么他就不能成为魔巴，只会装神弄鬼的人相当于汉语中的巫师，可以说是否能够吟诵《司岗里》变成了考核魔巴能力的重要标准。魔巴吟诵《司岗里》通常是在特定的场合环境中进行的，比如丧葬仪式中吟诵《司岗里》也就是它传承的一条线路，参加丧葬活动的人便是听众，他们会静静聆听魔巴的吟诵，从而沉浸其中，再次感受这个古老神话的神圣。

魔巴对《司岗里》的记忆保存是较为完整的，他们记忆力超群，能说会唱，能唱会跳，集多种才能于一身。他们的叙事结构比较完整，情节详细，包括开天辟地、洪水淹山、人类起源、万物来源、民族形成、性别区分、语言文字的产生、物种驯化等一系列主题，魔巴们惊人的记忆力描绘出原始先民在莽莽森林中与动物为伍、穴居在司岗里的生动画面。佤族民间文学的传播通过魔巴，从而形成了佤族文学与宗教紧密相连的状况。

这些民间艺术家是劳动者中的一员，深深扎根于民间。他们既是民间文学的优秀创作者、传播者，又是民族文化遗产的出色的保存者和发扬者。他们的作品具有浓厚的民族色彩，同时，又显示出民间艺术家的创作个性。他们的活动，对民间文学的继承和发展，具有重大的意义。在原始时代和阶级社会初期，神话和当时的宗教活动有密切关系，很多重要神话都是在宗教或其他民俗仪式中讲唱的，因而魔巴在神话的传承中起着重要作用。

三、传承的场合

口承叙事活动有的是民间自发进行的，没有固定的时间与场所，而有的叙事活动，却有限定的时间与场所。受生产与生活的制约和影响，这种传承活动多是在农家的炕炉、劳动场所展开，在节庆、红白喜事等集体性民俗活动时进行的。近年来，我国民俗学界、神话学界引入了"场域理论"和"表演理论"。"场域理论"提出的包括神话在内的口承文学演述场域中的"演述传统在场"、"表演事件在场"、"受众在场"、"演述人在场"及"研究者在场"[5]等五个在场，彼此相连形成了固定的场面。《司岗里》的传承场合有许多种，笔者在此择其要而列之，如丧葬、拉木鼓、建新房这些活动就是《司岗里》传承的重要场合，这些场合都具备了"演述传统在场"、"表演事件在场"、"受众在场"、"演述人在场"，形成了《司岗里》的各种传承场。

（一）丧葬

在以往几千年的历史中，绝大部分人都不认为死是生命的终结，而是把它看成是人生旅程的一种转换，人从死去的这一刻起，也就意味着踏上了新旅途，开始了一种新的生活。葬礼被看做是将死者的灵魂送往死者世界必经的手续。佤族通行土葬。佤族把死者分为善终者和凶死者两类，凡属于正常死亡如老死、病死都属于善终者，凡是意外死亡的都属于凶死者。成年人病死后，家人鸣枪敲锣向寨人报丧，在外死的或小孩死不报丧。佤族有一整套完整的丧葬规矩，从报丧、吊唁、主持人选、泡水酒，到装棺、杀牲祭祀，挖坟坑等细节都必须按照规定进行，整个丧葬仪式都少不了魔巴。

老年人死后，用麻布裹尸将尸体放在主火塘左边。当晚在魔巴带领下，众人围火塘边唱边跳，第二天请魔巴杀鸡看卦，决定是否入棺，占卜家里是否还有凶事降临。入棺前要举行一定的仪式，如有节奏地围棺敲打棺材，魔巴在房内撒新春出的米等。第三天是出殡的日子，全天举行吊唁活动。老年人丧葬活动中的魔巴不仅要全面负责丧葬仪式，而且还要吟诵《司岗里》，讲述人类的起源，追忆先民的生活，把古老的神话贯穿于丧葬活动中，阿佤人把《司岗里》奉若《圣经》，像基督徒一样虔诚地信仰它。通过魔巴这个能与神灵沟通的媒介，让亡魂能够回到祖先生活的世界，让他们在彼岸世界继续团聚。所有来参加追悼亡灵活动的人在魔巴的引领下又一次沐浴在这个古朴、神圣的神话中。

（二）拉木鼓

木鼓是阿佤人的通天神器，同时也是解读佤族文化必不可少的文化符号。据说佤族从司岗里出来不久，便兴起了拉木鼓活动，并猎头祭祀。木鼓祭、猎头祭、剽牛祭是佤族原始宗教祭祀中的三大重要的宗教习俗活动，拉木鼓、猎头、剽牛三者是紧密相连的，形成了一套比较完整的祭仪。

佤族认为万物都是有灵的，各种自然物都有鬼神存在，为了祭祀木鼓神灵，就要制作木鼓，从制作木鼓到最后完成祭木鼓的全过程中，都要严格按照宗教习俗程序进行，包括从魔巴鸡卦占卜选择良辰吉日，到山里选木鼓树、砍木鼓树、拉木鼓、迎木鼓、凿木鼓、盖木鼓房、跳木鼓舞直到祭木鼓的全部活动，其中每个环节又有相应的程序，整个过程要经过多次看卦，多次念祭词，多次摆祭品。比如选木鼓树时先由魔巴在选定好的大树下念咒语，然后向树上打两枪，意为驱走树上附着的鬼。接着杀鸡看卦，占卜吉凶，是吉便可砍木鼓树。在《司岗里》中也讲到了树，人类从岩洞出来的时候："树想杀死我们人类，蜘蛛说：'你不要打我们（人类）。否则我们（人类）要哭了，你先来砍我的蜘蛛网吧！'树砍蜘蛛网但砍不断，也就说不再打我们人了，而且从此就惧怕我们。"[6]可见"魔巴"所念的这些咒语其内容本质渊源于《司岗里》。

祭木鼓便是《司岗里》传承的重要场合，是拉木鼓最后一次祭祀仪式，通过祭木鼓，木鼓才会有灵性，才能成为通天神器。在祭木鼓过程中，魔巴要吟唱祭词，其内容便是《司岗里》。追忆祖先从司岗里出来后的生活，并乞求祖先灵的庇佑，保佑全寨人平安吉祥，健康长寿，粮食丰收。演唱了《司岗里》并完成了应做的祭仪，木鼓才会附上神灵，才能显示出神的神圣性，从而达到祈福禳灾的功能。

（三）盖新房

佤族从长期的狩猎、采集阶段慢慢发展到了农耕定居生活。定居生活就离不开建房，然后开始出现村寨。《司岗里》可以说是佤族人民生活的"百科全书"，全面记述了阿佤人生活的方方面面，衣、食、住、行，尽在其中，它讲到了人不盖房子不行，鸟雀不盖房子也不行，人学着燕子盖房，以后就有了房子。

盖房前必须先接家神——"阿依俄"神，该神是佤族的祖先神，即家神，在佤族的信仰体系中，地位仅次于"木依吉"。建房是一项古老习俗活动，要经过一系列的仪式活动，首先要杀鸡看卦，进行占卜选择地基，接着是盖新房，然后贺新房。在建新房的习俗中，要剽牛，砍牛尾巴，念咒语"司岗里"，这些都是解读佤族文化的重要符号。盖新房少不了祭家神，与此相应便会有祭祀行为，而这位家神是《司岗里》神话中占据重要地位的神灵，有了这样的神话思想就衍生出一个古老、优美的故事，一种原始的宗教。

口承文化的传承是动态发展的，是复杂多变的，《司岗里》的传承自然也如此。佤族的这部光辉巨著能经历漫长的时间流传至今，探究其原因是相当复杂的，笔者在此只做了些外在因素的论述。《司岗里》已融入阿佤人的生活中，是他们生活中不可缺少的部分，渗透到阿佤人的心灵中成为他们的精神家园，同时这个古老神话的传承同样也面临着严峻的挑战，诸如外来文化的涌入，人们世界观、价值观的改变，一些年轻人对传统文化的漠视，传承者的日趋减少等。传统文化所赖以生存的土壤正不断变化着，但我们有理由相信这个古老的神话仍有其生存下去的现实意义。

注释：

[1]《佤族简史》编写组．佤族简史［M］．昆明：云南人民出版社，1983.6.

[2]［3]叶奕乾，祝蓓里．心理学［M］．上海：华东师范大学出版社，1996.118.

[4]［5]［6]李子贤．存在形态、动态结构与文化生态系统——神话研究的多维视点［M］．云南师范大学学报，2006，38（3）．

（作者单位：思茅师范高等专科学校）

文化·宗教·民俗

首届中国佤族文化学术研讨会论文集

"司岗里"含义新探

毕登程　隋　嘎

要了解佤族的历史文化，非得从了解司岗里入手不可。

不过有人肯定会说，司岗里的含义在史学界早已有了定论："司岗"，西盟解释为石洞，沧源解释为葫芦；"里"就是出来；"司岗里"就是出人洞或生人的葫芦的意思。

事情果真如此吗？我们的回答是否定的，因为这样的解释不准确，更不彻底。

会说佤语的人都知道，佤话从来不把石洞、岩洞、山洞说成"司岗"，而是说"德昂"（或译"德日昂"。"德"或译为"岱"，即洞；"昂"或"日昂"即岩石）；佤话更不把葫芦说成"司岗"，而是说"通"（或译为"日通"），有的方言还说"捻"。

就字面含义而言，"司"是"总总的、总括的、为首的"意思，跟汉话基本一样；"岗"是总根、种子、拴住的意思；[1]"里"确实是来处、出来的意思。

但是解释司岗里，首先不能望文生义地停留在字面意义上。因为"岗"和"里"首先是指佤族的（在佤族神话中同时也指人类的）男始祖和女始祖，佤族人尊称他们为达岗和牙里。"达"是对老年男人、有威望的男人、祖先或神的尊称；"牙"是对老年女人、女长辈、女祖先的尊称。

何以见得呢？这就必须来了解佤族的世界观、生命观和祖先来源观了。而佤族的全部世界观、生命观、祖先来源观都高度集中地体现在木鼓祈祷词（含司岗里祈祷词）以及《歌唱仆拉和普里》、《司岗里祭祀歌》等佤族古歌里，这个祈祷词是这样的：仆拉、普里、俚（或译为"利吉"）、伦（或译为"路安"）、历弱、寡团、喷、能、努、吹、侬、拐、岗、里。司岗里祈祷词只从"历弱"起头。"仆拉"字面是"杈杈"、"开裂"的意思，指女人下身，相当于阴；"普里"字面是"辣子"，指辣子形的男根，相当于阳；"俚"字面是"磨"，指开天神，天是由它磨出的；"伦"字面是"捏了堆起来"，是辟地神，地是由它堆土而成的；"历弱"，字面是"蝌蚪"，指水中初生的生命；"寡团"，字面是"蟋蟀"，更具体地看，是佤族对一种蟋蟀的称呼，无翅称"寡"，生翅后呼"团"；"喷"也叫"普冷"，字面是"芽芽"之意，是宇宙中的第一个芽，指植物神；"能"也叫"达能"，是抬天地的大力神，也是动物神；"努"也叫"姆努"，字面是"雾"，是司雾、风、云、霞的女神；"吹"是会哼会叫的大水，特指傈僳、班帅交界的那条佤语叫"格龙吹"（意为"名为吹的河"），代指水神；"侬"完整地叫是"妈侬"，"侬"，有孵化的含义，"妈侬"是孵化妈妈、根妈妈、始祖妈妈的意思，传说她是人类的第一个女始祖，人神合一，达能吐唾沫在她身上，她便生了拐；"拐"完整地称是"安木拐"，"拐"字面是"天上"、"上面"、"头上"的含义，"安木"是女孩排行的老三，传说安木拐是妈侬的第三个女儿（因前两个死了因而又是独生女），是人类的第二代女始祖，仍然人神合一；"岗"即达岗，是人成为完全人后的第一个男始祖；"里"即牙里，是人成为完全人之后的第一个女始祖。岗和里是安木拐的儿子和女儿。当然，这里所谓完全人，是从佤族的观念、传说来说的，即从既知父又知母时算起的。如果从科学上说佤族（佤山）的完全人，大概应从妈侬、安木拐之前的原始群时代就算了。妈侬、安木拐应是母系社会最初的圣祖母。在《歌唱仆拉和普里》和《司岗里祭祀歌》中，更是非常清楚明白、理所当然地将岗和里作为佤族的始祖父、始祖母世世代代歌唱着。比如《歌唱仆拉和普里》，从仆拉一直唱下来，唱到岗和里时说："哎——哎——达岗和牙里很古老/哎达岗和牙里很古老/我们从他们呵发展/我们从他们呵发展/不能忘记不能丢失/不能忘记呵不能丢失/忘记的话就会遭灾/丢失的话就会吃呵亏/哎——哎——妈的歌呵父的谣/呵妈的歌呵父的谣。"

传说侬、拐、岗、里全生活在佤山勒洱，就是现在的勐梭龙潭所在处。当时那里还没有龙潭，只有些泥巴塘。"勒"，泥巴；"洱"，我；"勒洱"即"我的泥巴"。除了泥巴塘，据说那里还有四通八达的崖洞，就是在这些崖洞里，侬生拐，拐生岗、里，岗、里生佤（即岩佤，后人尊称达佤）、万（后人尊称牙万），佤和万又生出后来成为佤族八大家族谱系始祖的八个儿女：蕊、鲁、呸、迫呵、普伟、络、龙、梭。

佤为何又叫岩佤呢？"佤"是门的意思；"岩"是佤族儿子排行的老大。据说岩佤是第一个走出司岗里洞门的人，而紧跟他出来的是各个民族：尼文（老二彝族）、三木傣（老三傣族）、赛克（老四汉族）、哦布洱（老五布朗族）、鲁缅（老六拉祜族）……[2]

从这样的神话看，应该说佤族传说中人类在西盟佤山的第一个出人洞就是勒洱洞，可叫它妈依洞，也可叫它安木拐洞，还可叫岗里洞。因为达岗、牙里是西盟佤族成为真正人后的第一男始祖和第一女始祖，为了强调他们这种总根、种子、由来的含义，就可将那个洞叫司岗里洞。由于进入父系社会后，为了强调父系，因而佤族背父子连名的家谱会将第一代祖先由司岗里或岗里略说为司岗或岗。但牙里毕竟是第一代老祖母，地位高、名声大，所以父子连名谱系的第一代也常常说司岗里或岗里。佤族父子连名谱在后来也还是有这种情况，碰上名声大、作用大的女子还是会将她的名字放进家谱里。

佤族把勐梭龙潭形成之前的泥巴塘叫"我的泥巴"，佤族人中一直有人爱去背那里的土（岱勒洱）吃，因为有的人认为这种泥土可以治病。从前佤族大头人盖大房子，还会去那儿拿一小点土来供在大梁上；远近佤族人盖大房子都以用那里的木头做大梁为荣，即使并非真的砍于那儿，也要在歌中把它唱成是从那儿砍来的，说什么"大梁是从勐梭龙潭砍来的，/柱子是从莫窝大箐伐来的，/椽子是从大黑山里运来的，/茅草是从山通岩城割来的"（岳宋小新寨盖大房子歌）。此外，龙潭边还有传说中各民族的水。这一切都在印证着：勐梭龙潭所在地，确实是他们祖先最初的衣胞圣地。

说到这里，大家已经明白了吧，岗和里是西盟佤族传说中真正的第一代男始祖和女始祖的名字。是呵，西盟佤族人背其家谱，每一家最后总要背到岗里或司岗里，为什么前面各代都是人的名字而唯独到这里却被说成"出来的石洞"或"出来的葫芦"这样半通不通的话了呢？现在我们将岗、里对实为两个祖先的名字，这不但符合传说，也符合字面的含义，更符合家谱的逻辑。正因为岗里是两个并列的名字，因而家谱中有时说"岗里"，有时又可说成"里岗"。

不过这里还有两个问题需要解释。第一个问题，佤族人中确实会把传说中达岗、牙里带人出来的出人洞就叫司岗里或简称司岗，这是为什么呢？第一，佤族从来就有只说修饰词，而不说被修饰词的语言习惯，这正像众所周知的他们将"解放军"、"工作队"缩说成"解放"、"工作"一样。同样的，当他们对你说"司岗里"、"司岗"的时候，他们多半是说"司岗里洞"、"司岗洞"，用佤话说就是"德司岗里"、"格岱司岗里"、"德司岗"，"德"、"格岱"就是"洞"的意思。在实际上，佤族人自己也常常说"德司岗里"、"格岱司岗里"、"德司岗"，只不过外人不大知道罢了。第二，在佤族人过去的观念中，许多死去的有名祖先，都会化身为某一个自然物。当他们把岗、里所出来的那个崖洞当做岗、里的化身的时候，他们自然就会把那个崖洞就叫做岗里或司岗里。正因为他们把出人洞叫做司岗或司岗里，所以西盟佤族背自己姓氏的迁徙路线也是要背到司岗或司岗里的。区别在于：背迁徙路线得正推顺连，即从司岗或司岗里起头；而背家谱是逆推反连，即从最小一代开始背至司岗或司岗里；在迁徙路线中，司岗或司岗里是地名，指岗、里领人出来的洞；而在家谱中，司岗、司岗里则是指佤族总始祖达岗、达岗牙里。

第二个问题，既然依、拐、岗、里、佤、万和后来的八大祖先都是从勒洱（今勐梭）开始繁衍生息的，为什么西盟佤族人在说到他们的司岗、司岗里的时候总是说在缅甸巴格岱山顶上？这当然是有原因的。传说达岗带领岩佤等许多人下到巴格岱找食物，为了躲避风雨和洪水猛兽，他们就住进了那里的山顶洞。可突然有一天，那个大洞坍塌了，洞里的人都出不来，最后是在天神莫伟和安木拐的安排下，由小米雀啄开崖洞门，岩佤等各族人才又纷纷出到地面。不幸的是，达岗由于身体太大又受了重伤，出不来，最后死在了洞里。正因此，后来佤族人祭祀祖先的时候，总是要到那个山顶洞去，并当然地把它当做他们真正的司岗、司岗里（尽管里并没有在那个洞，但佤族人还是尊敬地常常将这位老祖母与老祖父岗并称，认那个崖洞为他们两人的共同化身）。[3]

可见，本来并非所有的出人洞都是司岗里，只有从比附的意义上，后人才可以把佤山别的出人洞也叫做司岗里。[4]至于将司岗里又解释为葫芦的说法，则更是进一步地引申和比喻的运用了，即将达岗、牙里的出人洞比喻为生子多多的大葫芦。[5]

正因为司岗里是佤族公认的祖先出来处、最初的家园，所以过去佤族的村寨都要在寨心砌一个台子，在上面栽一棵寨桩，并称其为"栲司岗"，即"司岗树"，其意义当然是告诉村民佤族人都是来源于司岗里的，大家都要不忘祖不忘根，团结在同一个司岗里周围。

从前，人们依据某些人讲的司岗里的某种神话（司岗里神话像所有古神话一样，会因讲者不同而有不同的讲法），说佤族人认为人类一开始就是从司岗里洞爬出来的，司岗里是人类发祥地。这完全曲解了佤族的人类起源观。现在我们从《木鼓祈祷词》和《司岗里祭祀歌》看，原来佤族人类起源观比我们想象的要先进、正确得多，他们认为司岗里的人不过是山顶洞人；走出司岗里的人是开始步入父系制的人；在他们之前早已有漫长的母系社会（妈依和安木拐等人就是母系制圣祖母的代表）和更其漫长的原始群时代。

这就告诉我们，佤族的司岗里故事，有司岗里历史原型和司岗里神话故事之别；历史原型是本来面目，而神话则是对历史原型的神怪化、浪漫化、天真想象化。从前民间文学所讲的，普通老百姓所知道的，一般都是司岗里神话故事（什么原来没有人，人一开始就是从司岗里钻出来，出来时靠神安排，小米雀帮忙等等）。而我们这里所揭秘的，则是司岗里真正的历史故事、原型故事。

注释:

[1] 正因为"司"有"总总的"含义,而"岗"有"根"的含义,所以佤语将树蓬根叫做"司岗栲"(栲:树),将竹子根叫"司岗窝"(窝:竹子),将芭蕉根叫做"司岗拉"(拉:芭蕉树)。佤族叫"总大官"为"司勐挺","挺"是"大","勐"是"官","司"就是"总"。

[2] 各民族都跟着佤族走出司岗里岩洞的说法有多种理解:(1)事情确实如此。但这种可能性几乎不存在,因为司岗里故事说,出洞的所谓各"民族",还未分语言、居住和风俗习惯,这又怎么分民族呢?(2)元朝以后,佤族以外的好几个民族进入了佤山,于是佤族老人、祭司们在讲岗里时,便牵强附会地将他们都说成一起从司岗里走出的;后来日本人侵略中国,佤族知道了大海中还有那一些日本人,于是将日本人(佤语"嗬拢",意为水上的汉人)也说成是第八个从司岗里出来的人。反正在他们的观念中,所有的民族都是从司岗里出人洞出来的。(3)元代以后,从司岗里出来的佤族各支慢慢演变、融合成了汉、傣人、拉祜人等,结果被提前放到司岗里去了,即说从那时就有了后来的演变。但不管哪种情况,佤族是第一个走出司岗里的老大这种说法都透露着这样的信息:佤族是佤山最早的土著民族。

[3] 正因为祭祀司岗就是祭祖,剽牛、剽猪都与祭司岗、祭祖有关,而且如前所说,"岗"还有"拴"的意思,所以剽黄牛的黄牛桩叫做"司岗莫崴"(莫崴:黄牛);剽水牛而栽的牛角桩被叫做"司岗嘎拉"(嘎拉:水牛);老母猪桩被叫做"司岗撩"(撩:猪);坟地挂的水牛头,被叫做"司岗克来"(克来:给死人的猪、牛做的供品的意思);寨尾祭撕窝挂黄牛头处叫"司岗撕窝";部落集会挂水牛头处叫"司岗东你"(东你:字面是"火亮虫",引申为集会)。

[4] 如果从比附的意义上将佤山出人洞都叫司岗里的话,据说佤族许多部落都有自己的司岗里,也就是佤族部落曾穴居野处过的山洞,比如中课妈拐洞、芒杏崖洞、缅甸营盘斑乌洞等等。不过各民族都去祭拜的司岗里倒确实只是真正的司岗即缅甸巴格岱司岗洞。

[5] 佤族歌谣常唱佤族是:"葫芦里来,司岗里生。"这也许还有个原因,传说佤族圣祖母在第一次洪水滔天时,就是靠抱着达能给她的大葫芦才得救的。传说佤族祖先走出司岗里后,又遭遇了大洪水,也是靠着抱一个大葫芦才终于漂到公明山生存下来的。此外,各民族古老的祖先故事往往都有这样的习惯,就是将原始群婚或血缘婚姻或某种大灾难(如洪水滔天)之后情非得已而由亲人结合所生育的结果回避地、羞答答地、暗喻地说成先是葫芦,后才由葫芦间接地生出我们人的。

(作者单位:思茅财经学校、西盟佤族自治县人民政府)

从神话传说看佤族的火神崇拜

杨逸平

火是原始人赖以生存和生活的重要能源。利用火是人类最初摆脱动物界的一个重要标志。人类由最初惧怕火，经过利用自然火，一直发展到人工生火，这是经过漫长的实践过程，在人们能够自己生火之前，火的那种燃烧的奇异性能及其与人们生活的关系，已使原始人形成了火崇拜的宗教观念。火是一种威力，火既能把大地的动植物烧为灰烬，也能被用来烹煮食物、取暖和防御猛兽。所以对火产生了既敬仰又惧怕的心理，特别是由于不懂自然起火的原因，对火产生了极为神秘的观念，认为就像日月、星辰、山川、河流一样，是由神灵所司管的神物，并予以崇拜。尤其是到了刀耕火种时代。生活和生产对于火的依赖更为紧密，火也就变成经常崇拜的对象。在我国的殷商时代，设有官职来专门管理火，周朝也继承了这种制度，设有"司焰"的官职。20世纪50年代，有些鄂温克人在吃饭和饮酒时，常常要举行简单的祭火仪式。他们不敢扑灭火种和野火，认为火是神放的，是火神在驱除恶魔。台湾高山族禁止病人接近常年火堆；遇有不吉之事，还须转移火堆，另生新火堆。马来西亚人有不能跨过火炉的习俗。印度的婆罗门认为用口吹灭火是对火神的不尊敬。火崇拜在世界各民族的先民中是一种普遍现象。

一、"司岗里"有关火神崇拜的传说

天神创造了人以外的世间万物，地神用水和泥土造出了人类，人类吃的是水和土，成天就知道吃，吃饱了就生孩子，他们每个人都会生，而且一天要生两个到三个孩子。就这样人类一天比一天多起来，他们把山一座一座地吃光，把河一条一条地喝干。他们所经过的地方一片狼藉，他们所到过的地方一片荒凉。天神发现后，叫来他脾气暴躁古怪的儿子"达赛"（dax saih，雷神），雷神对天神的话一直唯命是从，他叫雷神把世间的万物全部消灭干净，他要重新创造一个更美丽、更热闹的世界。雷神叫他的使者燕子把火带到大地，要燕子到处放火把大地上的万物全部烧光。到现在人们仍然不能乱打燕子，因为燕子身上有火，被视为火神，谁打了燕子，以后谁住的草房肯定会遭火灾。另外为什么燕子叫"社外

（saex vaig，意为肚子痛）"，那是因为吃了燕子肉体内火气重就会肚子痛，所以我们祖祖辈辈从来不打燕子。燕子把火带到地球上以后，把地球上的一切东西全部点燃，大地一片火海，熊熊大火烧了很久很久才熄灭下来。

天神看到大地上的万物已经被火烧光，就把火收起来藏在岩石里面。到现在在黑夜里，两块岩石砸在一起你就会看见火星跳出来，后来我们打火用的打火石，就是取岩石里的火来用。为了不让火随便从岩石里跳出来烧着大地，天神又创造了蛇，他要蛇负责守护岩石里的火。到现在火与蛇是能够沟通的。如果你在山上见到一个鸟窝，你回家后千万不能在火塘边告诉你的同伴，如果你让火听到了，火就会转告给蛇，蛇就会把那个鸟窝里的鸟蛋或者小鸟都吃掉。因为蛇负责守护岩石里的火，所以蛇一般都是住在岩缝里。安置好火，造了蛇以后，天神又开始创造除了人以外的世间万物。不久，大地又重新芳草萋萋、绿树成荫、牛马成群、众生芸芸。

《司岗里》中这样叙述："地上的火熄灭后，向天去要求。猫头鹰去要求没有摩擦出火来，他不知道这个方法。萤火虫你去，萤火虫说：'请神给我火'。但仍摩擦不出火来，把蚱蜢的头盖上，蚱蜢从缝里朝上窥视到雷神取火。蚱蜢回去后，就教人摩擦取火，从此才点着了火。是谁点着了火呢？是蚱蜢。以后你不要烧房子。我们的房子着了火怎么办呢？我们做火鬼，你们每寨的火都熄灭了，我们怎么办呢？你们拿鸡蛋做火鬼，你们钻木取火，你们的火燃了。我们看见萤火虫屁股上有火，我们也把火种留起来……"

自从天神放火消灭第一批人类后，地神就开始对天神有成见，她偷偷地把太阳藏进一个山洞。太阳被地神藏起来以后，月亮和星星也冷得躲了起来，宇宙一片黑暗，人们什么都看不见了。人类还好有了火，有了火我们就可以照明还可以取暖，有很多动物看见我们有火，有很多小飞虫为了取暖飞进火里烧死了。一直到现在，天一黑下来，这些小虫子以为是太阳又被藏起来了，它们一见到火就飞进火里去。有些动物就和人类一起在火边取暖，一直到现在它们仍然还跟我们在一起，就像猪、牛一样。后来，英雄萨姆惹终于从山洞里放走了太阳，地神虽然对天神有成见，但是她还是对天神说："这一批人类，哪怕是亲兄弟，虽然有一些是没有头脑的人，虽然也有经不起诱惑的人，但至少还有聪明坚强的人，那就让他们继续生活在这个世界上吧。"从史诗中可以看出，火对佤族先民的生活具有深远的影响，在佤族先民的眼中，火是生活中不可缺少的因素，火是神圣的。

二、火神崇拜在佤族生活中的表现

佤族根据房间数设有火塘，一间一个。在主间者称主火塘，客间者称客火塘，外间（或鬼间）者称鬼火塘。火塘是在房内用土铺成的一米见方的土地，以备烧火之处。有的上面架放三块石头以支锅，有的则用铁三脚架支锅。主火塘在房子主间，是主人做饭、睡眠的地方，用柴烧火终年不熄，用时加柴烧旺，不用时用灰掩盖保存火种。客火塘常用以煮猪食，鬼火塘祭鬼时才用。若房中没有鬼火塘，祭鬼则用客火塘。房内的陈设是很简单的，既无桌椅，也无床铺，除了一些生产工具和生活用具外，主火塘周围的竹席和木板是他们睡觉的地方。他们没有被褥，有的只有一条棉毯或一条麻布单、睡时和衣向火而眠。

佤族火神崇拜的一个表现是过火把节。火把节在佤族节日中，堪称老大，即第一节日。人们对它的态度也是虔诚的。佤族视它为灭灾驱鬼、送旧迎新、预祝家事平安、五谷丰登、六畜兴旺的隆重佳节。在佤族看来，这个节日是旧的灾难、饥饿、疾病的结束，是新的吉祥、平安、幸福、快乐的开始。佤族火把节时间与其他民族相同，在村寨的广场中央燃烧一棵松明，围火鸣枪打锣，老人边喝水酒、边唱调子，青年男女手拿火把，相互追逐游戏，谈情说爱。最后，大家把火灰带回家中，撒到门前沟道，驱赶灾害，有的还在门前房屋旁燃放一把火把，让它夜中自燃自灭，第二天清早起来后，查看白蛾多少，如果多，预示今年粮食丰收，如少，粮食会歉收。火把节头天早上，不能随便进别人家，否则主人家的粮食会被老鼠、山雀糟蹋。火把节期间外人不能进村寨三天，不能去别人家串门，头人要去龙山上杀鸡看卦。

佤族火神崇拜的另一个表现是过新火节。佤族认为进入新的一年，不能用旧火，否则会发生火灾，故有流传每年接新火的习俗。取新火节，佤语称"的我靠"，是佤族祭祀火神"莫伟"的节日，节期在农历一二月间择日，共二至三天，以寨为单位举行。传说雷神达赛和虹神牙远兄妹通奸，触怒了天神里，里发洪水冲毁了寨子，淹死了不少人畜。牙董（传说佤族母系民族的第三位女首领）把这事报告了莫伟（创造万物的神），莫伟很生气，指示牙董抄了达赛的家，把达赛撵到天上去了，牙远很羞愧，钻到地下躲起来。达赛和牙远遗有一子名叫岩秋。岩秋很顽皮，有一次敲石子玩，引起了火灾。大火烧毁了佤族所有的寨子，烧毁了整个世界。人们恨透了岩秋，发誓永远不再使用雷神的火（传说人类最早使用的火是雷神给的），莫伟教给了人类钻木取火的新方法。从此佤族每年都要举行"送旧火，造新火"的活动，久而久之就形成了传统的新火节。

届时，魔巴杀鸡占卜，确定取新火的日子，并通知各户带熄灭的火炭和一头小公猪，到距山寨较远的地方，把火炭埋于土中，或倒入塘中。杀鸡念咒，表示和雷神达赛的火断绝关系，请雷神的旧火上路回家。消除灾星，把小公猪放进山林，作为火神的祭品。取新火一般要到神山取，若到"公神山"取不到火，就到"母神山"取，最终要取到新火。在寨中由德高望重的老人按莫伟教给的"钻木取火"的办法造出新火，各家各户引新火重新点燃火塘，接新火回家。佤族分布于云南西南西盟、沧源等县。他们原始的"钻木取火"的方法除了刀耕火种时偶尔使用外，主要保存在宗教活动之中。

西盟佤族过去每逢火灾，认为是火鬼"艾荣"（即蝙蝠）作祟，必须举行"送火鬼"仪式后另取新火，这时必须使用原始取火方法。

西盟原始取火方法有多种，视当时当地有什么合适材料而灵活运用。大体说来，可分以下三类。

第一类是钻法，即利用竹木旋转摩擦所产生的热量取火，以其材料和具体方法不同又可分为两种：

一种是取当地名叫"阿由"的树（汉语称盐酸果树）干一段，劈开作为底木，用铁长刀在上钻一个孔，在小孔一侧再挖出空隙，内塞火草（佤语称"门以"），取火者坐于树干之上，取细木棒或竹棒一根，置于小孔中双手搓动之，摩擦到一定程度即冒烟出火点燃小孔内的火草，吹之即可得火。钻木时需要一定的技巧和经验。手搓速度太慢，不能达到出火的热量；若用力过急，则磨棒时常跳出钻孔。

另一种是取一根类似蒿子植物（佤语称为"斯皮欧"）的茎部为底木，火草垫在底木之下，取火者双足踏紧底木，用硬木棒或竹棒钻其中心，当底木钻穿，热量亦高至可以出火程度，点燃下面火草，即可得火。若磨穿尚未得火，则再行一次，直到得火为止。

钻法所用底木必须质软（"阿由"和"斯皮欧"中心部分皆软），钻棒要质硬。两者都必须保持干燥。每年的三、四月间举行，最易得火，因为这时气候干燥。得火所需时间，要看材料、季节是否合适及取火者技术是否娴熟而定。快者一两分钟，慢者达半小时甚至更长。其他取火方式亦是如此。

第二类是锯法，即利用竹木来回摩擦所产生的热量取火，取上述"阿由"树一段为底木，以铁刀刻一凹槽，深入树心。取火者以一竹片置凹槽中来回摩擦，另一人双手各持火草一小把压置于凹槽两端，兼起扶紧底木作用，摩擦至火草着火时为止。

此法除了需要干燥的气候和材料外，还需持久的臂力，故中途常要换人。

第三类是带锯法。这也是锯法的一种，同样利用摩擦原理，但以竹藤之类作为条带来锯。其具体方法根据底木形制及火草安置不同，又可分为甲乙两种：

甲式：取"阿由"树的树枝一段，以铁刀削去其皮，并将一端劈开夹以火草，取火者双脚踏紧，取藤条一根，双手各持藤条一端，在底木已被劈开夹有火草处，由下而上来往抽动摩擦。

乙式：将上述"阿由"树枝一端削皮，以铁刀挖出一个四方形小孔，内塞火草，取火者持藤条以同样方法摩擦之。

使用带锯法的要点是不能用新藤。西盟佤族妇女腰部带藤圈，被认为是最理想的取火工具，因佩之既久，质量最干。这种藤圈上施黑漆，是妇女心爱之物，而取一次火往往要折断几个藤圈摩擦，才能得火。故每当有人家失火，另取新火，规定要每户妇女各出一根藤圈备取火之用。

沧源县佤族取新火有两个时间：一是在新年除夕，于建寨人家里举行，取法用金竹与酸果木摩擦取火。其法，三至四人摩擦，以火草作为助燃物。取火前先由村社头人念咒语祈祷，取到新火种后，要点燃一堆篝火，供全村各家取火种之用，一次在六月二十四日，过火把节时举行。

沧源班洪乡则有换火仪式：广坎木、翁直、芒外（永类）、曼用等四寨，过年时在"达皆"（达给）家，将火用水浇灭，然后用两片干竹和火草造新火，各家来讨。用任酸树（敲斯栗、柏利尤）和竹子摩擦取火。

晚上在寨场上全寨的人围着用新火点燃的篝火痛饮水酒、尽情歌舞，老人们在篝火旁给孩子们讲《司岗里（人类的由来）》的取火故事，以感谢莫伟神给人们带来了新火，带来了吉祥和幸福。

三、佤族火神崇拜的启示

佤族是世界上崇火意识最为浓厚的民族。国内外关于人类"火"起源的传说很多，中国几乎各民族都有；历史上的"燧人氏钻木取火"家喻户晓，但以崇拜火为年节的民族则很少，国内仅有蒙古族、佤族等几个屈指可数的少数民族。以摩擦取火举行盛大仪式迎新火过年节的民族只有佤族。佤族先民把"燧人氏钻木取火"的情景再现出来，而且用年节的特定形式传承了数以万年时间，折射出了燧人氏的影子。反映了燧人氏不是虚拟的神仙，而应是真人。进入文明时代以来的人类不可能见到远古先人钻木取火的真情，但佤族能以年节的形式再现传承，把现代人与燧人氏的距离拉近了并再现"人类童年"时代的氛围。原始取火方法的传承在今天看来似乎是微不足道的表演，但对于远古先民则是伟大的创造。以摩擦竹木取新火为主导的年节——"新火节"，在人类历史文化中具有不可替代的研究价值。恩格斯在《反杜林论》中指出："就世界性的解放作用而言，摩擦生火还是超过了蒸汽机，因为摩擦生火第一次使人支配了一种自然力，从而最终把人同动物界分开。"由此分析，佤族人创造的摩擦取火的年节其价值与贡献显然是人类文化的一颗亮丽明珠。

在生活环境和条件都十分恶劣的原始社会，学会取火，利用火对当时的人类来讲是一件非同寻常的大事，它从根本上改变了原始先民的生产生活状态，是人们适应和战胜自然力的一大进步，恩格斯评价印第安人对火的发明的意义超过了蒸汽机的发明。温饱是人类生活中必不可少的两个基本条件，火神最基本的一个职能是给予人们热量、温暖和光明。因此，各民族对火神的礼赞都要涉及这些最基本的功能，如彝族祭火神词中说："春天来烧荒，荒地你烧熟；夏天虫吃苗，恶虫你烧死，火伴行人走，火伴家人坐，火是衣食火，火是人魂窝。"

少数民族对火形成的禁忌规范也与现代文明相吻合。凡是奉火塘为神圣的民族，都对火塘形成了许多象征性的禁忌规范。

彝族撒尼人的火塘是神圣的，因此彝家有许多相关的禁忌：火塘里的火要保持常年不断，明火熄了，也得用火灰捂住以保存火种；儿孙长大分门立户，就把火塘里的火炭分成相等的份数，各人带走一份。最忌火塘边生霉菌、长杂草，那是家道衰亡之征兆。切忌向火塘喷水，不准在火堆里拨撩，更不准向火塘吐唾沫、擤鼻涕以及烘烤鞋垫、裤衩之类，亦不准从火塘中央跨过。

永宁摩梭人的锅庄石是神圣不可触动之物，任何人不得从上跨越，不能在上面放置其他物品，更不能在上面擤鼻涕之类的东西。

白族那马人对火塘"佐"有许多禁忌：不能踏三脚架，不能从三脚架上跨，不能使不清洁之物沾在三脚架或"佐"上，不能在"佐"上放屁或跷二郎腿等等，否则就是对"佐"的亵渎，特别是忌向"佐"上泼水，以免污染祖灵；不准扫地，扫地即意味着赶走祖灵，若犯此忌，则尔后子女不慎滚入火塘，或为火烧伤，或庄稼收割季节气候反常，均被视为祖灵之报复。

傣族每家竹楼里的火塘一旦安装好以后，就不能随便移动，包括支锅的三块石头也不能更换，如若移动和更换必须选择吉日，或在翻盖房屋、老人去世的时候进行。平时做饭烧柴，也要按一定规矩进行，不能违背火塘神的禁忌，任何人也不得从火塘上跨过，以示尊重和敬仰。

广西天林木柄瑶的火塘边供奉祖宗神位那一边是很神圣的，长辈客人才配坐那一边，成年妇女特别是坐月子的妇女绝对不能坐那一边，否则就被认为是对祖宗的不敬而要受到谴责。

对火的崇拜也体现在人们的善恶观念中，佤族过新火节的内容就有检查落实防火措施。四五月份为佤山干季，风高物燥，火灾极易发生。"新火节"期间村寨里要全体出动挖防火水沟，修理防火水塘，往草房顶上泼水，装置水竹筒等，消除可能发生火灾的隐患。另外，从佤族的饮食习惯上也可以看出佤族的防火意识。佤族的饮食多为生菜凉拌或生吃、或水煮，很少干炒，因为佤族居住的是茅草房，炒菜油星会溅出引发火灾。这些礼俗都反映了人的基于功能目的的神灵善恶观。

（作者单位：临沧市民族宗教事务局）

佤族的历史及宗教

——以汉文史籍为中心

张泽洪

　　佤族是中国云南省西南部的一个民族，是西南地区历史悠久、勤劳勇敢的民族。佤族聚居于澜沧江以西和怒江以东的怒山山脉南段，据 2000 年第五次全国人口普查，中国佤族有396 610人，其中云南省383 027人，主要分布在云南的沧源、西盟、孟连、耿马、澜沧、双江、镇康等县和西双版纳傣族自治州、德宏傣族景颇族自治州。在沧源、西盟、耿马、双江、孟连及其相邻的澜沧、永德一带的佤族，占中国佤族总人口的 80% 以上。佤族的中心在阿佤山，当地佤族自称佤、阿佤、巴饶克等，意为"住在山上的人"。本文以汉文史籍的记载为中心，来探讨历史上汉文语境中所见的佤族历史与宗教。

一、唐代的"望蛮"、"俭望蛮"与"望苴子"

　　佤族属于南亚语系孟—高棉语族佤—德昂语支，根据考古、文献和民族学资料，先秦至隋唐时期，东起滇池西迄德宏的大滇西地区，是佤—德昂语支各族群的主要分布区。唐樊绰《蛮书》卷三《六诏》说南诏阁逻凤"西开寻传，南通骠国"。[1]尤中《中国西南边疆变迁史》认为寻传"指的是澜沧江以西、伊洛瓦底江以东的一片地方"。[2]这一带地区包括今保山、德宏、临沧及思茅部分地区，历史上正是佤族先民聚居之地。南诏清平官郑回《南诏德化碑》说："东爨悉归，步头已成内境。建都镇塞，银生于墨觜之乡；侯隙省方，驾憩于洞庭之野。盖繇人杰地灵，物华气秀者也。"[3]其中"墨觜"为佤族先民聚居区，桑耀华就持"墨觜主要是佤族先民"的观点。[4]

　　唐代称为望蛮、俭望蛮、望苴子等族群，学界认为属于佤族的先民。唐樊绰《蛮书》卷四《名类》载：

　　望蛮外喻部落，在永昌西北。其人多长大，负排持槊，前往无敌，又能用木弓短箭；箭镞傅毒药。所中人立毙。妇人亦跣足，以青布为衫裳，联贯珂贝、巴齿、真珠，斜络其身数十道。有夫者竖分发为两髻，无夫者顶后为一髻。其地宜沙牛，亦大于诸处。牛角长四尺已来。妇人惟嗜奶酪，肥白，俗好遨游。[5]

唐樊绰《蛮书》所载望蛮文化特征，为后来的汉文史籍多所转述。《新唐书》卷二百二十二下《南蛮》载：

又有望蛮者，用木弓短箭，镞傅毒药，中者立死。妇人食奶酪，肥白，跣足；青布为衫裳，联贯珂贝珠络之；髻垂于后，有夫者分两髻。[6]

宋李昉《太平御览》卷七百八十九说：

《南夷志》曰：望蛮外喻部落，在永昌北，其人长大，排持槊，前无强敌。又能用木弓、短箭，傅毒药，中人立毙。妇人跣足，以青为衣，联珂贝、巴珠，斜络其身。有夫竖分发为两髻，无夫者顶后为一髻垂之，地宜沙牛，角长四尺以来，妇人嗜奶酪。[7]

《白孔六帖》卷十六、五十八，亦载望蛮妇人食奶酪，望蛮用木弓短箭的特点。《白孔六帖》为唐白居易原本，宋孔传续撰，书中所述望蛮文化习俗，明显是摘录自唐樊绰《蛮书》。

汉文史籍中还有称为俭望蛮者，当属于望蛮中的一个支系。清冯甦《滇考》卷上《唐初经理滇中》说：

隋唐之间，南蛮久不通中国。各自为酋长。建宁以东，有东爨乌蛮，西爨白蛮。又其东有东谢蛮、南谢蛮，东谢之南有西赵蛮，皆在牂柯、兴古之间。其西为昆弥，即汉之昆明。以西弥河为境，在蜻蛉、弄栋之外，名号不一。有徒莫抵蛮、俭望蛮、白水西洱蛮。[8]

唐贞观二十三年（649年），开蜻蛉、弄栋之事，宋郭允蹈《蜀鉴》卷十《西南夷始末下》有简略记载。唐朝遣将击西爨蛮，使俭望蛮等族群皆来内附，遂以其地置傍、望、监、求、邱五州，隶郎州都督管辖。"此唐初高祖、太宗，次第经理诸蛮之大略也。"[9]隋末唐初的俭望蛮，是分据滇中的族群之一。清乾隆《云南通志》卷三十《杂纪》载：

阁逻凤遣昆州城使杨牟利，以兵胁西爨徙户二十余万于永昌城。东爨以言语不通，多散依林谷，得不徙。又爨蛮之西，有徒莫祇蛮、俭望蛮，南有东谢蛮、南谢蛮、西赵蛮等，皆隋末唐初，分据滇中地者。[10]

尤中先生认为"望"与"佤"同声，译写时可以通用，因此最早提出望蛮为佤族先民说。[11]唐代"望蛮"先民勇敢善战，他们在归附南诏政权之后，很快成为南诏军事力量的精锐，时人称之为"望苴子"，与唐代云南的"罗苴子"一样，以勇武彪悍而载于汉文史籍。唐樊绰《蛮书》卷四《名类》说：

望苴子蛮，在兰沧江以西，是盛罗皮所讨定也。其人勇捷，善于马上用枪铲。骑马不用鞍。跣足,衣短甲,才蔽胸腹而已。股膝皆露。兜鍪上插牦牛尾,驰突若飞。其妇人亦如此。南诏及诸城镇大将出兵,则望苴子为前驱。[12]

《新唐书》卷二百二十二上《南蛮》说:

望苴蛮者,在兰苍江西。男女勇捷,不鞍而骑,善用矛剑,短甲蔽胸腹,鍪鏊皆插猫牛尾,驰突若神。凡兵出,以望苴子前驱,以清平子弟为羽仪。[13]

唐樊绰《蛮书》最早记载"望苴子",从其分布区域可推测出自望蛮部落。唐樊绰《蛮书》卷六《云南城镇》载:

柘东城,广德二年凤伽异所置也。其地汉旧昆州,故谓昆池。东北有井邑城隍,城西有汉城。土俗相传云是庄蹻故城。城之东十余里有谷昌村,汉谷昌王故地也。贞元十年,南诏破西戎,迁施、顺、磨些诸种数万户以实其地。又从永昌以望苴子、望外喻等千余户分隶城傍,以静道路。[14]

史称"通计南诏兵数三万,而永昌居其一"。[15]居住在永昌的望苴子,占南诏政权军队的三分之一,则人数约有一万人的规模。唐代称"望蛮"为"望苴子",是当时白蛮语的音译。唐樊绰《蛮书》卷八《蛮夷风俗》说:"言语音白蛮最正,蒙舍蛮次之,诸部落不如也。……苴,俊也。……言语并与白蛮不同。"[16]白蛮语所谓的"苴子",即"俊杰"、"勇士"之意,"望苴子"则指望蛮中之勇士。综合唐代汉文文献的记载,可见"望苴子"为佤族先民之俊杰,是为南诏政权冲锋陷阵的勇士。

二、宋、元、明时期的"蒲蛮"

汉文史籍记载的"濮"、"滇"、"哀牢",是云南历史上有影响的族群,佤族与其有着族源上的关系。明杨慎就提出"哀牢"即濮人之说,明杨慎《升庵集》卷四十八《濮人》称:"今按哀牢,即永昌濮人,今名蒲蛮,其色黑,折腰文面,是其饰也。濮与蒲字,音相近而讹尔。"[17]早在魏晋就有濮人的记载,晋常璩《华阳国志》称之为"闽濮"。晋常璩《华阳国志》卷四《南中志》载:"永昌郡,古哀牢国,哀牢山名也。……宁州之极西南也,有闽濮、鸠獠、僄越、躶濮、身毒之民。"[18]西晋太康中凯子祥迁南夷校尉,其子元康末为永昌太守,所管辖的南夷中有闽濮,闽濮在魏晋时期因属益州管辖,该族群因此受到巴蜀文士常璩的关注。

魏晋时期还称"闽濮"为"黑僰濮",《太平御览》卷七百九十一引晋郭义恭《广志》说:"黑僰濮,在永昌西南,山居"。[19]道光《普洱府志》卷十八载:"蒲蛮,又名蒲人,宁洱、思茅、威远有之。……古称百濮……散处山林。"[20]学界认为汉文文献记载的"黑僰濮"、"蒲蛮",指南亚语系孟—高棉语族佤—德昂语支的先民。在古代汉文文献中,"濮"还记载为"蒲"、"扑"、"卜"等,俗称为"蒲蛮"、"扑子"、"扑子蛮"。清乾隆《云南通志》卷四《建置》载顺宁府说：

> 古百濮地，后讹濮为蒲，居多蒲蛮，地名庆甸，自宋以前，不通声教。元泰定间，始内附。天历元年，置顺宁土府，隶金沧云远路，领通宝州庆甸县大侯长官司，属云南行中书省。[21]

永平县博南山蒲蛮的活动，在明代曾著称于汉文史籍。明谢肇淛《滇略》卷二《胜略》载："博南山，在永平县西南四十里，一名金浪山。其巅又名丁当路，极险隘，乃蒲蛮出没之所。"[22] 明天启《滇志》卷二《地理志》说："西南四十五里曰博南山，一名金浪巅山，俗讹为丁当山，杨庄介公正之。陟降约三十余里，崇坡竣坂，委曲嶙峋，为西陲通衢，昔蒲蛮出没之所。"[23]

其实宋、元、明时期较活跃的"扑子"、"扑子蛮"，早见于唐樊绰《蛮书》的记载，其分布地域亦在澜沧江一带。唐樊绰《蛮书》卷四《名类》说：

> 扑子蛮，勇悍矫捷，以青娑罗段为通身袴。善用白箕竹弓，入深林间射飞鼠，发无不中。部落首领谓酋之酋，其土无食器，以芭蕉叶藉之。开南、银生、永昌、寻传四处皆有。铁桥西北边延兰沧江亦有部落。臣本使蔡袭咸通四年正月三日阵面上生擒得扑子蛮，拷问之并不语，截其腕亦不声。[24]

唐樊绰《蛮书》卷六《云南城镇》载：

> 铁桥城在剑川北三日程，川中平路有驿。贞元十年，南诏蒙异牟寻用军破东西两城，斩断铁桥，大笼官已下投水死者以万计。今西城南诏置兵守御，东城至神川以来，半为散地。见管浪加萌、于浪、传充、长裈、磨些、扑子、河人、弄栋等十余种。[25]

从分布地域我们可以推测，"扑子"当为望蛮支系的别称，这种推论可在唐代文献中找到依据。唐樊绰《蛮书》卷六《云南城镇》说："自兰沧江已西，越睒扑子，其种并是望苴子。"[26] 由此，"扑子"与"望苴子"、"望蛮"之间，就确乎有着同一族群的关系。

明代徐霞客游历云南，也有路过蒲蛮山寨的经历。《徐霞客游记》卷十一下《西南游日记二十云南》载：

> 路逆溯之，循北岭东坡而上，又二里，从岭北西向穿坳，是为虎坡。此坡由北冲东蒲蛮寨岭度脊西南下。
>
> 十六日，平明，饭。……遂从中坡蹑峻，盘垂磴而上，曲折八里，冈脊稍平，有庐三楹，横冈上，曰茶庵；土人又呼为蒲蛮寨，而实无寨也。[27]

清代编撰的《皇清职贡图》，描绘了蒲蛮的图像，并对其文化特征有简略描述。《皇清职贡图》卷七《顺宁等府蒲人》的图像释文说：

蒲人，即蒲蛮，相传为百濮苗裔。宋以前不通中国，元泰定间始内附，以土酋猛氏为知府，明初因之，宣德中改土归流。今顺宁、澄江、镇沅、普洱、楚雄、永昌、景东等七府有此种。居多傍水，不畏深渊，寝无衾榻，食惟苡稗，男子青布裹头，着青蓝布衣，披毡褐，佩刀跣足。妇青布裹头，着花布短衣，长裙跣足，常负米入市，供赋税。[28]

此百濮苗裔的蒲人，即为当今佤族的先民。清道光《云南通志稿》引《他郎厅志》说："卡瓦，男穿青布短衣裤，女穿青蓝布短衣裙，均以红藤缠腰。耕种杂粮之外，佩刀持枪捕猎为食。在思茅者稀入城市，在宁洱者应役当差。"[29]所载宁洱即今普洱，此卡瓦与上述蒲人的服饰相同。

顺宁府的蒲蛮以剽悍著名，史称虽蒙氏、段氏亦莫制。在明代的汉文古籍中，多有关于云南绥靖蒲蛮的记载，文献中称之为蒲蛮、野蒲蛮、恶蒲蛮。明李东阳《明故都察院右副都御史唐公墓志铭》说："王忠文公名祎正。土官宗派，以定传袭，悯边兵贫，米价贵，则给以米，贱则易以银，时悉告便，蒲蛮弗靖，亲为榜谕，皆听命。"[30]明丘浚撰《重编琼台稿》卷二十《定兴忠烈王平定交南录》载："是日，先遣鹰扬将军方政，游击将军王恕等，直抵富良江北岸嘉林县。是时左副将军，西平侯亦自云南蒙自县进兵，经野蒲蛮入境，都指挥朱濬等，夺猛烈关。"[31]明陆万垓《癸未春入觐南归重过新嘉驿池亭》诗及序曰：

自永趋腾，经打板箐渡潞江，宿八湾。地势盘郁，炎瘴最深，中间有磨盘、风洞、高梨冈、分水岭、蒲蛮哨五十三参，皆危崖峻坂，猿啼鸟语之处，平生所未尝见者，用韵漫咏：

石盘风洞几高低，箐恶蒲蛮杂汉弓。
转饷坐看民力尽，何时销甲尉陀西。[32]

汉文史籍中记载的"蒲蛮"，即佤、德昂语支各族群。明谢肇淛《滇略》卷一载：

顺宁府，古百濮地也。后讹濮为蒲地。曰庆甸，蒲人世据之，自古不通中国。元时内附，置顺宁府并宝通州庆甸县。[33]

《明史》卷三百一十三《云南土司》载：

顺宁府，本蒲蛮地，名庆甸。宋以前不通中国，虽蒙氏、段氏不能制。元泰定间始内附。天历初，置顺宁府并庆甸县，后省入府。洪武十五年，顺宁归附，以土酋阿悦贡署府事。十七年，命阿日贡为顺宁知府。[34]

元文宗天历元年置顺宁土府，其土官阿悦贡、阿日贡即为蒲人。《土官底簿》卷上《顺宁府知府》载："阿日贡，云南顺宁府蒲人，本府土知府。洪武十九年故。本年，男猛哀承袭。二十一年故，次男猛吾袭，故。二十三年，猛丘袭。"[35]

永昌历来为蒲蛮所居之地。《钦定大清一统志》卷三百八十引《滇程记》，亦记载永昌府的蒲蛮哨、丁当丁山等关隘，大约是明代为防蒲蛮而设立。

三、明代的"古剌"与清代的"卡瓦"

明清时期的佤族先民，在汉文史籍中又有"古剌"、"古喇"之称。明钱古训、李思聪《百夷传》载："古剌，男女色甚黑。男子衣服装饰类哈剌，或用白布为套衣。妇人如罗罗之状。"[36]钱古训、李思聪撰《百夷传》，时间在明太祖洪武二十九年（1396年）至三十一年（1398年）之间。明朱孟震《西南夷风土记》说："古喇，貌极丑恶，上下如漆，男戴黑皮盔，女蓬头大眼，见之可畏。"[37]明谢肇淛《滇略》卷九《夷略》说：

哈喇，男女色黑如漆，不知盥栉。男子以花布为套衣，妇人以红黑藤缠腰数十围，产子以竹兜盛之，负于背。古喇，男女色黑尤甚，略同哈喇。[38]

《西南夷风土记》、《滇略》皆撰于明神宗万历年间（1573—1620年），明刘文征天启《滇志》卷三十《羁縻志》说："又有古喇，男女色黑尤甚，种类略同哈杜，亦类哈喇，居山，言语不通。"[39]天启《滇志》撰写于明天启年间（1621—1627年），其内容大抵沿袭《滇略》的记载。尤中先生指出：近代沧源县班洪一带的佤族自称"布剌"或"剌"，盖即明代"古剌"、"哈剌"名称的延续。傣族称佤族为"滚莱"，意思是"山上人"，而"古剌"显然是"滚莱"的同声译写之异。[40]

我们注意到明代文献列举云南诸族群时，同时列举"蒲人"与"古剌"，此反映该称呼虽可涵盖佤族先民，但还具有相当的不确定性。明洪武二十年（1396年）钱古训、李思聪奉使缅国及百夷地，所撰《百夷传》记云南西南数千里的百夷说："俗有大百夷、小百夷、漂人、古剌、哈剌、缅人、结些、哈杜、弩人、蒲蛮、阿昌等名，故曰百夷。"[41]明谢肇淛《滇略》卷九《夷略》亦记载说：

其类有小伯夷、大伯夷、蒲人、阿昌、缥人、古剌、哈喇、缅人、结此旦、遮此夕、地羊鬼、哈杜、怒人、野人等名。然风俗大同小异，近来内地皆有其人，间有读书入庠者矣。[42]

可见《滇略》亦大致沿袭《百夷传》的记载。清代汉文文献中开始出现卡瓦的称呼，此为当时对佤族先民的明确指称。胡蔚本《南诏野史》卷下《南诏各种蛮夷》载：

卡瓦，多在顺宁永昌二郡辣蒜江外，貌丑，性恶，猎人以祭。商贾出腾越州，入木邦者，必经其地。呼为卡利瓦，有生熟二种，生者劫掠，熟者保路。[43]

123

清乾隆《云南通志》卷二十四《土司附种人》载：

卡瓦，夷中之顽梗者也。永顺东南辣蒜江外有之，貌丑性恶，亦耕种，有寨落。红藤束发缠腰，披麻布，持利刃梭标（镖）于要路，窃伏劫掠。行商必结伴多人，兼有保护者乃敢过。今守御戒严，此风渐止。商贾凡出腾越，入木邦贸木棉者，必经其地。呼为卡利瓦。有生熟二种，生者劫掠，熟者保路。[44]

清光绪《永昌府志》卷五十七《种人》载：

卡瓦，夷中之顽梗者也。腾龙境外有之，貌丑性恶，亦耕种，有寨落。红藤束发缠腰，披麻布，持利刃梭标（镖）于要路，窃伏劫掠。行商必结伴多人方敢过。有生熟二种，生者劫掠，熟者保路。[45]

清乾隆《云南通志》将卡瓦与蒲人、哈喇、黑濮等种人并列。由刘毓珂等编撰于清光绪十一年（1885年）的《永昌府志》，亦同时并列记载蒲人、崩竜、猓猡、夏喇等族群。如此则显示清代卡瓦已从蒲人中单列，作为佤族先民的他称已具有相当的确指性。

四、汉文史籍中所见的佤族宗教

佤族先民的生活习俗和宗教信仰从汉文史籍中亦可窥见大概。唐杜佑《通典》卷一百八十七《南蛮上》载，即最早记载黑爨濮的生活习俗说：

黑爨濮在永昌西南，山居耐勤苦。其衣服，妇人以一幅布为裙，或以贯头。丈夫以縠皮为衣，其境出白蹄牛、犀象、琥珀、金桐、华布。又诸濮之域，皆出桔矢。[46]

《通典》记载的尾濮、木绵濮、文面濮、折腰濮、赤口濮、黑爨濮等，都属于濮人之列。诸濮与哀牢地相接。明顾起元《说略》卷三《方舆下》说："今按哀牢，即永昌濮人，今名蒲蛮。其色黑，折腰文面，是其饰也。"[47]明董难《百濮考》论永昌濮人风俗说："诸濮地与哀牢相接。余按哀牢，即今永昌濮人，即今顺宁所名蒲蛮者是也。濮人之俗，用麂尾末，椎其髻，且好以漆饰面。"[48]

清乾隆《云南通志》卷二十四《土司附种人》，详细记载黑濮的生活风俗说：

所居多在威远、普洱江界之间。其人多黑色，男女皆徒跣，不勤洗涤，语言稍似西番。耕山力穑，颇知纺织，多作竹器，入市交易。男子剃发为辫，短衣着裤，善操弩矢。女子单衣，仅长尺，前不扣合，以彩布为桶裙。其裙蒙乳以至下体，又用五色烧珠，与海贝排串为饰，束于脐下。两耳穿孔，环以银铜锡。婚聘惟以牛银，丧服白布，葬即除之。其丧皆用木槽。[49]

清鄂尔泰《恩乐县歌》中亦有吟诵蒲蛮风俗的内容，其歌曰：星连井鬼古荒服，蒙氏自王诏分六。马龙他郎甸殊名，通呼者岛夷所熟，更为猛摩隶银生。

阿僰据之蒙日麾，终唐迄宋六百年，蒙亡段继那能复。元至元间辖元江，阿哀阿罗归簿录。初授军民长官司，蒙统蒙鲁世夷目。……一种蒲蛮似摆夷，譬如五谷稑与稗。若非黑来黑台面目殊，直欲指马呼为鹿。[50]

汉文史籍中所见佤族的宗教信仰，以佤族先民的占卜习俗记载较多。《百夷传》说诸夷："无医卜等书。……有事，惟鸡卜是决。"[51]其中当包括佤族先民的鸡卜。明代镇康州佤族先民黑僰的鸡卜，在明谢肇淛《滇略》卷九《夷略》中有较详细的记载：

镇康州蛮名石赕，在湾甸东南。黑僰所居，形恶体黑，以青白布为衣，跣足，荆棘中如飞。男子出，妇人闭户，静坐以待。有事签鸡骨，卜吉凶。病不服药，专祭鬼。死则剜木为棺殡之，坟上植一树为识，土田瘠狭，有无量、乌木龙二山，其产大药、鲜子、虫豢胆。[52]

明刘文征天启《滇志》卷三十《羁縻志》载镇康州：

蛮本名石赕，在湾甸东南。东至云州，南至耿马，西至木邦。有无量、乌木龙二山，本邦出入必经之。夷号黑僰，形恶色黑，以青白布为衣，跣足荆棘中走如飞。男子出，妇人闭户，静坐以待。遇有事，签鸡骨卜吉凶。病不服药，专祭鬼。死则剖木为棺殡之，坟上植树为识。产水乳香、大药、鲜子、虫蛇胆。[53]

明李贤《明一统志》卷八十七镇康州"风俗卜用鸡骨，病专祭鬼"条之注释说：

僰蛮形恶体黑，以青白布为衣，跣足荆棘中走如飞。男子出，妇人闭户静坐以待夫至。遇有事，籤鸡骨卜吉凶。病不服药，专务祭鬼。死则剜木为棺殡之，坟上植一树为识。[54]

清康熙《永昌府志》卷二十四载："镇康州……彝号黑僰……遇有事，鸡骨以卜吉凶，有疾病不知服药，专事祭鬼。"[55]明都督沐璘《滇南即事三首》之二吟诵滇南蒲蛮风俗，有"问岁占鸡骨，禳凶瘗虎皮"之句。[56]明童轩《清风亭稿》卷五《滇南即事四首》诗相同，可知此诗实出于明代诗人童轩手笔。

明谢肇淛《滇略》卷九《夷略》关于佤族先民占卜习俗的记载，为后世史籍所承袭。而"病不服药，专务祭鬼"之说，则是汉文史籍对西南少数民族宗教祭祀的常见记载，这反映佤族先民盛行原始宗教，保留着古朴的原始宗教信仰。《百夷传》记载佤族先民的宗教信仰说："戛里境上诸夷，风俗虽异，然习百夷所为者多。夷人无阴阳、医卜、僧道之流，事无大小，皆以鸡骨占凶吉。无推步日月星辰缠次之书，不知四时节序，惟望月之出没以测时候。人病则命师巫于路旁祭鬼而已。"[57]此更说明在西南少数民族中，佤族先民由于历史地理的因素，较少受佛教、道教的影响，是原始宗教信仰习俗保存较为完整的族群。

关于佤族先民的占卜习俗，汉文史籍仅是传闻性的概略记述，而相关民族志资料对此有详细记录。李仰松《西盟县宛不弄寨佤族的鸡骨卜》一文，记述西盟佤族自治县宛不弄寨佤族的鸡骨卜说："先由主人捉一只小鸡，向魔巴（巫师）说明自己占卜的事由，并由魔巴准备好一口小锅（内盛水），一碗米，生姜、食盐和一片芭蕉叶，将这些东西带到寨门外'做鬼'（驱鬼）的地方。魔巴这时用随身携带的刀子削四根像针一样细的竹签和一根刺鸡的竹签。""待以上的准备工作做好，魔巴嘴里一边念咒语，一边将小鸡刺死，接着抽出小鸡的两根股骨，剔去上面附着的筋肉，按左股骨在左，右股骨在右的规定，把两根股骨的下端捆起来，呈一'V'字形，然后将削好的竹签插入股骨上的小孔。""魔巴念完咒语，同时在股骨的小孔上都插上竹签之后，即占卜鸡卦以示征兆。"征兆共有十六种，即吉兆八种，凶兆八种。[58]

土主信仰在西南少数民族中流播较为广泛，汉文史籍对佤族先民的土主崇拜亦有记录。明谢肇淛《滇略》卷四《俗略》载：

永昌以正月十六祠大官、小官庙，夷汉皆往会祭，有水旱，官亦往祷。庙在哀牢山下，其神题大官曰"大定戎方天下灵帝"，小官曰"大圣信苴利物灵帝"，不知何神。张志淳曰："此必蒙氏世隆僭号时，即其始祖生长之地而祠之也。"相传大官为叔，小官为侄，其塑像冠服，皆与蒲蛮同。[59]

葫芦神话是西南少数民族传世神话之一，各族群中有内容风格不同的神话传说。佤族民间的"司岗里"神话，叙述的是葫芦（"司岗"）造人的故事。葫芦神话在原始宗教信仰中具有神秘色彩，佤族"司岗里"的葫芦神话，折射出佤族先民的原始宗教观念。"司岗里"神话的广泛流播，以至汉文史籍有葫芦国之记载。《清朝文献通考》卷二百九十六《四裔考》说："葫芦国，一名卡瓦，界接永昌府东南徼外。历古以来，未通中国，亦不为缅甸所属。地方二千里，北接耿马宣抚司，西接木邦，南接生卡瓦，东接孟定土府，距永昌府十八程。"[60]《清朝文献通考》撰于清乾隆五十二年（1787年），其关于佤族"葫芦国"的记载，说明清初"司岗里"神话已在西南地区汉语语境中流播，因此才会收录于《清朝文献通考》之中。汉文史籍中"葫芦国"名称的来源，是汉族文士对佤族"司岗里"神话的客位记录。

五、结语

佤族族名确立于1963年，当时根据本民族大多数人的意愿，国务院批准将卡瓦改称为"佤族"，由此佤族正式成为56个民族之一。唐代的"望蛮"、"俭望蛮"与"望苴子"，宋、元、明时期的"蒲蛮"，明代的"古剌"与清代的"卡瓦"，从汉文史籍对佤族先民记载的演进，大致反映出佤族历史文化的轨迹。

清乾隆《云南通志》卷三十《杂纪》论云南各族群说："九爽十睑，制异周官，隗构支留，文须重译。"[61]历史上佤族先民在不同时代的他称，正是"文须重译"的结果。从人类学观点来看汉文史籍记录的佤族先民的各种称呼，其实都是汉族文士以客位立场的他称。汉文史籍中关于佤族历史及其宗教信仰的记载，客观反映出历史上汉文化语境中的佤族。唐宋以来汉文史籍所载佤族先民的活动，展现出汉族文士及汉文化视野中的佤族印象，佤人确为中国西南地区一个历史悠久、勤劳勇敢的民族。

注释：

[1]（唐）樊绰撰，赵吕甫校释.云南志校释［M］.北京：中国社会科学出版社，1985.115.

[2]尤中.中国西南边疆变迁史［M］.昆明：云南教育出版社，1987.47～48.

[3]（清）乾隆.云南通志：卷二十九之九［A］.文渊阁四库全书：第570册［M］.台北：台湾商务印书馆，1986.559.

[4]桑耀华.略论宋元时期傣族之北迁［J］.云南省历史研究所.研究集刊1982，（2）.

[5]（唐）樊绰撰，赵吕甫校释.云南志校释［M］.北京：中国社会科学出版社，1985.165～166.

[6]（宋）欧阳修、宋祁撰.新唐书：第20册［M］.北京：中华书局，1975.6325.

[7]（宋）李昉等撰.太平御览：第4册［M］.北京：中华书局，1960.3497.

[8]文渊阁四库全书：第364册［M］.22.

[9]（清）冯甦撰.滇考（卷上）.唐初经理滇中［A］.文渊阁四库全书：第364册［M］.23.

[10]文渊阁四库全书：第570册［M］.721.

[11]尤中.中国西南民族史［M］.昆明：云南人民出版社，1985.296.

[12]（唐）樊绰撰，赵吕甫校释.云南志校释［M］.北京：中国社会科学出版社，1985.163.

[13]（宋）欧阳修，宋祁撰.新唐书：第20册［M］.北京：中华书局，1975.6268.

[14]（唐）樊绰撰，赵吕甫校释.云南志校释［M］.北京：中国社会科学出版社，1985.212～213.

[15]（唐）樊绰撰，赵吕甫校释.云南志校释［M］.北京：中国社会科学出版社，1985.237.

[16]（唐）樊绰撰，赵吕甫校释.云南志校释［M］.北京：中国社会科学出版社，1985.297～298.

[17]文渊阁四库全书：第1270册［M］.396.

[18]任乃强校注.华阳国志校补图注［M］.上海：上海古籍出版社，1987.284～285.

[19]（宋）李昉等撰.太平御览：第4册［M］.北京：中华书局，1960.3509.

[20]（清）郑绍谦纂修.［道光］.普洱府志［Z］.清道光二十年（1840）刻本。

[21]文渊阁四库全书：第569册［M］.138.

[22] 文渊阁四库全书：第 494 册 [M].115.

[23] （明）刘文征撰：（天启）.滇志：卷十九 [A].续修四库全书；第 682 册 [M].上海：上海古籍出版社，1995.277.

[24] （唐）樊绰撰，赵吕甫校释.云南志校释 [M].北京：中国社会科学出版社，1985.157.

[25] （唐）樊绰撰，赵吕甫校释.云南志校释 [M].北京：中国社会科学出版社，1985.232.

[26] （唐）樊绰撰，赵吕甫校释.云南志校释 [M].北京：中国社会科学出版社，1985.237.

[27] （明）徐宏祖撰，恽波、刘刚强点校.徐霞客游记 [M].长沙：岳麓书社，1998.795、811.

[28] 文渊阁四库全书：第 594 册 [M].644.

[29] （清）阮元、伊里布等修，王崧、李诚纂.云南通志稿 [Z].清道光十五年（1835）刻本。

[30] （明）李东阳撰.怀麓堂集：卷八十二 [M].文渊阁四库全书：第 1250 册 [M].859.

[31] 文渊阁四库全书：第 1248 册 [M].414.

[32] （清）沈季友编.檇李诗系：卷十四 [M].文渊阁四库全书：第 1475 册 [M].341.

[33] 文渊阁四库全书：第 494 册 [M].103.

[34] （清）张廷玉等撰.明史：第 27 册 [M].北京：中华书局，1974.8079.

[35] 文渊阁四库全书：第 599 册 [M].374.

[36] （明）钱古训撰，江应樑校注.百夷传校注 [M].昆明：云南人民出版社，1980.101.

[37] 高国祥主编.中国西南文献丛书：第一辑.第 119 册 [C].兰州：兰州大学出版社，2003. 8.

[38] 文渊阁四库全书：第 494 册 [M].225.

[39] 续修四库全书：第 682 册 [M].494.

[40] 尤中著.中国西南民族史 [M].昆明：云南人民出版社，1985.632.

[41] （明）钱古训撰，江应樑校注.百夷传校注 [M].昆明：云南人民出版社，1980.42.

[42] 文渊阁四库全书：第 494 册 [M].224 ~ 225.

[43] 南诏大理历史文化丛书：第一辑.上册 [C].成都：巴蜀书社，1998.31 ~ 32.

[44] 文渊阁四库全书：第 570 册 [M].243.

[45] 高国祥主编.中国西南文献丛书：第一辑.第 30 册 [C].兰州：兰州大学出版社，2003 年，336.

[46] （唐）杜佑撰.通典 [M].北京：中华书局，1984.1003.

[47] 文渊阁四库全书：第 964 册 [M].376.

[48] （清）乾隆云南通志：卷二十九之十二 [A].文渊阁四库全书：第 570 册 [M].625.

[49] 文渊阁四库全书：第 570 册 [M].243.

[50] 云南通志：卷二十九之十三 [A].文渊阁四库全书：第 570 册.684 册 [M].685.

[51] （明）钱古训撰，江应樑校注.百夷传校注 [M].昆明：云南人民出版社，1980.108 ~ 109.

[52] 文渊阁四库全书：第 494 册 [M].232.

［53］续修四库全书：第682册［M］.482.

［54］文渊阁四库全书：第473册［M］.850.

［55］（清）罗伦修，李文渊纂：［康熙］.永昌府志［Z］.清康熙四十一年（1702）刻本。

［56］云南通志：卷二十九之十四［A］.文渊阁四库全书：第570册［M］.692.

［57］（明）钱古训撰，江应樑校注.百夷传校注［M］.昆明：云南人民出版社，1980.152.

［58］云南省调查组编.佤族社会历史调查（二）［C］.昆明：云南人民出版社，1983.
226～230.

［59］文渊阁四库全书：第494册［M］.138.

［60］王云五主编.清朝文献通考：下册［Z］.上海：商务印书馆，1936.7458.

［61］文渊阁四库全书：第570册［M］.719.

（作者单位：四川大学宗教学研究所）

文化·宗教·民俗

首届中国佤族文化学术研讨会论文集

佤族鬼魂信仰与鬼话形态

徐华龙

应该说，佤族的鬼魂信仰是最有原始文化的形态。为什么这样说，佤族在1949 年之前，还处于原始社会后期，因此，在思想意识方面就有非常强烈的原始思维的痕迹，也就是说，在佤族人们的头脑里保留的鬼魂信仰是其思想的主导方面，其思维的主要特征也是以鬼魂的出现为主要方式，而在他们的传统创作里，同样保留了有关鬼文化意识的遗留物。

大家都知道，原始信仰包括许多方面，如日月星辰、山川湖泊、草木花树、动植物种等等，凡是具有原始意识的人们看来，自然界的一切都由鬼神构成。在这里，他们所说的鬼神就是对自然和社会现象的探讨，而这些探讨是十分富于幻想的，希望在千奇百怪、变化万千的现实世界里，找到其中的规律。由于科学的不发达和人类进化处于起步阶段，因此这种希望是非常幼稚的，但它是真切的，也是人类进步必须要走过的一个阶梯，没有这个阶梯就不可能有今天的社会和思想。因此，我们认为鬼魂信仰的出现，不是什么可悲的思想认识，而是社会发展的必然，特别是从思想史的角度而言，没有鬼魂信仰的出现，就没有以后无神论的观点流行，无神论思想虽说是进步了，但是如果没有前者的存在，就无法加以比较，也就是说没有比较就无从认识无神论的进步。

因此，佤族的鬼魂信仰并不是现代意义上的迷信的产物，而是人类思想发展史上曾经经历过的一个真实的阶段，它是一种客观存在，不以任何人的意志为转移。现在的问题是这个历史时期距离我们已经非常遥远，以至很难分辨出什么是人类早期的鬼魂信仰，什么是现在人们所说的鬼魂信仰，这二者之间有何区别？我们研究了佤族的鬼魂信仰，就可以知道它们之间所存在的差别和对今天所具有的认知价值。

一、佤族鬼魂信仰是社会进步的表现

佤族的信仰是原始自然崇拜，而鬼魂信仰则是其中很重要的表现形式，比如，天有天鬼，地有地鬼，星有星鬼，月有月鬼，树有树鬼，草有草鬼，万物均有鬼的存在。这种万物有鬼的观念，较于人类还处于非常原始时期的低级的单一思维而言，应该说有了很大进步，也就是说人类已经从对自然界恐惧时的手足无措，逐步转化认识到支持这些自然界变化的有一种无形的神奇力量，而这种对自然万物掌控的力量就是人眼无法看见的鬼，因此说鬼魂的出现是一种进步。从人类早期最初出现的泛化原始自然崇拜形态，逐渐转变成为具有特定对象的鬼魂进行崇信，这中间的时间跨度要有几千年上万年的历史，这种初级的鬼魂思想和观念虽然与以后的各种各样的思想形态相比，还十分低级和幼稚，但是它毕竟是社会、历史进步的表现。

同样在鬼魂信仰里，鬼神是不分家的，往往把鬼、神、魂、灵与祖先混为一谈，这就是非常典型的原始文化特征。佤族也同样如此，在他们的观念里还没有神的概念出现，把一切自然和社会现象都视为鬼而不称之为神，并且对这些鬼也都有了不同的称呼。如太阳鬼称之为"丽"，月亮鬼称之为"伦"，植物鬼称之为"喷"，动物鬼称之为"能"，云雾空气鬼称之为"努"，水鬼称之为"阿涌"等等。在佤族的观念中，人类、山川、河流、动物、植物和凡为他们不能理解的一切，如风、雨、雷、电等自然现象都有灵魂，或称之为鬼神。佤族观念中的灵魂和鬼神没有区别，都是一个概念。各种鬼神或灵魂，有大小之分。但是大鬼神、大灵魂与小鬼神、小灵魂之间没有统辖关系。最大的鬼神或灵魂也管不了最小的鬼神和灵魂。大鬼神、大灵魂管大事；小鬼神、小灵魂管小事。各司其职，各管其事，互不相干。人只能发生什么灾难祭什么鬼，才能得福免灾，祭其他不相干的鬼是无用的，无法达到辟邪的作用。

1. 关于木鼓

在佤族传统观念里，人类最高的主宰，创造万物最大的鬼神是达莫伟，而木鼓就是达莫伟的化身。木鼓，佤语称"克罗"，是佤族人用来驱邪捉鬼，召集部落成员，告急友邻，出征战斗的重要器具。他们把木鼓视为通天的神灵予以崇拜，为什么木鼓有如此的神力？就因为它本身就是万物世界里最大的鬼，因此用它来驱邪捉鬼就顺理成章了。祭祀木鼓一般以最高的规格，过去要猎人头对它进行献祭，这一切都反映出佤族人对木鼓的崇敬之情。

对木鼓有许多民间神话和传说，均与先民们的神灵崇拜、祖先崇拜和生殖崇拜紧密联系。围绕着木鼓而举行的拉木鼓、跳木鼓房、敲木鼓和祭木鼓等一系列活动，构成佤族传统的庄重而又热烈的盛大节日活动，是佤族传统文化的集中体现。每年十二月（佤族的格瑞月）是拉木鼓活动的时节，整个过程一般需 10 天。首先由头人和魔巴带领部分群众，在黑夜到选定做木鼓的大树旁，献上贡品，鸣枪驱鬼，再由魔巴念咒祈祷并挥斧砍树数下，接着人们轮流着彻夜把树砍倒,将三块石头放在树桩上,意即给树鬼的买树钱,然后截一段两米多长的树干,凿出树耳,穿上藤条,便是要拉的木鼓了;次日清早,全寨男女老少穿戴盛装来到山上,由魔巴挥舞树枝领唱指挥,众男子分两边手拉藤条,应声合唱,拉动木鼓,妇女助威呐喊,老人和小孩送水、送酒、送饭,边跳边拉,把木鼓拉到寨门外;木鼓在寨门外要停留二至三天,待杀鸡卜卦选好时辰后,举行隆重的剽牛仪式,全寨人一齐将木鼓树拉到木鼓房旁的场地上,由工匠制作。拉木鼓气势浩大,场面隆重壮观,是佤族人民剽悍、团结的充分体现。接下来便是跳木鼓房和木鼓制成后入房上架时的敲木鼓活动,常常是全寨人甚至整个部落成员参加的通宵达旦的歌舞狂欢活动。祭木鼓,则是佤族的一项重大宗教活动。佤族各寨祭人头的仪式并不完全一致。有的村寨,人头砍来后先在砍头者家里供两天,然后其他人家自愿供奉,但连砍头者在内不能超过九家。从一家转到另一家,一般都在下午,并要举行隆重的宗教仪式。寨中窝郎或头人把装在竹筐内的人头从供者的祭台上取下来,交给两个未婚女青年用木棍抬着。然后,由砍头者挥刀领先,抬人头的姑娘继之,寨中群众跟在后面,鸣枪敲锣打鼓,到木鼓房处,把人头放到木鼓房的祭台上,大家都抓把生米撒在人头上,并祷告:"愿你使我们有吃有穿,谷子长得好,家人不生病,做什么事情都顺心如意。"之后,窝郎把人头从木鼓房的祭台上取下来,照原来的队列,按顺时针方向围绕木鼓房转九圈,边转边跳。再把人头送到另一家供祭。各家祭完之后,便把人头移到木鼓房供祭了。由于供祭人头家数不等,整个活动也有长有短。有的可长达十五六日之久。[1]

关于木鼓的传说,现在的文字记载有多种版本,流传中难免出现差异或变异,其中基本意思是一致的。一种传说是木鼓产生于佤族母系社会时代。传说人类从"司岗里"出来之后,不懂得怎么生活,没有什么娱乐,生活非常枯燥单调。有一天晚上,佤族先祖女首领安木拐听到住房外面传来一种很好听的声音,便好奇地去寻找发出这种声音的地方。结果发现有一个土洞,声音就是从土洞内传出来的。安木拐就静守在洞口观察,看见一只大蟋蟀从洞里爬出来,见到人之后就逃跑了。为了弄清土洞为什么会发出好听的声音,安木拐就用木棍掏开土洞,看见洞底有几颗光滑的小石子和一些圆圆整整的小木棍。安木拐想,蟋蟀能让石子和小木棍发出那样好听的声音,人为什么不可以把石头、木头弄来为大家唱歌跳舞做伴奏呢?于是,安木拐就叫人搬来石头做鼓,可是敲不响,又叫人砍倒大树,按照蟋蟀洞里的小木棍的样子做大木鼓,果然发出好听的声音,但是响声不大,安木拐为此很苦恼。有一天晚上,安木拐做了一个梦,梦见莫伟(创造宇宙间万物之神,也称之为木依吉)笑眯眯地来拍她的小肚皮,发出了"咚、咚、咚"的声音,安木拐醒来后,领悟到这是莫伟在教她怎么制作木鼓了。第二天，安木拐照着自己的生殖器的样子，用大木头凿木鼓。后来制作出来的木鼓响声很大，声音很好听，隔山都能听见。从那时起，佤族木鼓就产生了，而且逐渐定型，世代流传下来。

另一个关于木鼓的传说：克列托（传说中半神半人的部落首领）和颇托结婚后，颇托一直不会生孩子。两口子就找了一个同姓的孤儿岩朗来做养子。两口子待岩朗就像自己亲生儿子一样，自己舍不得吃的要给岩朗吃，自己舍不得穿的要给岩朗穿。两口子巴不得岩朗赶快长大成人，好继承自己的家业。日子一天天过去，岩朗渐渐长大了。有一次克列托出门去一个远方亲戚家做客。一天晚上，克列托做了个梦，梦中听见木鼓："克列托，叮咚，克列托，叮咚！"叫着自己的名字。醒过来后，觉着奇怪。木鼓怎么会喊自己的名字呢？莫不是家里出了什么事吧！第二天一早，克列托匆匆辞别了主人，心神不安地回到家来。家里果真出事了，颇托病在床上。克列托去找魔巴瞧卦。魔巴对他说："你出门后，你家的大梁歪了，你回去把大梁砍断，婆娘的病就会好了。"克列托回到家砍断大梁，房子垮了。可是婆娘的病依旧不好。克列托又去找魔巴。魔巴笑了笑说："克列托呀，你真蠢，我不过是打个比方。""莫非是我的养子他……"魔巴点了点头。克列托砍了岩朗的头，颇托的病好了。为了感谢木鼓神，克列托把岩朗的头供在木鼓房。从那以后，佤族就兴起了砍头祭祀木鼓的习惯。[2]

这两个传说故事都将木鼓与鬼的思想意识联系在一起，其反映的基本情况是真实的，是有文献和历史价值的。

现在有研究者认为，佤族木鼓大致有三个作用：一用于祭祀；二用于报警召令村民；三用于娱乐。其实，木鼓最早的作用就是用于祭祀，而后两种作用应该是祭祀作用的延伸。过去，佤族笃信原始宗教，每年都要举行多次大型的"祭鬼"仪式。于是木鼓就成了一种独特的祭祀工具。拉木鼓是一项整个村寨人都要参与的盛大活动。

在佤族同胞看来，木鼓是有灵性的东西，而不是我们现在所说的普通的鼓。传统的木鼓以红椿、红毛树为原材料，长约200厘米，直径约70厘米，鼓身挖一条长约150厘米，宽15厘米的直槽，中间是空的，槽的两侧各刻一鼓舌，鼓舌周围留空隙，起共鸣作用。

正因为如此，就可以看到其中的含义。据说在很早以前，佤族村寨里经常会发生天灾人祸，人们就想制作一件驱凶避邪的器物来保佑寨子平安。人们做了木鼓却怎么也敲不出声音来。这时候，有一位老妇人经过，她说，要想敲响木鼓，就要把它做得像女人一样。工匠们冥思苦想，终于明白了老人的话，他们就把木鼓凿成了女性生殖器的模样。果然，木鼓敲出了非常动听、令人兴奋的声音。每个佤族村寨都至少有一对以上的木鼓，较小者称"公鼓"，显得细瘦苗条，较大的称之为"母鼓"，很粗壮，鼓身很大，都供奉于专门的木鼓房中，置于两根横木之上，以防潮湿。从人类口头创作发展史上来看，对女性的重视普遍要早于男性，因此可以判断，最早出现的木鼓性别应该是女性，这是因为佤族也曾经是一个母性崇拜的民族，他们认为木鼓是母亲的象征。

2. 关于猎头

人类学所谓的猎头，又叫砍头、杀头、猎首等。这是远古时代人们所采取的一种用人头来进行祭祀的活动。不仅过去的佤族有这样的猎首活动，而且在许多民族中都有类似的习俗。

殷墟卜辞中，有"蒸羌百"、"用三百羌于丁"、"伐羌十又五"、"伐羌十又八"、"卅羌"、"羌四百"等等，都是用人当祭品的记载，且数量很大。根据《左传·僖公十九年》和《春秋·昭公十一年》记载，在东夷和楚国等地仍存在以人为祭品的习俗。在我国其他少数民族的历史上，也有以人为祭品的记载。例如，《隋书·东夷琉球传》对我国台湾居民（按：隋所称的琉球为今日的台湾）记有"俗事山海之神，祭以酒肴，斗战杀人，便将所杀人祭其神。……王之所居，壁下多聚髑髅以为佳"。宋朝时，湖南岭南等地也有"杀人祭鬼"的习俗，并且还十分盛行。

《宋书·太宗本纪》记载："宋太宗雍熙二年（985年）闰九月乙未，禁邕管杀人祭鬼（卷五）。""淳化元年（990年）八月禁川陕岭南湖南杀人祭鬼。州县察捕募告者赏之（卷五）。"另外在《宋书·西南溪洞蛮》也有记载："淳化二年（991年）荆湖转运使言：富州向万通杀皮师胜父子七人，取五藏及首以祀魔鬼。朝廷以其远俗，令勿问。"从这些资料来看，这些地方的民族依然有杀人祭祀的习俗，这样的习俗与朝廷文化格格不入，因此遭到禁止。我们的先民为什么有这样的杀人祭鬼的习俗，其真实目的又是什么呢？

首先，应该肯定的是，杀人祭祀习俗是原始社会野蛮时代的产物，这应该是没有疑义的，如果说到了封建社会，依然有杀人祭祀存在，只能看成是野蛮时代习俗的延续。其次，猎首祭鬼的目的何在？我们可以从佤族的民间传说里，看出某些印记来。

一是复仇说。

马散寨人讲："很早以前，克立托买了一个奴隶，一天，克立托外出。奴隶与克立托妻通奸。此后，克立托妻即卧病在床。克立托用石头凿一石鼓，屡敲不响，卜卦问天，老天暗示须以奴隶的头祭献，才能敲响。克立托乃杀奴隶以其头祭鼓，然后再敲石鼓，果然发出洪亮的响声。此后，佤族每年皆猎头供于木鼓房。"[3]永广寨人讲："从司岗出来不久，便有木鼓，但以前是用鹰头和蛇头来供，供人头是后来的事。相传十五代人前，永广人的祖先在大邦浪时，有鲁姓人克朗亚斯和克朗温兄弟二人去勐梭做生意，被傣族杀害。于是鲁姓人便集众去勐梭砍了傣族的一个人头，并把它供到木鼓房，从此便供人头了。"[4] 在这几个例子里，都可以证实猎首与仇人有关，杀了自己的仇人，猎取其脑袋，就可以转变命运。或者说，猎首与杀仇人有一定关联，这也是学术界非常流行的一种研究观点。

二是长谷说。

资料之一：岳宋寨人讲："很早以前不砍头，谷子长不好，人死的多，牲畜也死。人们用狗头、猴子头祭鬼，还不好。最后砍人头来祭，才好了。"[5]

资料之二：翁戛科寨人有关砍头的传说则又是一种说法，有个汉人叫艾蔴，娶佤族姑娘牙昂为妻。当时佤族还不知道种谷子，牙昂的哥哥达格浪（翁戛科寨梭姓的祖先，距今二十代）向艾蔴借谷种。艾蔴给他们一些煮熟的谷种和一个熟鸡蛋。结果，谷子长不出，鸡蛋也孵不出小鸡来。达格浪又去找艾蔴借谷种和鸡蛋，艾蔴给他九粒谷种和一个好鸡蛋，并说："砍人头供木鼓房，谷子和小鸡才会出来。"[6] 达格浪回家后，没砍到人头，而用蛇头供木鼓房，谷子长得很好，后又砍人头来供，谷子长得更好，于是砍人头祭谷子。

资料之三：在靠近阿佤山中心区的沧源的某些村寨，相传佤族的祖先长时期不会种庄稼，靠采集野生瓜果、打猎为生。后来有个老妈妈教会佤族种庄稼，此后，人们有了谷子吃，生活才好过了。这个老妈妈却被坏人杀死了，于是谷子便年年歉收。这时，地震神告诉人们："要杀这个坏人来祭谷，谷子才能长好。"[7] 人们听信了地震神的话，便砍了这个坏人及其亲属的头来祭谷，谷子果然长得很好。从此以后，人们年年去砍仇人的头来祭谷子。

三是繁衍说。

佤族有些地方流行这样一种说法，佤族的祖先起源于两个蝌蚪，雄的叫耶当，雌的叫耶台，生在弄球龙潭之中。后来长成蛙，住在南岛山上，日久变成精怪，又迁居离弄球龙潭九十里的巴格岱地方，住在一个岩穴内，以虎、鹿、野猪和山羊为食。一天，他们外出觅食，到了一个人居住的地方，抓住一个人，吃了他的肉，把他的头颅带回来，放在巴格岱的岩穴内。自此以后，耶当与耶台就生下许多有人形的精怪。他们认为这是头颅之赐，于是崇拜头颅。他们生有九子十女，互相婚配，后来繁衍成部落。在耶当和耶台死后，子孙奉他们为始祖，每年须人头祭祀，如不祭祀，则人口不安，五谷歉收，子孙不繁。

猎头的作用，有以上这几种，是佤族民间的一般看法，其中都有一个共同的特点，就是用人头来祭鬼。换句话来说，鬼与人头之间一定有某种联系，如果没有内在的某种联系，人们就不可能非要用人头来作为祭鬼的专用品。在这中间，人头与鬼之间到底有什么样的联系呢？

在先民的原始思维中，世界上的一切自然物都有鬼的存在，鬼能够与一切生物、动物、植物以及自然现象进行对话，而人就做不到这一点；在人与自然或者其他动植物发生矛盾、冲突的时候，鬼就可以传达人的意志。所谓猎首，就是将人杀死变成鬼，并由它去传达人的要求和希望。《司岗的传说》："洪水要淹死我们……请魔巴来看卦。我们拿金子做镖子……砍奴隶的头，砍了以后放在人头桩里，我们从此供头。剽水牛，剽黄牛，供牛头，谷子长得好，小红米也长得好。我们种的地都好，以后即做饭，饭也好吃。"[8] 从这则资料里，我们也隐隐约约可以体会到这样的意境：由于洪水要将佤族先民淹死，他们只好请来通灵的巫师（魔巴）看卦，砍奴隶的头，才有了命运的转变，有了活下去的基础。这一切都根植于猎首的结果。以现代人的观点来说，似乎难以理解，但是原始思想中却很能够将其解答得非常圆满，这就是古老的神话故事传达出来的真实的文化信息。

过去在学术界有这样一种流行观点，那就是猎首是为了促进谷物的生长。其来源就是佤族人的信仰。岳宋寨人曾经有这样的故事："很早以前不砍头，谷子长不好，人死得多，牲畜也死。人们用狗头、猴子头祭鬼。还不好。最后砍人头来祭，才好了。"[9]

很明显，这就是佤族人非常普遍的观点，认为猎首与谷物的生长有关系。其实，这里有一个记忆上的误区，因为人类记忆的顺序是这样的：时间越近，记忆会越清楚，而久远的东西往往会显得模糊不清。从巫术史的角度来看，以人头祭谷物是一种模拟巫术，是通过人头来模拟谷物的生长，而且这个人头必须是男性，最好是长满胡须的人头，这样才能够使得谷物长得茂盛。

明清时代，邝露《赤雅》祭枭条云："獠人相斗杀，得美须髯者，则剜其面，笼之以竹，鼓行而祭，竟以徼福。"《魏书·獠传》："其俗畏鬼神，尤尚淫祀。所杀之人，美鬓髯者必剥其面皮，笼之于竹，及燥，号之曰'鬼'，鼓舞祀之，以求福利。"为什么原始部落的人要专门猎取"美须髯者"，其原来的含义就是为了获取谷物的丰收。在那个遥远的物质非常贫乏的时代，有什么比得到食物更使人激动和振奋的呢，有了食物，就是"徼福"、"福利"。以此反证，也可以说明猎取长有胡须男子的作用，就在于求得地里的庄稼能够丰收。

另外，我们还可以从时间上来判断，猎首是早于农业时期的一种活动，应该出现在狩猎时代，又为什么会更多出现在古典文献里所说的与农作物有密切关系的情况呢？

大家知道，狩猎是人类早期的经济活动，要早于农业的生产，而在猎取动物的同时，由于生存的需要，也会猎杀人来满足延续自己或者部落的生命，在这样的情况下，猎取别人的首级，就成为表示勇敢和富有的象征。为了证明这一点，他们就会把别人的头或者骨头，放在自己身体或者家庭最显要的地方。清《台湾纪略》称番人"性好杀人，截其头洗剔之，粘以铜锡箔供于家"。宋《太平寰宇记》卷一六七《钦州风俗》："僚子专欲吃人，得一'人'头，即得多妇。"又同书卷一六九《儋州风俗条》云："俗呼山岭为黎，人居其间号曰生黎，杀行人取齿牙贯之于项，以显骁勇。"又《隋书·流求国》："俗事山海之神，祭以酒肴，斗战杀人，便将所杀人祭其神。"沈莹《临海水土异物志》云："夷州在临海东南……战得头，著首还，于中庭建一大材高十余丈，以所得头差次挂之，历年不下，彰示其功。"而这些民族大多数都处于狩猎经济状态之中，正由于这样一种经济形态，产生猎首行为就是很正常和必然的了。如果是农业时期产生猎首行动，就会使人感到突兀和不好理解。因为人类行为的产生是与其经济基础相适应的，没有经济基础作为人类行为的发展是不可理解的。或者用一句很简单的话来说，狩猎经济是产生猎首举动的根本，而早期农业经济时期，猎首活动已经成为一种巫术行为。

从此可以看出，过去佤族以及其他民族历史上存在过的猎首行为，是社会发展到一定高度以后的产物，是一种巫术行为，与人类早期所从事的狩猎活动有直接的联系，或者可以这样说，猎首活动来源于狩猎这一经济活动，也可以视做社会进步和思想发展的结果。

再到后来，用人来通鬼的做法得到了改变，不用人而用牛来祭祀。如砍牛尾巴，就是猎首活动的演变。虽然人头依然还是主要的祭祀供品，但是已经降到次要的地位。佤族称砍牛尾巴为做大鬼，是山寨中的大型祭祀活动。砍牛尾巴、剽牛做大鬼有两重意义。其一是通过砍牛尾巴祭鬼，把木鼓房里祭过木鼓的旧人头送上神山鬼树林，以求人畜安康，粮食丰收，无灾无难。其二是显示主祭者富有，是"汉子"。每个寨子，一般每年都有 1 至 5 户人家砍牛尾巴。砍牛尾巴做大鬼，需要 10 天以上的时间。在这 10 天里，先要拆除客门一面的墙壁，杀小公猪做鬼，用鸡血蘸拴牛的绳子。到第六天敲锣，参加砍牛尾巴的宾客们才聚拢来。第七天剽牛，煮牛肉，做苦肠稀饭，泡水酒喝，载歌载舞，举寨欢乐。第八天由大魔巴率小魔巴、头人、老人及部分男女到木鼓房，把供在木鼓房里的旧人头送上神山鬼树林。到了神山鬼树林，魔巴、头人和老人表情肃穆地围在鬼树下，把人头骨置于较大的两株鬼树之间的地方。然后大、小魔巴边念咒，边杀鸡看卦，其他人站立在较远的地方观看。念过咒语，看过鸡卦，大家依次喝一口竹筒里盛着的水酒。由老妇人从竹筒里倒出稀饭，分给每人一份。离开鬼树林时，其他人先走，魔巴断后，防止神山鬼树林里的鬼魂加害于人。有的村寨在砍牛尾巴之前，要把木鼓房里的人头全拿出来在寨子巡游一遍，然后又拿回到木鼓房，挂到木鼓房旁的树枝上或塞入树洞里。

无论是用人头还是砍牛尾巴，其目的都是祭祀鬼魂，通过这样的行为来达到人鬼相通的境界。

二、口头创作反映不同时期的鬼文化观念

人胜鬼的民间故事，应该是后起的一种人文创作，它表现的是人与鬼的争斗，产生这样的作品，是社会进步和人们认识提高的结果，没有这样两种背景作为依托，就不可能有这样的作品出现。

在此之前，人的作用往往在民间创作里是微乎其微的，相反鬼的力量远在人之上，因此在这种类型的作品中，鬼的作用是巨大的。即使到了后来，鬼的力量逐渐低落，人的作用和力量有了很大提高，被创造出来的有关鬼故事（也叫鬼话）里，人的面貌有了非同小可的变化，人不再是那么微不足道，那么可以随便使唤的角色，而变得越来越强大；在这样的基础之上发展起来的鬼话，则又形成另外一种"人胜鬼"的故事类型。佤族《打死阎王》就属于这样的故事类型：

小鬼怎么搞都斗不过岩江片，便告到阎王那里。阎王立即派了两个鬼兵来捉岩江片。岩江片知道后，毫不畏惧，想了个主意，就把门紧闩着，若无其事地在家里煮糖稀饭吃。两个鬼兵来到岩江片门口，见门紧闭，就从门缝里窥望，见岩江片吃得正香。两个鬼兵走得又累又饿，越看越馋，就大声叫岩江片开门，岩江片哪里肯开。两个鬼兵重重捶门，岩江片仍然不开，反而吃得津津有味。两个鬼兵打不开门，就改变主意说："你不开门算了，那你给我们点糖稀饭吃吃嘛。"企图用这个办法骗开岩江片的门。岩江片说："你们要吃，就给你们一人吃一碗，从门缝里把舌头伸进来，我来喂你们。"两个鬼兵没法，肚子又饿得慌，就真的把舌头伸了进来，贪婪地等着岩江片喂饭。岩江片敏捷地拿起早已准备好的剪刀，一个一下，就把他们的舌头给剪掉了。两个鬼兵痛苦极了，哭着回到阎王面前，好比哑子吃涩果，什么也说不出来。阎王气极了，决定亲自去捉拿岩江片，看看这是个什么样的人。他骑着大马出城时，吩咐守城的鬼兵说："我把岩江片捉来时，他说七说八都不要听，你们只管打死他。"岩江片听说阎王亲自来捉拿他，又心生一计，骑着羊到半路上来遇阎王。他们果然在路上相遇了。阎王惊奇地问岩江片："你怎么骑着羊走路？看我骑的马，又高大又走得快！"岩江片说："哪里，我的羊才跑得快哩！你不信我们来比赛试试，看看是你的马快还是

我的羊快？"阎王不以为然，同意比赛。话刚说完，岩江片打着羊就先跑了。他跑到阎王看不见的地方，就下来扛着羊跑。因为他的力气很大，就先跑到了。当阎王跑到时，岩江片风趣地说："你看谁的快？我烟都吸够了你才来！"阎王说："就算你的羊快吧！现在你跟我到城里去。"但他又怕岩江片骑着羊跑了，要跟他换羊骑。岩江片说："换是可以，不过你要穿着我的衣服，羊才跑得快。"阎王信以为真，又和他换了衣服。岩江片骑着马，阎王骑着羊向城里走去。忽然，岩江片扬鞭跃马先跑起来，不一会儿就到了城门口，他对守城的鬼兵说："岩江片就要到了，他说七说八你们不要听，只管把他打死。"说完进城去了。羊哪有马跑得快！等阎王赶到时，鬼兵们都拥上来打他。"岩江片已经来了，你们怎么不打他？"阎王痛得直叫。"我们打的就是岩江片！"鬼兵们说。不管阎王如何喊叫，鬼兵们不由分说，你一锤，我一棒，把阎王活活打死了。[10]

这是十分流行的中国鬼话类型，流传非常广泛，在很多民族中间都有这样的说法。其故事基本情节：首先，鬼欲加害于主人公（这里为岩江片），但遭失败。然后换来阎王亲自上阵，也就是阎王与岩江片的较量。在这中间分两个层次：一以羊换马，二以衣换衣。这样一来，岩江片就变成阎王，而阎王就成了岩江片，最后阎王被自己人所殴死。

此则鬼话虽然荒诞，但从逻辑上来推理也是顺理成章，反映了客观的生活规律。从思想意义上来说，人战胜鬼，这无疑是无神论观念的胜利。

这类鬼话类型，我们称之为阎王较量型，这种类型是后起的鬼话表现，是人能够战胜鬼之后出现的思想，属于后期的鬼话类型。

人鬼对立，从人类思想发展史来分析，它应该晚于人鬼和谐。鬼在早期人们的思想里，不是那么可怕的东西，而是人们生活中的一部分，人死并非像现在人们所认为的是十分悲痛的事情，而是很普通的生活现实，特别是在人类生存条件十分恶劣的情况下，人死之后，会给活着的人带来食品的享受，在这样的社会背景下，人与鬼是和谐的，就可想而知了。到了社会发展以后，人与鬼产生了距离感，人们开始惧怕活生生的人离开自己，更害怕自己的仇家死后会作祟，因此人鬼对立就这样产生了。人们希望通过民间创作来反映这样的幻想世界，因此在民间文学作品里，大量的鬼话具有了这样的性质。

《种地》：岩江片不但能惩治大官、佛爷，还能降神伏鬼。有一次，他与鬼们合伙种地，约定庄稼的尖尖、秆秆和根根，愿吃哪样，事先认定，鬼们同意了。这一年种庄稼前，他就问鬼们将来愿吃庄稼的哪部

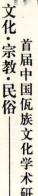

分，鬼们说出要吃秆秆。于是岩江片种下了芋头。芋头成熟了，鬼们把芋头的秆秆都割去吃了，落得岩江片尽吃根根。鬼们看见了，要了点尝尝，比秆秆好吃多了，才知道上当了。第二年要种庄稼了，岩江片问鬼们："今年你们要吃哪部分？"鬼们以为庄稼是根根好吃，便说要吃根根。这一年岩江片种下了谷子。秋天收谷子了，鬼们吃谷根，落得岩江片尽吃尖尖。鬼们看见了，要了点尝尝，才知又上当了。第三年要种庄稼了，岩江片问鬼们："今年你们要吃哪部分？"鬼们去年吃了亏，以为庄稼是尖尖好吃，便说要吃尖尖。这一年岩江片种下了包谷。秋天收包谷了，鬼们吃包谷尖尖，落得岩江片吃长在中间的包谷。鬼们看见了，要了点尝尝，才知又上当了。鬼们接连吃了几年的亏，再也不愿合伙种地了，就和岩江片分了地。岩江片地里的石头很多，他又想了个办法，捡了几块石头丢到鬼的地里。鬼们见了十分生气，就把他们地里的石头，都捡了丢到岩江片的地里。一天，岩江片兴高采烈地在地里干活，鬼们问他为什么这么高兴，他说："怎么不高兴呢？我地里有那么多石头。一块石头三斤油，三块石头换得一头牛。"说完就走了，鬼们信以为真，便去把岩江片地里的石头全捡到他们地里。第二天，岩江片站在地边唉声叹气，鬼们问他为什么不高兴，他说："我的宝石头不见了，地里的牛屎、猪屎，狗屎又那么多，臭得很，这怎么干活呢？"说完又走了，鬼们信以为真，又把自己地里的牛屎、猪屎、狗屎全丢到岩江片地里。看了这些，岩江片暗自高兴。这一年，他的庄稼长得特别好。[11]

讽刺鬼神，是 20 世纪 50 年代以后的时代特征，是无神论教育的结果，类似这样的鬼话，其他民族也有，反映的是社会变革之后的意识形态的变化。在佤族机智人物岩江片故事里，有许多这样的故事产生，就证明当时社会思想已经在民间创作作品里得到了充分的展示。虽然如此，但是不影响这些民间故事的真实性和历史性。为什么会在佤族民间故事里出现许多反鬼神的内容，其原因，首先是讲述者有可能吸收了其他民族的文化，或者有意无意加入了无神论思想的色彩，其次，收集者可能有一定的时代和社会的印记，在记录中突出了这方面的内容。不管怎样，这些鬼话依然是佤族民间故事里很有新的时代特点的东西，反映了人们社会和思想的进步。同时，也反映了民族之间的文化交融和互相影响。

可惜的是，在以后出版的各种各样的有关佤族民间文学中，大多数是这样的阶级斗争内容，而很少有传统的浓厚鬼文化色彩的痕迹，这不能不说是当时社会、文化的偏颇和主观，将具有非常浓厚佤族民族特色的东西丢弃了。[12]

所幸的是，在神话作品里，我们还能够依稀看到这样的真实民族情感和精神。

《兄弟神》：相传人类是"达梅吉"创造的，住在大葫芦里面，是小米雀在大葫芦底部啄开一个洞，人才从葫芦里面出来。自此大地上才有了生物，飞的、跑的、爬的、水里游的和一大片森林。那时有三个大神主宰着万物，他们是达梅吉、达拔左和达士夜。达拔左不服气达梅吉创造了人类，要和他比高低，以"躲猫猫"来比赛。达拔左钻到石缝里，达梅吉把他找到了；他潜到水底里去，达梅吉又把他找到了；后来他又躲到茂密的森林里，达梅吉也把他找到了。轮到达拔左找达梅吉时，就在达拔左刚闭上眼睛时，达梅吉忽然缩小身子躲进达拔左的鼻梁内。达拔左到处找都找不到，只听见达梅吉在叫他，于是他终于认输了。但是他又不甘心，十分气愤，要把人和动物都杀死，把原始森林都烧毁。达梅吉不同意，说要给人吃饭，给牛吃草。达拔左最后还是不敢那样做了，因此人们就都敬重达梅吉，每年都要祭祀达梅吉。

所谓"达梅吉"，就是佤族信仰的鬼魂，在不同的佤族地区，有不同的叫法，如马散佤族又称之为木依吉。他们认为，木依吉是创造万物的"鬼"。各种各样的鬼中以木依吉为最大，阿依俄次之。木依吉造了动植物和人类，并赋予他们各种机能。拉木鼓，做鬼，供人头，剽牛都是为了供奉木依吉，否则认为他会使谷子歉收，甚至会用水把寨子冲没。跳歌是为了娱乐他，敲木鼓是为了使他听到鼓声下来受人供奉。木鼓房很多，但所供奉的木依吉只有一个。他掌握人的生命，梦见他是吉兆；如梦见被他拉着走，则是死亡的预兆。平时触犯了他，就会遭到不幸。据说木依吉的儿子有：地震鬼、雷鬼，又称达阿撒、达利吉、达路安和克里托。达利吉是辟地的，达路安是开天的。雷鬼也是火鬼，能劈断大树和发火。地震时每家都用竹棒在地上敲打，口里向地震鬼呼吁："我们要生存！"不这样做，天地会合在一起。克里托是古时佤族的领导。[13]

自然物上附着有鬼魂的现象，在佤族看来，被认为是非常普遍的。如马散佤族对自然现象和自然物十分崇拜的原因，就是在这些自然物上有鬼魂的存在，除此之外，还有水鬼阿庸，又称达娜，风鬼达务，火鬼达瓦和树鬼等。在一年的宗教活动中，最主要的宗教活动始于对水鬼的祭祀。祭祀水鬼在佤历各瑞月的开始举行（1956年各瑞月相当于12月）。马散没有河流和水井，食用的水系用竹槽自山上引来的泉水。这些竹槽须年年修补，修补后就供奉管水的神阿庸（即虹），祈求他保佑水流畅通。修水槽和崇拜水神都包括在做水鬼的仪式里。三个小寨轮流做，全寨做水鬼时间为六天。第一天，下寨先做，全小寨每家出一人到水源修补寨外七八里的水沟。第二天，全小寨每家出一人，出竹槽一节（竹槽系用长约三四米的竹子劈成两半，砍去其中的竹节做成，用以引水），大家来到寨外，在头人指挥下砍路，砍栽木桩，架竹槽，当天即将全部竹槽搭好（下寨水槽全长一公里）。水畅通后，在管水者家中做鬼。先由魔巴在水槽尽头念咒，并接一筒新水，后到管水者家，用新水煮饭，由魔巴用六只老鼠做鬼。[14] 还比如，在佤族其他地方，他们认为腔秃是大树鬼，也是树林里的大官。人们在树林中砍了树，要放一块石头，算是付给腔秃的代价。所放石头的大小，依树的大小而异，否则砍树者有被树压死的可能。人触犯了他，就会头痛眼瞎。他爱吃鸡毛和炊烟。佤族人在寨外做鬼所煮的鸡给魔巴，鸡毛和炊烟则供奉腔秃，如此等等，这些现象都是佤族先民原始思维的种种表现，反映了率真、朴实的世界观。

在鬼魂信仰方面，他们相信有精灵附着在一些东西上。如传说克里托有几个子女，儿子铺因迈姆附着在野茶上，女儿铺依在姜上，儿子庇在钱上，女儿布瑞在辣椒上，女儿破在盐上，女儿抛在竹上，女儿彭在烟上，女儿拉在芭蕉叶上，这些东西又都是在做鬼时用来做祭品的。马散佤族认为，莫昂和生者一样地生活。在埋葬死人时，除将其衣服用具和生产工具殉葬外，并以冥器陪葬，以备其死后生活之用。

他们认为，人死后成莫昂。莫昂住在阴间，即戛莫昂。有人说，阴间位于水底，其他情况均不知。家人死后三日，其莫昂附着在坟上某一小昆虫身上。它也是崇拜对象，被供奉在主火塘主位右边，是家人的保护者。家中如发生不幸的事，即杀猪杀鸡做鬼后将装小昆虫的竹筒丢掉，也就是将魂送走的意思。阳间有戛莫昂喂姆，即活人所在的地方。有人说垂危的病人在其亲属的梦中出现也叫戛莫昂喂姆。活人在肉体之外有灵魂叫做破，睡眠时破则到处游荡。破又是影子的意思。梦有吉凶不同，梦见竹子是吉梦，梦见敲锛、砍芭蕉主凶。[15]

在《佤族民间故事》里，讲述了与神林有关的故事，这里所谓的神林，就是佤族传统所说的鬼林。事实上，西盟佤族多数村寨都有一片鬼林。鬼林中栽着一个又一个排列整齐的人头桩。每个人头桩上端或一旁嵌着一个颅骨。这样的人头桩，有的村寨有数十个，有的达一百多，都是他们祭过的人头。每个村寨每年砍牛尾巴与否是根据他们祭人头的情况决定的。现在沧源地区每个佤族村寨外都有一片茂密的树林，群众称为"神林"，神林内盖有庙宇，供奉"达吉梅"神。[16]

此外，在佤族神话里，我们依然可以看到"鬼"的身影。《司岗里》："天成之初，像癞蛤蟆的脊背，疙里疙瘩，很难瞧。里（天神）伸出巴掌不停地磨呀，磨呀，不知磨了多少年，终于把天磨得像白鱼的肚皮滑溜溜、亮涮涮的。里在光滑平坦的天上，安了太阳，安了月亮，安了星星。从此，天变得好看了。地成之初，像知了的肚子，空落落的，很别扭。伦（地神）用泥巴不住地堆呀，堆呀，不知堆了多少年，堆出了高山，堆出了深谷；堆出了河道，堆出了海堤。从此，地变得像马鬃蛇的身子，有高有低，有沟有坎，很顺畅了。"[17] 这里所说的"里"，即"磨"的意思，传说中的天神，旧译利吉神；"伦"，即"堆"的意思，传说中的地神，旧译路安神。这里所谓的改天换地的神力无边的"里"和"伦"，其实就是最早的佤族信仰的鬼，根据我的猜测，所谓将鬼称之为"天神"，是那个时代的社会意识形态的特殊产物，唯有这样，才能躲过被视为封建迷信的危险，只有这样的包装，才能够成为被社会接受的东西。其实不管怎样，被掩盖的东西，总有一天会露出其真实的面貌来，特别在科学发达的今天，尤其如此。

三、结语

佤族文化中间，有许许多多被弃之不用的东西，鬼魂文化就是其中之一，其实这些都是非常宝贵的精神财富，是研究原始文化的重要材料，是活态的民间文化，值得每一个文化工作者所珍视。

注释：

[1] 参见《西盟龙坎佤族社会经济调查报告》，《佤族调查材料之二》，178～179 页。

[2]《中华民族故事大系》第 7 卷，623 页。

[3]《西盟大马散寨社会经济调查报告》，《佤族调查材料之三》，47 页。

[4]《西盟永广佤族社会经济调查报告》，《佤族调查材料之二》，121 页。

[5]《西盟岳宋寨佤族社会经济调查报告》，《佤族调查材料之二》，112 页。

[6]《西盟翁戛科佤族社会经济调查报告》，《佤族调查材料之二》，151 页。

[7] 凌纯声：《中国边疆民族与太平洋文化》上册，558～559 页。

[8]《佤族调查材料之六》，8 页。

[9]《西盟岳宋寨佤族社会经济调查报告》，《佤族调查材料之二》，12 页。

[10]《中华民族故事大系》第 7 卷，668～670 页。

[11]《中华民族故事大系》第 7 卷。

[12]《中华民族故事大系》第 7 卷，651 页。

[13]《佤族社会历史调查》152～153 页，云南人民出版社 1983 年版。

[14]《佤族社会历史调查》152～153 页，云南人民出版社 1983 年版。

[15] 罗之基：《佤族的人祭及其革除》，《民族学研究》第 6 辑，民族出版社 1985 年版。

[16]《中华民族故事大系》第 7 卷，652 页。

[17]《中华民族故事大系》第 7 卷，607 页。

（作者单位：上海文艺出版社）

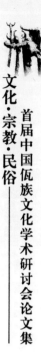
佤族猎头习俗及猎头神话研究

——与台湾原住民、东南亚伊班人相比较

谢国先

佤族猎头习俗曾经是佤族文化的重要组成部分。神灵观念、木鼓与木鼓房、猎头、剽牛、人头桩、谷魂信仰、旱谷种植等习俗，构成了佤族文化中互相联系的一个整体。猎头神话为猎头习俗的起源提供了意识形态的依据和保障，所以，对佤族猎头习俗的研究应在佤族文化的总体背景中进行。此外，用人头祭神在世界上的许多民族中曾经是一种比较普遍的祭祀活动，因此，对佤族猎头习俗的研究又应该在不同民族互相比较的视野中进行，只有这样，我们才可以认识猎头习俗的共性和佤族猎头习俗的个性。

20世纪前半期仍然保留猎头习俗的民族包括中国西南内陆地区的佤族、中国台湾的原住民、加里曼丹岛的伊班人、菲律宾的伊戈罗特人和伊隆哥特人等。

一、猎头习俗、猎头神话与特定的生计模式

猎头习俗消失较晚的这些民族具有共同的生计活动，即以比较粗放的轮作方式种植作为主要食物来源的谷类作物：小米、旱谷或稻谷。在谷物种植之外，还有狩猎、采集等活动作为补充。

中国台湾的原住民分为泰雅、赛夏、布农、邹、排湾、阿美、雅美等七族群。七族群之中，除雅美族群外，余六族群多有猎头旧俗。[1]20世纪50年代以前，台湾的原住民因地域的不同而从事不同的生产活动，但大体说来，农业在所有地区都是很重要的生计手段，只不过农业的形态在各地有所不同，或粗放，或精细，因地方传统和自然环境而定。在部分高山地区狩猎和采集仍然是农业经济的重要补充。

伊班人是婆罗洲北部沙捞越地区的山地民族，是达雅克人中的一支。他们曾经被荷兰人称做海洋达雅克人，但实际上他们并不住在沿海地区，只是因为他们中的一些人从19世纪中期开始从事海盗活动，所以荷兰人这样称呼他们。伊班

人所生活的地方山不高，但河谷狭窄，山坡陡峻，平坦的田地极为有限，开垦山地为水田虽然可能，但并不可行。[2]伊班人数世纪以来就在群山中迁徙，所以伊班（Iban）的含义之一就是"流浪者"（伊班的另一个更普遍的含义是"人"）；他们在山中种植旱谷，还从事采集、狩猎、打鱼等。[2]直到今天，伊班人经济活动的中心仍然是以土地轮作的方式种植旱谷。米饭是食品的代名词，可见谷物种植的重要性。旱谷种植被伊班人视为自己的文化的特征。[2]但是，实际上，伊班人田地的出产并不能满足他们的粮食需求；在无法通过交换获得食物的偏远地区，采集野生植物、打鱼、狩猎，种植块茎作物等构成其食物来源的一半。[2]多种生计活动的存在正说明稻谷生产在伊班人中间不是唯一的生活来源，更不是完全可靠的生活来源。

伊戈罗特人生活在菲律宾吕宋岛北部奇科河上游山区，约有15万人。这里山高谷深。他们既在梯田里种水稻，也以刀耕火种方式种植甜薯、玉米、小米、豆类。[3]

伊隆哥特人分布在菲律宾吕宋岛新比斯开省，仅有数千人。他们实行土地共有，以刀耕火种方式种植旱谷，做生意很有名。[3]

佤族生产力发展不平衡。在曾经长期保留猎头习俗的佤族地区，特别是西盟一带，在新中国成立以前仍实行刀耕火种的农业生产，主要种植旱谷、小米、玉米等。为恢复土地生产力，实行轮作休耕，一般耕种1年，休耕10年。[4]

农业生产并不能满足人们基本的食物需求，采集和狩猎所得是日常食品的重要补充。

二、猎头习俗、猎头神话与特定的社会发展水平

20世纪50年代以前仍然保留猎头习俗的上述各民族社会发展水平大体一致，即社会群体规模较小，社会化程度不高。

伊班人以小群体为社会单位，因为对游耕地的需要，因为跟当地的其他民族争夺土地，所以伊班人经常迁徙。伊班人的社会是平等社会，没有阶级之分。他们的传统住地并不具备永久性质，而是小家庭的临时聚集；在食物匮乏的季节小家庭聚集在一起分享食品，在敌人攻击时他们也聚集起来共同防御。[2]

在这样一个平等社会，男人们要想获得较高的社会地位，就应成为开疆拓土的英雄或种植能手。伊班人中最高的社会地位由豪强们（raja berani）占据。豪强是开拓者、种植能手和军事首领的三位一体。获得豪强地位的人要猎得一个人头才能证明其勇武。[2]

伊戈罗特人没有氏族或部落组织，政治组织一般仅限于农村一级。父系制和母系制并存。猎头曾经是获得权力的方式，现在村中最富有的人掌握权力。伊戈罗特人相信祖先神灵住在村子周围的山上；人死后的生活与现实生活类似；某些鸟的叫声就是祖先神灵的声音。他们已经产生了对最高神灵的信仰。

伊隆哥特人数家形成数十人的村落，直到 20 世纪 50 年代以前与外界相对隔绝；他们的社会中没有任何形式的政治组织。

在佤族中心地区，20 世纪 50 年代前夕，氏族制度基本解体和消亡，而代之以原始的农村公社。若干父系继嗣的家族居住在一起，构成村寨。村寨大者三四百户人家，小者数十户。每个村寨都包括若干个居民点（习惯上称为小寨）。佤族村寨有如下特征：每个村寨都有自己的领地范围，与其他村寨严格划分开。对外来说，村寨是一个经济整体：有共同的政治生活，有共同的宗教生活，村寨成员有互相帮助和保护的权利与义务，对外一致，有共同的语言。

人与自然物的相互作用是上述民族意识形态的一个重要内容。他们普遍相信谷魂的存在，相信人的行为与谷魂之间发生相互作用。

佤族认为谷子有灵魂。为了谷子丰收，须进行祭祀。20 世纪 30 年代的调查材料说："又其俗有杀人头祭魂之典礼。每当播种时节，卡佤则撒米于路上，盖以叶。人则匿伺道旁，见有跨叶而过者，则擒而杀之以为祭。"[5]

似相信人从米上跨过会得罪谷魂。谷魂信仰在猎头后的祭祀活动中也有表现，如用渗有人血的泥灰与谷种拌和在一起撒播。秋收前要猎取鸟兽鱼蟹等祭祀谷魂；收割完毕也要把谷物的灵魂请到家里。

伊班人神话说谷子是神赐的礼物。一个名叫森嘎兰·布龙（Sengalang Burong）的婆罗门鸢神把第一颗谷种交给人类，还教人如何种植。神还特别说要用谷子取代人们以前赖以为生的块根作物。伊班人也有神话说谷种是偷来的。两个文化英雄发现一位女神在种谷子。他们向女神讨要，女神不给。他们偷了两次，不成功。第三次，其中的一个文化英雄把三粒谷种夹在阴茎龟头的包皮里，逃过了女神的检查。两个文化英雄回到伊班人中间，种下谷子。从那以后，伊班人才开始种谷子。[2]

伊班人相信谷子有灵魂：人类祖先的灵魂使谷子具有生气，谷子给人提供营养，而人死后灵魂又转化为滋养谷子的露水，这样就保证了谷子中的灵魂的存在。生命就这样得以循环不息。[2]正因为相信谷子有灵魂，所以伊班人在收获谷物时要举行仪式，以确保谷魂回到人们居住的长房而不要留在田地里。[2]

伊戈罗特人善于纺织和以动物献祭，相信各种精灵和祖灵，祭祀仪式复杂。

在这些民族中，猎头习俗的革除都不是因为群体内的主动要求，而是比较强大的外力推动的结果。

1838 年英国冒险家詹姆斯·布鲁克爵士来到婆罗洲，帮助苏丹王的叔叔镇压达雅克部落的反叛。因此，1841 年文莱苏丹任命布鲁克为王。他建立政府，制定政策，镇压伊班人的猎头活动。[2]到 20 世纪初，伊班人加入了沙捞越警察部队，得以合法使用武力。伊班人在警察的身份中找到了传统社会中猎头英雄的荣耀。[2]

台湾原住民的猎头习俗在部分地区一直保持到 20 世纪初期。[1]从三国时吴国经营台湾，到元代设立澎湖巡检司，再到清朝政府于光绪十三年（1887 年）正式设置台湾省，汉族文化逐渐在台湾原住民中传播。在台湾原住民革除猎头习俗的过程中，中国封建中央王朝在台湾建立的地方政府中起了积极作用。即使吴凤劝阻邹人停止猎头的事迹仅仅是虚构的传说，也不能否认台湾原住民的猎头习俗在外力作用下才得以最终废除这一历史事实。

佤族猎头习俗被废除的过程可能更说明问题。古代佤族的分布范围比今天大得多。秦汉时期今云南境内不同地区佤族的先民先后进入中国版图，汉族文化也逐步在佤族中得到推广，佤族与汉族及其他少数民族处于互相联系、互相融合的过程中，佤族的分布地域也逐渐收缩，并最终形成云南西南部中缅边界一带的聚居区和零星的几个散居区。在与其他民族混杂居住的地方，佤族早已不保留猎头习俗。在中国境内的佤族聚居区，猎头习俗的彻底根除是中华人民共和国成立之后才完成的。新中国建立初期，西盟县的佤族村寨砍人头祭谷子的事件时有发生。地方党委根据省委指示，对佤族的头人进行耐心说服，并调解过去因砍头而形成的世仇。政府还帮助佤族解决生产和生活上的困难，创造破除旧俗的有利条件。1953 年 3 月，云南省组织民族参观团到北京参观，西盟佤族大头人岩坎也参加了。党和国家领导人接见并宴请了参观团。在宴会上，毛泽东主席跟岩坎交谈，问他说："听说佤族现在还杀人祭谷，是吗？"岩坎回答说："是的，这是我们阿公、阿祖传下来的老规矩。"毛主席又问："能不能用别的东西代替呢？"岩坎说："不行。只能用老虎，但老虎很不好捉。"毛主席笑了，说："这事还是由你们民族商量商量，最好用别的东西来代替。"岩坎回到阿佤山，传达了毛主席的话，并和佤族的其他头人、群众进行讨论和协商。砍头祭谷给佤族人民带来了灾难和痛苦，经过政府的宣传，他们对这一习俗的危害就有了更清醒的认识。同时，人民政府大力帮助他们发展生产，兴修水利、开垦新田，推广牛耕、施肥、除草等措施，使得佤族地区的粮食产量比以前大大增加。人头祭谷和庄稼丰收之间的天然联系被活生生的现实打破了。结果，佤族人民自己起来改变了砍人头祭谷的老规矩。先是用猴头代替人头，后来又用鱼头或鼠头来代替。到了 1958 年，佤族彻底根除了砍人头祭谷的习俗。[6]

三、猎头习俗和猎头神话的社会功能

猎头习俗的长期保存依赖于这种习俗在社会生活中所发挥的功能，而这种功能又与一代又一代的人们对猎头习俗所进行的解释和再解释相联系。

伊班人猎头习俗的最大功能在于协调伊班人世界中的对立因素。男人与女人、太阳与月亮、善与恶、生与死都是对立的。此处是生者世界（dunya），彼处是死者世界（sebayan）。伊班人神话说，名叫庞唐拉嘎（Puntang Raga，字面意思是"突破"）的神教导一个名叫塞拉坡（Serapoh）的文化英雄埋葬死人，还教他为死者哀悼一段时期，而只有猎得一个人头，才能让死者离开生者世界到达死者世界。猎头活动有助于保持对立因素之间的平衡。"人头"代替死者的"生命"。人头的"抓获"保证了死者的"解放"，当人头被带进来时，死者就出去了。死者进入死者世界，就在生死二界之间架起了桥梁，实现了人转化为雨露的第一步，而雨露为谷子提供营养，谷子又为人提供营养……[2] 神话表明，伊班人为了让本群体中的死者转化为滋养庄稼生长的雨露，所以猎取其他群体的人头来祭祀本群体的死者。

在伊班人的世界观中，伊班人才是真正的人，其他民族则被视为非人，是伊班人的敌人和猎头的对象。猎来的人头被迎接到伊班人居住的长房的梯子边，就像过节时欢迎客人一样。然后，头颅被放在柳条筐里，挂在猎头者房间外走廊上的显著位置，既证明猎头者的勇敢，也对头颅的灵魂表示敬意。猎头者善待头颅，头颅也保佑猎头者和他的家庭。所以猎头行为实现了非伊班从敌人到保护神的转化。[2]

一般认为，西盟一带的佤族在 20 世纪 50 年代以前已经进入阶级社会，但仍然保留原始社会的残余。由于社会分层不甚发达，所以，腹心地带的佤族社会就本质而言还是一个平等社会。

佤族神话对猎头习俗的起源有多种解释。其中的一种解释即与平等社会中社会秩序的维护有关。在没有成文法和执法机构的社会，带有一定的强制性而又被人们所认可的习惯做法就充当了现代社会中法律的作用。同姓不婚是佤族婚姻制度中的一个基本原则，这个原则有利于减少同姓（同氏族）成员之间的争斗，有利于内部的团结。为了强化这个原则的约束力，佤族神话即说猎头习俗起源于对同姓相爱、同姓通奸的社会成员的惩罚。即使发展到了家长奴隶制阶段，佤族仍然借助猎头神话来威慑不听话的奴隶，所以就有神话说猎头习俗起源于对通奸的养子或同姓相爱的奴隶的惩罚。

平等社会中虽然有头人之类较受尊敬的人，但他们缺乏使用公共资源、规范他人行为的权利。平等社会中的群体活动都是在遵从传统的基础上进行的。在西

盟一带的佤族社会中，魔巴是群体中的知识分子和宗教领袖。魔巴的声望来源于主持公共的和私人的祭祀活动。佤族猎得的人头，要经过魔巴主持的祭祀仪式才能转化为村落平安和幸福的保护神。拉木鼓、砍牛尾巴是祭祀人头的重要手段，这些活动和仪式都是由魔巴主持的。魔巴借助猎头习俗强化了自己的社会地位。对群体的生活知识和宗教知识了解不多的其他男子，很难在这些方面成为魔巴的对手，但他们却可以使用自己的勇气和武力，通过猎头来证明自己的存在价值。所以猎头习俗为佤族社会中的普通男子提供了实现个人价值的机会。

猎头不是个人行为而是村落的集体活动，需要群体的协作和组织。村落头人于是也在猎头的过程中为自己的执政能力找到了发挥空间。

以猎头、拉木鼓、砍牛尾巴为中心的狂欢与舞蹈，为群体成员创造了宣泄情感、释放压力的舞台，也更新和维护了群体凝聚力。

伊班人社会中的豪强则是开拓者、种植能手和战争领袖的三位一体。[2]作为开拓者，他要能够带领本群体与其他人争夺适合耕作的土地；作为种植能手，他要能够在自己的土地上多生产谷子，因为谷子是生存的根本；作为军事领袖，他首先就要猎得人头证明自己的勇气。猎头与开拓都和伊班人与其他群体争夺生存空间有关。

在不同民族群体共同生活而又彼此竞争的社会环境中，猎头活动也发挥了威慑其他群体、赢得心理优势的功能。佤族在自己的历史传说中总是强调他们曾经住在坝子里，说他们的头人曾经是地方的行政官员。实际的历史情形则是佤族多半住在山上，受傣族或汉族的土官或流官所统治。传说与事实的矛盾衍生出关于猎头习俗成因的普遍说法：傣族或汉族把煮熟的谷子借给佤族当谷种，佤族种下后不出苗，傣族或汉族又把未煮过的谷子给佤族当种子，并要求佤族砍人头祭谷子，谷种出苗。另一种说法是，佤族原本住在坝子里而傣族住在山上，在借谷种的过程中，佤族答应与傣族交换了住地。佤族关于猎头的神话和传说把这种习俗的起源归因于欺骗与报复，神话和传说的讲述者不仅在自己的后人面前留住了因丧失（记忆中的）平坝而丢掉的自尊，而且也为民族关系中曾经存在的对立状态找到了理由，为佤族对汉族和傣族进行的猎头活动作出了辩护。

伊班人的猎头活动同样也是一种恐吓手段，迫使其他群体离开伊班人活动的地区。

佤族的猎头习俗不仅调整了群体内外的关系，而且帮助佤族形成了对一年中公共活动的安排。猎头活动曾经是西盟地区佤族一年生活中最大的事件。当地的其他活动，如播种与收获、狂欢与舞蹈、拉木鼓、砍牛尾巴等，都以猎头活动为中心展开。由于这种人事活动的安排，佤族在强大的自然力面前维护了对人的群体行为的控制感。这种活动安排是建立在自然时序基础上的人为时序，是佤族顺应自然环境而又超越自然环境的一个范例。

四、结论

同东亚和东南亚地区其他民族的猎头习俗所发挥的社会功能类似，佤族猎头习俗与猎头神话调节人与自然的关系，促进平等社会中权威的形成和个人价值的实现，增强群体内的凝聚力，缓解社会规则强加于人们身上的压力，发泄民族关系与群体关系中的积怨和仇恨，在自然时序的基础上重新安排了人为时序。

总之，佤族猎头习俗与猎头神话发挥了重构世界秩序的功能。

注释：

[1] 凌纯声. 中国边疆民族与环太平洋文化［M］. 台北：联经出版事业公司，1979.

[2] Vinson H. Sutlive, Jr. The Iban of Sarawak［M］. AHM Publishing Corporation, Illinois：1978.

[3] Amiram Gonen, *The Encyclopedia of the Peoples of the World*［词典］. New York：A Henry Holt Reference Book, Henry Holt and Company. 1993.

[4] 魏德明. 佤族文化史［M］. 昆明：云南民族出版社，2001.

[5] 李生庄. 云南第一殖边区内之人种调查［A］. 云南边地问题研究（上卷）［文集］.

[6] 当代中国的云南编辑部. 当代中国的云南［M］. 北京：当代中国出版社，1991.

（作者单位：云南民族大学民族研究中心）

解读佤族 "猎头祭鬼" 习俗

左永平

佤族是生活在云南西南部的一个古老少数民族，是中国境内保存着较完整的原始文化元素的民族之一。20世纪50年代，在佤族聚集的中心阿佤山地区，仍然保持着原始社会的生活风貌，其奇异的原始文化和生活习俗，是我们寻找人类原初文明和早期人类生存状态的活材料。佤族众多的原始习俗中，最具有代表性的是佤族 "猎头祭鬼" 的习俗，它真实再现了原始初民蒙昧、野蛮和原始宗教信仰的特征。本文就这一习俗的渊源、内涵、功能及其终结等方面进行论述，以期引起人们对佤族及其文化的关注和研究。

一、"猎头祭鬼" 的起源和内涵

用人头祭鬼作为佤族的习俗，人所共知，一般称为 "猎头祭鬼" 或 "猎头祭谷"。我们认为，"猎头" 应是广义上的学术概念，佤族所祭人头，虽然 "猎取" 为主要方式，但并非全部都是 "猎取" 的，还有买来的，有盗来的，有借来的，有分来的。因此，"猎头" 之说不能狭义地去理解。

"猎头祭鬼" 习俗，曾在中国南方一些古代民族中盛行，特别是在云南地区。云南江川出土了汉代的一种铜斧，就有砍头图刻；最典型的是晋宁石寨山出土的掳掠金铜扣饰，里面两个武士都手提人头，还抢掠了妇女儿童和牛羊。这说明，汉代云南砍头、猎头之风盛行。《魏书·獠传》中说："其俗畏鬼神，尤尚淫祀。所杀之人多美髯髯者，乃剥其面皮，笼之以竹。及燥，号之曰鬼，鼓舞祀之，以求福利。"[1]这和佤族猎头祭鬼的习俗是基本相同的。从这些材料分析来看，用人头祭鬼，不是某个民族所特有，它应当是中国南方一些古代民族的一种原始宗教祭祀方式。佤族的人头祭鬼习俗，决不是佤族的独创和发明，他们仅仅是顽强地保持着这一习俗的民族。我们认为，佤族这一习俗，应是从其他民族那里传来的，而其他民族随着历史的发展进步，逐步革除了这一习俗，佤族能将这一习俗一直保持到20世纪50年代，这是个奇迹，这与他们的社会形态一直停留在原始状态有直接关系。

佤族以人头祭鬼，起于何时，众说纷纭，很难考证，但通过佤族神话传说和民间故事，可以看出，人头祭鬼的历史很久远。目前佤族关于人头祭祀起源的说法主要有三种。一是洪水说。在佤族神话史诗《司岗里》中唱道："神说，如果我（佤族）砍头，就不让洪水涨，如果不砍头，就五年涨一次洪水。""我们从此供头，剽水牛、剽黄牛，供牛头，谷子才长得好……我们种的地都好……饭也好吃。"[2]由此可见，猎头祭鬼源于原始宗教。原始人们对鬼神的敬畏演变为用最高贵的牺牲（祭品）去供奉神灵。二是乱伦说。传说很久以前，有一个佤族部落头人，他的名字叫克列托，他娶了个老婆叫颇妥，可是他们婚后颇妥一直不会生孩子，克列托和颇妥就找了一个同姓的孤儿岩朗来做他们的养子，后来养子岩朗和养母颇妥私通。之后不久颇妥就一直生病，魔巴知道了颇妥与养子私通的事后认为这是天神降灾，并说只有砍岩朗的头祭天神，才能去病免灾。于是就砍了岩朗的头，结果颇妥的病真的好了。从那以后，佤族就兴起了砍头祭祀的习俗。[3]三是外来说。佤族神话传说中人头祭鬼乃汉人所教，如云："当年孔明至其地，卡人求谷神，蒸熟给之，种不生芽。继而复请，孔明诳曰：非用人头祭之不可。乃遵而祭之，更给生谷，岁乃大熟，后遂永以为例。"[4]另据西盟佤族关于猎头的传说中，也认为是汉族所教。[5]许多学者认为这只是传说而已，不足为信。其实，这些传说决非空穴来风，蜀汉诸葛亮南征确实对佤族有深刻影响，佤族的圣山就叫公明山（今缅甸境内），即孔明山，这就是力证。因此，佤族人头祭鬼虽说不一定是直接由汉人教授，但可以推断其砍头祭鬼习俗是由外部传入的。

佤族人头所祭之鬼，是什么神？目前，有三种观点，一是祭谷神，二是祭木鼓，三是祭木伊吉（莫伟或称俚）。很多学者倾向于祭谷神，因为在人头祭祀时的祷告词中唱道："我们祭你稻奶奶，我们祭你小米妈妈……祭魂啊，祭魂！早稻好啊早稻好！……"[6]而祭祀的直接对象也是谷神，所以，祭谷神之说较为流行。佤族人头祭祀仪式中，首先要将人头放在木鼓上，木鼓祭词中也唱道："我们把木鼓拉回来，砍人头，剽牛来祭你。"[7]木鼓是佤族圣物，每村必有木鼓及木鼓房，所以祭木鼓也是核心内容之一，祭木鼓之说以此为证。木伊吉乃是主宰万物的最高精灵，是佤族信仰的最大鬼神。佤族各种祭祀活动中都要祭木伊吉，人头祭祀中自然必不可少。如果说人头祭鬼就是祭祀木伊吉，那就显得空疏而单调，它应只是祭祀中例行的程序而不是主要内容。

那么佤族人头祭祀的对象，到底是何种神灵呢？从佤族人头祭祀的情况来分析，佤族猎头祭祀不是特定专祭哪一种鬼神，它是一个内容丰富的，以祈求村寨平安、谷物丰收、六畜兴旺为目的的复杂原始宗教祭祀活动，所祭之神包括天神木依吉，谷神司欧布，人神媒介的木鼓神等众鬼神。在这一大型祭祀活动中，天神木伊吉只具有象征意义，即无所不能的神的代表，祭祀的对象是谷神司欧布。佤族信仰的是原始宗教，基本上处在垒土为坛阶段，人与神的媒介由木鼓来充当，木鼓及木鼓房成了人神共存，人神同乐的场所，起着今天庙宇教堂的作用。而所谓"鬼"（神）的具体形态由所供人头充当，人头一旦成为祭品，它的角色立即变为神灵，因而高贵而神圣，代表众神护佑村寨的平安、丰收。所以，人头祭鬼中所谓的鬼神不是特指哪一种神，而是代表着人们尊敬的各种神灵。

二、获取人头的方式和祭祀仪式

佤族祭祀所用的人头，其来源主要有几种方式：猎头、部落战争中的敌方首级、购买、借祭、分祭。

猎头：这是人头祭祀的主要来源，一般是由数人伏于道路草丛中，袭击行人，猎取人头，故称"猎头"。猎头是一个复杂的小型军事行动，不是个人行为，而是部落能否平安，谷物能否丰收的大事，关系整个部落村寨的福祉。在19世纪以前，东印度群岛中的达雅克人也盛行"猎取人头"，他们"隐伏以待人，并为人头而杀死他们，这甚至变成了达雅克人的民族娱乐"。[8]佤族猎头绝不是娱乐，它是为部落的兴盛而进行的战斗。这是他们与其他有猎头行为的民族本质上的差别。因此，佤族猎头之前要进行精心准备，在村寨里挑选勇敢精干的勇士数名，指挥一名，由魔巴杀鸡看卦，选择猎头的方向和对象，头人设酒席为其壮行。猎头的目标是敌对部落或异族人、过往商客、行人等。猎头是有季节性的，猎头时节，各部落村寨如临大敌，防备森严，路上很少有马帮行人。

部落战争：长期以来，佤族社会形态处于以血缘关系为纽带的氏族公社阶段，佤族祭祀的人头全部为外来人，决不用本氏族部落人头。据魔巴说，本寨人不能砍，即使是罪犯也不行，传说如果砍本寨人的头，全村会得一种叫"赛津"（霍乱）的病。因此，佤族部落之间战争频繁，在战争中斩获的人头是祭祀人头的来源之一。例如，1946年春，西盟"马散大部落进攻戈黑小部落，被进攻者事先毫无准备，全寨30多户人家，被杀光、烧光，仅逃脱5人，砍下的人头用8头牛驮"。[9]斩获的这些人头就可以储存作为祭祀之用。

购买：这也是人头的来源之一，人头祭祀是有季节性的，一年中有两次，春季后和秋收之前。在这一季节里，商贾行人不敢进入阿佤山区，各部落村寨又严防警惕，猎取人头就非常困难。在没有人头的情况下，购买成了一种安全可靠的方法。购买方式一种是向别的村寨购买有罪之人或奴隶，砍其头祭祀。如1957年春，西盟翁戛科区龙坎寨永别灵小寨就买了一个名叫娜杭的女孩，砍其头用于祭祀。[10]另一种是直接买人头，民国年间"白人的头可以值到三百多卢比（印

153

度币名，一卢比约等于国币一元）一个，汉人中美髯公的头可值到二百卢比一个，汉人无须的头可值九十多卢比一个，其他如摆夷、猓黑的头则很不值钱"。[11]

借头、分头或盗头也是人头的来源之一。在实在无法猎到人头的情况下，只好向友邻或同盟部落村寨借人头以祭，或者盗窃其他村寨墓地的人头；有的是几个村寨共同猎得一颗人头，然后分开来祭。1954 年春，西盟莫美和永业两个村寨猎头队袭击了两名送信的解放军战士，杀害一名，将其头一分为二，用于祭鬼。[12]

人头祭祀的方式有几种仪式：迎头仪式、哭头仪式、洗刀仪式、轮祭仪式、送头仪式。

人头祭祀过程，首先是迎头仪式。外出猎头的人如果猎得人头之后，不得直接入寨，要在寨外鸣枪报信，寨中人得知猎头成功，由头人和魔巴组织祷告念咒，然后全寨人到寨外将猎头队伍和人头接入寨内，男男女女争相向猎头英雄欢呼，用酒肉慰劳猎头者，队伍把人头提着在寨内走一圈。

哭头仪式：猎到的人头迎入寨内后，要将人头移入木鼓房祭祀，人头放入新编的专门装人头的竹篓内，有的直接放在木鼓上面。这时有老妇人将鸡蛋打碎后，涂抹在人头的脸上、眼睛和口、鼻内，哭曰："你瞎眼了吗？你有脚为什么不跑？我可怜你阿……"而少妇们则用盐巴、辣椒粉抹在人头的脸部和五官，骂曰："你是不是缺德？是不是坏事干得太多？为什么不砍别人的头只砍你的？……"[13]当晚，全体寨民在木鼓房杀猪杀鸡大会餐，祭祀人头，人们将酒肉、鸡蛋塞入人头口中，祈求人头保佑村寨平安、五谷丰登。同时，砍头者受到人们英雄式的礼遇，争相敬酒。男女老少在木鼓房盛装歌舞，通宵达旦。从这一过程中，我们看出佤族生命价值观的矛盾心理，他们需要人头来保证谷物的丰收，村寨的平安，同时又对一个生命的消逝感到惋惜与不安。因此，老妇人必哭人头，以示对死者的哀痛和怜悯。而为了让人们的心理得到宽慰，少女们又骂其死是罪有应得。以下材料印证了佤族的这种观念：1956 年，英国记者艾伦·威廉顿在阿佤山小马散寨与其首领岩康谈论砍头习俗对不对时，岩康说砍好人的头是不对的，砍懒汉、贼人和坏人的头是不会引起什么争端的。[14]佤族认为被砍头者应是坏人，是理所应当的。但是，人头被砍下之后，其性质发生变化，转而变成了保护神，人们赞美它，祭拜它，歌之、舞之、饮之，庆祝一个新神灵的诞生。哭头仪式其实是个狂欢活动，是人头祭祀中的一个高潮。

洗刀仪式：祭祀的第三天，剽牛后用牛血或牛粪将砍人头的刀上的血迹洗净，谓之"洗刀"。在此前，刀上的血迹是不能动的，否则会带来灾难。洗刀之日，寨人饮酒作乐，歌舞彻夜。

轮祭仪式：洗刀之后，人头轮流在寨中头人家和富裕人家祭供，祭供者家须剽牛杀猪供寨人食用，最后又将人头移回到木鼓房，祭祀活动告一段落，历时约半月。

送头仪式：这是将供过的人头移到寨外人头桩的活动。送头仪式通过大型热闹的宗教活动砍牛尾巴来完成。在有人头祭祀习俗的佤族村寨，每村都有人头桩和"鬼林"。村寨附近的某片森林"栽着一排排整齐的人头桩，每棵人头桩上供着一枚人头颅骨，每寨供的人头颅骨少者数枚，十几枚，多者几十枚上百枚不等。佤族称供头的森林为'农来'，意为鬼赶街的地方，也是人们心目中的鬼神世界，汉语称为'鬼林'"。[15]人头骨送到"鬼林"之后，整个人头祭祀活动宣告结束。

三、猎头祭祀的社会功能

佤族人头祭祀，不仅仅是单一的原始宗教祭祀活动，它是佤族文化的特质和核心内容，具有很强的社会功能，包含着宗教、祭仪、战争、外交、歌舞、饮食等丰富的内容。

首先，猎头祭鬼活动保证了部落村寨的凝聚力、亲合力，代表着部落村寨的最高利益，"佤族的猎头习俗均是以部落（村寨）为单位进行的，因而成了该部落全体成员必须参与的公共性的宗教习俗活动"。[16]部落村寨的平安、丰收、幸福全系于此。对鬼神的崇敬、祈祷必须用最尊贵的人头，任何其他祭物都代替不了人头的作用；人头对一个部落村寨来说不可或缺，人们必须不惜一切代价来获取。在猎头季节，全体寨民无条件地支持猎头行动，猎头后争相无偿供奉酒饭。如需购买人头时，全村集资，真可谓有钱出钱，有力出力，全体民众在这一问题上高度一致；在部落最高利益面前，任何人都必须服从这一利益。

其次，猎头祭鬼是佤族最大的宗教活动，是佤族文化的核心枢纽。佤族"旱作文化"、"木伊吉"、"司岗里"三个文化结构就是由"猎头"来连接的。佤族信仰原始宗教，其特点就是万物有灵的自然崇拜。在佤族生活中，宗教活动十分频繁，人们对一切不可认知和预测的现象都要以宗教的方式来解决。一般的宗教活动，佤族称之为"做鬼"。但是，规模最大，影响最深，意义深远的还是"猎头祭鬼"这一活动。从时间上看，历时约20天，最少也得15天；从内容上看，其形式最复杂，内容最丰富；杀鸡看卦，出征仪式、迎头仪式、祭头仪式、念咒仪式、剽牛、歌舞、酒宴等等，几乎将佤族所有的宗教庆典，生活习俗，民族性格都展示出来了；从影响上看，它对佤族的现实生活意义非凡，猎得人头多的部落村寨五谷丰登，六畜兴旺，象征着强大和富裕，受到人们的敬畏，如阿佤山的马散部落、中棵部落、永光部落等。

其三，部落战争的诱因和目的。猎头祭鬼所用的人头，只能是外村寨和其他部落的人头，因而导致了部落之间的仇杀和战争。战争起因和方式是典型的原始氏族部落战争，部落全民皆兵，军事首领是临时选出的，其中就有"由头人指定过去在战争中受危害最大（先辈或亲人被对方砍过头），复仇心最切的人担任"。[17]战争目的，一是血亲复仇，二是抢劫财物，三就是获取人头。战争中所获人头就是战利品，是胜利的象征。神话学家李子贤教授在《论佤族神话》一文中对佤族猎头的负面影响进行过深刻的论述："佤族的猎头习俗往往伴随或导致血亲复仇、部落械斗。在许多情况下，猎头酿成的'打冤家'可以延续许多代，造成谁也无法摆脱或控制，只能参与其事的悲剧。所以常常出现这样的情况：猎头既是祭祀的需要，又是仇杀的开始和结局。如此往复，形成了一种恶性循环。"[18]猎头季节，阿佤山成了恐怖的世界，商贾行人绝迹，各村寨民不敢出门，出门或赶街简直就是军事行动，例如"芒杏寨（西盟以西十多里）与西盟东北方的翁格郎有仇，赶街时双方都像行军一样，常达五六十人至七八十人不等。……阿莫每逢到西盟赶街、买盐巴，就成了一次军事行动，常调一二百人，一部分埋伏在路上戒备，一部分赶街"。[19]因此，猎头造成了阿佤山长期与世隔绝和生产力低下的局面。

四、猎头祭鬼的终结

猎头祭祀不是佤族独有，但是，它却是最后的终结者。猎头祭祀是一个历史范畴，它只存在于某一特定的历史阶段，随着生产力的发展，社会的进步，外部先进文化的影响，这种原始、古老的宗教和祭仪必将被更高级的宗教和祭仪代替。在明清之际，佤族的猎头祭祀已开始逐步革除，杨慎在《南诏野史·卡佤条》中就记载佤族"有生熟二种，生者劫掠，熟者保路"。[20]生佤，又称野卡佤，今天称之为大佤；熟佤，又称小卡佤，今天称之为小佤或傣佤。生佤保持着其原始特性，猎头祭祀是其标志。熟佤受汉族、傣族等先进民族的影响，社会发展较为先进，已革除猎头祭祀习俗。在20世纪50年代，保存人头祭祀的佤族只占其总人口的1/3，主要集中在今天的西盟县和澜沧县的小部分，沧源县个别村寨及缅甸部分佤族。

用人头作为祭品，在世界许多民族中是常见的，是最高规格的祭祀牺牲。佤族的人头祭祀有着独特的含义：象征瓜果，意为葫芦，引申为谷物的丰收和对诞生地的回顾和崇拜。猎头祭祀又与佤族所处的社会形态和长期的宗教习俗有直接关系，在没有根本触动其社会形态之时，这一习俗很难一下子革除。1950年2月，阿佤山地区宣布解放，但是佤族的生活方式没有改变。1950年10月，西南少数民族代表应邀到北京参加国庆一周年庆典，毛泽东主席接见了西盟佤族代表拉猛，得知佤族还有猎头祭祀习俗时，对拉猛说，人头砍了不可再生，"你们可不可以不砍人头，用猴头或狗头来代替呢？"拉猛说："不行，猴头不行，狗头也不行，用老虎头可以，可老虎不好捉。"[21]可见要取消人头祭祀习俗，可不是件容易的事，因为那将改变他们千百年来的生活方式。

新中国成立以后，猎头祭祀习俗的革除是不可避免的。人民政府在革除猎头祭鬼习俗时，尊重佤族风俗和社会形态的实际，采取了谨慎的政策与措施。

首先，根据西盟佤族的特殊社会形态，采取以政府教育引导为主的方针。新中国成立初期，当地人民政府对此问题的工作计划中明确指出："关于猎人头祭谷问题，是残酷破坏劳力资源，引起民族械斗的原因之一，必须在教育提高认识的基础上加以废除。"为此，人民政府在西盟佤山做了近八年的教育说服工作，使佤族人民逐渐认识到了"猎头"带来的危害，为彻底废除猎头习俗打下了坚实的基础。

其次，废除猎头习俗也是广大佤族人民的愿望。猎头祭祀的负面影响是显而易见的，是阿佤山区佤族长期处于封闭、原始乃至落后的重要原因，佤族人民也开始厌恶这一习俗，很多人已经产生了革除这一习俗的强烈愿望，"尽管有一部分人讨厌这个习俗，但没有一个敢公开抨击这习俗。……男人既憎恨又害怕，但他们相互怂恿，摩八（巴）们非常愿意发挥这个传统"。[22]因此，猎头习俗正期待着某种形式和力量来废除。随着阿佤山区的解放，现代文明社会已不允许这一习俗的存在。

其三，1958年的"平暴"[23]为猎头习俗画下了句号。1958年8月，在政府召开的一次佤族头人会议上提出了"一收三禁"（即收枪，禁止抄家拉人当奴隶，禁止种大烟，禁止砍人头祭谷）的政策，明确规定废除猎头习俗。人民政府经过长期耐心艰苦的努力，人头祭祀行为逐步减少，用了八年时间（1950—1958年），终结了这一习俗，史载："因械斗砍头人数从1956年110人下降到1957年的34人，1958年只砍了1人，同年，平息西盟反革命武装叛乱后，彻底革除了猎头祭祀的习俗。"[24]

综上所述，人头祭祀是中国古代南方一些民族盛行的一种祭祀方式，或者说是一种特殊的祭仪。佤族仅是其中之一，但佤族长期延续了这一习俗，并赋予了新的本民族的特色。这一习俗今天看来是野蛮而残忍，落后而愚昧的，但却折射出人类发展的不平衡性，为我们展示了人类曾经的生存状态和历史发展的多元性，蕴涵着巨大的文化价值，同时，它的消亡也是历史的必然，是佤族走向现代文明的必由之路。

注释：

[1] 杨兆麟．原始物象［M］．昆明：云南教育出版社，2000．139．

[2][4][7][10][11][20] 罗之基．佤族社会历史与文化［M］．北京：中央民族大学出版社，1995．334．336．324．343．333．331．

[3][9][12][14][15][17][21][22][24] 西盟县政协文史资料（内部资料）．第一辑．48．169．60．227．170．168．191．228．171．

[5] 云南省民间文学集成编辑办公室．佤族民间故事集成［M］．昆明：云南人民出版社，1990．127．

[6] 魏德明．佤族历史与文化研究［M］．芒市：德宏民族出版中文社，1999．188．

[8][英] 爱德华·泰勒．原始文化［M］．南宁：广西师范大学出版社，2005．375．

[13] 资料来源：原西盟县政协副主席许文彬1954年在佤族村寨大菜老（今缅甸）亲历人头祭祀过程的讲述。

[16][18] 李子贤．探寻一个尚未崩溃的神话王国［M］．昆明：云南人民出版社，1991．198．119．

[19] 云南省编辑委员会．佤族社会历史调查（二）［M］．昆明：云南人民出版社，1983．24

[23] 指1958年8月，境外蒋军残部入境发动的暴乱，仅一个月，暴乱被平息。此事件对佤山具有划时代意义。

（作者单位：思茅师范高等专科学校）

对佤族猎头习俗的历史认知与释读

——兼论佤族传统文化的现代转型问题

赵泽洪

一个相当长的历史时期，佤族对于外界而言，似乎都一直披着神秘的外衣，不被人们所认识和了解。这一方面缘于佤族地处西南边疆，山重水隔，交通不便，外来文化的渗透和传播不易，使佤族处于一种相对与世隔绝的封闭状态；其次缘于历史文献对佤族的记载和描述不多，研究不深，对佤族社会的认识只停留于一些表象的感知；三是缘于佤族社会传统的猎头习俗，使外人不敢深入佤山进行实际的调查研究。佤族的猎头习俗被越传越神，笼罩着越来越多的神秘和恐惧。中华人民共和国建立以后，随着民主改革和社会主义现代化建设的广泛开展，佤族的猎头习俗逐渐被革除，但对猎头习俗的研究似乎是一个学术研究的禁区，人们不敢涉足。改革开放以后，随着对佤族历史文化研究的不断深入，佤族的猎头习俗才慢慢被学者所重视，有关的学术著作和学术论文才逐渐展开了对这一已经逝去的习俗的研究，其触角和视野也从早先的猎奇转向学术的探究。

一

猎头往往被称为"猎头血祭"、"猎头祭谷"、"砍人头"等，它属于一种原始落后的、野蛮的杀人祭神的习俗，这种习俗并非佤族所独有，也并非中国所独有。

中国早在商朝时期，人殉和人祭就是一种普遍盛行的祭祀习俗。用于殉葬的大多是奴隶主贵族的侍从、妻妾、亲信；用于人祭的大多是战俘和地位低贱的奴隶。在人殉的同时，往往还伴有人祭。人与牲畜一样，都被当做牺牲和祭品。人祭的目的，在于祈求神灵和祖先的保佑，而人殉的意义则在于奴隶主贵族幻想死后仍然能够保持生前骄奢淫逸的生活状态，仅甲骨卜辞中记载的人祭数字就有一万五千人左右，安阳武官村一座大墓的殉葬者多至 79 人。西周以后，人殉、人祭才逐渐被陶俑所代替。春秋时期，人的地位、人的价值才被人们所认知，所以孔子才说："始作俑者，其无后乎！"[1]《史记·滑稽列传》中记载的西门豹治邺的典故，也说明战国时期邺地的豪绅、巫女，借漳河经常泛滥之机，以为河伯娶妇为名，向百姓敛钱中饱私囊，并强选民女投入漳河，以活人来祭祀河神。秦始皇死，除了大量的兵马俑作为随葬品外，一些无子女的宫女和修筑秦始皇陵的工匠全部殉葬。一直到唐、宋、明、清，皇室贵族妃妾殉节者亦甚众。所以中原汉族地区人殉、人祭的规模、时间皆甚于佤族的猎头。

美洲印第安人有用人作为牺牲献祭太阳神和玉米女神的习俗。[2]台湾高山族也有猎首祭习俗。[3]北美印第安人帕尼部落，即以少女献祭，将少女遗体脔割，瘗埋于田中，血浆洒布于禾苗之上，认为可保谷物丰稔。菲律宾吕宋岛内地邦都的土人，为使庄稼长得好，在栽种和收获季节也要猎取人头祭祀。几内亚的马里莫人，为使庄稼丰收也献活人为祭。他们将选出的牺牲者灌醉后拉到麦地里杀死，当做"种子"。他的血液在太阳下凝固后，把他的头烧碎，将骨头撒在地里，使之肥沃。[4]

二

关于猎头祭谷习俗的产生和形成，有诸多传说。其一：以前发大水，死人很多，人们毫无办法，墙上的壁虎说供一个人头给神，大水就不发了，人们不得已砍了一个人头去供，洪水果然停了，自此以后砍头祭神也就在佤族中形成了风气；其二：孔明教人们种谷，但给佤族的种子却是煮熟的，不会发芽。又去请教孔明，教给佤族用人头祭谷，果然获得丰收，自此以后砍头祭谷也就形成习俗。关于猎头的缘起传说很多，但不外乎都跟洪水和祭谷有关，特别是围绕祭谷的传说更多。例如，神警告人们："如果砍头就不让洪水涨，如果不砍头，就五年涨一次洪水"，结果佤族砍头祭祀，洪水不涨了，谷子、小红米也丰收了；[5]"很久以前，不砍人头，谷子长不好，人死得多，牲畜也死。人们用狗头、猴子头祭鬼还不好，最后砍人头来祭，才好了"；[6]"从前有个汉人叫艾蒪，娶佤族姑娘牙昂为妻，当时佤族还不会种谷子。牙昂的哥哥达格浪向艾蒪借谷种，艾蒪给了他一些煮熟的谷种和一个鸡蛋，结果谷子长不出，蛋也孵不出小鸡。达格浪又向艾蒪借谷种和鸡蛋，艾蒪给了他九粒谷种和一个生鸡蛋，并说要砍人头来供。达格浪回家后用蛇头供木鼓房，谷子也长出了，但后来砍人头来供，谷子长得更好。于是从此以后就砍人头来祭谷子。"[7]佤族从"司岗里"出来后不会种庄稼，有个老奶奶教会了人们种谷子。后来这位老人被人杀害，谷子就长不好了。地震神托梦给佤族要为老奶奶报仇，并用杀害老奶奶的坏人的头祭谷，谷子才长得很好。于是就杀了这个坏人，用他的头祭谷，谷子果然长得好，从此佤族就砍人头祭谷了。[8]

任何民俗事象的产生，必定与其当地的生产、生活密切相关，或者甚至是息息相关。佤族地处高寒山区，谷子和小红米是其主要粮食作物，是佤族日常生活的主要食物，要保证佤族生活的正常有序，离开了谷子和小红米显然不可行。因此，祭谷企盼丰收是一件很正常、很容易理解的事情。很多民族都有其特殊的农业生产祭祀习俗。值得研究的是佤族为何要用人头祭谷？这可能有几方面的原因：第一，食物是人们生存的基础，有吃的东西人才能够生存。所以，猎头祭谷是为了凸显生存的重要性，把食物看做是生存的前提和第一法则。没供人头，洪水来了，谷物没有收成；供了人头，洪水退了，谷物丰收了。实际上，猎头的最终目的是为了人们的生存需要，其为生存的功利性是很明显和强烈的。第二，人头与人的生命相等同，一个人没了头便失去了生命。用人头祭谷，表面上强调的是祭谷的重要性，实际上反映的还是食物的重要性。对食物的企盼和期待，使得佤族用超出常规和与一般民族生产祭祀习俗不同的形式来对待和进行，对人头的重视反映的是对谷物的重视，对人头的虔诚与崇奉反映的乃是对谷物的希冀与需求，只不过在这一过程中糅合进了神秘的因素和色彩。第三，落后的生产力水平不但导致了食物的稀缺，更决定了佤族对自然界的认知水平和思维能力。佤族把头看做是神圣和不可侵犯的，佤族习俗中头是不能随意触摸的。无论谁人之头，即使是仇家之头，一旦用于祭祀，便会受到极大尊敬，甚至比活人更受尊崇。"佤族是这样看待人头的：它是灵魂和生命的象征，因而是可能向神提供的最珍贵的奉献；它贯注了人体所有的一切神秘，因而是神灵的化身"。[9]佤族不但对人头尊崇，对牛头等其他动物头颅也很崇奉，在剽牛、砍牛尾巴等活动中，牛头都留给主持之家。牛头往往成为财富和权势的象征。平时杀鸡食用，鸡头也须敬献老人。佤族的头颅崇拜观念可能缘于自然界中植物生长全靠头部作用的现象，树长靠尖，物长靠芽。头部即万物生长的源泉，没有了头部，万物也就停止了生长。植物如此，动物如此，人也如此。这种形象的类似思维方式，推及人类，也就形成了佤族社会的人头与头颅崇拜，所以在祭谷这一类与生存相关的大事中，非人头莫属。

三

一些文章中把佤族的猎头祭谷习俗的产生原因归结为血族复仇，[10]这显然是不正确的。佤族的猎头习俗与血族复仇有关，特别在猎头习俗形成以后往往与血族复仇相伴随。佤族村寨之间的结仇，往往因猎头所造成；佤族村寨之间的报仇，也往往以猎头的方式进行。村寨之间一旦结仇，便互相仇杀，数代人不解。但佤族猎头习俗产生和形成的最根本原因还在于生产力水平的低下所导致的食物的匮乏和佤族认知思维观念中的头颅崇拜因素。佤族的猎头习俗是在客观生存环境的恶劣条件下和客观生存需要的严酷现实中，所采取的一种与其他民族大为不同的媚神祈福的生产祭祀礼仪。在神秘恐怖的外在形式后面所体现的乃是生存法则的本质。猎头的目的和原因就是为了祭谷，一切最终都是为了粮食和食物的充足。为了血族复仇而去猎头，这是猎头习俗产生和形成以后的事情。猎头习俗产生在前，由猎头习俗所引发的佤族社会的血族复仇必然出现于后。猎头"用于祭祀，把所猎之头奉做神明，仇杀是它的手段，而不是它的目的。尽管征战仇杀是头颅的重要来源，但是，既然西盟佤族把设坛、盗墓、购买同样用做猎头的手段，那么，猎头和仇杀就是本质不同的两件事物"。[11]

但是，我们也要看到，血族复仇确实在佤族猎头习俗的发展过程中起到了推波助澜的作用。血族复仇产生于氏族社会，延续到阶级社会。血族复仇建立在一定的血缘关系基础之上，以维护某一群体的利益和荣誉为主要特征。血族复仇强调的是群体的利益和荣誉，彰显的是群体的性格意识和特点。中国社会中长期、广泛存在的家族观念，都程度不同地、或多或少地具有一家的血族意识。佤族社会直到民主改革前基本上都还处于原始社会解体、向阶级社会过渡的社会发展阶段，所以佤族社会中普遍存在着血族复仇的观念和现象，也就不足为奇了。佤族社会中有着浓厚的村寨观念和集体意识，个人必须完全融入村寨之中方被集体认可，个人利益首先必须符合村寨集体利益。与其他村寨和周边民族的交往，不是个人的行为，而是以村寨的方式进行。在与其他村寨和周边民族的交往中，个人行为往往也被理解和认为是村寨的意志和决定。佤族的英雄观念和英雄形象，往往都体现在或表现出对村寨集体利益的维护和争取当中。勇敢、顽强和献身精神是对村寨所有成员的共同道德要求。冲锋在前、勇敢无畏者被奉为英雄，受到人们的尊敬和爱戴；胆怯与畏惧者为人们所嘲讽，视为耻辱。村寨成员被猎头，整个村寨都有为其复仇的义务。战斗中受伤的人，村寨成员有义务把他背回寨子，对牺牲的人也要把他的头割下带回，如果村寨成员的头颅被对方砍下拿去做祭品，将是整个寨子的奇耻大辱。成年男子听到木鼓的号角，必须迅速拿起武器冲向敌方，无故不参加战斗者，会被人们责罚和看不起，失去应有的社会地位。在这种观念影响下，猎头是村寨的大事，复仇和战斗也是村寨的大事。

佤族猎头祭谷中，猎来的人头在供奉时，下面放一些沙灰，人血逐渐滴渗其中。寨民各家用分得的一份血灰、血土，拌以泥土，撒在自家的旱谷地里，以此祈求粮食的丰收。有人也把它称为"血祭"。佤族猎头祭谷，除了对人头的供奉之外，还要把血灰、血土撒入旱谷地中，这又为何呢？一方面是缘于佤族的形象类比思维方式，头是万物生长的源泉，血是维持生命和活力的东西，失去了血人就会死，有了血脉的畅流，人和动物才会有生气。因此，把有人血的泥土撒在田地中，就等于把人的生气导之于庄稼，就能够肥沃土地，粮食丰产。据说佤族特别喜欢将长有络腮胡子的男性当做猎头对象，认为用这样的人头来祭祀，庄稼才长得好。这是佤族形象类比思维方式的真实写照。另一方面，佤族的英雄观念使得寨民从血祭的血腥场面中养成一种敢于战斗和不畏流血死亡的精神教育，鼓励人们为了村寨集体的利益勇于献身，敢于牺牲，营造、培育和维持一种佤族社会所必需的道德规范。"血祭活动，除了隐含教人敬畏、认同等意义之外，主要是教人敢于战斗、敢于死亡"。[12]不但血祭如此，佤族的剽牛、砍牛尾巴等活动，也都具有这个功能。

有的学者认为佤族的猎头祭祀，是为了祭祀木鼓或"木依吉"，这也是不正确的。"砍来的人头虽然大都祭于木鼓房处，木鼓他们认为亦有灵魂，但都不是祭木鼓本身。因为它只是通天之器，祭神时敲木鼓，鬼神就会知道，就会受人来拜祭，享受供品。木依吉是佤族信仰的最大的鬼神，它无所不在，既在木鼓房，亦在神林中，亦在各种人们想象的场所。它虽然管事多，也最受到人们的崇拜，但根据佤族大小鬼神各管其事的观念，根据砍头祭鬼的一系列的活动事实，也根据传说中砍头祭鬼产生的原因，用人头祭祀的鬼神主要的不是木依吉，而应是管理农作物生长的鬼神。……佤族认为管谷子生长的鬼神名叫'司欧布'（根据大马散语），他们砍头祭谷的神灵，也就是'司欧布'了。"[13]

有的学者认为，佤族的猎头习俗源于古老的食人习俗或腹葬习俗，[14]这也是不正确的，同类不相食，这是自然界所有生物遵循的一个基本法则。早期原始初民确有食人的习俗，其产生的原因，一是食物的贫乏，二是希望通过腹葬能够继承先人的智慧和力量。但把佤族的猎头习俗视做食尸习俗的演变和残存，这显然缺乏充分的证据和材料，似乎有点牵强附会了。

四

佤族的猎头习俗除了佤山地区延续到20世纪50年代之外，周边佤族地区早已革除。国外佤族至迟到20世纪60、70年代也放弃了这一习俗。佤族猎头习俗的消失过程中，经历了一个由猎头到买头、借头、刻木雕人做替身，再到用牛头、猴头等动物头颅代替人头，最后完全放弃的过程。与此相伴随，木鼓蕴涵的神圣性也在逐渐淡化，木鼓已变成为佤族传统文化的一种象征符号，在一些旅游景点和表演场所虽然不时传来木鼓的声响，但它已失去了祭神和战斗的意义。砍牛尾巴等一些充满血腥和暴力的宗教活动也已慢慢淡出。从这些情况来看，佤族的传统文化在逐渐改变，正处于一个文化转型的时期。佤族的传统习俗对于学术研究的价值无需赘言，但在进行学术研究的同时，能否对佤族社会的现代化进程提供一些可能的帮助和借鉴呢？这不但应该是可能的，而且是必要的。

我们知道，佤族社会对外来的文化往往持一种排斥的态度和抗拒的心理，对现代文明的接受较为困难。这除了生产力水平低下的主要因素之外，还受传统文化的影响和制约，以及特殊的地理环境因素导致的偏僻闭塞状况所决定。历史上佤族与其他民族的交往就不多，仅仅局限于周边世居的少数民族，受中原汉族文化的辐射和振荡较少，呈现出一定的自闭状态。加之其他民族慑于对佤族猎头习俗的恐惧，对佤族社会生活的实际情况了解较少、知之不多，所以佤族社会对于外界而言，更多涂抹着的是一种神秘的色彩。

新中国成立以后，特别是民主改革以后，国家对佤族地区的投入和帮助很大，但佤族经济社会的发展除了社会制度发生了翻天覆地的变化之外，生产力水平的提高和进步与预期结果差距较大，传统的思想观念和社会生活习俗还基本保持着原来的状态。改革开放以后，随着社会主义市场经济体制的逐步建立，商品意识和市场观念逐步进入佤族地区，对佤族群众的思想观念产生了较大的冲击和影响。但是，佤族地区特别是西盟佤山传统的思想文化和生产、生活方式还与社会主义市场经济体制要求格格不入，呈现出一种矛盾和困惑的状态，这虽然是社会转型和文化转型时期的一个共同特点，但佤族对外来文化的抗拒和排斥显然比其他民族要突出得多。这不是说国家对佤族地区的帮助错了，也不是说佤族群众没有现代化的主观需求，而是说明了一个民族社会政治和文化转型的艰巨和不易，需要我们更多的投入与帮助，需要我们做好长期努力的思想准备，佤族地区的现代化建设绝不是一蹴而就的事情。

佤族猎头习俗的革除，经过了一个先由佤族周边地区后再到中心地区的过程，特别是中心地区猎头习俗的革除，在政府的严格禁止下，只经过了短短的不到二十年，就基本取得了成效。这从另一方面充分说明外来文化对佤族地区的影响虽然有限和缓慢，但也是客观存在的，特别是对周边佤族地区的影响更为巨大和明显；说明了先进的科学技术知识在革除落后的社会生活习俗中的积极促进作用；说明了政府在帮助佤族地区经济社会发展过程中的巨大影响力。在佤族社会现代化建设过程中，外来文化影响的作用力无疑会进一步凸显，特别是随着周边民族经济社会的发展进步，佤族群众的思想观念将会发生深刻变化，商品意识和商品经济、市场经济的观念会逐步得到培育与树立。随着教育、卫生事业的发展，科学技术将会进一步得到推广和普及，一些有碍身心健康和社会进步的陋习将逐渐进一步革除。当然，在这一过程中，政府的正面倡导和积极努力是必不可少的重要因素。只是在帮助佤族地区谋求经济社会发展进步的同时，如何更好地保存、发扬佤族传统文化中的积极因素，注意佤族民族文化的保护和弘扬，又是我们应该思考的一个重要问题，因为社会的进步发展和现代化的进程不是以民族文化、传统文化的消亡为代价的，现代化建设必须与民族的实际相结合，必须以与民族文化的保持和发扬为基本前提。这也就是现代化进程中民族文化的保护和文化的多样性问题。

注释：

[1] 孟子·梁惠王上．

[2] 詹·乔·弗雷泽著，徐育新等译．金枝［M］．北京：中国民间文艺出版社，1987.930.

[3] 凌纯声．云南卡佤族与台湾高山族的猎首祭［J］．考古人类学刊，1953（2）．

[4] 刘稚，秦榕．宗教与民俗［J］，昆明：云南人民出版社，1991.81～82.

[5] 艾扫口述、邱锷锋整理．佤族历史故事"司岗里"的传说［J］．佤族社会历史调查（二）［M］．昆明：云南人民出版社，1983.

[6] 西盟县岳宋佤族社会经济调查报告［R］.1957.

[7] 西盟县翁戛科佤族社会经济调查报告［R］.1957.

[8]［14］云南省澜沧拉祜族自治县雪林区佤族社会经济调查［R］.1988.

[9]［11］王胜华．西盟佤族的猎头习俗与头颅崇拜［J］．中国文化.1994（1）．

[10] 罗之基．佤族的人祭及其革除［J］．民族学研究（六）．北京：民族出版社，1985；
罗之基．佤族社会历史与文化［M］．北京：中央民族大学出版社，1995.337.

[12] 文华，杨国才．佤族女性气质与女性角色的建构［J］．内蒙古师范大学学报（哲学社会科学版）.2002（4）（增）．

[13] 罗之基．佤族社会历史与文化［M］．北京：中央民族大学出版社，1995.338.

（作者单位：思茅师范高等专科学校）

对佤族猎头习俗的历史认知与释读

对佤族猎头习俗演变及
革除的调查与反思

刘 平

佤族猎头习俗是佤族古代社会沿袭下来的一种宗教祭祀习俗，1958 年以后，猎头祭谷（一说猎头是为了祭木鼓，"木鼓本身是鬼，是保寨子平安的"；又一说认为木鼓是"神通之器"，一敲木鼓，所崇拜的对象就来了，砍头是祭祀这个对象的，这个对象是"木依吉"[1]）的习俗已成了历史的陈迹。我于 2006 年 8 月到云南西盟县岳宋村考察其民风民俗，看到人头桩作为佤族文化的历史遗迹仍伫立在寨子中，但人头桩中装的是人头的模具，不再是血淋淋的人头；在岳宋村的"鬼林"和西盟县司岗里村庄考察时，发现在祭祀的地方都有木刻雕人，木雕人的毛发用棕制作，眼睛和牙齿用白石头镶嵌；木鼓曾是佤族的通天神器，现在仍保留在寨子中，只是不再用人头祭献木鼓，人祭被革除，但血祭仍部分保留，比如今天西盟地方仍保留着剽牛习俗，仍用牛头祭献木鼓，牛头作为牺牲祭献给木鼓和神灵，牛头同时又上升为佤族的神灵，受到佤族的崇拜。在考察过程中，我们也发现对年轻的佤族一代而言，剽牛可能更多的是一种消费行为，木鼓也许更多地被理解为娱乐、歌舞的伴奏乐器，但历史是无法割断的，我们想知道，阿佤人对原有传统在保留与革除之间进行着什么样的文化选择？经历了什么样的文化历程？今后又将向何处去？基于这一疑问，我认为有必要对佤族猎头习俗的演变和革除过程，进行一番文化上的梳理，以期对佤族文化的进步机制有进一步的探索。

佤族猎头习俗到底是从什么时候开始的，谁也说不清，从各种起源说来看，佤族猎头习俗由来已久，其本身也有一个演变过程。从最先的武装猎取活人头血祭到购买活人头血祭，慢慢变为借头骷髅、刻木雕人做替身代替猎头血祭，人祭不复存在而演变为部分的血祭（主要是以剽牛为特征）和物祭，这其中经历了什么文化历程呢？

为了便于分析的方便，我借文化概念的两层结构来进行分析。文化具有表层结构和深层结构，表层结构是随经济基础变化而变化的体制文化，其实质是一种意识形态，它同政治、经济的发展相适应。深层结构反映不同民族文化的根本特质，即本尼迪克特在《文化模式》中所说："文化是通过某个民族的活动表现出来的一种思维和行为模式，一种使该民族不同于其他民族的模式。"[2] 文化深层结构既是一种思维和行为模式，同时还包括民族信仰和价值趋向等。在这两层文化结构中，表层结构在文化变迁中起保护层的作用，保护深层文化核心不被摧毁，而深层文化核心具有相对稳定性，会面临不同的挑战并对此作出积极回应。

基于上面的分析，我认为"猎头"这一野蛮、血腥的行为本身属于佤族猎头习俗的表层结构，它是由特定的社会经济结构决定的，最终决定于当时的生产力水平，随着生产力水平的提高，"猎头"手段本身也会不断发生变化。如前文所述，"猎头"经历了大规模的武装猎取到偷猎路头和购头，由活生生血淋淋的人头到死人头和头骷髅，由真人头到人头的符号和象征即木雕人，说明其表层结构会随经济基础的变化而不断变动，但是佤族文化的深层文化心理则会沉淀下来，形成相对稳定的文化深层结构，猎头习俗的深层结构与佤族特有的"万物有灵"观、灵物崇拜和头颅崇拜有关，如果再深究下去，则与宗教所特有的求生存、求发展的终极精神追求有关，这些深层文化心理不会随表层文化的不断变化而消失，相反，表层结构的不断变动正是为了保护深层结构的稳定，时至今日，佤族地区仍保留着剽牛习俗，我就认为是原有传统的深层文化心理与当代表层文化之间的一种调和。虽然今天看来剽牛的宗教色彩日益淡化而成为一种单纯的消费习惯，但通过调查我们发现，佤族对牛的感情与别的民族不同，佤族人崇拜牛，把牛当做财富和权力的象征，这其实就是猎头习俗的深层文化心理的存留。我们知道，剽牛原是作为猎头习俗的副祭仪而产生的，是在猎头——迎头——祭头——送头这四个环节中的"送头"环节进行的祭仪，佤族民众对牛所赋予的文化意义仍沉淀着猎头习俗中"人头"所代表的宗教意义。

佤族文化曾经历过"一跃跨千年"的奇迹，而今它又面临追求现代化而伴随的文化转型，今天，它要以什么样的姿态与别的民族进行文化交流与对话，怎样以自己特有的优势去让世人发现它的光芒，在传统与现代之间，在民族特色与文化进步之间，佤族文化又该进行怎样的调适和选择呢？本文力图通过在猎头习俗的演变及革除的文化反思中寻找答案。

一、对佤族猎（活人）头血祭习俗的文化原因分析

佤族先民是以氏族、部落为生命存在的实在性单位的，"部族的生存主要依赖于内部的和谐安宁及与其他部族之间划清界限"，[3] 那时人自身的初步意识中，我与"我们"是等同的，用我们今天的观点来看的由许多个人所组成的人类最

167

初的共同体，首先就是由血缘关系所形成的氏族。在这种观点中，原始人最初是没有个体意识的，也就是说个人还不能把自己同周围的他人区分开来，他们是作为一个整体的集体生命存在，所谓"原始共产主义"不应把它误解为有个体意识的原始人在集体主义觉悟下的一种自愿结合的社会组织形式，而是人尚处于个体意识蒙昧状态下的一种半自然性的人类共同体的结构形式，在强大、威严的大自然面前，原始人是不能以个体的方式生存的，因而也就不会有个体意识。佤族先民不但无法区分自我和他人，他们也无法把自己同周围的一切区分开来，"万物有灵"，人"灵"同在，各种灾难皆因得罪各种精灵，为了求得神灵宽恕，就必须祭献牺牲，以贡物来表达虔诚，人的贡物越贵重，从神那里得到的补偿越多，贡物是人神之间实行互补的媒介物，而人头是最高等级的牺牲，最受神灵欢迎，所以必须猎头。

以上分析说明，从文化表层来看，佤族猎头习俗所表现出的血腥、残酷，正是佤族先民物质生活环境的残酷性的写照，与他们的生存条件密切相关。马克思说："宗教是被压迫生灵的叹息"，[4]同样，佤族原始宗教是佤族在沉重自然力压迫之下的哀叹，反映了他们在大自然面前无奈、屈从和卑微的地位。他们在猎头仪式中的迷狂反映了佤族先民对死亡的恐惧与生的希望之间的无力掌控。佤族先民正是通过猎头这种既恐怖又兴奋，既充满绝望又满怀希望的特殊仪式来求神驱鬼，人从这种走上神坛的被迫使的压抑体验中来体会一种生存意识。从文化深层来看，佤族文化中的"万物有灵"观和头颅崇拜、灵物崇拜，一经产生，便有了某种宗教的意义，是对终极世界的追问，它沉淀为一种民族信仰和价值趋向。由于原始社会生产力极为低下，物质生活极其贫乏、思维能力很低，因此原始人不可能认识到世界万物存在的原因，但又企图对这种原因作出种种解释，因此就只能用神话幻想来代替真实的联系，用神秘的观念来解释一切，把人类具有的初步自我意识赋予万物，用万物有灵的观念来解释一切现象的存在和变化，并把万物的"灵"作为一种异己的神秘力量来加以崇拜。

头颅是一个人生命和灵魂的象征，他们认为猎头可以增强部族的活力和生殖力，或为复仇而安慰死者的亡灵。血迹具有神秘的灵物意义，可以把人的神秘特性转移给谷物，可保持土地肥沃和丰饶。我之所以说这些观念代表对终极世界的追问，是因为以上观念中包含着对生命和人类生存下去的几乎所有问题的追问。比如说"万物有灵"观是对人与自然关系的追问，灵物崇拜和头颅崇拜是对生命本身的追问，这些追问到今天仍没有结束。今天我们透过佤族猎头行为本身仍可以看到其行为背后的强大心理功效——重建平衡和构建和谐。表面上是祭献牺牲以确保神灵善意关照，从内心深处来看其实是一种重建平衡的执著努力。

由上观之，我们就可以理解为什么佤族先民猎取活人头的来源主要是以部落为单位进行的血族复仇和武装械斗，这是因为，首先，别的部落是本部落起码生存条件的竞争者，为了本部落的生存，为了争夺生存资源，就不可避免地要进行征战和械斗。其次，猎头血祭、祈求神灵大多是在人畜不安的情况下发生的，是不得已的。在原始先民观念中，人畜不安是因为人的生产生活、挖掘土地等行为触怒了神灵，所以需要寻求宽恕，禳灾避难，要用人头祭献神灵，既然外部落是本部落的敌人，因而就是"恶"的象征，也就顺理成章地成为他们转移灾难的替罪物。以上文化原因皆属于其文化表层结构。一旦猎获人头后，人头变成神灵后，人们又要用猪、牛等作为牺牲来祭献人头，在娱神、媚神、祭神的过程中，人们通过祈祷也得到了精神释放，寄托一种精神追求，在远古时代，人们在无力抗拒大自然，无法理解生老病死的原因，对死亡毫无办法的情况下，先人们表现出的这种不甘屈服的精神，这种倔犟的民族意识和民族心理，至今仍令人感动和惊叹！正是以上文化深层的积淀，才衍生出我们今天以歌舞等形式来自娱自乐和轻松的艺术享受。

活人头的来源除了血族复仇、武装械斗外，还有偷猎"路头"和"购头"两种方式。偷猎的"路头"是外寨子的人头，有时也有本寨子的熟人误入他们设好的埋伏圈中，这时他们就会说："你太冒失了！"然后放走熟人。至于"购头"，一般是购买奴隶的活人头。关于奴隶的人头供砍头之用的起源，在《司岗里》中是这样说的：很久以前西盟马散有一位叫克列托的人。他某次外出时，妻子普托与养子岩朗通奸，然后便卧床不起，他求助于魔巴，魔巴让他制作木鼓，木鼓不响，魔巴遂教他照妻子的生殖器凿鼓槽，木鼓仍不响，魔巴便暗示用养子的头来供祭祀才行，据说自此以后，佤族人才开始猎头制造木鼓，也开始用砍奴隶的人头来祭献神灵。在这一传说中佤族猎取奴隶的人头借助了"阿佤理"（养子与养母通奸不符合阿佤理）的力量。后来的奴隶被出卖供砍头之用，则因为偷东西、干劳动不好或不讨主人喜欢，这其中靠的是传统和托词。"购头"是比血族复仇、武装械斗更为安全、更少代价的猎头方法，是对长期血族复仇的惨痛后果进行反省的结果。在这里，原始祭祀的血腥、残酷在规模上得到了遏制。

据说佤族先民原先用死人首级祭谷，后来发现活人首级更为灵验，才形成了猎头习俗。或许是因为佤族用活人头祭谷之后，刚好自然气候起了变化，农业获得了更大的丰收，于是本来不相干的东西被人为地联系在一起，他们认为是用活人头祭献才获得了更大的收成，并逐步把这一做法固定为一定的宗教仪式活动。

虽说佤族先民认为活人首级更为灵验，但同时盗取墓中首级仍是猎头的一种方法，最初当然是一种退而求其次的权宜之计，但由于活人头越来越难猎取，而

且更重要的原因还是人们的实践能力、认识能力的提高，人们的观念渐渐改变，随着社会的发展，人们渐渐用头骷髅代替了活人头血祭。

二、死人首级、木刻雕像代替活人头血祭的文化原因分析

大规模血族复仇、武装械斗以满足猎头之需，这种做法还与原始人的食人风俗有关。[5] 随着社会的发展，人们开始以购买奴隶人头来猎头祭谷。从社会经济形态上分析，大规模武装猎取活人头血祭对应的是氏族社会，购头血祭对应的是由原始社会向阶级社会过渡的时期。在这一时期，奴隶与主人的人际对抗尚不明显（佤族把奴隶叫做"养子"便可说明这一点），奴隶的头是不能轻易砍的，这样佤族的文化深层结构中的头颅崇拜就必然要求文化表层再作相应的调适，因此他们就只好用头骷髅作为活人首级的替身，这也是深层文化对表层文化受到冲击而作出的回应。如果说原始宗教中对神灵的迷狂、无奈，恰是以巨大血腥的物质祭献为特征的话，那么宗教世俗化进程则是以某种象征意义的物质替身作为物质祭献来完成的。从文化深层来看，由于摆脱了物质祭献所具有的那种神与人之间物物交换的关系，使宗教礼仪更加符号化和象征化，赋予了宗教礼仪更高的精神性。佤族社会"一跃跨千年"的特殊进程越过了阶级社会中人为宗教带来的阶级压迫，使原始宗教所具有的这种血腥避免以阶级压迫的形式表现出来，使其文化表层也越过了一些中间阶段，由原始迷狂直接走向了现代文明，中间避免了阶级社会人为宗教带来的血腥和压迫，为原始宗教的深层文化结构得到某种质的提升提供了某种可能。需要说明的是，据有关资料，我们发现，在猎头习俗的传说中还有一说认为，猎头祭谷不是佤族固有的习俗，而是外族人教给他们的。现在佤山就流传着一个有关诸葛亮入滇教阿佤人砍人头祭谷的故事。这一传说从阶级社会的眼光来看是有道理的，只是这种阶级压迫是以民族压迫的形式反映出来罢了。从这一角度看，由武装猎取活人头血祭到购头血祭，再到用头骷髅和木雕人做替身代替猎头血祭的过程，其文化表层的不断变化，是佤族同胞对民族压迫进行反抗的结果。

三、几点结论

第一，原始宗教的信仰特征与人为宗教不同，猎头习俗在今天看来十分血腥、残酷和野蛮。如果深入研究之后，你会发现，这其实恰好是原始先民们残酷生存条件的写照，与其生存的自然条件的恶劣程度相关，表明了人类祖先在生存早期与大自然英勇斗争的过程中付出的惨重牺牲和代价。在物竞天择、野蛮洪荒的时代，人类在大自然面前并不比某些动物有优势，由于无力与大自然和凶猛野兽相抗衡，他们的生存表现出被动、屈从、卑微、迷狂的心理状态，这种心理状态也不能从我们今天的视角去看，认为其无知、懒惰、消极，只要我们把视角拉回到佤族先民生活的条件下，从其神话传说中的英雄崇拜便可以看出，佤族先民并非在大自然面前一味顺从或逃避，而是以大无畏的精神与自然力相斗争。由于当时的生产力水平低，这一过程是以集体的力量进行的。在这一过程中，佤族"万物有灵"观说明他们的意识状态尚处于人神不分、人神共在的一种原始混沌意识。后来他们认为各种神灵各司其职，说明他们对神灵有了进一步认识，懂得对神的世界按神对人的功能来划分，佤族认为各种神灵之间又互不统辖，无等级之分，说明他们还无法对世界的总体性进行统一的把握。隐约中我们又发现，佤族认为木依吉神（"木依吉"是佤族宗教观念中最大的鬼，佤族神鬼不分）是最大的神，至此，神有了等级，人与神区分开来，神成为人的主宰，人必须对神顶礼膜拜，原始宗教的迷狂取代了原来为生存或者说由于个体意识的混沌而带来的迷狂，这时的迷狂与前面的迷狂不可同日而语，前面是一种集体性的迷狂，是为生存而奋争的迷狂，心理状态是积极的，而此时的迷狂是对神灵和人本身无力调和而处于一种精神上的两难：一方面，从人神共在到人神分在的发展，使得原始人能意识到个人同自己生活于其中的集体的差异，二者有了区分并同时分裂为二，这时人的文化意向就必然通过集体对个体作用的方式，如指令、诫命、训谕、吉凶呈示以及后来的教条、教规等表现出来，这样大规模的氏族械斗就让位于对奴隶的"购头"行为，人作为一个整体与大自然对抗的同时，开始出现人与人之间的对抗；另一方面，由于最高神的出现，神和人之间有了等级，人在战胜大自然过程中的主体性的提升又迷失在最高神的崇拜之下，原来对大自然的崇拜和畏惧就不但是一种心理状态，而且也成为人神关系的社会性质。

第二，原始宗教主要受自然力的压迫，所以其崇拜对象的社会属性不鲜明。砍奴隶人头按"阿佤理"行事，有传统和一些托词做支撑，从整体看，全体成员之间是平等的，人际关系中较少对抗的因素。佤族社会"一跃跨千年"的特殊历程，跨过了私有制和阶级剥削，使佤族猎头习俗中刚刚开始的砍奴隶头颅所带来的人际对抗被化解了，于是代之以头骷髅和刻木雕像。用头骷髅代替活人头血祭谷神，应该说是一种过渡，直到过渡到用木刻雕像来代替猎头血祭，使佤族的宗教祭祀活动中的物质祭献只起到一个象征的作用。至此，从表层看宗教的色彩越来越淡化，作为祭祀活动中的祈祷和歌舞，也可理解为人们自娱自乐的手段而已。但从深层来看，宗教礼仪的符号化和象征化，使宗教越来越回归到人的精神领域，提高了宗教的精神层次，人们借木刻雕人来祭祀祈福，内心深处充满了求生存、求发展，追求美好生活的精神向往，而歌舞可以使人得到一种精神释放，是民族生存的呼号，也是取得民族认同的象征。

今天，值得关注的是，由于历史跨度过大，佤族猎头习俗中的文化表层经过一系列的演变之后，文化表层的变化过快，可能带来佤族文化深层的某种迷失。此外，由于佤族地区长期以来经济社会发展迟缓，文化基础薄弱，原有传统中的深层文化结构未能得到质的提高，会有一些文化惰性，表现出原有传统与当前表层结构之间仍存在一定张力。一方面要保持民族传统，另一方面又要对其原始宗教中与时代不符的文化心理进行整合，这需要文化创新，一个猎人头和刀耕火种的民族走到今天，要进行文化创新谈何容易。据说当年毛泽东问他们：不猎人头行不行？毛泽东想为传统找一个替代品。如今他们的习俗已经从活人头到死人头，再到木刻雕像，最后退到一头牛了（现在仍保留着剽牛习俗）。依我看来，牛作为一个活生生的生命，一个原始的、流动着血脉、跳动着肌腱的生命，作为传统的牺牲又带给今天的佤族什么样的文化体验呢？在被礼赞的英雄与被捆绑的牛之间，在活生生的血与心灵深处渴望的对象之间，在欢呼与压抑之间，在生与死之间，在迷狂与理性之间，在传统与文化进步之间，在文化与文明之间，佤族同胞进行着什么样的艰难选择，我们同佤族同胞一道仍需要思考。

注释：

[1] 云南省编辑委员会编. 佤族社会历史调查(二)［M］. 昆明：云南人民出版社，1983.32.
[2] 本尼迪克特. 文化模式［M］. 杭州：浙江人民出版社，1988.45~46.
[3] 珍尼·理查森·汉克斯，刘晓红译：文化的解读［M］. 昆明：云南大学出版社，2002.291.
[4] 马克思恩格斯选集（一）［M］. 北京：人民出版社，1972.2.
[5] 王胜华. 西盟佤族的猎头习俗与头颅崇拜. 中国文化［J］.1994，（9）.

（作者单位：思茅师范高等专科学校）

魔巴与佤族传统祭仪

李娅玲

佤族是一个充满神秘色彩的古老民族，其宗教信仰是万物有灵的原始宗教。佤族认为"万物皆有灵，祸福皆由鬼"[1]，崇尚鬼神，重祭祀，信奉笃深，对其政治、经济和文化影响深远。佤族不论做任何事情都要告知鬼神，一切灾祸都要"做鬼"求助，在解决人与神关系的过程中产生了众多的传统祭仪，传统社会生活中宗教祭祀活动十分频繁，宗教活动主持人"魔巴"与祭仪如影随形，对佤族社会生活特别是精神生活起着举足轻重的作用，是佤族民族文化的重要组成部分。本文拟对佤族魔巴的产生、性质和职能、传统祭仪及其文化内涵以及二者的关系、社会文化功能等问题进行粗浅的梳理和探讨，以窥探魔巴和祭仪在佤族社会生活中的地位、作用和影响。不当之处，敬请指正。

一、魔巴的产生、性质和职能

魔巴，佤族民间巫师的名称，是拉祜语的译音，佤语称"教气艾"、"奔柴"等，意为"祭鬼神的人"，是佤族宗教活动主持人，被视为人与鬼神之间的沟通者。[2]魔巴是在佤族原始宗教的发展过程中逐渐产生的。

佤族生活在崇山峻岭之中，长期处于刀耕火种的原始农业阶段，社会生产力极其低下，认识和改造自然的能力相当有限，无法理解和科学解释诸如风雨雷电、酷暑严寒和生老病死等自然现象，无法摆脱自然和疾病所带来的威胁和灾难。"自然界起初是作为一种完全异己的、有无限威力和不可制服的力量与人们对立的，人们同它的关系完全像动物同它的关系一样，人们就像牲畜一样服从它的权力"。[3]所以佤族的先民们就对这些自然现象产生了恐惧和疑虑心理，认为在自然界的万事万物背后都存在着灵魂或鬼神等[4]，鬼神主宰世界的一切，会给人们带来安危祸福。为了求得自身的平安，必须祈求灵魂、鬼神的保佑，由此形成了以万物有灵为核心的原始宗教信仰。

据说，佤族祖先从"司岗"（石洞）出来后就有了魔巴，实际上"在原始宗教产生和形成的阶段，是没有巫师的"[5]，当时的宗教活动很简单，没有专人从

173

事祭祀活动，佤族先民们为了自身的生存繁衍，随时随地直接向众神灵祈祷和祭祀，他们都是虔诚的信仰者和宗教的具体执行者。由于原始宗教的不断发展，崇拜对象日益增多，祭祀活动日趋频繁，才逐渐由年长者或氏族长窝朗从事较多的宗教祭祀活动。随着社会经济、社会分工的日益发展，原来由氏族长兼任的祭司（巫师）已经不能适应经济生活和宗教祭祀活动的需要，于是产生了宗教祭祀专职人员。尽管在反复多次的宗教祭祀活动中，人们的主观愿望难以兑现，但总有某些偶然的巧合而灵验了，达到了一些预期目的，佤族先民们便认为这些宗教祭祀活动主持人具有特殊本领，这种特殊本领是鬼神所传授的，他们具有与鬼神交往的神秘能力，被要求从事更多的宗教活动，这样魔巴便应运而生了。

担任魔巴的条件是会做鬼的男性[6]，即熟悉佤族（家族）的历史和现状，能把人类从"司岗"出来直到现在的历史讲（唱）清楚，知道的"阿佤理"（佤族习惯道德规范）最多，会主持各种宗教祭祀活动，能占卜吉凶、驱鬼招魂治病、"神明"裁判。产生过程为：愿意做魔巴的人，在做鬼的场合注意倾听和学习[7]，参与宗教活动实地体验，学会了做小鬼（一般的宗教活动）的祭词（咒语）和仪式后，被别人请去做鬼，经过一段时间，请去做鬼的人家逐渐增多后，就被大家公认为小魔巴了。在长期的宗教活动中通过跟随大魔巴做鬼，学会做大鬼（重要的宗教活动）的祭词（咒语）和仪式后，便可以做大鬼。所有做鬼的祭词（咒语）和仪式都学会后，常被请去主持重大的宗教活动，就被大家公认为大魔巴了，大魔巴一般是老人。大小魔巴之间没有统辖关系，一般每个村寨都有魔巴（大小魔巴的数目没有定额），由其负责本村寨的做鬼；魔巴之间也没有明确的分工，任何魔巴只要会做鬼，什么鬼都可以做。魔巴做鬼一般没有特别报酬，只能吃到做鬼的饭菜，做大鬼时可分得若干钱、盐或谷子。[8]

综上所述，佤族的魔巴非世袭，而是大家公认；魔巴没有完整固定的传授制度，主要靠自己的模仿和学习掌握做鬼的知识，不需要任何仪式和手续；区别大小魔巴的标准是掌握做鬼知识的多少和执掌宗教祭仪的大小；魔巴的影响局限于以血缘或地域为联系的社会群体，如氏族、部落和村寨等。魔巴具有两面性，一方面从事生产劳动，与群众是平等的关系，无特权，同普通人一样具有共同的社会属性，但在群众中有一定威信；另一方面又能通神，负责主持宗教祭祀活动，既是神的代言人，是鬼神对人们现实生活的支配者，通过占卜看卦下传神旨，又是人的代言人，通过念咒祭献上达民意，禳灾除难，是人神世界的使者。总之，佤族社会还没有出现脱离生产劳动的宗教职业者，魔巴也尚未分层，没有分成专职掌管祭神活动的祭司和施行各种巫术的巫师，而是兼具祭司和巫师两种职能。魔巴的主要职能就是协调人与超自然的鬼神之间的关系，实质是协调人与自然、人与人的关系。

二、魔巴与传统祭仪

祭仪是"活动中的宗教"，是基本的宗教行为，是谋求人神共存和沟通二者意志的手段，是人神关系的行动的总和。佤族原始宗教信仰鬼神众多，"无物不有鬼神"，为了获得神灵的庇佑，趋福避祸，佤族先民们通过各种祭仪来通神、事神、娱神和媚神，导致社会生活中产生了大量的宗教祭祀活动，既有全寨性的宗教活动，还有许多家庭和个人的祭祀活动，从中派生出许多节日形式和传统。佤族群众的一生要经历若干大小祭仪，是依照祭仪的次第而行的历程，所以生活即是祭祀，祭仪成了佤族社会生活的重要组成部分，积淀着佤族古老的历史文化。

佤族各地的传统祭仪在内容和形式上大同小异，大体上可分为年中行事和人生礼仪两大类，其中蕴涵着深厚的文化内涵，也凸显出魔巴的主要职能。

年中行事一般指一年之中，随着季节、时令的变换，在人们生活中所形成的不同的民俗行为和传承[9]，也是一年中定期（固定的）或不定期（临时需要）的祭祀活动。年中行事是社会的"通过仪礼"，是一种综合的文化事象，隐含着独特的精神和思想，是了解民族文化的重要渠道。与魔巴关系密切的佤族年中行事主要有：

（1）新水节（做水鬼），是佤族一年中的第一个传统节日，也是一年中的第一个全寨性的宗教活动。其来历是为了祭祀水神"翁木"，祈求风调雨顺。佤族认为"生命源于水"，水是万物之源，"不做水鬼就没有水吃，人会死，牲畜会死"。[10]时间是佤历一月初一至初三（相当于公历12月），全寨男子都要出动修水槽，引水入寨。其间，魔巴要带上老鼠干巴、米和鸡蛋等祭品，率领寨民到水源地做鬼，迎接水神回寨，他们认为有了虔诚的祈祷，加上鼠魂、米魂的迎接，水神才乐意回来。新水进寨后，魔巴站在水槽旁，口念颂词，手拿撕成梳子样的芭蕉叶不停地在流水上划来划去，做出给水神梳头的动作，然后用小竹筒接上最神圣的第一筒水，这一筒水用来做全寨人的"神水饭"。接新水仪式完毕后，人们争先恐后冲向水槽接新水和冲洗全身，企盼来年安康幸福。通宵达旦，歌舞不停，表达对水神的敬仰和感谢。

（2）拉木鼓，是佤族一年中参加人数最多、持续时间最长、最神圣、最隆重的宗教祭祀活动，也是一年一度的歌舞狂欢。其来历是为了祭祀"木依吉"神[11]，佤族认为木依吉是创造万物的神灵，是世界的最高主宰，平时住在天上，只有人们敲响木鼓，他才会下来保佑民众或与民众共享欢乐。因此，佤族把木鼓视为通天神器，对此顶礼膜拜，认为"灵魂求于鼓"，只要敲木鼓、祭木鼓，就能消灾灭祸，村寨平安。每个村寨至少有一对木鼓，除节庆、祭祀、战争和报警等重大活动外，平时不许乱动。通常十年左右更换一次木鼓，如果当年寨子遇到天灾人祸，就必须重新砍木鼓祭祀，于是在佤历一月新水节后的几天便开始了选木鼓、砍木鼓、拉木鼓、迎木鼓、凿木鼓、送木鼓、祭木鼓等环环相扣的"拉木鼓"活动，持续一个多月时间。拉木鼓前，先由头人会同大魔巴杀鸡看卦，占卜拉木鼓的时间和新木鼓树所在位置的方向，然后按占卜结果派人入林选定新木鼓的用材树。魔巴要在选定的树旁杀鸡做鬼，占卜鸡卦，然后在树干上围一圈白线。拉木鼓的当天上午，魔巴主持剽牛祭仪，祭旧木鼓。砍木鼓前先向选定的树梢鸣枪射弩，意为驱赶树鬼，然后由魔巴念咒做鬼，向大树砍几斧，随后众人轮流砍树。树倒后精选一段两米左右的树身砍下，两端各凿两个洞，各拴上两根藤索，众人齐心拉回村寨。拉回途中，魔巴骑在树身上，手持树枝唱着拉木鼓的号子指挥前行，不断有人加入其中，边拉边歌舞，欢乐而热闹。木鼓拉到寨边时，全寨男女老少盛装歌舞迎接，木鼓要在寨门外停放 1~2 天，待魔巴杀鸡祭祀后才能进寨。新木鼓进寨时，魔巴把鸡蛋和老鼠干巴放在木鼓下端做鬼，魔巴颂唱"司岗里"的人类史、氏族迁徙史、村寨发展史和拉木鼓的意义，祈求木依吉保佑村寨，咒语念毕，将鸡蛋摔在木鼓下端，意即树鬼已完全被赶走，众人围着新木鼓歌舞。制作新木鼓时，每天都要杀小鸡祭拜，完工后敲响木鼓向全寨报喜，再祭新、旧木鼓后，将新木鼓安放在木鼓房的鼓座上，群众载歌载舞，尽情娱乐。

（3）猎头祭祀，是佤族全寨性的最高敬祭仪式，也是全寨的大喜事，表达对祖先和神灵的极端崇拜。佤族先民认为，头颅是神明和灵魂的居所，是神灵的化身，具有超自然的魔力，是通神的媒介，只有用最高贵的人头祭祀木依吉神和谷魂，谷子才会长得好，人们才会安居乐业，通天神器木鼓才具有灵性，正如拉法格所言："人是神灵最受欢迎的牺牲。"[12]猎头每年分两次进行，一在春播前，一在秋收前，平时有机会也进行，整个祭仪包括猎头、接头、祭头、送头等一系列复杂的程序，一般需要十多天。先由头人、魔巴杀鸡卜卦后，选择吉日去猎取，一般要猎取仇寨的人头，并且有规范化的动作制约。猎头队伍将获得的人头带到指定地点后，首先由头人领着魔巴等人带着米、鸡蛋等迎接人头，恭敬地将米粒、鸡蛋喂入猎取的人头嘴中，表示对人头的欢迎和安慰，接着魔巴酹酒祝词，祈求人头保佑寨子丰收安定。人头送往木鼓房前，老年妇女须向人头哭诉，请求饶恕猎头者和他所在的村寨，抚慰人头[13]，消除负罪感和恐惧感。人头迎进寨子后，在各家流转移祭，在盛人头的竹箩下放些火灰，让血水淋在火灰上，每家象征性地取一撮火灰，播种时同谷种一起撒到地里，祈求五谷丰收。他们认为猎头的血迹具有神秘的意义，浸过人头血的谷种播到地里，生长旺盛，谷粒饱满。最后将人头供在木鼓房里，全寨人跳舞庆贺。

（4）砍牛尾巴，是佤族祭祀木鼓、驱邪送鬼、祈求丰收的全寨性重大祭仪。举祭意义是把供奉在木鼓房里的旧人头送到寨外的"鬼林"，安放在"人头桩"上[14]，并祭送木依吉神回天上休息，是猎头祭祀派生出的祭祀活动。佤族认为猎取的人头和头发永久活着，须砍牛祭灵，祈求被砍头的人的宽恕，否则会受到报复。[15]全寨每年举行砍牛尾巴的次数不限，越多越好，是剽牛、砍牛最多的宗教活动。砍牛尾巴通常在每年的一月至春耕前进行，祭仪全程一般需要十多天，其间最主要的活动是砍牛尾巴抢割活牛肉。砍牛尾巴前要剽牛做鬼看卦，选择吉日。祭祀当天，先由大魔巴率领其他魔巴、主祭者等把旧人头送到寨外的人头桩上，大魔巴杀鸡看卦念咒；送头仪式结束回寨后，将备砍的黄牛拴在牛尾巴桩上，四周围满了手持尖刀准备抢割牛肉的青壮年，远处站满了老人、小孩和妇女。大魔巴念咒作法，一刀砍断牛尾巴，随即将其扔过主祭者的屋脊，于是抢肉者蜂拥而上，叫喊着挥刀抢肉，刹那间，一头活牛便被砍割得只剩下头和骨架了。佤族以抢到的肉多为荣，以抢到的肉少为耻。晚上，大魔巴在主祭者屋里念咒祭鬼，诵唱"司岗里"的传说和部落史、家史，通宵达旦。砍牛尾巴往往是男子汉们表现勇猛、刚强的好机会，也是群体或个体富有的一种体现。

（5）播种节（祭谷魂），是佤族祈盼丰收最神圣的预祝祭仪，在砍牛尾巴后春耕开始时进行，时间在佤历二至四月（相当于公历1~3月），由魔巴选择播种吉日，举行祭谷魂仪式，宣告一年一度的播种开始。佤族先民认为谷物具有灵魂，为了使谷魂归附到谷种上，保佑播下的谷种发芽出苗，要祭谷魂，而各种动物之魂居于动物的头部，所以用人头、鼠头等敬祭谷魂[16]，由头人最先带头播种，然后各户才到自己地里播种。晚上，全寨人聚饮歌舞狂欢，预祝今年有好收成。

（6）取新火节，是佤族全寨性"灭旧火换新火"、祈求火神"莫伟其"保佑平安，免遭火灾的祭仪，一般在佤历三、四月（公历2、3月）进行。佤族认为火是万物之灵，已经点燃了一年的火，是"旧火"，是"灾难和不幸的根源"，因此换了年月后，也要换新火[17]，否则，会受到火神的惩罚，人们不得安宁。先由魔巴杀鸡看卦选择吉日，然后通知各家熄灭火塘，魔巴率领部分寨民背着各家熄灭的火炭和一头小公猪，送到寨外，埋掉火炭，表示消除灾星，再将小公猪放归山林，祭祀火神。清除旧火后，进行取新火仪式，取新火的地点和方式各地不一，但都是摩擦取火。新火种取回后，先在头人家生起大火，魔巴念咒祭祀后，各家取新火种到自家的火塘里，火塘里的火种一直要保留到次年的取新火节，不得熄灭。晚上，全寨人围着新火种点燃的篝火，饮酒歌舞，庆祝新火种的诞生，祈求火神保佑六畜兴旺、谷物丰收；老人们讲述"司岗里"取火故事，传授防火知识。

（7）新米节，源于佤族对谷魂的崇拜和敬祭[18]，佤族认为谷物收回家后，还要把它们的魂叫回家才好，能保证来年农作物丰收。由于各地气候的差异，谷物成熟时间不同，所以新米节没有统一的时间，一般在佤历九至十月（公历8、9月），各家根据自家粮食成熟情况，选择吉日进行，共同点是谷物已经开始成熟，需要尝新，"招谷魂"、"祭谷魂"，宣告农作物收割开始。新米节这天，主人备好酒菜，请魔巴或老人在家等候，自己到地里选割部分新谷回家，将一束谷穗挂在门上，表示招谷魂进家。其余新谷做成新米饭，先请魔巴祭谷魂，再献祖先，祈求神灵、祖先保佑丰收安康。晚上，人们围着篝火载歌载舞，欢庆佳节。此后，人们便可开镰收割。

上述佤族的年中行事以神性联结着人类和自然，充满着浓厚的"唯神"、"唯农"意识，紧紧围绕着春播、秋收四季更替、周而复始的农事活动形成了一套非常古老、完整的祭仪程序，且大都有神圣性的解释，基调是人对神灵的祈求，核心是祈求神灵保佑、祛灾除害、丰收安康，具有崇神、尚武、歌舞等明显特征。这些祭仪客观反映了佤族先民祈求与自然和谐相安的心理，具有强烈的现实性和功利目的，充分表达了对美好生活的向往和执著的追求，其中蕴涵着深厚的文化内涵。

水对于生活在崇山峻岭的佤族而言，具有生命的意义，所以在佤族的自然崇拜中，膜拜水居于首位，一年的祭仪首先从祭水神开始，祈求水神赐给村寨永流不涸的清泉和来年风调雨顺。火在佤族生产生活中占有重要地位，出于对火的畏惧和崇拜，产生了取新火的祭仪。他们坚信只有取新火，迎新火，才能谷物丰产、六畜兴旺，并且视家中火塘以及与火密切相关之物为神圣，其中也反映出重视防范火灾隐患的良好习俗。

拉木鼓、猎头、砍牛尾巴三者紧密联系，主要围绕着祭祀木依吉神和谷魂而展开，佤族先民们作出了某种合乎逻辑的解释，其中具有很强的内在联系：据"司岗里"传说，佤族先民在迁徙过程中，洪水泛滥，木依吉神对人们说如果砍头祭神就不让洪水涨，否则就五年涨一次洪水淹没大地。佤族不愿洪水泛滥威胁人类，因此就砍人头祭神。从此洪水不涨，人类避免了灭亡灾难。佤族从此供头、剽牛，谷子才长得好，小红米也长得好，做的饭也好吃，种的地都好。接着就砍木鼓、砍牛尾巴，以后佤族就过得好了。[19]这些较野蛮、残酷的祭仪有其存在的合理性，是在低下生产力水平和思维能力的历史条件下，佤族先民与强大的自然界斗争过程中极端软弱而求助于神灵的产物，是原始宗教信仰的需要。他们从比较落后的原始思维出发，相信猎头祭祀神灵是神的旨意，是神圣之举，能保佑村寨六畜兴旺、五谷丰登。在拉木鼓、猎头、砍牛尾巴等祭仪中，木鼓、人头、人头桩和牛尾巴桩具有祭品和神灵的两重性，祭祀木依吉神的木鼓成了村寨（部落）的灵魂和象征，但凡祭祀、农耕、军事等一切重大社会性活动都围绕着木鼓展开，极富鼓动性和感召力；猎取的人头一旦用于祭祀，便成为村寨的守护神，受到极大的尊重和崇拜，剽杀牛猪祭献人头，猎头牺牲转变了神灵的替代物，而人的神秘特性转移给了谷物；陈列头骨的人头桩作为村寨的守护神永久地供奉在鬼林，使鬼林成为佤族心中的圣地；通过砍牛尾巴祭祀，牛尾巴桩附上了灵性，变成了通天通神、镇宅辟邪、护佑屋主的灵物。总之，拉木鼓、猎头、砍牛尾巴充分表现出佤族先民对各种神灵的崇拜、敬畏、愿望、情感和要求。

播种节和新米节是佤族先民把农作物生长过程想象为人的生育和灵魂转生，因此播种和收获时都要为之祭魂、招魂；它将农耕生产神圣化，从中产生出重农的思想，对谷魂的崇拜，也是对劳动的崇拜。

人生礼仪，指围绕着人的生命历程中的关键时刻（时段）而形成的一些特定的仪式活动，目的是帮助（标记）人们顺利度过这些关键时刻，完成人生角色的转换[20]，是人生的"通过礼仪"。佤族群众认为魔巴是幸福平安的祈求者和保护者，所以婚丧嫁娶、生老病死都要请魔巴杀鸡看卦做鬼。[21]其中最重要的是丧葬仪式，成为佤族生活中的一件大事。佤族有"记死不记生"之说，不大重视人的出生时辰，人的生日可以不必记住，但其死日却要牢牢记住，他们非常重视丧葬仪式，认为这关系到活人魂和死人魂的妥善协调，关系到子孙后代和村寨（部落）的吉凶祸福，若对死者的后事处理不当，会给子孙和村寨带来灾祸，所以生者要给死者以恩惠，让他高兴离去，永远离开活人，让活人的灵魂从死魂的纠缠中解脱。

佤族对死者视"永孟姆"（正常死亡）、"永早敖"（非正常死亡）不同情况进行土葬。通常将永孟姆者放置在家数日，从死到埋葬，家人哭泣哀悼，请魔巴宰杀猪鸡做鬼，举行祭祀活动。德高望重的头人或老人去世，还要剽牛、跳舞，表示哀悼。佤族认为人虽死了，但灵魂不死，它到另一个世界后同样离不开歌舞，所以要唱歌跳舞欢送他，同时也可以减少死者亲属的悲哀和痛苦。送葬时，魔巴念咒，将置于尸体旁的那箩谷子撒在抬棺人的身上，棺材抬出后，立即将门关上，意即不让鬼再转回来。到达墓地后，魔巴以鸡蛋占选墓穴位置。下葬后不垒坟头不立碑，魔巴用手堆起一个小土堆，一边用红毛树枝扫动一边念咒，念毕，安葬仪式结束，从此不再扫墓。佤族丧葬仪式标志着死者向灵魂存在方式的转变，或者成为祖灵由人们供奉，或者成为鬼魂让人们恐惧。集中反映了灵魂不死和祖先崇拜的复杂而矛盾的心理，目的是和死者永远诀别，除了寄托哀思外，更主要的是祈求讨好死者，让死者的灵魂得到慰藉和安托，送它到该去的地方，并保佑生者，祛灾免难。

以上传统祭仪，都离不开魔巴，都由魔巴主持，因为佤族认为魔巴具有鬼神传授的特殊本领，具有"通神"的不凡能力，是幸福、安康的祈求者和保护者，只有魔巴主持祭仪，神灵才会悦纳，一切才能如愿以偿，人们才能得到神灵的庇护。可见，在佤族传统社会中，须臾不能离开魔巴，否则生产生活就无法正常进行。

在传统祭仪中，凸显出魔巴的基本社会职能：一是定期主持祭仪祭祀神灵，祈求保佑村寨人畜安康、生产丰收；二是主持人们生老病死、婚丧嫁娶的礼仪，祈福治病、招魂安灵；三是实行巫术，禳灾驱邪。魔巴从事上述活动，主要依据占卜，祈求神灵预报活动的征兆。其占卜用具，大都和祭祀所用的牺牲有某种联系，如鸡骨、猪肝和牛肝等，其中最常用的是鸡骨，因为佤族认为鸡卦所表示的各种象征最为灵验。魔巴的主要任务是念咒语，把人们对鬼神的崇拜通过咒语传达给鬼神，又把鬼神的旨意通过看卦传达给人们。魔巴做大鬼时一般要穿戴法衣，使用法器，并配有较低等级的魔巴作为助手，如马散的魔巴做鬼时要穿戴用两块布拼缝起来，中间留一条缝套在脖子上的法衣，披50平方厘米左右的黑毡子、戴银帽，使用献酒的野牛角等法器。[22]

总之，佤族传统祭仪是佤族原始宗教的核心，集中体现了佤族原始宗教观念，众多的祭仪培养、造就了一代代的魔巴，而魔巴是传统祭仪的贯穿线，由于魔巴的作用使祭仪有组织有序地举行，代代相传、生生不息，两者相伴而生，如影随形，若哪一天祭仪消亡了，魔巴也就失去了存在的必要性。

三、魔巴和传统祭仪的社会文化功能

佤族村寨（部落）的一切重要活动，几乎都有魔巴的参与或主持（组织），魔巴拥有众多的本领，为群众所需要，与群众关系密切，具有重要的社会文化功能。

（1）魔巴是原始宗教生活中的最高权威，维系佤族传统社会的骨干力量。魔巴是佤族原始宗教活动的组织者、主持者，原始宗教观念的解释者和宣传者，在佤族社会的神圣生活和世俗生活之间作为媒介以维持平衡，他们的言行有意无意地成了佤族宗教文化的某些模式，在群众心目中具有一定的神秘性和较高的威信，被人们看做是幸福平安的祈求者和保护者。他们能熟练地背诵族史、神话、祖谱和各种宗教祭词等，负责主持部落（村寨）的大小宗教活动，做鬼、看卦、选拔军事首领[23]和决定重要的政治、军事活动的行止，通过主持神明裁判，解释习惯法，调解处理部落（村寨）内部纠纷或与外族村寨的械斗等，播种、收割、狩猎、盖房等生产劳动，也都由魔巴做鬼看卦择日。佤族重大的传统祭仪和村寨事务，若没有魔巴的参与（主持）和决策（判断），不可能有组织、有序地进行和求得有效的解决，所以在政治上有一定的影响。魔巴通过这些活动向群众灌输宗教意识和民族意识，起到了团结组织部落成员，强化民族认同，激励民族精神和维护村寨生存发展的作用，巩固了佤族传统社会结构和氏族体制，在魔巴身上体现了氏族、宗教和政治的一定程度的统一，是佤族社会中维系部落（村寨）生存发展的轴心人物之一，也是研究和探索原始宗教起源的活化石。

（2）魔巴是佤族传统社会的智者，传统文化的创造者、保存者和传承者。佤族没有本民族的文字，其传统文化的传承主要靠人们口耳相传，其中魔巴起到了主导的传承作用。魔巴能说会道，才能出众，博闻强识，谙熟佤族传统礼仪、民族神话、历史和现状，精通佤族的民族文化，集巫、医、史、文、法、艺多种知识于一身。他们按照自己的宇宙观和宗教观收集、整理和提炼民族文化的精神价值，通过人们喜闻乐见的形式，借助程式化的祭仪，集中而有效地向民众传承。这些创造性的活动既创造、保存和发展了民族文化，又使其便于人们接受和承袭。在魔巴主持的大小宗教活动中，其吟诵的祭词和伴随着的歌舞，蕴涵着丰富的文化信息，向人们传递着无形的民族文化内涵，进行着文化交流和传承。离开了魔巴，佤族文化的世代传承很难实现。

首先，魔巴是佤族历史的记录者和宣传者。魔巴能熟练地背诵族史、神话和祖谱等，其吟诵的祭词、祈语和巫歌中保留了大量的有关民族起源、迁徙、繁衍、农事生产和神话传说等重要内容，保存了有关宗教信仰、民情风习等重要资料，是民族历史发展轨迹的独特表现。如魔巴在重要祭仪中吟诵的"司岗里"，保留了佤族历史、道德、宗教、哲学、文学、风俗等优秀传统，是一部佤族古代社会生活的"百科全书"。[24]它既是民族自强精神的重温，更是严肃的民族传统教育，是民族生活经验和民族生存历程的反思，从而增强民族意识和民族认同感。

其次，魔巴是佤族社会伦理道德的规范者和维护者。魔巴通过说教，加强了群众对传统伦理道德的认同和服从，约束和影响人们的道德行为，维护社会的稳定和正常运转。如在佤族全寨性的最高敬祭仪式猎头祭祀中，魔巴吟诵的"司岗里"、"猎头祭词"、"迎头祭词"、"供头祭词"等，强调了猎头的必要性和神圣性，使佤族群众对猎头血祭坚信不疑，视为是不可抗拒的"古规古理"，是生存的必要措施和神圣职责，从而激发起不顾一切的勇气，甘愿冒杀身之祸去猎取人头。

再次，魔巴是佤族民间口头文学的创作者和传播者。魔巴吟诵的神话、传说、祈语、巫歌和祭词等既有浓厚的宗教性，又有鲜明的文学性，是一种多功能的说唱艺术，是记录和发展佤族文学艺术的重要形式。如魔巴在重要祭仪中吟诵的"司岗里"，具有以口头传承的散文体神话作品，又有以韵文体传唱的创始古歌，是佤族文学宝库中一颗璀璨夺目的明珠。

其四，魔巴是佤族原始艺术发展的促进者。魔巴在主持宗教祭祀中，常借助歌舞、绘画等艺术形式来显示和提高其法力，具有艺术的美感，萌生、发展和规范了音乐、舞蹈、绘画等原始艺术。如围绕佤族最神圣、隆重的宗教祭祀拉木鼓活动，产生了一整套的木鼓祭词、咒语、古歌、音乐、舞蹈和绘画等相结合的"木鼓艺术"。

总之，魔巴在佤族传统社会的政治、文化和宗教生活中具有重要的影响，是传统信仰的守护人和生产生活的导师，是人们精神活动的主宰和文化生活的百科全书，他们的活动使佤族的原始宗教成为佤族文化传承的特定模式和运行机制。

佤族传统祭仪古老神秘，源远流长，具有浓厚的地域文化特色和民族特色，最集中、生动地反映了佤族传统文化的特质，具有多元和积极的社会文化功能。[25]

首先，传统社会维系功能，这是佤族传统祭仪最基本的社会功能。如前所述，祭仪是佤族社会生活的重要组成部分，既是谋求人神共存和沟通的手段，更是凝聚民族感情、增强群体意识、维系社会秩序和民族生存发展的精神依托和力量保证，是培养民族自豪感、鼓舞斗争意志的演练场。

佤族传统祭仪的主旋律是祈求安康，祛灾除害，将人类情感上、精神上的永恒愿望赋予传统化、规范化和神圣化，顺应了人类自我保护的本能需要，使人们得到心理的慰藉和精神的寄托，鼓舞了生活的勇气和信心。同时，传统祭仪具有明显的社会性和群体性，以无形的威严调节和制约着人们的生产生活方式，是佤族群体生活的准则、生命的理想，佤族传统的社会生活秩序直接体现于一系列的祭仪之中。祭仪通过神圣的象征，建立和维护了民族习俗、社会规范和伦理道德，确立、规范和调整了人们的行为模式和相互关系，强化了个人与社会的关系，增强了民族的自豪感、认同感、亲切感和内部的团结，具有强烈的感召力和凝聚力，使每个社会成员产生了同一血统、同一祖先、同心同德的神圣感和归属感，从而转化为强有力的社会控制，维系了社会的基本秩序和群体的共同生活方式与安全。重要祭仪中吟诵的"司岗里"，被佤族群众视为是对开天辟地、万物起源、民族形成、生产生活、生与死等重要问题的神圣解释和一切"古规古理"

的权威规范，亘古不变，世代相传。正如西盟佤族自治县政协主席隋嘎所言："佤族是司岗里的儿女，祖先留下的所有阿佤理都汇集在司岗里。"[26]

其次，民族文化整合传承功能，这是佤族传统祭仪重要的文化功能。佤族传统祭仪是传统文化的载体，是重要的文化传承场，为佤族文化的传承提供了土壤、舞台和传人。按照某种规定程序而进行的祭仪，通过不同的中心和主题、复杂多样的仪式、神秘的法器、祭场，营造出富有感染力的文化传承氛围，使文化传统得以集中有效地重现和传承。佤族传统祭仪融入了农事生产、文化艺术、生活娱乐等世俗成分，是佤族物质生产成就和精神思想精华的积淀，也是佤族以宗教为核心的传统文化的回顾和复习。一代代的佤族人在人神感应的祭仪中受到了传统文化的熏陶和教育，获得了广泛丰富的民族历史、宗教信仰、生产生活、伦理道德、风俗礼仪等知识，逐渐形成了民族的最深层的文化心理结构，增强了文化认同意识，民族文化的传承在这一过程中潜移默化地进行，代代相传，并逐渐孕育和规范着全民族共同的文化心理和文化习俗。

第三，民族艺术发展功能。祭仪是一种群众性的艺术创造活动，为了祭神、娱神，祈求神灵的庇护，宗教信仰的情感表达发展为诗、歌舞、绘画等艺术。围绕佤族传统祭仪，产生了大量祭祀各种鬼神的诗（咒语、祝词）、歌、舞，其中具有代表性的是司岗里、拉木鼓歌、剽牛歌、砍头歌和悼念歌等歌谣[27]，木鼓舞、舂碓舞、剽牛舞、打铓舞、碓杵舞、扫帚舞、掏耳朵、摇篮舞、棺材舞等舞蹈。[28]在祭仪中的祭器人头桩、牛角叉、牛尾巴桩和木鼓上雕刻有与宗教信仰关系密切的人像和动物图案。这些诗、歌舞、雕刻生动、形象地展现了佤族人民的生活、心理、性格和审美意识，规范和促进了民族艺术的发展。艺术成了祭仪的载体，赋予祭仪以活力和感召力。

第四，审美娱乐功能。佤族传统祭仪生命力顽强，源远流长，世代相传，一个重要的因素是具有审美娱乐功能。祭仪的产生和发展，主要受个人无意识和集体无意识的支配，所以在祭仪活动中，更多地表现为情绪的宣泄和展示。这种情绪内容丰富，既有期盼和理解，也有自我陶醉。佤族传统祭仪的主要表现形式是通神、娱神和媚神，除了用物质供献满足神灵外，还用视听艺术、视觉艺术等精神活动来打动神灵，表达情感愿望和对神灵的赞美，将祭词、咒语、歌、舞、画等糅合在一起，如火如荼、如痴如醉，虔诚庄严、野蛮热烈，具有审美特征和永恒魅力，在一定程度上满足了佤族民众的审美要求。

佤族传统祭仪融入了许多娱乐活动，在神圣的氛围中充满着狂欢的精神，具有神人共娱的娱乐功能。佤族传统祭仪几乎都从庄严肃穆的祭神活动开始，以人们尽情地饮酒歌舞娱乐结束。如在拉木鼓、供人头、砍牛尾巴等祭仪中，寨民们穿着盛装，夜以继日歌舞狂欢，整个阿佤山寨喜气洋洋。人们在娱神的同时沉浸在欢乐之中，抒发情怀、交流情感、增进友谊，感受到群体欢乐的喜悦和快感，身心得到极大的休整和娱乐。

第五，民族精神和性格的塑造功能，这是佤族传统祭仪特殊的社会功能。佤族传统祭仪具有广泛的群众参与性，集体色彩鲜明，在强调同一群体的共同利益关系和传承民族文化的同时，也在很大程度上影响着个体的思维习惯和行为方式，对佤族"俗尚勇力"、"蛮悍矫捷"[29]等基本民族性格的塑造起了重要作用，可以说是传统祭仪教化了佤族人，使佤族的民族精神气质得以外显和张扬。猎头、砍牛尾巴等祭仪充满着雄壮、惨烈的色彩，除了蕴涵教人敬畏、认同等意义外，主要的是教人敢于战斗和死亡。勇士们的勇敢表现，被视为是维护氏族利益的英雄品质，受到民众的敬仰，而胆怯和畏惧被认为是耻辱，从而塑造了佤族粗犷勇猛、果敢强悍和坚韧的民族性格；而年复一年的传统祭仪中的歌舞狂欢，则陶冶了佤族热情豪放、乐观豁达、能歌善舞的民族气质；拉木鼓祭仪中，沉重、粗大的木鼓树在寨民团结协作下从崎岖的山路上拉回寨子，充分说明了只有依靠集体的智慧和力量才能战胜困难，从而培养了佤族群众自强不息、团结协作的精神；传统祭仪伴随有较多的由各家各户自愿献牛剽杀分食的特点，如剽牛仪式中，按规定将牛的四肢分别送给亲属，其余部分则平均分给在场的人[30]，从而培养了佤族淳朴友爱、和睦相处的民族精神。

总之，佤族传统祭仪是佤族生产生活的主旋律，充分外化了佤族人民内在的社会文化心理，是佤族传统文化表演传承的特殊仪式和丰盛的民俗文化资产，是解读佤族传统文化的钥匙，值得我们重视和研究。

注释：

[1] [8] [10] [14] [19] [21] [22] [23]《佤族社会历史调查》（二）第30页，第33~34页，第31页、第192、193页，第157页，《佤族社会历史调查》（一）第161页、第128页，云南人民出版社，1983年版。

[2] 参见任继愈《宗教大辞典》第378、542页，上海辞书出版社，1998年版。

[3]《马克思恩格斯选集》第1卷，第35页，人民出版社，1972年版。

[4] 佤族没有我们所理解的"鬼神"观念，它只是翻译时借用之词。对佤族而言，鬼神真正的含义就是各种"精灵"和抽象的自然力量。参见《佤族社会历史调查》（一）第49页，云南人民出版社，1983年版。

[5] 宋兆麟：《巫与巫术》第27页，四川民族出版社，1989年版。

[6] 佤族认为妇女不会办事，不能当魔巴。参见《佤族社会历史调查》（二）第18页，云南人民出版社，1983年版。

［7］佤族认为"祭词即行动"，"祭词即灵魂"，因此只有祭祀场合才能念祷祭词。参见尼嘎《佤族木鼓祭辞》，《民族文学研究》1994 年 2 期。

［9］陶立璠：《年中行事与农耕仪礼的变迁》，《中央民族大学学报》1994 年 1 期。

［11］陈友亮主编：《佤族文化大观》第 51 页，云南民族出版社，1999 年版。

［12］拉法格：《宗教与资本》（中译本）第 31 页，三联书店，1963 年版。

［13］王胜华：《西盟佤族的猎头习俗与头颅崇拜》，《中国文化》1994 年 1 期。

［15］宋恩常：《云南少数民族社会调查研究》（下集）第 125 页，云南人民出版社，1980 年版。

［16］魏德明：《佤族文化史》第 175 页，云南民族出版社，2001 年版。

［17］赵富荣：《佤族风俗志》第 121 页，中央民族大学出版社，1994 年版。

［18］［27］魏德明：《佤族历史与文化研究》第 158 页，第 112 页，德宏民族出版社，1999 年版。

［20］王光荣：《人生礼仪文化透视》，《广西右江民族师专学报》2004 年 5 期。

［24］［26］［28］赵富荣：《中国佤族文化》第 110 页，第 150 ~ 151 页，第 166 ~ 181 页，民族出版社，2005 年版。

［25］佤族祭仪的消极作用和影响，学术界多有论述，且看法较统一，故不再赘述，在此主要探讨和挖掘其积极的社会文化功能。

［29］《蛮书》卷六、卷四。

［30］罗之基：《佤族社会历史与文化》第 325 页，中央民族大学出版社，1995 年版。

（作者单位：思茅师范高等专科学校）

西盟佤族"魔巴"现状探析

李亚宏

　　"魔巴"一词是拉祜语的音译，佤族自称"教气艾"，意为做鬼的人。佤族魔巴是沟通人神两界的桥梁，宗教仪式的主持人，民族文化的传承者。魔巴因其职业的特殊性而极具神秘色彩，备受人们的关注。学界对佤族魔巴的了解大多来自于20世纪50年代云南人民出版社出版的《佤族社会历史调查》的简略记录。时隔50年，今日佤族魔巴的命运如何？他们是否随着社会的进步，原始宗教的式微而悄然退出了历史舞台？带着种种猜测和疑问，2006年2月，笔者踏进了西盟这片美丽而神奇的土地。经过调查，笔者惊奇地发现，今天的佤族魔巴不仅没有"下岗"，反而极为活跃，他们忠实地履行着自己的职责，一如既往地在各种宗教活动和日常生活中发挥着重要作用。据西盟县民宗局2006年12月最新统计资料显示，全县七乡二镇，共有魔巴529人，而2005年人口普查时，西盟全县佤族人口仅为59 420人，也就是说，在佤族人口中，平均112人就有一名魔巴，巫风之盛，实在令人惊叹。

　　佤族魔巴的产生源于"万物有灵"的原始宗教信仰，是伴随着原始宗教仪式而产生的一种特殊的神职人员，随着佤族社会的不断发展，佤族魔巴逐渐形成了一套相对完善的制度，其职能、地位、待遇、等级分层、咒语及特殊的传承方式、做鬼时的搭配等皆有相应的规定。据1957年云南民族工作者调查，佤族魔巴的主要职责是主持佤族的各种宗教仪式，负责看卦，沟通人与鬼神之间的联系，并通过巫术为群众除灾祛病，预知祸福，此外，还负责解释复杂繁多的"阿佤理"和习惯法，身上肩负着传承民族文化的重任。佤族魔巴与群众的关系极为密切，在村民中有一定的威信，族人对魔巴非常敬重。被公认为大魔巴的人，一般都是一些知识渊博、德高望重的老人。魔巴平时不脱离生产劳动，自食其力，做鬼时，不主动索取报酬，但可以吃到牺牲用的鸡和猪肉，做大鬼则可以得到少量的酬金、粮食、盐巴，魔巴不能世袭，没有完整固定的传授制度，主要靠口耳相传，自学成才，任何人都可以学做魔巴，志愿者只要跟随魔巴长期学习锻炼，耳濡目染，逐渐掌握了魔巴的知识和技能，经社会公认后，便可成为魔巴，各村各寨的魔巴数量没有限制。魔巴有大小之分，区别大小魔巴的标准是执掌宗教祭仪的大小。魔巴做鬼时都要念咒语，做不同的鬼，念不同的咒语，甚至不同的家族，咒语也会有很大的差异。当佤族举行重大的宗教仪式活动，需由两个魔巴共同主持时，便有一种固定的搭配，即由一个地位较高的魔巴配一个地位较低的魔巴共同主持仪式，佤语称这种配合为"庇由"，在重大的祭祀活动中，魔巴常身披黑毡，头戴银帽，用野牛角献酒。

笔者在对西盟莫窝乡马散村进行调查时发现，今天的佤族魔巴基本沿袭了这些古老的传统，魔巴制度中的诸要素，至今依然较为完好地保留在佤族的现实生活中。马散村共有六个魔巴，其中大魔巴两人（艾也、艾散），小魔巴四人（艾团、艾鲁、艾宠、艾懒），笔者有幸与他们朝夕相处，从而了解到一些他们真实的生活现状，艾也现年73岁，艾散70岁，其余四个小魔巴均在30岁上下，马散村凡举行大的宗教祭祀活动，如祭水鬼、叫谷魂、盖新房等都必须由两个大魔巴主持，村民如遇生育、疾病、婚丧，出行等事，也常请他们杀鸡看卦，而四个小魔巴只能为村民做一些小鬼，看看鸡卦。2006年2月14日，笔者跟随大魔巴艾也到村民娜黄家为其叫魂，娜黄患有严重的肾病，因医疗费用昂贵，无钱接受正规治疗，所以寄希望于请魔巴叫魂治病，佤族认为，人是有灵魂的，人身上共有一百多个魂（也有说几十个），人体最大的魂是头魂，头魂如果去而不返，人就会死亡，认为人之所以生病，完全是由于灵魂离体所致，必须请魔巴把魂叫回，病人方可痊愈。

整个叫魂仪式，共计三天。第一天，由艾也到病人家杀鸡祭祖，祷告神灵，看鸡卦，请回各路鬼神和祖先家神，告知祭祀缘由，祈求鬼神保佑叫魂顺利，杀鸡前艾也念了很长一段咒语，分别召唤各路鬼神，且念了一段永欧家族的咒语，其词曰：

女鬼和男鬼
月亮和太阳
旧日的女鬼和男鬼
老人来唱头道酒
老大、老二、老三
长在树上的草开了花
草生长，天和父亲
人到处寻找瑞阿寨
街子天给斧子

　　衔子天，张网捕雀

（系由马散村小学老师艾果翻译）

　　事后，艾也魔巴告诉笔者，佤族做鬼治病时，因家族不同而念不同的咒语，娜黄属永欧姓，所以念过一般的咒语后，还要念该家族的咒语。另外，做什么鬼，要念什么鬼的咒语，魔巴做鬼时的各种咒语，从远古一直沿袭至今，基本没有什么大的变化。看来佤族魔巴的咒语系统非常复杂，如果没有好的记忆力，不经长期的学习实践，很难熟练掌握。做的鬼越大，咒语就越复杂，加之魔巴平时禁止念咒语，只能在做鬼时念，这就给年轻人的学习带来了很大困难，这大概就是年轻人为何难以胜任重大祭祀仪式的主持，大魔巴均为老人的原因吧！咒语念毕，随即杀鸡取骨看卦，艾也仔细观察卦象后说，卦象不理想，于是决定第二天继续杀鸡看卦。仪式结束后，除了把一些鸡毛、内脏和少量的米、盐作为祭品献给鬼神外，整只鸡由艾也一人享用。按佤族的习俗，做鬼的鸡，全由魔巴食用，主人及外人不得食用，若违反禁忌，鬼神就会降灾，祸害人间。在马散期间，笔者曾做过一个粗略的计算，大魔巴艾也一星期平均要做四五次鬼，照此计算，他一星期少说也能吃四只鸡，在如此贫困的山区，可以说这已经是相当难得了，难怪他虽年逾古稀，却依然精神矍铄，做魔巴而能有如此口福，对年轻人来说，该是一个不小的诱惑吧！

　　第二天，依然杀鸡看卦，重复第一天的仪式，结果卦象示吉，于是正式叫魂。叫魂仪式需两个魔巴互相配合，这一次，艾也约了马散的另一个大魔巴艾散，共同主持仪式，由此可见，魔巴今天还依然恪守着传统的搭配方式。叫魂前需准备一块崭新的白布，里面放上米、粮、烟、酒、芭蕉果、粑粑、茶叶、瓜子、半开（银钱）、蜡烛、银手镯、两根白线及亲朋好友送上的钱，经大家检查无其他异物后，里三层外三层严严实实地包裹起来，由主人家放在柜子里，妥善保管。艾也介绍说这是包魂布，如果叫魂成功，包裹内可以找到与叫魂者家中人口数相同的毛发，娜黄家有两个大人两个小孩，也就是说叫魂结束后，如果能从包魂布中找到三短一长（代表三男一女）四根毛发，则表明家魂都已叫回。两个魔巴在仪式中各有分工，艾也留在患者家中念咒接魂，而艾散怀抱一只大公鸡，带上蜡烛、米、烟等祭物，带领笔者及娜黄家的亲朋好友一行九人到村中的各个路口招魂。据知情人说，上路招魂的人数必须是单数，忌双数，行走时排成纵队，一个紧跟一个，以免互相踩到对方的影子，佤族忌讳踩踏影子，认为影子是灵魂的一部分，并说如果叫魂顺利，在路口念咒叫魂后，会有蚂蚱或蝴蝶、小鸟之类的小动物尾随而来。一切准备就绪，大家满怀虔诚之心，踏上了神秘之旅。队伍来到村边的第一个岔路口，艾散摆下祭品，点燃蜡烛，开始念咒招魂，念毕，大家便学着艾散的样子，嘴里一边发出"吧！吧！"的声音，一边抛撒米粒，就在这时，一件意想不到神奇怪异的事情发生了，一只五彩粉蝶不知从何处翩然而至，大家小声惊呼"来了！来了！"这只彩蝶一直跟随着叫魂队伍，不时还轻盈地飞到队伍前列，似在引路，很是招人喜爱。接下来到了村边的第二、第三个岔口，艾散照旧念咒撒米，大家依法而行，却未见再有蝴蝶，蚂蚱、小鸟等物出现，气氛骤然有些紧张，魔巴艾散似乎看穿了大家的心思，缓缓说道："心诚则灵啊！"听见老人如此说，众人心中稍安，队伍继续前行，走到最后一个岔口，当艾散专心地做完法事，正领大家撒米招魂时，奇迹又一次出现了，三只彩蝶突然从天而降，它们和原先的那只彩蝶追逐嬉戏，上下翻飞，天上好似绽放了一簇美丽的花朵，大家先是惊得目瞪口呆，继而如释重负，欣喜若狂，这说明参加招魂的人都是有福之人，所以才会得到了鬼神的庇佑。更奇的是，四只彩蝶一直伴着我们回到娜黄家，最后它们飞过屋顶，消失在二月的旷野中，而此时，大魔巴艾也正坐在门口念咒接魂，随后便由他杀鸡看卦，卦象显示魂魄已安然归来。

第三天，笔者随两个魔巴到娜黄家验看包魂布，依旧是先杀鸡看卦，卦呈吉兆，随后，在娜黄家人及所有亲友的围观下，魔巴艾也开启包魂布，经过仔细搜寻，果然发现了四根毛发，一长三短，不多也不少，真是令人难以置信，人群中发出此起彼伏的惊叹之声，娜黄一家似乎也得到了莫大的慰藉，一脸的笑意。为表谢意，主人家泡了一坛水酒，酒过三巡，又行拴线仪式，佤族认为魂叫回后，需把魂留住，病人方可痊愈，恢复健康。魔巴艾也先念过一段安魂咒，然后用一根白线在娜黄的右手肘关节上部边念咒语边拴了两道线圈，最后又由娜黄的一个同姓长辈在同一部位稍上的位置再拴两道白线，以示祝福，整个仪式到此方告全部结束。

吃过晚饭，大家纷纷告辞出来，笔者看到娜黄男人分别给了两个魔巴十元钱、一条春城烟。于是，路上笔者小心询问魔巴做鬼的报酬，艾也非常坦率地回答："做魔巴有做魔巴的规矩，魔巴做鬼从不向主人家索取钱物，只是主人家为表谢意，通常会送点'误工费'，多少随意，多有多给，少有少给，魔巴都会欣然接受。"

经调查，马散村所有的魔巴都有自己的田地，平时参加生产劳动，自食其力，与一般村民无异，只是有人来请时才去做鬼，且从不拒绝。马散村虽只是一个拥有一千来人的小村庄，但佤族村民笃信"万物有灵"观，有凡事先请魔巴看鸡卦，而后行事的习俗，所以请魔巴看卦的人很多，忙时一天看两三家人也是常事。据了解，村中一般的群众都懂得一些占卜鸡卦的常识，能从卦象中分辨出吉凶祸福，但他们不能代行魔巴的权力，看鸡卦属于魔巴的特权。调查期间，笔者观看最多的便是杀鸡看卦，曾两次观看到艾堂家分别由小魔巴艾鲁和艾团主持的看卦仪式，一次到艾果家观看由大魔巴艾散主持的看卦仪式。如果村民间发生民事纠纷，也多请魔巴从中调解评判。

有关魔巴的传承方式，笔者曾询问过大魔巴艾也、艾散，据他们说，自古以来佤族魔巴就没有完整固定的传授制度，他们两人从未收过徒弟，也不单独向谁传授做鬼知识。如果有人愿意学做魔巴，可以在他们做鬼时，在一旁专心听，注意看，天长日久，待掌握了仪式，学会了咒语后，便可试着替人做小鬼，得到大家的承认后，就可成为小魔巴，如再经长期的学习锻炼，掌握了做大鬼的知识后，得到大家的认可，即可升迁为大魔巴，任何一个魔巴的成长，莫不如此，至今佤族魔巴仍然保留着这一古老的传统。当笔者问及魔巴做鬼时的法衣和法器时，艾散不无遗憾地说："这些东西早已失传了，如今魔巴除了举行全寨性的祭祀活动穿着民族服饰外，平时做鬼和你们汉人的穿着没有什么两样。"说完还风趣地指了指自己的一身典型的汉人装束。艾也告诉笔者，自1957年政府取缔砍头祭谷后，与之有紧密联系的拉木鼓、砍牛尾巴等重大祭祀活动也随之消亡了，所以，往日祭祀的盛况和魔巴的辉煌再也不会重现了，但庆幸的是佤族的许多风俗还是完好地保留了下来，所以魔巴今天还能派上许多用场。交谈中，笔者惊喜地发现，两个大魔巴对佤族的历史文化极为精熟，谈起佤族的民间故事和历史传说，常常滔滔不绝，如数家珍，更难得的是大魔巴艾散还能完整地吟唱佤族远古神话《司岗里》。激动之余笔者乘着酒兴冒昧地请求他当场吟唱，老人微笑着说，《司岗里》以前一般在佤族砍牛尾巴和盖大房子时才吟唱，唱时还有芦笙伴奏，现在已经没那么多规矩了，什么场合都可以唱，主要目的是为了追念祖先，教育后代不要忘记自己民族的历史。最后，他欣然答应改天邀约一些人后为大家吟唱。

2006年2月18日下午8时，笔者带着佤文翻译艾果应约来到大魔巴艾散家，只见火塘边早已围坐了二十几人，艾散示意我们坐在他旁边，大家边抽烟边聊些闲话，酒过三巡，艾散开始用他那苍劲有力的声音吟唱《司岗里》，婉转优美的旋律，仿佛把大家带入了远古的蛮荒时代，众人屏声静气，庄重肃穆地倾听着这则神奇美丽的神话，跳动的火焰映着老人时而忧伤、时而欣喜的脸庞，艾果低声地做着翻译，听众完全沉浸在了故事生动曲折、浪漫离奇的情节之中。大约唱了半个多小时，稍作休息，又继续吟唱，如此唱唱歇歇，大约五个小时后才将《司岗里》全部唱完，优美的旋律、精彩的讲述、超强的记忆力使老人赢得了一片掌声。听众里有几位年轻人，虽生在佤山，长在佤山，却是第一次听唱《司岗里》，他们意犹未尽地争相向老人询问唱词中感到疑惑不解的地方，老人一一作答，对他们来说，今天无疑接受了一次佤族文化的洗礼，而老人通过吟唱《司岗里》则给大家上了一堂极为生动活泼的佤族历史文化教育课，佤族魔巴就是以这种特殊的方式，传承着佤族文化。据调查，西盟佤族魔巴虽然为数不少，但能够完整吟唱《司岗里》神话的却寥寥无几，看来如何保护好这份珍贵的文化遗产，使其后继有人，不致失传，是一个亟待解决的问题。

在人类文明高度发达的21世纪，何以在祖国西南边疆——西盟，还延续和存活着魔巴这一古老的职业？这是一个值得深究的问题，我国著名神话学家李子贤一针见血地指出："任何民俗文化事象的产生和发展，都与其赖以存活的文化生态系统息息相关……当某一文化事象的文化生态系统处于相对稳定时，这一文化事象便能够得以存活。"佤族魔巴之所以能够顽强地存活至今，经久不衰，显然与佤族自古以来逐渐形成的文化生态系统的现状有着直接的因果关系，其根本原因在于，魔巴赖以存活的文化生态系统一直处于相对稳定的状态，尤其是处于这一系统核心地位的信仰体系、价值取向始终未发生根本性的变化。具体地说，主要有以下几个方面的原因：

第一，佤族民间信仰体系保存完好。西盟地处祖国西南边疆，山高路远，交通不便，新中国成立前佤族地区盛行砍头习俗，所以阻隔了与外界的交流，社会一直处于封闭或半封闭的状态，文明进程极为缓慢。20世纪50年代，西盟佤族聚居的中心地区尚处于原始社会解体，奴隶制社会萌芽的社会历史发展阶段。历史上佤族虽然与汉、拉祜、傣等民族交往密切，受到过汉文化、基督教文化、佛教文化不同程度的影响和冲击，但从根本上并没有改变佤族的原始宗教信仰，"万物有灵"观在佤族社会中一直居于主导地位，至今佤族村民对"万物有灵"的观念依然深信不疑，而原始宗教正是魔巴赖以生存的思想根源。

第二，民间依然盛行各种宗教仪式活动。据调查，西盟佤族至今还保留着祭水鬼、叫小红米鬼、叫谷魂、盖新房等全寨性的宗教活动，而且佤族凡事杀鸡看卦以定行止的习俗，今天依然十分盛行，村民个人凡遇生育、疾病、婚丧、出行等事必请魔巴杀鸡看卦。主持宗教仪式是魔巴的基本职能，各种宗教仪式的盛行，无疑为魔巴的生存提供了肥沃的土壤。

第三，族群始终保持着对魔巴的信赖和需求。佤族的世界是一个充满鬼神的灵性世界，他们相信冥冥之中有一种超自然和不可抗拒的力量主宰着人们的行为，相信各种鬼神决定着人们的祸福，因此，人们对鬼神极为敬畏，不敢有丝毫的得罪与怠慢。而魔巴是联系人与鬼的媒介，他们可以通过咒语把人们的愿望传达给鬼神，又通过看卦把鬼神的意思传达给人们，是鬼神的代言人。出于对鬼神

西盟佤族『魔巴』现状探析

的崇拜,人们自然对魔巴充满了敬意和信赖。在佤族人心里,魔巴不仅可以消灾祛病,预知祸福,还能在人们的心理上构筑一道有效的安全屏障,以求得五谷丰登,子孙兴旺,万事如意。正是魔巴迎合了人们对美好生活的渴求,给予了人们极大的心灵安慰,才显示了其巨大的存在价值。

第四,魔巴肩负着传承民族传统文化的重任。魔巴是佤文化的代表,被誉为"佤族的知识分子",他们通晓佤族的历史文化,集巫、医、文、史、法等知识于一身,他们能解释复杂繁多的"阿佤理"和习惯法,能讲述各种民间故事和传说,能吟唱佤族神话《司岗里》。调查中,笔者深切地体会到,每一个知识渊博的大魔巴,都是一座活生生的佤文化资料库,在整个佤文化的传承中,魔巴是不可或缺的最为重要的一环,很难设想,对于一个没有文字的民族,假如没有魔巴的存在,传统文化将会是一个怎样的结局,可以毫不夸张地说,魔巴是佤文化的真正传播者和守护神,从这个意义上来说,魔巴的存在,对保护和弘扬佤族文化具有极为重要的意义。

参考文献:

[1] 李子贤.存在形态、动态结构与文化生态系统——神话研究的多维视点.云南师范大学学报.2006(3).

[2] 李子贤.冲绳神女组织探源——冲绳神女与云南少数民族祭祀的比较.思想战线.2001(2).

[3] 佤族社会历史调查.云南人民出版社.1983.

(作者单位:思茅师范高等专科学校)

试论佤族祖先崇拜的特点

王　薇

佤族是一个跨境而居的民族，由于历史的原因及偏僻的地理位置和相对封闭的社会环境，佤族的传统宗教至今仍然存在并保留了原始的自然崇拜、鬼神崇拜、图腾崇拜及祖先崇拜等形式及相关的习俗、禁忌与传统伦理道德。

祖先崇拜是原始宗教极为普遍的一种重要信仰形式，它是在鬼魂崇拜发展到一定阶段后出现的。在原始社会中，当氏族的血统因缘观念形成之后，并得以与鬼魂崇拜结合在一起的时候，便逐渐形成了祖先崇拜。从我国南方少数民族所保存的祖先崇拜来看，人们的神灵崇拜从面向大自然转而面向自己的民族和家庭，这体现了人类正在逐步淡化自然神力的作用和人类自我意识在社会发展过程中的逐步增强。[1]

与其他众多民族一样，佤族非常敬重祖先。相传，佤族的女性始祖是圣母马奴姆（妈农），男性祖先是阿依俄。在佤族姓氏中，以祖先居住过的地方为姓氏的较为普遍。据调查，仅西盟一地，以祖名为姓氏的就有 61 个[2]，分别是：阿鲁、阿芒、那、苦阿、淖、赛朔穷芒、布李、邛、切木、布农、窦、亚木、宋、茸、普、贝、夏、让、斯列木、嘎、苦仪、阿列特、阿鲁依、垮特、布洗、散、柯来英、盖英、苟、桑、星、斯来英、勃阿、格咯、希达列士、土艾、洛斯、帅、希达格洛克、稻、斯布勒、朔埃英、阿劳姆、布窘、郄、阿朗、柯兰、双、桂、洛埃、布拉、切阿、柯腊克、簿艾、薄克、额特、塔、克里木、童卧、孔告、伍。[3]

在这些佤姓中，有些反映了其祖先的生活方式。如阿鲁姓反映了其祖先的渔猎生活。传说其祖先从司岗出来后，没有固定的住所。一次在河边堵鱼，获鱼不少，用竹篾把鱼穿起来。但鱼还没穿完就下大雨了，便到附近窝棚去躲雨。"阿鲁"即躲（雨）的意思，果恩阿鲁指躲（雨）的人，于是其子孙便以阿鲁为姓。

有些佤姓的起源反映出他们祖先创业的艰辛和英雄事迹。阿芒姓人以其祖先阿芒为姓。阿芒原姓希达，在迁徙过程中，他领着大伙盖了一幢最大的房子，够全姓人居住。人们称赞他的功劳大，便叫他为阿芒，即大官之意。赛朔穷芒姓人的祖先叫艾北，是奴隶。他很聪明，能说善辩，并认为当"官"的应和"百姓"一样劳动，一样吃苦，才配当官。他的主人则认为，当官的就是要吃得好，穿得好，奴隶是官养活的，应当劳动。在双方争论中，群众支持艾北的意见，并拥戴艾北为"官"。佤语"官"称"芒"，"奴隶"称"穷"。艾北由"穷"变成"芒"，其后人为纪念他智慧过人，便以穷芒为姓，称赛朔穷芒。[4]

有些姓反映了佤族迁徙生活的情况。如赛朔额特姓。传说在迁徙过程中，走到杨额特寨休息时，赛朔姓的祖先到附近竹林中去寻竹子做箭，久久未回，其他人就先走了。由于寻竹做箭而耽误了行程，此后就自称赛朔额特，佤语称（弩）箭为"额特"，因此其后人便以此为姓。又如，赛朔腊洗腊。传说该姓祖先在迁徙过程中，从南锡河上游路过，觉得土地不错，就用刺藤围了一块地方建寨住下了。"洗"指"格龙洗"（即南锡河），"腊"即刺藤，故自称赛朔洗腊了，其后人以此为姓。[5]

可见，佤族每个姓都有一个传说故事，而这种传说故事又都与他们祖先的行为联系在一起，这说明他们的姓氏不仅反映着血缘纽带，也反映着祖先崇拜。佤姓的起源正是佤族敬重祖先的一种重要表现。

佤族祖先崇拜在观念意识层面和仪式行为层面上分别有着自身的特点：

首先，在观念信仰层面上，其原始信仰以"万物有灵"信仰为核心和基础，对祖先崇拜与鬼神崇拜未作明确的界定，对"鬼"、"神"及"祖先"等概念未予区分。

一方面，佤族人民在和大自然长期斗争的过程中，由于无法摆脱自然和疾病所带来的灾难而产生的恐惧和崇拜心理，从而将一切不能解释的自然现象都归结为"灵魂"和"鬼神"。但所信仰的众多鬼神只有大小之分，而没有任何隶属和统辖关系。大"神"与小"鬼"各司其职，反映了佤族社会阶级分化尚不明显，还没有严格划分等级的特点。

另一方面，由于佤族的祖先们在漫长的历史岁月中，逐渐对自然现象加以认识，为后代开辟了生活道路，以后的人们久而久之将其神话与"鬼神"、"祖先"混为一体，加以崇拜和祭祀。[6]譬如在佤族民间世代流传的许多有关人类和民族起源的神话传说中，都将其祖先塑造成征服自然，为后代开辟新天地的亦神亦人的英雄形象而加以膜拜。

佤族是万物有灵观的民族，对于各种神灵他们都有各种不同的称谓。将神灵称为莫伟（moik，即梅依格），称活人之魂为宽（khman），称死人之魂为米安、西嘉，称鬼为西烨等等。阿佤人认为万物之灵虽各有不同称谓，但它们都属于莫伟的范围，是莫伟神灵的分支。他们将所敬拜的祖先又细分为三种：米安或嘎米安、西嘉和里烨。"米安"是死掉的人们的灵魂；"西嘉"则是刚死掉一年内仍居于村寨及家里的灵魂；"里烨"是男祖先们的灵魂（西盟地区）。[7]

其次，从仪式行为层面上看。过去，由于对鬼神的信仰崇拜较普遍，佤族每年都要举行多次大型的"祭鬼"仪式。最突出的有"拉木鼓"和"砍牛尾巴"。佤族人民把木鼓当做通天的神器，可以通神灵、驱邪魔、降吉祥。于是木鼓就成了一种独特的祭祀工具。据传，佤族拉木鼓是为了祭祀"莫伟"神。佤族人认为，"莫伟"是人类祖先的化身，他平时住在天宫，不问人间之事，只有听到木鼓之声，他才会下凡为人类解危救难或共享欢乐。佤族群众认为，木鼓是通天的神器，把木鼓拉回村寨，要剽牛祭祀，祈求上苍保佑，使谷子丰收，不受外寨人袭击，百姓生活美好。拉木鼓活动很隆重，每年12月（佤历的格瑞月），由村寨的小头人带领人们到山上选定好大树，然后砍倒截下一段，拉回村寨。在拉回的路上，男女老幼又是唱又是跳，尽情欢乐，甚是热闹。拉回村寨的木鼓房后，接着举行各种活动。木鼓用鼓槌敲打，能发出"咚咚"之声。在木鼓声中，人们载歌载舞，整个活动达到了高潮。木鼓是佤族的重要象征物，每个寨子都有木鼓，也都建有木鼓房。因而，拉木鼓成为一项村寨人都要参与的盛大祭祖活动。砍牛尾巴也是全寨性的较大的宗教活动，其意义是把供过的旧人头骨送至村寨附近的一片鬼林。这种活动意在保障村寨的安全和生产顺利，与新中国成立前佤族猎人头祭鬼有着直接关系。[8]

此外，佤族特殊的连名制度使佤族人祖先崇拜的文化传统得以稳固和持久。佤族有一种特殊的父子连名制度，佤族称"秋达"，即"祖先的代"。和彝族的连名方式相反，佤族父子连名制的显著特点是"逆推反连"（从儿子到父亲）。佤族十分重视家谱、族谱的作用和村史、寨史的作用，企图通过家谱、族谱和村寨史的教育灌输，强化血缘联系，提高氏族成员的凝聚力。他们在祭祀场合，在火塘边上由窝郎、头人、魔巴和老人讲述祖先的传说、故事，这个过程本身已蕴涵了一定的文化因子，结果更为佤文化增添了新的内容。但仅仅通过讲述是难以达到凝聚和巩固血缘关系的愿望的，还必须通过其他更有力的途径和方式来追求更好的效果，为此，就得再借助宗教的力量了。佤族在老人去世的当天，所做的"克来"是表现对死者的超度，是祈求神灵保佑死者的灵魂得以安息的宗教活动，但他们把猪腿由弟弟送给哥哥，哥哥再送给父亲，父亲送给伯父家的幼子，伯父家的幼子送给长子，长子再送给伯父，伯父又送给弟弟的这个环形过程（贡比阿），却是为凝聚和稳固血缘关系而采取的一种行为方式。在这里，宗教的传承过程，也正是文化的传承。[9]佤族人在背家谱时，总是从自己或者自己的

195

儿子开始往上逆推，直到始祖。由于佤族长期无文字，为使后代不致遗忘历史与祖先，便世代相传，熟背家谱。[10]

与彝族、纳西族、布朗族等在祭祖时设置特殊的祖先偶像不同，佤族将祖先崇拜与火塘崇拜融合在一起。他们并无具体的祖先象征物，而深信祖先亡灵依附在家庭正屋里的火塘上，随时都与家人生活在一起。因而他们一日三餐都要在火塘的锅庄石或铁三脚架上供少许食物，简单呼唤祖先姓名与他们一道用餐，同时祭献"詹巴拉"给火神享用，祈请祖先神灵和火塘神保佑他们当日凡事平安顺利。[11]

火塘是传承佤族原始宗教和佤文化的重要场所，具有特殊的宗教职能及文化传承功能。在人类发展史中，火是推进人类社会历史前进的重要元素。正因为如此，火塘也随之成为人类进化史上的明显标志，成为人类早期文化的重要内容。在佤族初民看来，火和太阳一样，是产生光明的神灵，它具有驱散黑暗和一切鬼邪的威力。因此，他们把火作为光明的、幸福的、净洁的、慈爱的神加以崇拜。

每年全寨性的较大的宗教活动始于接新火，届时村寨头人和魔巴等到寨外鬼林祭祀莫伟的地方祭鬼，主要是祭祀火神。然后用传统的方法摩擦生火。各家皆在此取火种，再引燃各家的火塘。最后全寨兴高采烈庆贺新火的诞生。[12]可见，火塘一方面成为原始宗教的具体物象，另一方面它又利用自身的神圣，传承了民族的文化和精神。围绕着火塘，家长对后代进行着家族历史和祖先业绩的教育，进行着本民族传统文化的教育、伦理道德的教育和民族情感的传递；进行着生产、生活知识的教育和劳动技能的传播。总之，佤族的一系列文化事象均围绕着火塘展开，这中间往往又以原始宗教（尤其是祖先崇拜）作为沟通火塘与文化的桥梁和纽带。[13]

另外，标志着佤族传统宗教文化的"牛崇拜"中，也蕴涵着浓厚的祖先崇拜的内涵。在我国，彝族、侗族、布依族等民族都视牛为自己的图腾。阿佤人对牛的崇拜由来已久，牛在佤族的社会生活中具有特别重要的意义。佤族的牛崇拜也不是一般意义上的动物崇拜，而是图腾崇拜，并与佤族的祖先崇拜紧密联系。在佤族的创世神话中，人和动物都是母牛的后代，佤族是在水牛的帮助下才找到了生息繁衍的地方，佤族的语言也是向牛学来的。根据佤族有关语言和文字的传说，人类从"司岗"（葫芦或石洞）出来时，不会说话，于是去找莫伟（佤族神话中各种大神的统称）要语言。莫伟对岩佤说："以后牛是你的伙伴，你去向牛学说话吧。"从此，佤族说话就拗嘴拗舌的。人类从司岗出来时，没有文字，莫伟拿出一块牛皮递给岩佤说："上面写着我给的文字，以后会用得着，千万要好好保存。"后来，有一次闹饥荒，岩佤把牛皮烧吃了。从此，佤族的学问全在肚子里了，也就是没有文字。

沧源地区还有一则水牛是佤族救命恩人的传说：人类从司岗出来不久，以姓氏、民族为单位过着原始、和睦的群体生活。那时佤族人的首领是圣母马奴姆（妈农），她有一个女儿叫安木拐（传说是佤族的一位女首领）。不知什么时候，世上突然发起了大洪水，淹没了平地。马奴姆母女俩被洪水冲到一座山顶上。眼看洪水就要淹到她俩的小腿，此时突然游来一头水牛，亲切地用舌头舔她俩的手和脚。马奴姆母女爬上牛背，水牛驮着她俩不知游了几天几夜，把她们送到了美丽富饶的公洛母大山上。这座山很奇怪，水涨高，它也跟着长高，始终不会被洪水淹没。山林中有数不清、摘不完的野果。佤族人的圣母马奴姆和她的女儿安木拐活了下来，才有了今天的佤族人。[14]

据佤族创世神话描述，佤族是母牛的后代，佤族语言是向牛学来的，佤族分布也与水牛有关。所以，佤族人始终把牛当做民族神来崇拜，佤族人生活的方方面面均深深打上了"牛"文化的烙印。在佤语中，寨桩被称为"考司岗"，意思是"用树木做成的象征生命起源的标记"。Y形寨桩是村寨的象征，也是阿佤人遇重大祭祀时剽牛祭天祭地、祭神祭鬼的地方，平时不得拴牲畜，不得触摸乱动，不得在旁边吵闹喧哗。象征牛的Y形寨桩主宰着整个村寨人的生存繁衍和祸福吉凶。佤族每逢重大的宗教活动都要剽牛，剽牛的人家必须是在本年内为祭祀祖先而做过鬼的人家，即已和祖先的灵魂交感联系过的人家，才有资格主祭剽牛，而且剽牛的场地要在主祭者住宅的东方、主火塘旁，这个方位佤族认为最神圣。他们载歌载舞把牛送到牛角桩旁，念咒的魔巴吟诵《司岗里》和讲述祖先的历史。然后参加祭仪的每个成员分食牛肉，目的为使参加祭仪的每个成员身上都有图腾崇拜对象的血肉，从而使牛具备的优良性能继续传承于每个成员的身体内。[15]

显然，佤族人不仅视牛为神加以崇拜，而且认为自己的祖先得到了牛的保佑。[16]因此，为祈求祖先保佑风调雨顺和平安吉祥，佤族人将牛作为崇拜的对象，并至今保留着野放牛群的方法作为对祖先的崇敬。

与彝族、瑶族等民族的祖灵信仰相比，佤族的祖先崇拜尚处于未完全脱离鬼神崇拜和图腾崇拜的原初阶段，也没有截然独立的祭典仪式和浩瀚的祭祀经书，但作为佤族传统宗教的重要组成部分，佤族祖先崇拜的观念意识与仪式活动无不折射出其民族丰富而独特的历史文化内涵。

注释：

[1] 李德成：《中国少数民族宗教信仰》，中央民族大学出版社，1999年，第18、19页。

[2] 罗之基著：《佤族社会历史与文化》，中央民族大学出版社，1995 年。

[3][4][5]《佤族社会历史调查》（四），第 27、29、28 页。

[6][10] 赵富荣：《佤族风俗志》，《民俗文库》之二十四，中央民族大学出版社，1994 年，第 95、56~57 页。

[7] 魏德明：《佤族文化史》，云南民族出版社，2001 年，第 177 页。

[8] 罗之基：《佤族社会历史与文化》，中央民族大学出版社，1995 年，第 327 页。

[9][13] 周家瑜：《佤族的原始宗教与民族文化传承》，《楚雄师范学院学报》2005 年第 2 期。

[11] 杨学政：《原始宗教论》，云南人民出版社，1991 年，第 200 页。

[12] 罗之基：《佤族社会历史与文化》，中央民族大学出版社，1995 年，第 318 页。

[14] 陈卫东、王有明：《佤族风情》，云南民族出版社，1993 年，第 303、304 页。

[15] 杨兆麟：《原始物象——村寨的守护和祈愿》，云南教育出版社，2000 年，第 64 页。

[16] 杨宝康：《论佤族的牛崇拜》，《临沧教育学院学报》2005 年第 1 期。

（作者单位：四川大学宗教学研究所）

佤族农耕祭仪及其功能

罗承松

佤族是云南独有的一个跨境而居的民族，人口 35 万多（1990 年统计），主要聚居在澜沧江以西、萨尔温江以东，北至保山、南至勐海的怒山山脉南段，其中西盟佤族自治县和沧源佤族自治县是佤族的聚居区，在相邻的孟连、耿马、双江、镇康、永德等县也有分布。历史上人们把佤族聚居地区称为阿佤山区，直到 20 世纪 50 年代，阿佤山中心地带仍处于原始社会向阶级社会过渡阶段。

一

佤族由于长期处于封闭落后状况，社会生产力水平较低，在变幻无穷、神秘莫测的大自然面前，认为人类、山川、河流、动物、植物和他们不能理解的一切自然现象，都是有灵魂的，它们主宰着世界，主宰着人间的祸福，主宰着物产的丰歉。这种原始宗教思想与佤族的旱地农业生产活动相结合，形成了一套完整、庄严、古朴而富有特色的农耕祭祀礼仪。

第一，做水鬼、接新火。水是生命之本、万物之源，它在佤族的旱作农业中，占有重要的地位。为祈求风调雨顺、谷物丰收，做水鬼成为佤族一年宗教活动的初始，佤族称"的若靠"或"安阿龙"祭祀水神"安木永"。做水鬼在佤历瑞月开始时举行。全寨人员禁忌下地生产三天，第一天召开头人会议，确定当年新水管理户，寨人砍竹子备水槽；第二天一早，"魔巴"带上祭品（老鼠干巴、米和鸡蛋等）到水源头做鬼，寨民们整理水源，疏通沟渠，搭架水槽，把水引到寨边；第三天一早，男女老少穿上节日盛装，扛着竹筒迎接水神"安木永"的到来。"魔巴"先接一竹筒新水交给新水管理户，煮"神水饭"（老鼠干巴和其他肉类烂饭）供全寨人食用。然后用芭蕉叶在流水上不停地划动，替水神梳头，并祈祷："仙女仙女，今天我们来迎接你。天上的神，地下的鬼，都需要你；男神、女神、男鬼、女鬼都需要你，一切动植物都离不开你；寨子里的男女老少等你回去喝酒吃肉。你要从地上走，我们已经为你挖好了水沟；你要从天

上走，我们已经为你架好了竹槽；你要人抬你，背着你走，我们已经为你准备好了竹筒……日日盼，夜夜盼，男女老少盼着你，把你盼到寨子来，望你长流不息，给全寨人带来福气……"[1] 祷词充分表达了佤族旱地农耕生产活动对水的企盼。

接新火，在佤语中称"的我靠"。佤族传统的农事活动以刀耕火种为基础，火在佤族的农事活动中居于重要的地位，它"被看做是社会生活和社会活动的象征，是社会生活围绕的中心，是社会获得力量的源泉"。[2] 景泰《云南图经志书》卷六《腾冲司》说："哈喇蛮者，有名无姓，形陋体黑，服食相类蒲蛮，而性则柔懦，惧官府。巢居山中，刀耕火种，多旱谷。"[3] 佤历瑞月，根据月亮的运转情况选定吉日举行，村寨头人通知寨中各户，把火塘中的火熄灭，打扫干净。头人和"魔巴"到寨外鬼林祭祀火神，然后用传统方法摩擦取火，各家引回火种，引燃自家火塘。

第二，开耕祭仪。为了求得谷物丰收，感谢大自然的恩赐，每逢佤年都要举行全寨性祭祀山神仪式。当头人会议决定要开垦每片山林后，就要用一头小公猪举行全寨性的祭祀活动，然后根据各家人口和劳动力的多少分配土地，各家还要在地里找一条马鬃蛇，把它打死，划开脖子放出血来祭祀土地，认为一滴血就是一堆谷子，要是不见血，这块地就不能要了。寨祭和家祭结束后就开始砍地，砍地有一定的顺序，有的地方由头人先砍，有的地方由住在水边的人家先砍。人们在树林里砍了树，要放一块石头，算是付给树神的代价，所放石头的大小，依树的大小而异，否则砍树者有被树压死的可能。[4] 烧地由魔巴选择日子，同样用一只小公猪祭献并祈祷："团独（树神）呵，众神啊，我们已得到你们的默许，今年决定在你们这片家园播种五谷，现即将烧地，请你们安然离开，别让火烧皮，别让刀砍手，离开，离开，快快乐乐地离开呀！安然无恙地离去！"[5] 全寨烧地在同一天进行，烧地时，由选出的一家杀一只白鸡，用五把竹把点上鸡血，交给五个青壮年男子，由他们先点火，其他人跟着点火。出白鸡的家庭秋收后向各家征收五筒稻谷。

第三，播种仪式。播种时先由村寨头人、魔巴选择吉日，举行祭谷魂活动，由头人最先播种，然后各家才到自己的地里撒播种子。为了增强种子的神力，促使生产获得丰收，沧源等地的佤族村落在举行集体播种仪式前，各家先将少量的玉米、稻谷和小红米的种子送到头人家，请求他对各家的种子举行一定仪式。在播种当天，不能到办婚丧等事的人家吃饭，播种剩下的谷子，要先让老人吃，不能让小孩、孕妇或家禽吃，否则粮食会歉收。

第四，抗灾祭仪。自然灾害对农作物的危害性强，遇到干旱、山洪、冰雹、风暴等要举行做鬼仪式，进行祈祷。如谷子生虫，要剽牛、杀猪做鬼，认为做鬼就会使虫子死掉或者跑掉。

第五，迎新谷仪式。佤族认为旱谷有谷魂，春夏长在地，秋冬住在谷仓，谷魂在，谷子丰盈，经久耐吃；谷魂失去，谷子容易吃光，就会缺粮饿饭。当谷子成熟时，要举行迎新谷仪式，在迎新仪式举行前，任何成熟的庄稼都不能带回寨子。各户根据自己庄稼的成熟情况，选择吉日（多以父母或祖先去世的属相日为佳），主人早早起床，准备好酒菜，请魔巴或老人在家等候，主人到地里先割部分新谷，边割边祈祷："好谷呵！好谷啊！你长得旺，你的穗长得像一蓬凤尾竹。我真高兴，我们全家都高兴。我现在来接你回家，你看哪，条条道路修得平平坦坦，木桥架得稳稳当当，道路没坑洼，求你跟我一起回家，见狗它会亲亲你，见鸡它会天天给你唱调。回去啰！大田里的谷，小田里的谷，跟我走，走！走！走！"[6]在割好新谷回家的路上，不管遇到什么人都不能讲话，回到家里，把一束谷穗挂在门上，并祈祷："回来，回来！回到房舍里来。咱是又饱又大的谷，咱是晒干扬净的谷。在这即逝的岁月，在这将过的时光。我们背不完，我们驮不尽。回来回来回来！谷子全部回来，谷魂一齐来。"[7]把收割回来的新谷用铁锅烤干，舂出新米，煮成新饭，与事先准备的老鼠干巴、蟋蟀、鱼、鸡头等祭品请魔巴祭祀谷神和祖先。祭祀完毕，主人才打开房门，把自家过新米节的消息告诉亲朋好友，请大家一起分享丰收的快乐。

二

在佤族的农耕祭仪中，最庄严、最原始、最具特色的是猎头血祭，佤语称"牧克夏英"，即"砍人头"。佤族认为世界上万事万物都是有灵的，谷子供人食用，便是神灵的宠物，必须用最好的祭品供奉它。人头是最好的用来祭谷魂的祭品，只有这样谷子才能长得好，人丁才会繁衍不断。[8]每逢干旱或谷子收成不好，就要举行猎头祭谷仪式。

佤族猎头祭谷一般在春耕前后或秋收之前，平时有机会也可以猎头。当头人会议决定猎头祭谷之后，就选派身强力壮，善于战斗的数十人组成猎头队伍，由头人或魔巴选择吉日，举行一定的宗教仪式。参加猎头的人携带火枪、长刀、标枪和食物，聚集在木鼓房里，魔巴杀鸡看卦，以鸡卦判定猎头的方向和凶吉，卜得好卦，就将鸡和米煮熟吃掉。之后村寨头人将出猎者请到家中，以酒饭款待。在吃饭时，出猎者每吃一口饭，要把自己的长刀放在口中衔一下，饭毕，出猎者起立宣誓："我们是最勇敢的人，为了我们庄稼丰收，为了保证我们父母、妻子、儿女的安全，我们不怕难，我们不怕死，决心前往敌方，砍取敌人的头。如果我们没有背着敌人的头回来，我们就和猪一样的懦弱，狗一样的无能。"[9]誓毕，猎头队伍带着鸡卦出发。为隐蔽行动，大多选择晚上，到达目的地后，在交通要道上由魔巴（猎头队伍中一般要有魔巴随行）砍一根竹竿横架在路上，下面洒上米、盐、姜等，潜伏在路边的树丛中，伺机猎取人头。

猎得人头后，把它放在事先准备好的箩筐或背袋里，由猎头者背着急速赶回村寨。到了寨外鸣枪报信，魔巴举行一定的仪式后，率寨民到寨门外迎接人头，人头在寨民的呐喊声和枪声中迎进寨子，绕寨环行一圈后，送到木鼓房放在竹箩中，用鸡、鸡蛋、米饭进行献祭，头人将鸡蛋和饭塞进人头的口中，并灌一些酒进去，同时祈求道："我们这里酒美饭香，请你饱吃一顿。我们希望你今后把你的父母、兄弟、姐妹多多送到我们这里喝酒吃饭，保护我们的村寨安全，使我们谷子丰收。"[10]然后举寨狂欢，歌舞不断，通宵达旦。

第三天要举行"洗刀"仪式，在举行仪式之前，砍人头刀上的血迹不能擦洗。"洗刀"时主祭的人家要剽牛，牛剽得越多越好。这天头人带领人们将供在木鼓房中的人头拿到主祭家鬼门外，献上酒饭，然后剽牛，将牛血盛于放有粗糠的竹槽内，猎头者将刀在糠里反复擦拭。洗刀之后，人头在主祭之家供奉数日，然后由魔巴移到木鼓房中供奉。如果主祭者有数家，就要把人头轮流供奉，搬动人头时，先由魔巴做鬼，然后把人头从祭台上取下来，交给两位未婚女子用一根木棍抬着，然后大家列队，魔巴走在前面，猎头者继之，抬人头的两位姑娘在后，最后是敲锣打鼓边走边舞的寨民。到木鼓房后，魔巴将人头放在供人头处，把米撒在人头上，祈祷："愿你使我们有吃有穿，让我们的谷子长得好，做什么事情都好。"再把人头取下来，按原来的顺序，绕木鼓房九圈后抬往下一主祭家。人们争相供人头，因为大家相信，供过人头，谷子就会长得好，家人就会平安，做事就会顺利。但供头不能超过九家。供奉人头下面，放有灰土，人头血水滴落下去，渗入其中，人们确信将这些渗有血水的灰土或拌入谷种撒播到地里，或撒到长势不好的旱谷地中，旱谷就会获得丰收。"日晒雨淋，经若干时日，逐渐腐烂而有血水滴于地。时至旱谷苗长尺余。巫师（魔巴）挖取头骨架下泥土，分成若干小块，分送寨中每家一块。各家收到血土再和以泥土，撒在自家旱谷地内，据说一经撒上血土，谷苗即欣欣向荣。"[11]佤族猎头祭谷的习俗起于何时，目前还不能作出肯定的回答，但这种在世界其他一些民族中的某个历史发展阶段上曾存在过的民俗事象，在佤族聚居的中心地区直到20世纪50年代还存活着。

佤族猎头祭谷或祭鬼习俗的产生和形成，在佤族民间流传着许多传说。罗之基老师在《佤族社会历史与文化》一书中列举了十二种，其中有八种传说与旱谷或农事相关。祈求粮食丰收是猎头血祭的主要目的，祭谷是佤族猎头的原始内涵。以活人祭祀谷物的现象在世界各民族中比较普遍，在厄瓜多尔，瓜亚基尔的印第安人播种时常常以人血人心献祭。古时墨西哥人在玉米生长的各个阶段都以活人献祭，此人的年龄与谷物生长的阶段相应，播种时献祭新生儿，谷物发芽时献祭较大的孩子，依此类推，到谷物完全成熟时则祭献老人。毫无疑问，他们认为做人牺者的年龄与谷物生长期吻合会加强祭祀的效果。波尼印第安人每年春天下地播种时献祭一个活人，他们认为是晨星授命这样做的或是晨星的使者某种鸟来传达这一指令的。人们把这种鸟制成标本，保存起来，当做魔力强大的神物。他们认为如果有一次不这样献祭，玉米、豆类、南瓜就会全无收获。人牺是一个男性或女性战俘，给他（她）穿上最华丽、最贵重的衣服，吃最精美的食物，养得胖胖的，小心看守着，他（她）自己全然不知道自己的命运。当他（她）长得够胖的时候，他们当着一大群人的面，把他（她）捆在十字架上，他们跳着庄严的舞蹈，然后用战斧砍掉他（她）的头，用箭射他（她）。在牺牲还有温热的时候，从骨头上一小块一小块地割下其身上的肉，放在一些小篮子拿到附近的谷田里去。头领拿出一块肉来，挤一滴血在新种的谷种上，其余的人也照样这么做，终于所有的种子都浇了血，然后再盖上土。菲律宾群岛吕宋岛内地邦都的土人都热衷于猎取人头。他们猎取人头的主要季节是栽种和收割稻米的时候。为了庄稼长得好，每块地至少在移植时猎取一个人头，播种时又猎取一个人头。[12]
有的把牺牲者的身体压成糨糊，把它抹在玉米、土豆、豆子和其他种子上，使它们增殖。也有的把人牺的血擦在锄头等生产工具上，使它们增强生产力。希望用这种祭祀获得丰收。另外，在佤族的猎头血祭中，还有一个重要的仪式，就是每年春播以后，要盖（或修整）木鼓房，猎来的人头就供在木鼓房里的木鼓前。佤族认为，谷子鬼（司欧布）住在木鼓房中，她掌管着谷子的生长丰歉。在佤族看来，木鼓—司欧布—人头—旱谷存在着某种联系，在所猎的头中，最好的是长有浓密胡须的男人头或留长发的女人头，因为这与旱谷的长势相似；轮流供祭的人头要由两个未婚女子抬回木鼓房供祭并绕房九圈以后才移到下一主祭家，这是认为人头的力量不足，需要感应或增加某种力量，供祭在家里才能有效地促进旱谷的生长。木鼓房中的木鼓本身就有浓厚的生殖崇拜意味，司欧布是女性，加之未婚女子，其感应母性之生育功力，借人头血的生命力及雨水象征，促进谷物的生长，获得农作物的丰收。佤族的猎头血祭是基于他们原始宗教信仰而产生的一种需要，是佤族先民在与自然作斗争过程中的不得已而采取的一种手段，它反映出人类对自然的无奈，同时也反映出人类并非完全靠天吃饭，而是处处靠人，靠人影响一切，创造一切。历史上佤族的猎头习俗与农业生产活动的关系极为密切，但它的波及面却远远超过了农事活动的范围。猎头习俗已将宗教、神话、习俗融为一体，渗透于人们的整个物质生活和精神生活之中。[13]

三

佤族纷繁复杂的农耕祭仪，是佤族历史上相沿积淀的生产民俗，透过其古拙、质朴、奇异的表象，我们不难看到佤族鲜明的文化特色和积极的社会功能。

第一，整合功能。阿佤山区山岭重叠，沟壑纵横，交通隔绝，对农耕生产十分不利。直到20世纪50年代，都未完全走出原始社会阶段，佤族先民缺乏应对自然灾害的能力，为了战胜野兽的袭击，抵御大自然灾害的侵袭，一方面依靠群体的力量从事生产劳动，诸如集体出猎、生产互助、土地合种；另一方面通过举行一系列的农耕祭仪，规范寨民的行为，统一人们的思想，整合人力资源，增强村寨的凝聚力。对丰收的企盼，美好幸福生活的憧憬，增强了寨民战胜困难的信心和勇气，走过了艰苦的历史岁月。

第二，和谐功能。人与自然的和谐是社会和谐的基础。自然环境是人类赖以生存的重要物质基础。佤族是一个山地民族，他们在与森林长期相处的过程中，深刻地认识到森林在佤族旱地农业中的作用和地位。为了感激森林对人类的无限赋予，减轻人类对森林无度索取的负罪感，在对山神和树神进行祭祀的同时，砍树后要放一个石头在树根旁，否则就会受到惩罚，这就从意识上有效地预防人们对森林的人为破坏，维护人与自然之间的和谐。佤族的自然和谐思想在流传于沧源佤族自治县的民间故事《锄棉田》[14]中得到充分的体现。群体性的农耕祭祀活动，对自然的崇拜，对魔巴、头人的尊崇，建构起佤族先民的共同精神世界，强化了佤族村寨的社会组织意识，增进了相互的了解，实现了人与人之间的和谐。从农耕祭祀中，出于对谷魂的崇敬之情，产生了许多农事禁忌，如为杜绝近亲结婚，排除同姓婚和婚前性行为，把人们的生活行为与谷物丰歉联系起来，以此规范村寨成员的行为，实现人与社会之间的和谐。

第三，娱乐功能。休闲和娱乐是人类社会不可缺少的生活内容，是身心健康，协调发展的保障。佤族在创造物质财富的同时，也创造了丰富多彩的精神财富。在农耕祭仪中，伴随着大量的歌舞，并与农事活动、年节联系在一起，在娱神的同时，人的身心得到舒畅扩展，生产生活的信心得到增强，精神生活得到丰富。

第四，教育功能。佤族虽然有自己的语言，但无表达自己语言的传统文字。先民们认识世界的思想成果通过口头传承的方式，向后世的人们教授，农耕祭祀活动成为农事知识传授的一个重要载体。诸多的农业生产知识、生活经验贯穿于农耕祭仪的始终。如节约粮食、珍惜粮食的传统美德，在佤族的原始饮食禁忌中得到充分体现。"吃完饭后，不能在河里、沟里洗碗，若洗了，认为饭魂被水冲走，主人会缺粮。""吃饭时，饭不能掉在地上，更不能乱踩，认为掉饭、踩饭，饭魂会跑掉，今后会缺粮。"[15]严格恪守禁忌，对一个生产能力较低的旱作民族而言，时时处处厉行节约，珍惜劳动成果，是必要的，也是相当重要的。在今天提倡创建节约型社会过程中，其积极意义更加凸显。

注释：

［1］尹绍亭. 人与森林——生态人类学视野中的刀耕火种［M］. 昆明：云南教育出版社，2002.8.

［2］［英］拉德克利夫·布朗. 安达曼岛人［M］. 桂林：广西师范大学出版社，2005.12.

［3］［6］［15］陈本亮. 佤族文化大观［M］. 昆明：云南民族出版社，1999.9.

［4］民族问题五种丛书云南编辑委员会. 佤族社会历史调查（一）［M］. 昆明：云南人民出版社，1982.7.

［5］尼嘎. 树神的献祭［J］. 民族文学研究，1995.4.

［7］尼嘎. 佤族新谷节仪式与颂辞［J］. 民族学调查研究工作，1995.3.

［8］云南省思茅行政公署民委，思茅少数民族［M］. 昆明：云南民族出版社，1990.3.

［9］［10］罗之基. 佤族社会历史与文化［M］. 北京：中央民族出版社，1995.3.

［11］凌纯声. 云南卡佤族与台湾高山族的猎首祭. 台湾土学考古人类学刊［J］.1953.2.

［12］［英］詹·乔·弗雷泽，金枝［M］. 北京：大众文艺出版社，1998.1.

［13］李子贤. 探寻一个尚未崩溃的神话王国［M］. 昆明：云南人民出版社，1991.9.

［14］云南省民间文学集成办公室. 佤族民间故事集成［M］. 昆明：云南民族出版社，1990.8.

（作者单位：思茅师范高等专科学校）

佤族传统宗教及其疾病观

朱力平

现代社会经济的开放和发展，贸易交流、人口流动已经不断地引发生态环境问题，并给人类带来各种疾病，例如艾滋病、"非典"、禽流感等疾病的产生和流行，使人们越来越关注生命、健康的问题。疾病的产生和治疗与医学密切相关，人们长期以来对人类的健康和疾病治疗都是从医学的角度出发去进行科学的探讨，但是疾病与人们的观念和治病行为也是密切相关的，尤其是在少数民族地区，从文化人类学的角度探寻少数民族对于疾病的观念和行为，对我们了解少数民族对待疾病的观念，深入探讨人与疾病的关系问题有着积极的意义，为我们进一步帮助少数民族地区脱贫和增强保健意识有很大帮助。

一、传统宗教与疾病

在人类发展的悠久历史中，宗教，尤其是传统宗教通过解释未知事物从而减少个人的恐惧与忧虑，这些解释通常假设世界存在着各种超自然存在物和超自然力量，宗教的这种信仰超自然存在物和超自然力量满足了人类发展过程中的社会和心理需求，在漫长的人类历史发展中一直影响着人们的精神生活和物质生活。现在很多民族在生活中遇到重大的事情都要通过宗教仪式或巫术的形式来做决定，看待世界的观念还充满了鬼神和灵魂意识，在云南就有很多民族还在信奉传统宗教，把它作为生活中很重要的一个方面，尤其在治病方面，传统宗教在云南少数民族生活中一直起着很重要的作用。

云南少数民族传统宗教中的灵魂观念极为复杂，大多用于解释梦境、疾病和死后的去向等问题，他们认为"灵魂"是寓于身体之中又可离开肉体而独立的非物质的存在；做梦是灵魂外出飘游，梦境结束时魂就会回到身上来；生病也是灵魂游离身体之外的结果，但生病与做梦不同，做梦魂会自己回来，而生病是离开的魂迷失了方向不会自己回来，要人们施行法术或巫术唤它回来；死亡是灵魂永远离开身体的结果，人死后灵魂或回到老祖宗那儿去，或流落荒郊成为孤魂野鬼，为防止人死后孤魂找不到祖宗所在的地方，人们往往会在人死后施行一些仪式，引领灵魂回到祖先居住地。云南少数民族为生者和死者举行的各种招魂仪式主要有为患者招魂、为婴儿求魂、为思恋女人的男人勾魂、为仇者埋魂、梦境中杀魂、为亡故的祖先及亲友招魂等等。传统宗教意识渗透到人们生活中的方方面面，要了解一个民族的文化，研究其宗教意识、宗教行为是一个非常重要的方面。

　　疾病是人类发展过程中所面临的重要的障碍，也是人们最常碰到的问题，从现在医学的角度看，疾病是由于病菌或病毒引发的，但在科学不发达的时代和地区，人们不知道疾病产生的真正原因，很多情况下病人的心理状态对于疾病恢复的重要性，往往不亚于对疾病的药物治疗，在对疾病无知的情况下，宗教能为疾病提供解释和治疗，从心理上给病人以鼓舞，增强对疾病的抵抗能力，从而产生恢复健康的可能性，因此一些民族认为疾病是由于鬼神作祟或神灵惩罚，人们在碰到难以对抗的疾病时，往往要求助于神灵，通过法术、驱鬼、祭拜等形式来治病。生活在云南西南部地区的佤族，在其疾病的认识和治疗上充满了鬼魂观念。

　　为了了解佤族的疾病观念，笔者将西盟县岳宋乡作为田野调查点。西盟县岳宋乡位于东经 99°18′~99°24′，北纬 22°40′~22°47′之间，总面积为 92.18 平方公里，是西盟佤族自治县西部面积较小的乡，乡政府驻翁浓，距西盟镇（原老县城）12 公里。岳宋乡东部、南部与本县西盟镇、力所乡接壤，北部邻接本县莫窝乡，西与南锡河为界与缅甸佤邦相邻，全乡国境线长 26.3 公里，乡政府距边境公路 13 公里。这里是佤族传统习俗保持较为完整的地区之一，把它作为调查点，有利于我们深入和全面地了解佤族传统文化。

**　　二、传统宗教影响下，佤族对疾病的认识和治病方法**

　　佤族是一个跨境民族，主要聚居在我国云南省南部边疆地区和缅甸。在我国主要聚居于云南南部澜沧江以西和怒江以东的怒山山脉南段，习称"阿佤山"。佤族人口约有 100 万，我国351 974人（1990 年统计），主要分布在我国云南的沧源、西盟、孟连、耿马、澜沧、双江、镇康等县和西双版纳傣族自治州、德宏傣族景颇族自治州。20 世纪 50 年代初期，佤族还处于农村公社的衰落阶段，社会生活生产方式很落后，农业主要是采取"刀耕火种"的游耕形式。"刀耕"是指用刀砍倒轮歇地或游耕地上的树木，"火种"是指把砍后晒干的树木烧为灰烬，充做肥料以播种生产的一种原始耕作方法。生产工具是少量的铁器和大量的竹、木、石工具，不除草施肥，森林覆盖率、地力、轮歇周期及人口呈协调发展时，这是一种粗放而有效的农耕方式，与"刀耕火种"游耕经济相适应的生活，如居住、服饰、饮食等都较为简单，精神文化是以原始宗教的神灵信仰为主，生活中充满大量的祭神祭鬼的祭祀活动，以口传形式传播着本民族的神话、史诗、

207

歌谣等。

佤族宗教信仰至今还处于"万物有灵"的原始自然崇拜阶段，在他们的观念中，山川河流、日月星辰、动植物等都是有"灵"的，称为"鬼"，鬼主宰着人类生活的方方面面，只要人类行为不端就会得罪这些精灵，它们会降灾祸于人们，佤族认为世间无物不附鬼，鬼无处不在，疾病的产生是因为碰到了鬼，"不送鬼，病就治不好"。佤族还认为每个人都有一百余个魂，无论男女老幼，灵魂数量是一样的，这些魂附着在人体的各个部位，人的头、脚、手、肠、肚及各个关节都有灵魂，它们分别支配着人体各部位的正常活动，在一百多个魂中能量最大的是头魂，人做梦是头魂离开头脑出外游荡引起的，梦中的所见所为是头魂活动的结果，头魂一旦出游不返回，人就会日渐羸弱而死去。

灵魂观念的存在导致佤族在生活中，无论是节日、出生、婚礼、生病、丧葬还是农耕活动都要举行祭鬼活动。例如：为婴儿招魂，佤族认为婴儿出生后三天之内，其灵魂还没有附体，还在深山密林里游荡，要使婴儿不受疾病侵扰，健康地活下去，必须由母亲为新生儿召唤灵魂。产妇分娩后半月里首要的大事就是为婴儿招魂，她端着盛菜饭的竹篮，到村子外的树林、山谷、河畔游走招魂三天，边走边喊"魂啊魂！你是降生在我家啊，魂啊，快快归家吧，家里亲人在等着你！"回到家后，把招魂所用的食物喂给婴儿少许，便认为灵魂已经归附于婴儿躯体了。还有为亡者招魂，佤族认为人死后的亡魂会依附于禽兽虫草，要请"魔巴"为死者招魂。把一块麻布放在死者的坟上，如果小虫爬到麻布上，立即捉住小虫置于一个小竹筒内，然后将竹筒供奉在家中的主火塘上方。他们认为亡魂已归附于小虫，筒内的小虫即是死者的亡魂，家人若发生灾难就祭祀竹筒魂虫，早晚也要向竹筒魂虫祈祷，但是如果祈求的目的不能实现，他们就会把竹筒魂虫放归坟地，因为他们认为亡魂已心不在家，既然亡魂不能保佑自家的人畜平安、兴旺，倒不如放归原处，任亡魂游移到别人家。

由于受到万物有灵论的影响，佤族在对疾病的认知上和云南其他民族有着共同点，认为使人致病的原因主要是三个方面：一是人魂被吓丢或是身体上的魂游离不回来的结果，因此人病了，佤族要施行做鬼仪式，通过招魂或叫魂来找回人魂，人的病才能好转；二是碰到或冲撞了鬼魂（山鬼、水鬼、树鬼、石头鬼等）而生病，要施行撵鬼、驱鬼等仪式，使附在人身上的鬼离开人，人的病就能好起来；三是由于人们违反了禁忌，违背了道德规范，冒犯了神灵的时候，人们敬仰的神灵（有自然神和家神、祖先神）也会给人降下灾难和疾病，人们必须进行祭祀，向神灵进献牛、猪、羊、鸡、鱼等等，向神灵忏悔，以求得神灵的宽恕和庇护。

佤族在鬼魂观念影响下，其治病行为主要是以叫魂、祭鬼、驱鬼等形式为主。岳宋村的佤族认为使人致病的鬼有很多种，有铜托鬼、厄车鬼、哦鬼、厄坡鬼、布雷、永鬼等等，一旦有人生病都要先做鬼，做鬼病不好才访医吃药。如果全身疼、发热就做铜托鬼，病轻就在家旁边杀鸡做鬼、看鸡卦、煮鸡肉烂饭吃，如果病重，就要到山上用鸡或猪去做；若发摆子（疟疾的症状）要做厄坡鬼，一般用大老鼠做，男的用母鼠做，女的用公鼠做（佤族认为鼠是有灵性的，是能通鬼神的动物，因此很崇拜，常常用来做鬼）；如果身上生疮或脚肿、嗓子痛就做厄车鬼，方法与做铜托鬼相似；如果胃疼、拉肚子可在家用鸡、猪做哦鬼；如果肚子胀、身上浮肿、难喘气就用鸡、猪来做；如果耳聋、伤口感染就用挂干的老鼠做布雷鬼等等。如果病情不重，一般可以是家中成年男性来做鬼；如果是严重的病或重大事件，则要请"魔巴"做鬼，年轻的男孩（一般是 15、16 岁以上）可以参加，帮忙魔巴做鬼。女子被排除在外，女人不能做鬼，甚至一些重大的做鬼活动女人连看的资格都没有，只是做小鬼或家鬼时女人可以在场。此外由于佤族对鬼的敬畏，他们一般不随意做鬼，对一些厉害鬼也不敢太多议论，他们认为鬼时刻会看到、听到他们的言行，过多谈论鬼，会得罪鬼，人会生病，因此在调查访谈中谈到的多是普通的鬼。

在云南少数民族疾病的传统治疗中，尽管叫魂、祭鬼的行为占主要方面，但人们在长期的生活中也总结了一些草药治病的简单方法，与做鬼、祭神结合起来使用。在少数民族中单纯的医生很少，大多数巫师、魔巴既是神职人员又是医生，他们在帮人驱鬼、叫魂、念咒、看风水的过程中，对前来看病的人施与药物，从而达到"神药两解"的效果。但笔者在岳宋村经过大量访谈发现，这里没有懂草药的人，岳宋村传统治病方法就只有巫术，如果巫术不起作用，那也只好听天由命，等待死亡的降临，往往当奇迹降临，病人又活过来的话，他们将其归为是鬼的顾怜。现在岳宋村的医生是新中国成立以后国家培养的卫生员，岳宋村所表现出来的巫医结合，是巫术与现代医学的结合。用鸡、猪、牛等来做鬼、叫魂的治病方法是佤族传统治病的主要方法。

三、传统宗教对佤族疾病观长期影响的原因

笔者在岳宋村卫生室进行过长期观察，发现村子里每天平均要有 8～10 个病人到卫生室看病，这些人中 60%～70% 是小孩和年轻人，有部分中年人和少数的老年人。年轻人一般不舒服，不一定是发烧，只要身子难受就会到卫生室来找卫生员吃药打针，如病重的除看病外，大人会给做鬼作为辅助治疗。中年人和老年人多半要到病重难以坚持才会来，在来卫生室以前一般都已做过鬼，没有效果才来，当然这样病情严重治疗起来疗效也慢一些，有的严重者只好送到乡上卫生

院，同时做鬼的活动并不间断，在医院中如果病没有完全好，回家后继续做鬼，病好后，很多老人还是认为是做鬼起的作用，可见现代医学观念已经影响着云南边远民族地区人们的生活，但传统的鬼魂观依然存在，导致这种鬼神疾病观念产生和长期存在的原因一是历史原因，佤族生活环境的长期封闭性。佤族聚居的中心区阿佤山山高路险，且历来远离中央政府控制的中心地区，被称为是"蛮荒之地"，交通阻隔，另外是原始灵魂信仰中猎人头祭谷魂习俗曾长期存在，阻碍了外来人口进入佤山，因此佤族与外界文化交流少，外来的知识很难进入，知识、信息交流困难，这种封闭性加上传统宗教观念的影响，促成了鬼神疾病观的产生。

二是文化的影响。传统宗教的万物有灵思想对少数民族的影响，是人们长期以做鬼、祭鬼方式治病的主要原因，在今天的许多民族地区，做鬼、祭鬼活动还很常见，可以说是人们日常生活中不可缺少的一部分。在传统宗教影响下人们对鬼魂除了有敬畏之情外，人们把鬼看做是生活中的伙伴，和人一样有情有义。在岳宋村调查中感受到，村民对疾病并没有恐惧感，他们认为生病是一种正常的事情，是因碰上了鬼或得罪了鬼，是鬼对人的告知。佤族的意识中认为既有山鬼、树鬼、水鬼等自然鬼，还有与自己有血缘联系的祖先鬼，人与鬼之间是相互沟通并和平共处的，在日常生活中佤族习惯无论吃什么、喝什么，都要倒在地上一点，意思是让鬼先尝一尝，是对鬼的尊重，他们认为鬼掌握着这个世界，人应该顺应鬼的意愿，人就能生活得好。因此，一般人病死，大家并不会感到恐惧，认为是好死，虽然也要忌讳，禁止出工三天，以免自己碰上不好的事，但可以在家做一些家务，也可煮饭吃。令人感到恐惧的是那些非正常死亡，如被树压死、水淹死、车撞死、被人杀死等，村子中如果有人非正常死亡，整个村子都会有一种不祥的感觉，甚至周围的村子也受影响，人们认为是人触犯了鬼、得罪了鬼，鬼要严厉惩罚人的一种征兆，大家都不敢出工，不敢外出，在家不敢动针线和火，忌讳的时间要看事情的严重程度，严重的十天半月都不敢外出，即使耽误了工期也在所不惜。鬼在佤族社会的精神生活中还占有很重的分量，人们生病时还相信做鬼，同时在现代医学影响下，认为做鬼和吃药要同时进行，治疗效果才会最好。岳宋村 1994 年全年杀鸡祭鬼治病的费用达一千多元，科学医疗与求魔巴祭鬼的活动费用之比为 5：1。

传统宗教观念是在漫长的历史发展中形成的，这种观念不是在短期内通过教育帮助就能改变的，当然随着社会的进步，传统宗教的影响不断在发生着变化，鬼魂观念的影响在中老年人心中更深一些，年轻人由于受到现代汉族文化影响较多，他们对现代医学的接受和认可要多一些，例如佤族孩子年满 7 岁开始进校学习之后，都能讲汉话，加上电视传媒的影响，他们穿牛仔、体恤，玩吉他，他们的生活越来越接近城里的孩子，信鬼的观念在年轻人中不断在淡化，但在实际生活中因受老年人影响，做鬼的活动他们依然还会参加。还有宗教活动中神职人员的地位也在发生着微妙的变化，佤族宗教活动中的主持人魔巴不世袭，一般通过跟师学艺的方法来学做魔巴，他们做鬼没有什么报酬，只是得到一顿或数顿做鬼的饭和肉，并不脱离劳动。在过去的传统生活中魔巴的地位很高，他们除了驱鬼看病之外，凡战事、议和及解决重大问题都有魔巴参加，他们被看做是人与神之间的媒介，受到普遍的尊重。现在佤族村寨实行的是党组织领导下的行政管理，有村主任、书记及各组（社）组长负责处理村中的各种事务和解决各种纠纷，魔巴仅仅只是参与人们日常的宗教祭祀活动，虽然人们的生活中还需要他们，也尊重他们，但其地位已不如过去。

三是经济原因。1994 年西盟岳宋村十社共有 36 户，人均年收入不足 200元，平均每户医疗费用达 149.8 元，人均 35.8 元，人均医疗费用占人均收入的17% 左右，大部分群众往往因为无钱看病而小病不看、大病拖死，贫病交加，经济的贫困成为少数民族地区长期靠传统方式治病的重要原因之一。

云南是一个少数民族聚居的地区，社会的发展使少数民族的生活发生了巨大的变化，但是由于传统宗教的影响，很多民族的生活中还存在着灵魂观念，这种观念的存在，对人们的健康和疾病的治疗有着重要的影响，本文通过对云南佤族的疾病观念的研究，认识到很多民族由于受到鬼魂疾病观念的影响，对疾病的治疗是以祭祀仪式为主，通过叫魂、念咒、驱鬼的方法与简单的草药治疗结合，试图达到"神药两解"的作用，这是云南少数民族地区健康状况长期不能得到有效提高的重要原因之一。观念的形成是要经历漫长的时期，并受历史文化、社会环境、自然条件等因素影响，因此观念的改变也不是一朝一夕就能改变的，五十多年来政府采取了许多治病防病的政策来改变民族地区落后的医疗状况，但少数民族仍然使用传统的治病方法，这不仅是由于他们经济上的贫困，而更主要的还是文化上、观念上的深层原因，基于这一原因，我们在少数民族地区进行治病防病的工作，不能只是依靠现代医学，单纯采用医学手段的效果是有局限性的，还应该从文化的角度上下工夫，充分了解少数民族看待事物、看待疾病的观念，从观念上、文化上、行为上关注他们，从文化的角度来解决疾病的问题，从而真正有效地提高云南少数民族地区人们的保健意识和健康状况。

（作者单位：思茅师范高等专科学校）

佤族宗教造型艺术中的生态符号研究

付爱民

一、动物主题形象

佤族宗教造型艺术中出现的动物主题形象主要有小型鸟雀和蛙类。

小型鸟雀造型出现在佤族公共建筑"大房子"和一般民居建筑屋脊两端的博风板木刻装饰中。这种雕刻在西盟、沧源两地都有流传，据说在西盟佤族的大房子房脊上，雕刻男性人像和八只燕子的习俗已经延续了二十多代人的历史[1]；而在沧源各地的佤族民居博风板装饰雕刻中，小型鸟雀的造型多是单独出现的。从当地群众对于建筑上这些雕刻的解释来看，小型鸟雀在建筑上的使用具有指向鲜明的自然崇拜、祖先崇拜或巫术象征意义。根据杨兆麟的研究，佤族建筑上的鸟形雕刻有两个相关的起源传说，一说因为佤族住屋的建造技术是向燕子学来的，这个建筑装饰是对祖先和发明建筑技术的一种纪念；还有传说早先有一只大鸟模样的星星陨落在佤族地方，几个氏族的祖先分吃了鸟肉，后按照所吃的部位和形态划分姓氏，后代在房子上刻鸟的造型是为了纪念这只大鸟及氏族的起源。[2]杨兆麟在研究中还特别注意到这种在房屋顶上做鸟形装饰的习俗很可能就是沧源崖画中那个在干栏式房屋屋脊上点缀两只鸟形图形画面所表示的古老风俗，也可能和傣族在屋檐上装饰孔雀造型的鸱吻相类似。[3]

为此我对沧源崖画鸟饰建筑图形和佤族建筑中的鸟形雕刻做了一个图像比较。关于沧源崖画的作者族属问题，近年来由于缺少实质性的材料突破，很少再有人做更深入的研讨或争论了。但有一点是可以肯定的，崖画中所表现的族群生活习俗，很大一部分都与现代佤族具有密切的渊源关系，目前至少可以判定，崖画作者是现代佤族、布朗族等百濮民族先民的一支，暂时也不排除与百越或羌氏族系之间存在的联系。通过图像比较研究，我认为沧源崖画中的图像很可能描绘的是两只真的鸟而不是雕刻。从沧源崖画的造型表现水平来看，对许多人体装饰图形的表现都很粗率，只能描绘物象的基本剪影形状，为什么两只现代雕刻的造型都很稚拙的鸟形木刻却能表现出尾毛、姿态来呢？对照第1点1区中的一个独立的鸟形图形，几乎所有学者都会认为这是一只真实的鸟（更倾向于是一只孔雀），那么房屋顶上站立的那两个鸟形图形其手法与此完全一致，可以基本判断出这幅崖画中表现的很可能是两只真的孔雀或其他鸟类，将其画在房屋上应是表现人鸟共居真实关系的景象。

图1　沧源崖画第4点1区的干栏建筑图

（引自杨兆麟《原始物象——村寨的守护和祈愿》，第340页）与第1点1区的鸟形图比较

根据《蛮书》中的记载，唐人赴滇西南时曾见到"孔雀巢于人家树上"的景象，验证了人鸟共居的区域生态景观历史。而小型鸟类筑巢于房屋屋檐之下也是经常出现的人鸟共居关系，尤其在人类巢居时代，这种情况就更多了。因此，我们可以对沧源崖画中鸟饰屋脊图形作出两种判断，其一是表现了屋檐上有小型鸟类筑巢共居的景观；其二是在表现古老民居建筑的一种重要的装饰习俗。我更倾向于前者，或将两个结论合并。

换一种思考方式有助于我们研究佤族人在建筑上制造鸟类装饰雕刻的原初心理。滇西南各少数民族在关于民居建筑的传说中都将发明创造的灵感归功于某些动物或植物的启示，例如傣族就传说是远古首领桑木底受到凤凰展翅的启示搭起了人字形的屋顶从两面蒙住房屋，又模仿凤凰的高脚支起了脚柱，发明了这种上下两层的既能遮风挡雨、又能防止地面潮湿的干栏式住房。[4]在另一个桑木底建房的传说里，是由许多种动物来帮助他完成竹楼建设的：传说古时候有一次突发洪水，许多动物都被水淹死了，桑木底划着竹筏到水里把那些濒于死亡的动物救了上来。这些动物都很感激桑木底，洪水退后，纷纷来帮他盖房子：麻雀、燕子衔来盖屋顶用的茅草；白蟹驾献出了双翅做屋角；还有大象、山猫、猴子、乌龟也都贡献了它们各自的力量和身体，因此屋脊叫"庄很"，即麻雀之屋；屋子之角叫"毕养"，即鹭鸶翅膀；有的叫宁掌，即像舌头，有的叫"岗苗"，即猫下巴，有的叫"朗玛"，即狗脊背等。[5]第一类传说的心理底质是人类单纯受到动

213

物或自然界以动物形象为象征的神灵的恩赐；第二类传说则演变为动物集体对人类的一种感恩行动，人与自然的关系显得更为密切和复杂化。但在第二个传说中，我们仍然可以划分出不同的造型联想层次，屋脊显然一直都是麻雀、燕子之类的小型鸟雀专属，这是原初层次，而其他可能都是附加的联想结果。那么，为什么小型鸟雀总是与屋脊发生密切的关系呢？我认为原因并不复杂，只是因为早期小型鸟类长期占据人类屋脊、屋檐搭建窝巢，人们驱赶无效而逐渐产生的一种无奈的情绪和自我逻辑的解释，将鸟雀占据屋檐空间的现象解释为人类对最初传授建筑技术"师长"的一种待遇。

这个思维方式在滇西南少数民族其他动物形象运用中也有生动的体现。例如傣族佛寺在窗棂底下要用金水漏版刻印一只老鼠的图案，当地群众的解释有两个结构，一个是传说谷种是由老鼠给人类送来，为了感谢老鼠，就在窗户上给老鼠留了一个位置；另一个逻辑是说，因为老鼠经常从窗户爬进来，在窗户上做一个老鼠的图形，表示这个窗户已经被一个老鼠占领了，外边的老鼠就不敢爬进来了。[6] 我认为第二个解释的语法才道出了滇西南地区少数民族在建筑中装饰鸟类、老鼠图形的真实意图，这些造型艺术产生于一种交感巫术的需要，用自己制造的造型作为名义上的占据者，用意是代替自己驱赶和防护。我们在拉祜族地区做宗教雕刻艺术的调查时，也遇到了十分类似的现象：在拉祜族原始宗教木刻"牡卡密卡"之中，每个正方向都点缀着两只形状逼真的圆雕小雀。据当时主要负责制作雕刻的佛爷讲，这些鸟雀木刻的实际用意是吓唬来搞破坏的小鸟，让小鸟们知道，这些木刻架子是很重要的东西，不得乱啄。[7] 因此我认为，佤族民居建筑屋脊上的鸟形雕刻也与拉祜族原始宗教木刻"牡卡密卡"中鸟形雕刻的用意相同，是借助造型的交感功能防护房屋的一种举措，后来被祖先崇拜的民俗意象所遮盖，成为祖先纪念装饰的配饰。这一结论说明佤族先民在创造宗教造型符号时的一种规律性原则：他们认为造型制造者可以享用对象替代物的有利性功能，即木刻鸟雀是人与鸟雀之间的对话者，人可以有效地支配木刻鸟雀，而木刻鸟雀可以与鸟雀对话满足人的实际需要。这一支配心理是十分重要的一个巫术原理。同时这一支配心理能够轻易被其他解释系统所遮盖，也充分说明了巫术行为的性质，实施者是在不甘无所作为的前提下用自主性的逻辑解释系统创造了这样一种有作为的根据，而实施者也不一定就笃信这一解释的正确性。

巫术思维是来自先民在不具备实验基础条件下对自然现象所作出的一种推断，蛙类造型在佤族宗教造型艺术中的应用再次证明了这一点。佤族造型艺术中的蛙类造型是铜鼓上最重要的装饰。云南铜鼓的第六个类型"西盟型"铜鼓，以在云南西盟佤族自治县各村寨中保留最多而得名。它的特点是器身轻薄、形体高瘦呈直筒形、鼓面比例最大而没有一般的鼓身、鼓腰和鼓胸的分界。西盟型铜鼓流行的年代大约是在公元8世纪到20世纪初，主要分布在云南的思茅、西双版纳、临沧、德宏等滇西南一带和泰国、缅甸等地，其他仅广西龙州发现一面[8]，而在西盟马散窝努大寨的艾嘎家，就保存有约20面。[9]西盟佤族使用铜鼓已经比较普遍，但佤族自己并不会制作铜鼓，而是去外地买回来，平时也很少在舞蹈中应用，据说主要是作为财富的象征来保存。佤族自己传说铜鼓是傣族传过来的[10]，而近古以来西盟型铜鼓主要以缅甸的克钦邦为制造中心[11]，佤族铜鼓多从这里买来，估计是滇西南的傣族人也从此处购买使用，这个渠道逐渐由傣族人转告佤族人，所以有傣族传来铜鼓的说法。因此，严格地讲，铜鼓蛙类造型并不是佤族人自己创造的艺术，而是被佤族人所使用的重要的宗教造型艺术品。

佤族人称铜鼓为蛙鼓，傣族人也俗称其为"蛤蟆鼓"，据说在鼓上铸蛙是为了纪念祖先，同时也期盼风调雨顺。[12]由于铜鼓不是近代佤族人自己制造的，在佤族的其他造型艺术中再也没有发现其他的蛙形装饰物，所以这一说法有详细考证的必要。而蛙在东南亚的许多民族文化中都具有很重要的自然动物崇拜地位，应该是农耕历史较长民族的专属。

图2　澜沧县文化局文物管理所藏西盟县铜鼓（清末制造）

图3　铜鼓上的蛙形立体雕刻装饰物

对蛙类动物的特殊关注可能有两个方面的原因，一是水田稻作文化的产物；一是蛙类动物身体造型与人类的相似性。最典型的造型艺术文本是广西花山崖画，其中的人物造型、动作都表现出对蛙类造型的模仿。但我们也必须注意到，在佤族民间传说中，确曾有将半人半蛙的神怪视为人祖的说法。根据台湾学者凌纯声在《云南卡瓦族与台湾高山族的猎首祭》中的研究，佤族中也曾流传过一个祖先是两个蝌蚪的传说，说族群祖先蝌蚪耶当、耶台生在弄球龙潭之中，后来长成了蛙，日久变成精怪，因为吃了人肉，把他的头颅带回来放在自己居住的岩穴内，乃生儿女。他们以为这是头颅所赐，于是崇拜头颅。他们生有九子十女，互相婚配，以后子孙繁衍成一部落。当耶当与耶台临死的时候，召集了子孙告诉他们本族起源的故事。耶当和耶台自己死后，子孙应奉祀为始祖，每年须用人头祭祀，如子孙对于祭典不能奉行，则人口不安，五谷歉收，子孙不繁。[13]这个故事揭示了族群观察自然造型时的一个想象，从肢体关系上看，青蛙无疑是很接近人类的，但青蛙没有细脖颈，因此常被人误解为丢失了头颅。以蛙类为祖先的意识应与造型想象有很大的关系，同时也与水田稻作文化中对青蛙的依赖性有关。猎头习俗与蛙类发生关系的还不只此一则，南洋婆罗洲岛的部分猎头民族也传说自己的猎头习俗是在赴敌对部落的途中田野里的青蛙教的。[14]在沧源县流传的佤族"人从葫芦生"传说《达嘎惹木》中，人类祖先达嘎惹木是听了青蛙大王的劝告才带着小母牛乘着木槽逃脱了洪水灾难，繁衍人类的。[15]青蛙在传说中以"先知"的形象出现，这一点是青蛙鸣叫可以预报雨水降临物候功能的折射，更由于青蛙繁殖能力的强盛，以小小身躯能发出如此巨大的鸣叫声，自然容易引发先民对蛙类的神秘幻想。从这些传说中可以看出，佤族也对蛙类萌生了超越一般生物的神秘感受和情感，这种情感导致佤族族群非常顺利地接受了来自其他民族的铜鼓，我认为与蛙类造型的出现有一定的关系。[16]

二、植物主题形象

佤族宗教造型艺术中较少出现人工制作的植物形象，但永远不能缺少自然植物直接在环境艺术中的应用。

植物在宗教艺术中出现的主要作用就是对人类生命力的一种暗喻，最典型的植物符号就是葫芦，在云南各少数民族的创世神话传说中，"葫芦洪水"结构是出现频次最高的一组主题，但和民间文学相比较，造型艺术中葫芦的出现就少了许多。邓启耀在《宗教美术意象》里认为沧源崖画中的一个类似葫芦的图形和整幅图像是对葫芦出人神话的讲述。[17]也有许多人认为由于该图形漫漶不清，是否是葫芦还有待商榷。葫芦在滇西南地区的佤族、拉祜族创世神话中都具有非常重要的地位，被作为人类起源地来看待。但在造型艺术中，葫芦应用得很少，除了比较熟悉的傣族南传上座部佛教的葫芦金塔是明确模仿葫芦造型以外，佤族住屋屋脊两端也有雕刻一个"葫芦人"的习俗。[18]当然，杨兆麟在沧源糯良大寨所见到的葫芦人形博风板雕刻可能是个孤例，目前我们还无法确知这个习俗流传的历史情况，也有可能是某些别具匠心的人根据传说或造型想象所创造出的一个新形象。

在葫芦神话在滇西南地区的传播问题还没有研究透彻以前，我们姑且不用尝试着描述佤族葫芦神话或葫芦造型符号的形成问题，原因是也许葫芦只是从其他民族、地区传播来的一个适应了族群造型想象创造力的新符号系统，对于佤族来说是一个替代传统岩洞类型"司岗"传说的新元素。故此，对葫芦符号的研究应主要围绕着先民如何从葫芦身上得到的灵感？有学者判断葫芦文化的生成与葫芦可以作为渡水工具的性能有关，因此葫芦出人总是与洪水神话联系在一起。季羡林认为葫芦文化生成的关键是葫芦的形状与胎盘的相似性，闻一多也主张将葫芦的浮水功能放在次要的位置上，洪水故事应该是后来黏合到葫芦神话上的。也曾有人提出孕妇身体的造型与葫芦造型十分接近，葫芦文化是人们对葫芦造型的联想产生的。[19]我认为最后一种说法比较接近葫芦符号的产生根源，同时葫芦多子、高产等其他非造型要素也是先民对葫芦形成生育强盛交感幻觉的重要基础。而正是由于这样一些容易形成共鸣的造型联想和基础，葫芦文化在中华各民族之间得到了最广泛的流传。[20]

与葫芦符号异曲同工的是芭蕉，在滇西南各少数民族中，芭蕉几乎是各种重要宗教仪式中不可缺少的象征物，但由于芭蕉没有在创世史诗中取得什么特殊的地位，因此芭蕉比起葫芦来很不受重视。芭蕉的多产、香气和外形丰满的造型可能是引起族群产生生命兴旺的一个主要根源。在佤族文化中，芭蕉是一种很重要的吉祥象征植物，如果在梦中出现了芭蕉树，则代表所要做的事情将顺利、兴旺，尤其在青年男女结婚以前曾有梦卜习俗，芭蕉是其中最吉利的梦相。在信奉基督教的佤族地区，男女青年举行婚礼时，教堂里牧师台前要摆上一棵芭蕉树，以作为未来婚姻生活和美的象征、祈愿。在婚礼仪式中，父母引导庆祝队伍的时候，走在前边要拎一串芭蕉，表示新婚夫妇将来会像芭蕉一样多子多福。在过年时有些村落流行在家门口栽种一棵松树枝代表向祖先献祭的习俗，集体公祭则是在寨心位置栽种一棵更大的松树枝，树下要摆一系列的供品，如猪头、芭蕉等。

我主张将宗教仪式中所直接采用的芭蕉、松柏或葫芦等物也视为一种"造型艺术"。其一，族群在仪式民俗生成的过程中对这些植物主题符号进行过选择，而在每一次仪式实施的过程里也都要对具体植物对象的造型进行选择，如个头、形状、色泽等等。其二，这些被直接采用的植物已经被族群赋予了超越一般植物的意义，也就是说，它们与那些被雕刻的、描绘的花、草、葫芦具有相同的价值。因此，我更倾向于将植物符号视为宗教环境艺术中的一种特殊的手段，而这些植物的主体价值并不体现在具体的这个植物身上，而是它所代表的那个植物符号，从具体的物质本身上升为一个抽象的造型标志。在植物符号运用中出现的这种特殊性，表明族群在对生态主题符号进行塑造时，是以其对对象的支配程度来决定方法的。人们无法控制鸟类，因此只能用雕刻的手段复制鸟类的造型来达到目的。但对于可以任意摆布的植物，族群自然可以随意安排植物的位置，作为他们装点宗教仪式环境的一个造型要素。

三、自然体主题形象

能够将葫芦看做是与人类有血脉联系的祖母之体，说明在神话产生之初人类对自身与自然生物之间界限的认识是模糊的，在自体意识上还没有明确地与自然割裂为主客体的关系。这个模糊意识不但产生了族群与动、植物平等生存和感恩心态的生态文化，还在审美活动中逐渐形成了人们有意识地模仿动、植物的性能特点来塑造自身，使自己更符合这个世界的标准。在原始族群文化的基础概念中，这个世界的主体不是人类，而是被一些看不见的神秘的力量控制着，他们甚至相信一些动、植物的种群比人更接近这些力量，例如在许多创世纪神话中，人类都是晚于动、植物被神灵所创造的。而更早于全部生物之前，自然界的山川河流就已经在这个世界存在了很久，佤族的创世纪神话《司岗里》恰恰完整地诠释了这个理论。

《司岗里》由于流传地区不同而存在着各种称呼和解释。西盟佤语称"司岗里"，沧源佤族则称"西岗里"，还有"德岗里"、"赛岗里"等不同的发音。西盟地区佤族人解释"司岗"为石洞，沧源地区的佤族人认为"西岗"是葫芦。不仅在词义解释上有不同，两地对"司岗"实物的说明也有区别，西盟佤族认为"司岗"就在阿佤山区的中心地带巴格岱附近的山上；而沧源佤族的解释，葫芦"西岗"就生长在附近的莱姆山上。[21]在沧源崖画中有一幅十分像出人洞传说中所形容的洞穴图形，许多学者都支持把这幅图像与佤族史诗《司岗里》联系起来看。在滇西南地区普遍流行着对岩洞的崇拜文化，在傣族地区叫仙人洞的地方很多，但多数都是后来人们附会有关宗教传说而形成的宗教圣地，以前是否是人类族群曾经居住的洞穴还缺少证据。据说《司岗里》中所说的岩洞就是今天缅甸佤邦中一个叫巴格岱地方的一个低洼水塘，全称应为"巴拉格岱赫"，其本意为"下方"和"下身"的意思，根据佤族学者魏德明的研究，"巴拉格岱赫"就是指女性的生殖器，而"司岗"故事里的岩洞也就是对女性生命繁殖过程的一种"暗示"。[22]如果魏德明的思路是对的，则"司岗"可能并不是穴居文化的象征，而是通过岩洞造型和感受的近似性对母体生殖过程的一种暗喻，与葫芦文化中的符号类型是完全相同的。

在西盟佤族的大房子绘画中，也出现了简化符号的山和河流图形，其中山以二方连续的三角形来表示，河水则以连续的三角曲折线来表示。[23]当然，这种对山水形象的抽象概括方式是非常普遍的，同样的图形在拉祜族服饰中也有很多应用。

四、人体主题形象

无论葫芦还是洞穴，其实都是因与人体产生了造型联想而具有了超越自然本体的意义而在宗教性的仪式环境中发挥效力的，而木鼓作为一种氏族的"通天神器"，则是更纯粹的一种模拟人体造型的法术工具。

对木鼓文化的研究目前有四个阶段的成果：第一阶段是民族社会历史调查阶段，1956年全国人民代表大会民族委员会组织了少数民族社会历史调查组，其中佤族分组于1956—1958年之间对佤族地区进行社会历史调查，主要参与的调查人员有田继周、李仰松、罗之基等，代表成果为《佤族社会历史调查》[24]、《佤族简史》[25]等。这一阶段以对"拉木鼓"、"猎头"等民族原始宗教习俗的调查、记录为主，做了一些基本的图像资料记录工作，传达了民族自我对传统文化的认识和理解，从木鼓的功能角度确认木鼓是通鬼神的工具和统一的军事信号。[26]第二阶段是在民族学研究的基础上对木鼓文化现象做文化上的诠释，主要研究者为罗之基和本民族学者赵富荣等，代表成果为《佤族社会历史与文化》[27]、《佤族风俗志》。[28]他们在总体总结佤族社会历史文化的过程里对木鼓文化作文化属性的基本定义，认为木鼓也有被崇拜的神性因素，是氏族、村社的标志等等。罗之基感到木鼓和猎头之间存在着某种内在的联系，并认为随着农村公社制度日渐没落，木鼓的作用和意义也逐渐趋于淡化，因此她判断木鼓最初的意义是作为父系氏族的标志。[29]第三阶段是开始从原始宗教文化的比较中推测木鼓产生的文化根源，代表著作有本民族学者魏德明的《佤族文化史》[30]、杨兆麟的《原始物象》[31]、王敬骝的《佤族木鼓考》。[32]魏德明认为木鼓是对女性祖先、女神麻农（烨奴姆）身体的象征，是女性生殖崇拜文化的表现。[33]王敬骝从佤族传说中木鼓习俗存在的时间推算，认为佤族木鼓来源于壮、傣先民的"春堂"。[34]杨兆麟基本支持上述两人的观点，并发现木鼓的敲击动作似是对交媾的模仿，认为也"不排除部分村寨把木鼓作为雌雄同体的灵物崇拜"的可能。[35]但第三阶段的研究思维在文化人类学的研究方法横向联系的拓展方面仍然不足，仍然缺少全球性原始宗教文化语言形态的比较研究，对佤族木鼓文化的解析没有形成理据充分的理论体系。目前对于佤族木鼓文化研究正在逐渐进入第四阶段。第四阶段是在综合以上研究成果的基础上，就佤族木鼓文化的体系结构做更进一步的研究和阐释，代表成果是郭锐的《佤族木鼓文化研究》[36]和付爱民的《佤族木鼓文化解析研究》。[37]第四阶段的成果基本否认了木鼓作为生殖崇拜文化的表现理论，理由是木鼓对女性生殖器造型的模拟并不是应用于人类的生育，而是借助这种生育力量的感染，改变大地对农作物的繁育力，是以拟人交媾的手法催促自然之间的"交媾"，以增加农业的收成。

木鼓从其造型选择和塑造上说，毫无疑问是对女性生殖器的模拟。但是研究不能仅仅因为模拟了生殖器的造型就简单地将其归纳为"生殖崇拜"，也不能因为是鼓就必然发生于祭祀的需求行为中。与全球最典型的生殖崇拜文化比较后，我发现佤族木鼓文化的基本形态与生殖崇拜文化截然不同，反而与澳洲某土著春季交媾舞会、青海玉树的部分藏族村落春季交媾舞会[38]相同，是利用模拟交媾的动作来刺激大地的繁育。那么从木鼓造型塑造的过程分析，族群的真实心理是为大地（这个土地是属于本族群氏族的）开辟了一个接受交媾法术[39]的媒体，人们对土地的愿望和需求都通过这个媒体影响到大地。因此，木鼓的造型符号性质与葫芦、岩洞有根本的区别。

木鼓的符号意义是将人与土地融合为形式上的一体，表明人们认为自己的身体和自然界具有一种相通的意念，在这一最高层次的造型符号塑造中，人体表现出一种超自然的神性意味。当然，最典型的就是头面。佤族猎头习俗的起源传说甚为繁杂，多未能溯本清源，大体分为天神洪水威慑说[40]、杀奴惩恶说[41]、血族复仇说[42]、孔明诡计说[43]和为谷魂奶奶复仇说[44]五大类型。学者根据族群自我的解释系统所进行的研究，多数主张以血族复仇说为习俗的延传基础展开，认为猎头习俗可能起源于对嗜血神灵的祭祀，判定头颅在仪式中是一件祭品。后期多数学者也开始主张人头经过神秘的巫术具有祭品和神灵的二重性[45]。二重性的提法颇显睿智，却仍未脱蜕据民俗表象设论的实质，仍不能更深层地剖析头颅受到族人崇拜的文化根源。因此，真正能够找到猎头习俗的文化起源并不是从族群自我的解释系统里，而是从人类原始宗教文化和造型联想的基本方式中寻找答案，核心问题就是，为什么头面具有如此重要的地位？

在原始宗教造型思维系统里，人们比较普遍地认为头颅是魂魄的居所，头一直被视为原始巫术中灵魂的象征物。[46]东非、西非人即相信：灵魂的主体居于人体的顶部，它是人的守护神。[47]德国学者利普斯更在《事物的本源》一书中认为：面具崇拜及相关的舞蹈表演源出于头骨崇拜。[48]在信仰佤文化的原始人眼里，傩面具是一种神物，是"将人的灵魂输送到另一个世界里去的运载工具"。[49]宁夏贺兰山崖画中的"透视人体图"，在一个富于生殖力象征的人体腹

图 4　西盟佤族村社鬼林中的人头桩

部画着一张神秘的头面，据学者研究这是一幅生殖巫术崖画，神秘的头面表示招魂入体、转世再生。[50]原始人认为灵魂入体是使女人受孕的初因，而转生的灵魂又必是过去逝去的某个亡灵，因此崖画就要绘制在一个像贺兰山口一样的祖灵汇集之地。[51]新疆呼图壁岩刻更加形象地说明了这种观念：每个预备交媾的男人体内都附载了一个祖灵头面,而岩刻还描绘了大量游荡于虚空里的祖灵,表明这里是祖灵转生的公共家园。[52]从更广阔的范围看头面造型的文化含义,我们可以确知,原始文化中普遍将头面作为人支配亡故灵魂的一种形式手段,崖画、岩刻图形都表示人们对灵魂支配活动的一种造型艺术图解。那么,人头被供奉在木鼓房前和鬼林里也就可以理解为另一种宗教环境造型样式的图解,猎头民族的先民是在运用这样的办法去摄取更多的灵魂,通过"做大鬼"的仪式将这些灵魂吸收为本氏族的新生力量,成为本氏族的社神,保佑一方。头骨嵌入人头桩的样子酷似贺兰山崖画中的形象,看来佤族人也是出于招魂入体的目的:用过一年以后的头颅令其魂归栖于鬼林,转生加入本社的祖灵集团——木依吉。

佤族的木刻艺术中也经常出现口、鼻清晰的头面造型,用意与上述相同,表示灵魂将转世重生。而完整的人体则表示祖先的象征,是魂灵不灭的魂力完整的精灵物。

五、结语

佤族宗教造型艺术的内容和体系并不繁杂,但在我国少数民族造型艺术领域里往往获得较高的审美评价,它所展现出的那种远隔尘世的淳朴、浑厚、旺盛、狞厉美感很快得到现代社会的接受和喜爱。在最近十几年的区域旅游产业开发中,佤族宗教造型艺术形象符号得到改造、重组等新方式的应用,被作为民族风情节目表演中的重要的环境背景。

但是,由于历史上的不同原因造成了族群对传统文化的误读,从而造成了学者对传统解释系统研究的紊乱,而这种紊乱从根本上破坏了现代族群文化的建构方法,许多造型符号被混乱组合,忽略其原始的生态性文化链条。许多民族歌舞表演活动中未加区分地引进了一些装饰图形和手法:例如将牛头雕刻转移到木鼓的两端、在木鼓鼓身上涂绘彩色抽象图案等。这些图形有的来自民族传统符号,但与原生态文化符号不属于同一系统;有的来自其他民族和地区的装饰图形,被简单地嫁接在佤族造型符号系统中。这种做法实际上是毁坏了民族形象符号的独立特征,将佤族形象符号与其他民族的原始造型形象相混淆,同时也干扰了观众对本民族文化系统的认知,简化了文化传统的内涵底蕴,并从集体意识深层隔断了民族文化起源的主体部分——生态与地理特征。

因此,本文主张应对佤族传统文化解释系统做更深入的研究,尤其是对最具有典型性、代表性、族群凝聚力的宗教造型艺术形象符号做系统的研究和探讨,做更广泛的比较研究,整理传统造型符号系统。这个研究序列对于佤族地区未来的城市建设、旅游区景观建设、旅游形象设计等具体工作都具有很重要的意义,其紧迫性应引起学术界的重视。

注释：

[1] 云南省编辑委员会编：《中国少数民族社会历史调查资料丛刊——佤族社会历史调查》（一），云南人民出版社，1983 年，第 166 页。

[2] 见杨兆麟《原始物象——村寨的守护和祈愿》，云南教育出版社，2000 年，第 289 ~ 291 页。

[3] 见杨兆麟《原始物象——村寨的守护和祈愿》，第 291 页。

[4] 见《西双版纳傣族民间故事》编辑组编《西双版纳傣族民间故事》，云南人民出版社，1984 年，第 337 ~ 340 页。

[5] 见胡绍华《傣族风俗志》，中央民族大学出版社，1995 年，第 67 页。

[6] 根据 2005 年 2 月在澜沧县下允傣族村对下允缅寺的调查，记录人：刘春旭；被采访人：刀老三（傣名：波赛宝）。

[7] 根据 2004 年 8 月在澜沧县龙竹棚拉祜族村对佛堂雕刻的调查，记录人：马小申；被采访人：李老大（佛爷）。

[8] 见王大道《云南铜鼓》，云南教育出版社，1986 年，第 15 页。

[9] 见罗之基《佤族社会历史与文化》，中央民族大学出版社，1995 年，第 410 页。

[10] 见《民族问题五种丛书》，云南省编辑委员会编：《佤族社会历史调查》（一），第 166 页。

[11] 见黄桂枢《思茅风物志》，云南人民出版社，2000 年，第 69 页。

[12] 同上。

[13] 凌纯声：《云南卡佤族与台湾高山族的猎首祭》。

[14] 见吕一舟译，吕金录校，[英] A. C. 海顿《南洋猎头民族考察记》，商务印书馆，1990 年，第 357 页。

[15] 见艾获、诗恩编《佤族民间故事》，云南人民出版社，1990 年，第 5 ~ 10 页。

[16] 也有学者主张佤族自己也曾拥有铜鼓制造技术工艺，但目前证据不足，暂作此论，留待今后研究深入之后再进行讨论。

[17] 见邓启耀《宗教美术意象》，云南人民出版社，1991 年，第 15 页。

[18] 见杨兆麟《原始物象——村寨的守护和祈愿》，第 288 页。

[19] 见李子贤《傣族葫芦神话溯源》，载于刘锡诚、游琪《葫芦与象征》，商务印书馆，2001 年，第 168 页。

[20] 闻一多曾论证了葫芦与中原人祖伏羲、女娲之间的关系；林河在《葫芦文化与葫芦神话》一文中详细整理了世界各地的葫芦神话体系，认为傣族、佤族、基诺族、拉祜族、傈僳族、阿昌族、怒族以及部分侗、苗、汉族和南美洲克拉何人流传着葫芦直接生人类型的神话；而彝族、白族、土家族、仫佬族、侗族、水族、苗族、毛南族和蒙古族流传的是葫芦救人类型的神话；其他还有变异型和类似型等。详见刘锡诚、游琪《葫芦与象征》，第 128 ~ 144 页。

[21] 见郭思九、尚仲豪《佤族文学简史》，云南民族出版社，1999 年，第 43 页。

[22] 见魏德明《佤族文化史》，云南民族出版社，2001 年，第 18 页。

[23] 见罗之基《佤族社会历史与文化》，第 408 页。

[24] 详见《民族问题五种丛书》云南省编辑委员会编《中国少数民族社会历史调查资料丛刊——佤族社会历史调查》（1～3），云南人民出版社，1983 年。

[25] 详见《佤族简史》编写组《国家民委民族问题五种丛书之一、中国少数民族简史丛书——佤族简史》，云南教育出版社，1986 年。

[26] 见《中国少数民族社会历史调查资料丛刊——佤族社会历史调查》（1～3），云南人民出版社，1983 年，第 174 页。

[27] 详见罗之基《佤族社会历史与文化》。

[28] 详见赵富荣《佤族风俗志》，中央民族大学出版社，1994 年。

[29] 见罗之基《佤族社会历史与文化》，第 322 页。

[30] 详见魏德明《佤族文化史》，云南民族出版社，2001 年。

[31] 详见杨兆麟《原始物象——村寨的守护和祈愿》，云南教育出版社，2000 年。

[32] 详见王敬骝《佤族木鼓考》，载于《民族艺术研究》，1980 年第 3 期。

[33] 见魏德明《佤族文化史》，第 278 页。

[34] 见王敬骝《佤族木鼓考》，载于《民族艺术研究》，1980 年第 3 期，第 45 页。

[35] 见杨兆麟《原始物象——村寨的守护和祈愿》，第 284 页。

[36] 详见郭锐《佤族木鼓文化研究》，中央民族大学民族学博士学位论文，2006 年。

[37] 详见付爱民《佤族木鼓文化解析研究》，《民族艺术》2006 年第 1 期。

[38] 见杨学政《原始宗教论》，云南人民出版社，1991 年，第 19 页。

[39] 法术概念是西方学者在研究原始文化时所归纳出来的用以区分产生神灵观念以后的原始宗教行为。"物活论"是马特在 1899 年创造的，比此前的万物有灵论形容的更为贴切。后来也出现了一些反对使用法术一词的观点，如埃德温·史密斯博士在《非洲人的象征论》中主张以活力代替法术。详见杨学政《原始宗教论》，第 11～30 页。

[40] 与北方民族"河伯娶妇"的传说类似，最高神威胁说如果不贡献人头就发洪水制裁。

[41] 传说佤族人祖克立托为严惩乱伦者而杀家奴（义子），其行为极符合佤族人的道德习惯，故此说把砍头的血腥修饰为正义公德之举。

[42] 传说述其源为十五代永广佤族人与勐梭傣族人的一次仇杀，显系近代始发生的社会矛盾。

[43] 孔明为降服佤族送来熟谷种并授以农事，后复赐真种告之需砍头相祭。孔明意在传其俗令其人自相残杀。孔明崇拜思想是羌氏遗裔诸族带来的移民文化，佤族的借用意在以孔明象征近代民族文化碰撞中的强势民族，承担着族人郁抱已久的双重心理：感恩与畏忌——送来谷种与欺骗同胞。此说的出现标志着佤族人的觉醒：他们已经在怀疑传统的正确性，并极力反对族内的仇杀了。

[44] 为佤族送来谷种、并传授农技的老奶奶被恶人杀死，石头或地震鬼指引人们砍恶人头祭谷才能使奶奶死后衰萎的谷苗复兴。故事纯属傣族谷魂奶奶传说的翻版改编，恰能说明

猎头复仇的合理性，并巧妙地把砍头与祭神联为一体。

[45] 见杨学政《原始宗教论》，第 244～247 页；另见张立文《传统学引论》，北京，中国人民大学出版社，1989 年，第 86 页；鬼与人头合而为一说。佤族学专家罗之基也主张此说。

[46] 见孙新周《中国原始艺术符号的文化破译》，中央民族大学出版社，1998 年，第 19～21 页。

[47] 见帕林德《非洲传统宗教》，第 147 页。

[48] 见刘志群《西藏傩面具和藏戏面具的纵横观》，载于《傩文化与艺术》，贵州人民出版社，1993 年，第 303 页。

[49] 见庹修明《面具文化概观》，载于《傩文化与艺术》，第 283 页。

[50] 见孙新周《中国原始艺术符号的文化破译》，第 19～21 页。

[51] 古云：丘陵为牡，溪谷为牝。贺兰山口即古人谓之牝谷，可促丰产多子。

[52] 岩刻位于一座城堡下部的岩石透镜体上，距地 3 米高，显然是举行生殖巫术的场地。

（作者单位：中央民族大学美术学院）

佤族的巫舞

罗春梅

　　佤族是生活在我国云南省西南部的一个历史悠久、勤劳勇敢的古老民族。佤族分布在澜沧江以西和怒江以东的怒山山脉南段，习惯上称这一带为"阿佤山"。阿佤山是歌舞的海洋，民族艺术的宝库。流传在佤族民间的舞蹈，题材广泛，风格迥异，丰富多彩。有反映劳动生活、传播生产技能的舞蹈，也有在节日、喜庆时跳的娱乐性舞蹈，还有语汇丰富、舞姿优美的表演性舞蹈和以模拟仿实为主的各种动物舞蹈以及原始古老的巫舞。特别是作为祭祀性舞蹈的巫舞，对于历史上没有文字的佤族来说，宛如一块活化石，再现了这一民族的历史、风俗，同时也折射出了他们的心理、性格和审美意识，对了解和研究这一古老民族的历史文化，具有一定的价值。正如有学者所言："从历史直到现实生活中，许多民族的音乐和舞蹈，并非一种纯粹的审美艺术形式。由于原始时代诗（含神话）、歌、舞、乐、仪式等多位一体，生产、宗教、习俗等混而为一，原始的音乐舞蹈也就成了一种不论在内容和形式上都兼有各类因素的混合物。要客观地完整地把握民族文化的整体结构，我们不能不尊重历史和现实所给出的材料，尽管这些材料由于岁月的剥蚀已模糊了本来的面目。"[1]此外，它也是人类早期生活的一面镜子。恩格斯说："各部落各有其正规的节日和一定的崇拜形式，即舞蹈和竞技；舞蹈尤其是一切宗教祭典的主要组成部分。"而"原来宗教思想的初期，世界各民族，互相类似，不过大同小异罢了。以后民智发展，文化进步，各民族因其所处环境相殊，宗教思想乃渐渐愈趋愈远，所以形成世界上种种不同的宗教"。[2]因此，考察佤族的巫舞，能够使我们对佤族初民的社会生活、思想意识、时空观念、伦理道德等有进一步的认识。同时，通过考察巫舞的发展演变，能够加深我们对人类文化发展变迁规律的理解。

　　佤族巫舞的历史悠久，在1965年发现的沧源崖画中，所发现的十个地点都有舞蹈图像，而且所有地点都有羽人舞姿图像。云南少数民族羽饰者很多，江川李家山和晋宁石寨山出土的铜器上就有很多羽舞人的形象，不同的是：沧源崖画

226

羽舞人图像非常的鲜明、突出，单独存在于画面之上，绝少出现在队列之中。这些单独存在的羽人图像，学界认为有两个意义，一是图腾、神像；二是祭师、领舞者。流传在佤族民间的很多舞蹈都要由"魔巴"领舞，魔巴是拉祜族语，即汉语中的巫师，佤族称为"教气艾"或"奔柴"，意为宗教活动的主持者和做鬼的人。据说，佤族祖先自"司岗"出来后就有了魔巴。魔巴都是男性，每个村寨都有，在群众中有一定的威信，在佤族的政治、文化以及宗教生活中有重要的影响。因此，崖画中多次出现的羽舞人很可能是能通天通地的巫师——魔巴。

巫舞是巫教与舞蹈的结合，是巫教思想和情感的艺术表现。佤族地区流传的巫舞，就其种类来讲比较单一，大量的舞蹈都是祭祀性的，只有少部分是在节庆娱乐时跳的。与楚地、越地以及北方流传的巫舞相比，佤族的巫舞更具原始性。据屈原《九歌》的记载，遇祭祀，则巫者盛装登场，和着忽徐忽急的鼓点，舒喉而歌，拂袖而舞。广西壮族地区流传的巫舞《舞球》和《天琴舞》还能寻到越人巫舞的一些芳踪，显然他们的舞蹈程式更加复杂，动作变化更多，更富有艺术性。而在北方流传很广的萨满舞，也比佤族的巫舞复杂得多。佤族的巫舞虽历经几千年之久，后来却没能演变出"巫"色彩很浓的傩舞、傩戏等，这些都说明佤族的巫舞自形成之后没有太大的变化，而是更多地保持了它的原始风貌——简单、质朴。

在新中国成立前夕，佤族的社会发展程度很低，除阿佤山边缘地区和镇康地区的佤族因受到傣族和汉族的影响已进入地主经济阶段外，阿佤山中心地区则比较落后，还处在原始社会向阶级社会过渡阶段。[3] 原始宗教信仰在佤族人的社会生活中处于支配地位，无论是生产、狩猎，还是婚丧、嫁娶、生育、疾病都要"做鬼"。从每年的阴历十二月"做水鬼"开始，直到第二年的十月，全寨要举行很多种类繁多的宗教祭祀活动。在这些宗教祭祀活动中舞蹈始终贯穿其中。人们借歌舞以娱神、媚神，为族人祈福佑，表达对自然的崇拜之情；借歌舞祭祖、尊祖、崇祖，希望得到祖先的庇佑，团结和凝聚族人。正如《周礼·大礼乐》所说："舞《云门》以祀天神，舞《咸池》以祭地祇，舞《大磬》以祀四望，舞《大夏》以祭山川，舞《大濩》以享先妣，舞《大舞》以享先祖。"所以，佤族舞蹈中有很多祭祀性的巫舞。

佤族虽已进入农耕社会，但因生产力低下，谷物收成的好坏直接关系到他们的生存。他们相信只有祭祀"谷魂"，才能获得丰收。因此，佤族中有猎头祭谷之风。春祈秋报是农耕民族中普遍存在的现象。《论语》中有这样的记载："哀公问社于宰我，宰我对曰：'夏后氏以松，殷人以柏，周人以栗。'"古滇民族中也有此俗。晋宁石寨山出土的一件铜鼓形贮贝器面部乐舞纹饰，有妇人托碗、举杯做舞蹈状，据推测是春耕前祈祷丰年的仪式。关于佤族此俗，方国瑜先生在其《卡瓦山闻见记》中所记甚详，兹引文如下："人头祭谷，每年二、八月行之。事先，每寨头目卜课，决定求人头方向，派百姓往，伺于道旁。有过者突出而砍其头以归。或谓，野卡埋伏道旁，撒掬米于道，覆以土，行人过未践其米者，则不为害，践其米者始出而杀之。获头飞奔而归，供于寨中，定期而祭。巫者鸣锣鼓跳鬼，祝人头曰：汝亦人子，我曹奉之为神，当升天为我曹赐福，年谷丰收；妇女则围而哭曰：汝大郎耶？二郎耶？身死不得亲属安葬，我曹为汝哀之。歌哭之声，震动山谷，且杀牲而祭之，祭毕呼啸聚餐，携手笙舞，入暮始散。巫者安置人头于木椿（桩），竖之寨外。或又曰：祭时人头筋肉收缩，唇张齿露作笑容，土人以为死犹含笑，必佑宏福也，灌酒插花，抚而祝之。"[4]这当中，西盟佤族由魔巴跳迎头舞。主要动作是走步移动，第一拍，左脚向前侧迈一步，右脚跟随靠拢；第二拍，双脚跟吸起踮步一次；再做与一、二拍对称的动作，泼洒水酒。舞步稳重，端庄，严肃。[5]众人跳砍头刀舞、迎头舞、供头舞。迎头舞等这样的舞蹈应属农事祭祀巫舞。

除了农耕，狩猎也是自然经济的重要组成部分，所以佤族也留下了反映狩猎生活的巫舞。西盟地区流传着一种舞蹈"哭豹子"，佤语称为"有儿尾"。每当人们打到豹子，会将剩下的豹皮塞上稻草、粗糠等物重新缝好，并给"豹子"带上用野果、藤条做成的项链供在木鼓房外或寨门口的路旁。表演哭豹子时，一魔巴身披毯子，面对面地蹲在"豹子"旁，不时用右手去摸"豹子"的脖子逗趣。边跳边唱：黑眼睛的豹子你听着，你说刺戳不着你，还是戳着你了。黑眼睛的豹子你听着，你说不再偷鸡吃，可鸡还是被你偷吃了。黑眼睛的豹子你听着，你说不再咬猪叼羊了，可你还是把猪羊叼去吃了。你做尽了坏事，本性难移了云云。

在很多少数民族的原始宗教里，认为像疾病、灾害，甚至是械斗等的天灾人祸都是因为精灵作怪、鬼神缠身。解决的办法或祭祀祈祷、或驱鬼逐魔。鼓在很多民族当中被看做是"通灵之宝"、"通神之器"，能降伏和驱赶妖魔鬼怪，保佑人畜平安。佤族的木鼓是一种形制最古老的鼓。佤族人非常崇拜木鼓，认为木鼓本身就是"鬼"，可以保寨子的平安。拉木鼓和祭木鼓是佤族人的一件大事。每当阴历12月，就是全寨举行拉木鼓的时节，祭祀活动一般需要10天。首先由魔巴带领几个强壮男子，到山中选定好的大树下，献上祭品，鸣枪驱鬼，念咒祷告，不停息地将树砍倒。第二天，全寨男女老少盛装出发，将木鼓拉回寨中。由魔巴指挥，领唱，众男性边拉、边唱、边跳，妇女在旁呐喊、助威。当魔巴领唱时，众人前脚抬起重落，踏着拍子，同时身体前俯后仰。拉木鼓舞再现了佤族拉木鼓的情形，动作稳重、古朴、粗犷，最能表现佤族人民剽悍的气质和团结一心、齐心协力的精神力量。

木头拉到寨门口后，一般要停放两三天，等候魔巴杀鸡卜卦、选定吉时、剽牛祭祀、做鬼念咒后，众人才将木头拉到木鼓房外，由工匠制成木鼓送入木鼓房内，一般为一公一母一对木鼓。木鼓不仅要剽牛祭祀，还要伴之以歌舞、念咒做鬼。剽牛舞为双人表演的舞蹈。前者为魔巴，右手握剽刀举于头右侧，左手端盛满水酒的竹筒，泼洒水酒，边走边唱，念念有词地祈祷平安。剽牛舞动作严肃、稳重、端庄。人类早期的自然崇拜和祖先崇拜是不能截然分开的，佤族也如此。跳剽牛舞时，魔巴边跳边唱道："司岗洞口盖着巨铓，是小米雀啄开了巨铓，我们才从司岗里出来。为感谢小米雀的恩情，我们剽牛来祭祀，求祈村寨平安谷物丰收。"古滇人也有杀牛祭祖的习俗，晋宁石寨山出土的铜器中，有六个铜牌饰表现了剽牛或以杀牛为中心内容的宗教仪式。[6]古时，中原地区的汉族遇重大宴会或祭祀活动也有杀牛而祭的习俗。《后汉书·吴汉传》云："（汉）乃勃然裹创而起，椎牛飨士。"又《韩诗外传》卷七有云："是故椎牛而祭墓，不如鸡豚逮亲存也。"通过对祖先的追忆，增强人们的同根意识，增强了族群的凝聚力。同根意识的确立是古老民族为了群体力量的强盛和集团结构的稳固，以保证本部族共同生存的生命意识的觉醒。同根意识也是民族得以生生不息的精神纽带。而通过舞蹈和歌唱，人们不断地得到心理暗示，不断地唤起人们的同根意识，音乐和舞蹈因而有了极强的象征意义。

另外，遇大房子落成、结盟、祭谷等大事，佤族也会剽牛以示庆贺。西盟佤族在新中国成立前已经出现一个比较富裕的阶层，称为"珠米"，他们定期举办砍牛尾巴和做老母猪鬼两项活动。砍牛尾巴于每年的春天举行，其目的在于祈求丰收。在砍牛尾巴仪式上也要跳剽牛舞，唱剽牛舞歌。砍牛尾巴用的是黄牛，同时还要剽杀几头水牛。在举行仪式时，把一头黄牛拴在牛尾巴桩上，全村的成年男子手持短刀在旁等候，以魔巴砍断牛尾巴为信号，众人一拥而上争割牛肉，多得肉者光荣，被视为英雄、好汉，不得肉者为人所耻。活动所需费用由举办的珠米负责，邀请全寨人参加。据说可以使主人长寿，村寨平安。这种活动要消耗大量的财富，牛尾巴桩事后也要妥善保管以示纪念，名义上是祈求丰收、祈求长寿，实际上是夸示主人的富有，明显具有"夸富宴"的性质。但不管怎么说，像拉木鼓、剽牛舞这样的禳祓性巫舞，目的都是为了禳灾祛邪，祈求福吉，兼具娱乐功能。

集宗教、历史、诗歌、舞蹈、音乐为一体的佤族巫舞，源于佤族的原始宗教、自然崇拜，扎根于人民群众，主要用于娱神媚神、祭祀祖先、消灾祈福、增强同根意识和凝聚力。今天，脱离了母体的佤族巫舞，不断飞跃，成了世俗舞蹈。带着山野的气息，带着一股纯真炽热的民族感情，扑面而来，荡涤着人们的心灵，净化着人们的精神世界。舞蹈里裹挟着的朴野、执著、真诚和勇敢正是佤族民族精神的真实写照，而佤族舞蹈作为佤族优秀传统文化的组成部分之一，正受到愈来愈多人们的关注。

注释：

[1] 周凯模．祭舞神乐——宗教与音乐舞蹈［M］．昆明：云南人民出版社，2000.
[2] 王治心．中国宗教思想史大纲［M］．上海：上海三联书店，1988.
[3] 王钟翰．中国民族史［M］．北京：中国社会科学出版社，1994.
[4] 林超民．方国瑜文集［M］．昆明：云南教育出版社，2001.
[5] 高立旗．西盟佤族民间舞蹈［M］．北京：国际文化出版公司，1989.
[6] 汪宁生．汪宁生论著萃编［M］．昆明：云南民族出版社，2001.

（作者单位：临沧师范高等专科学校）

浅谈佤族禁忌习俗对生育健康的影响

陶娅莉

从民族文化的角度来考察民族的健康问题，生育健康不能不成为一个令人关注的焦点。作为佤族文化的一个重要组成部分，其禁忌习俗中有很大一部分涉及该民族的生育健康，其中诸如性别禁忌、婚恋禁忌、性禁忌、孕产禁忌等，都对佤族生育健康产生着直接或间接的影响。本文拟从佤族禁忌入手，深入分析禁忌习俗对生育健康的利弊，以及它对推行生育健康造成的阻力。同时，在剖析其现状的基础上，提出兴利除弊之想，一方面求得对佤族禁忌文化的更深解读，另一方面亦求得到社会的关注。

一、生育健康在佤族禁忌习俗领域内的表现

广义来看，生育健康不仅是与生儿育女有关的身体健康问题，而且是在人的整个生命周期中与生殖系统及其功能相关的各种身心的健康问题。作为一个关系着人类生存、繁荣和发展的大问题，生育健康自古以来就为各族群体所重视，人们都在有意识无意识地关注着生育健康，以维系种族的生存。所以，生育健康问题一直伴随着人类及其人类社会的整个发展进程。由于早期人类认识能力和生产能力的局限，人们不可能完全合理、科学地认识生育及其健康的秘密，而只能在特定的历史阶段和特定的环境中把生育健康问题与自己传统的信仰系统和行为系统相结合，约定俗成地制订出习俗戒律，设置出无形的律令，划出禁地，把它们当做生命延续的"圣坛"和"守护神"，以此来支配人们的行为和思想。

佤族和其他民族一样，当认识还处于初级阶段的时候，面对整个生育过程中存在着的、许多人力难以控制的因素，如孕期的病变、分娩时的难产、畸形儿的降临、产妇奶水的不足、婴儿的多病和死亡等等，他们无法作出合理的解释。随着鬼神观念的产生，他们认为在人和自然界之外还存在着一个超自然的神秘力量——鬼神，它威力无比，创造和统治着人和自然界。因此，对于这个超自然的神秘力量，他们一方面希望得到它的庇护，另一方面更惧怕对它不恭而遭受报复。为了躲避灾难、祛病除邪，保证生命的延续，于是，他们在恐惧中根据生活

经验，制订出一条条禁忌规范，以此来约束人们的行为。

佤族禁忌习俗与生育健康的联系千丝万缕、无所不在。可以说，在佤族禁忌习俗中，凡是有关人生的禁忌都与生育健康发生着直接或间接、明显或隐蔽的联系。具体有以下几种：

（1）性别禁忌。佤族社会在经历了母系氏族阶段后，进入到父系氏族时代。在这样的社会里，男子的主导地位导致了男尊女卑价值观念的形成，性别禁忌就是在这样的基础上产生的。佤族的性别禁忌主要是对妇女的社会地位和行为范围的限制。例如他们禁忌妇女在男人聚会的地方随便从男人面前走过；妇女对家庭财产没有支配权；在村寨的宗教活动和重大议事过程中，不允许妇女在场等。这些禁忌使人们在生育过程中形成重男轻女的思想，致使妇女在许多精神压力下生儿育女，成为生育工具，身心备受摧残。

（2）婚恋禁忌。恋爱和缔结婚姻，自古以来都被视为是一桩喜庆、吉利的事，各民族都把它当做关系到家庭、宗族或民族发达昌盛与否的问题来看待。佤族在男女交往、择婚、订婚到嫁娶乃至离婚等方面都划定了诸多的禁区和律令，直接或间接地影响着佤族的生育健康。例如禁忌同姓婚配，认为同姓婚配会触怒鬼神，致使村寨和氏族中的人都会受到鬼神的惩罚，因此村寨或氏族中发生了什么重大的灾祸，人们也习惯于往这方面去找原因。在男女交往过程中，佤族还特别注重以梦来预知吉凶。如果做到不吉利的梦，双方就不能结为夫妻，否则好景不长；姑娘订了婚，就不能再参加"串姑娘"活动，否则要受到未婚夫的惩罚，甚至被抛弃。

（3）性禁忌。性禁忌与婚恋禁忌的关系很密切，常常互为表里。中国人一向在性问题上讳莫如深，一方面几乎每个民族都把性看成是关系到族群繁衍、生息的大事，越是慎重对待的事，越要多加禁忌；另一方面，不少民族又认为性行为是不洁的，如果不小心就会亵渎神明，因此更要从时间、地点或对象等方面加以禁限。佤族在性方面也有颇多禁忌，例如婚前禁止同居；禁忌男女之间发生不正当的性行为，否则会被视为大逆不道，甚至会给村寨、氏族带来灾祸。很显然，这有效地制止了私生子的降生，维护了生育者的身心健康。

（4）孕产禁忌。在重子嗣的中国社会里，怀孕生孩子无疑是一件特大喜事，好些民族都称妇女怀孕为"有喜"。佤族往往将受孕归结为神明力量的结果，在懂得了受孕的真实情况后，他们仍在为一个个谜团困惑、担心。诸如孕期是否正常、分娩会不会难产、孩子是男是女、孩子的容貌、形体和健康状况是否尽如人意等。在希望和忧虑的交织中，佤族依据对神秘力量的恐惧和依赖以及前人的必然或偶然的经验，逐步制订出了一条条孕产禁忌。例如产妇不能扫地，否则以后视力不好；产妇不能缝补衣服，否则会头疼头晕；孕妇不能摸死人棺材，否则容易流产，而且生下的婴儿会畸形。此外，佤族的许多孕产禁忌还牵涉到其家人以及别人的行为，例如，妻子妊娠期间，丈夫不能做竹桶、砍凿舂臼、搭水槽，否则婴儿会畸形；男子忌讳从孕产期的妇女家屋子下面经过，否则其护身符就会失去作用。

（5）育养禁忌。为了婴儿健康平安，佤族也有许多禁忌。例如婴儿脐带未脱落，其父不能到打铁处，否则孩子鼻子会阻塞、呼吸不畅通；不能背着新生儿去伐木，否则，孩子容易生病等。

二、佤族禁忌习俗对生育健康的影响

既然佤族禁忌习俗与生育健康的关系如此密切而广泛，那么，这些禁忌习俗到底是生育健康的守护神，还是危害者？就佤族的婚配规范而言，在佤族族群中一直沿袭着一套传统的婚配规范：青年男女成年之后，才可以自由择偶恋爱。年龄太小一般要受到父母的阻止，甚至被人讥笑，这不能不说是制止童婚现象的一道律令。

另一方面，佤族又恪守同姓不婚配的禁忌。《册府元龟·婚好》说："同姓男女不相及，畏渎敬也。渎则怨，怨乱毓灾，灾毓天性，是故娶妻避其同姓，畏乱灾也。"这就是说同姓男女不能相通婚，原因是怕亵渎了祖宗，给生育带来灾难，造成灭族灭姓的结果。佤族禁止同姓婚配最早可见于《司岗里》中，这反映了佤族在很早以前就已经意识到了同姓婚配可能造成的不良后果。这一禁忌有效地制止了父系血亲关系下的通婚现象，无疑在一定程度上维护了该民族的生育健康，保证了人口的身体素质。

当然，未成年人不准婚恋、同氏族血亲不能通婚之类的禁忌，最早显然不是从生育的角度来设置的。但是它们却在客观上起到了有利于佤族人民生育健康的作用。进一步说，许多佤族禁忌表面上似乎荒诞不经，带有浓厚的迷信色彩，但其中却包含着若干有益的实际效果。例如佤族禁忌规范中有产妇月子中禁止串门的禁忌，认为外人会将不吉利的东西带入家中，摄走孩子的魂魄，使孩子生病。这种禁忌尽管无稽，但其结果却有助于产房减少外界细菌的侵染，保持环境的洁净，有益于母子的健康。

以上分析，可以明显看出，佤族禁忌习俗中也有科学的成分，它直接或间接地成为佤族人民生育健康的保护神；另一方面，这些禁忌多产生于过去甚至人类早期的时代和文化背景之上，难免还带有许多愚昧、荒唐的因素，而人们在传统习惯的驱使下，往往带着良好的愿望和恐惧的心理，自觉或不自觉地执行着它们。因此，这些禁忌也成了人们生育健康的天敌和危害者，其危害作用是不容忽视的。

佤族青年男女尽管可以自由择偶恋爱，但择偶范围一般只限在本民族甚至本村寨范围之内。因为与异族联姻和在本民族中同姓嫁娶都是被传统婚配规范所禁忌的。这正如他们所流传的口头禅"好喝的茶汤不要泼出去，好姑娘不要嫁到别寨去"。长期以来，佤族人民一直恪守着这一禁忌。而他们本民族支系的人口又有限，因而致使邻近几个村寨甚至同一个村寨内的几乎所有人都成了亲戚，大多数人相互之间都有或远或近的血缘关系。显然这种禁忌难免与我们所说的生育健康概念相冲突，是不利于生育健康的。

以孕产妇的饮食禁忌来看，不少内容就显得十分的怪诞可笑，例如产妇不能吃鸟肉，若吃了，乳汁会少；不能吃鱼肉，若吃了，会得皮肤病；孕妇不能吃新米、新瓜果和祭祀的饭，否则粮食会不够吃；另外，由于佤族对牛的图腾崇拜，孕产妇也禁食牛肉，他们认为，孕妇若吃了牛肉，就会招来鬼魔，附着在母子身上，给他们带来噩运。佤族认为孕妇吃了螃蟹会导致胎儿横生难产；吃了兔肉会使胎儿像兔子一样长一张豁嘴等等。总之，佤族俗信认为，新生命的孕育、诞生以及孩子以后的形象禀性都与孕产妇的饮食有关，这与人类早期原始思维的"相似律"是息息相关的。

从民族文化的角度而言，禁忌习俗大多是历史上传承下来的，其渊源十分悠久古远。人类在幼年时期，强大的自然力量，诸如洪水干旱、酷热严寒、毒蛇猛兽、瘟疫瘴疠等等，随时在向弱小的人类施威，严重地威胁着人的生命。人们为了消灾避祸，趋吉避凶，获得平安，保证生命得以延续，只好凭借经验和联想，开辟一个个他们认为潜伏着的危险的禁区，这样就产生了禁忌。这时，由于认识水平的局限，他们只能以宿命的、无奈的消极态度来执行禁规。之后，随着鬼神观念的产生，万物有灵的原始信仰以及各种宗教观念的支配，更使得他们将种种禁规当成宗教或准宗教的戒律，严格恪守，不敢妄为。同时佤族又将一些本来属于个人的禁忌视为群体的事，并最终演变为群体的文化意识和价值观念。这样，禁忌习俗就成了最顽固、最具约束力的事象。

三、佤族禁忌习俗现状与生育健康的几点思考

从佤族禁忌习俗存在的现状来看，一方面它们还深深地植根于佤族人民的思维行动中，维护着自己的权威地位；另一方面社会的变革也给予了它巨大的冲击，使它不得不随着当今社会的发展和文化的变迁而处于消长破立的嬗变之中。

总体来看，佤族传统禁忌习俗嬗变的趋势是从蒙昧到理性，从迷信到科学的一个过程。许多从历史上传承下来的幼稚、愚昧甚至迷信的禁忌习俗，随着佤族人民认识能力的提高，理性化程度的增强，原有的迷信色彩已经逐渐减弱、淡化，而科学的内容则不断地渗入、填补和充实其中。还就同姓禁婚而言，在佤族先民眼里，也许他们发现近亲繁殖导致后代体质退化，族内性行为混乱造成的族内人际关系、社会秩序混乱，但对这些因果关系他们却无从理解，只好求助于神灵，认为与其信仰对象有某种微妙的关系，所以其解释往往显得滑稽荒唐。而今

天，当人们正确地认识了乱伦和近亲通婚与不良后果的内在联系后，原先的迷信思想便在佤族群众头脑中烟消云散，那些有益于人们生育健康的禁忌将得到更加有力的维护和遵守。

另一方面，随着佤族认识水平的提高，一些十分荒唐的禁忌已失去了原有的约束力。例如佤族青年男女在恋爱期间，常常以看卦来决定终身。经过卜卦，认为合适的，双方才能结成眷属，否则就不能结合。所以，佤族民歌中有"占卦占得手指痛，相思惹得人消瘦"的词句。今天，随着人们认识水平的提高，新一代的佤族青年男女已经大胆地摒弃了这些迷信的教条，他们自由恋爱、自由结合。不言而喻，佤族的一部分传统禁忌习俗已经在青年人的心目中逐渐丧失了神圣的地位。

当此佤族禁忌习俗正处于急剧嬗变的时期，面对禁忌习俗背后强大的习惯势力，如何充分发挥生育健康的导向作用，使佤族的传统禁忌习俗朝着更理智、更科学、更健康的方向变革？

第一，我们应该积极开展宣传教育工作，在不无视佤族禁忌习俗的前提下，通过说服教育的方式逐步提高佤族人民的认识能力，使他们接受科学的生育健康道理，主动地改变或摒弃其禁忌习俗中不符合科学、有碍生育健康的成分。

第二，在工作态度上，我们不妨让禁忌习俗中的合理成分与现代生育健康的科学道理并行不悖地"合作"起来。只要对人们的生育健康有好处，我们未必一定要用现代科学与之对立和对抗。这样，就有益于佤族妇女在接受现代科学医疗服务的同时，也能满足传统习惯的心理要求。

第三，加强佤族女村医的培养工作，培养一批具有科学生育健康观念，掌握现代医疗技术的佤族女村医。这样，无论从性别上，还是心理接受上都有益于佤族生育健康工作的开展。

第四，在佤族分布广泛的县、乡、村设立妇女健康基金，一方面使佤族孕产妇的就医经费有了保障；另一方面，这也是生育健康工作得以推进的医疗卫生设备配置的保障。

第五，加强技术指导和咨询服务，提高佤族妇女的自我保健意识。改变不利于身心健康的生活方式和行为习惯，大力开展优生优育、婚前检查、产前检查、遗传咨询等预防性技术服务，不断提高佤族孕产妇的生育健康。

总之，我们应吸取佤族禁忌习俗中有益于生育健康的成分，在充分尊重佤族禁忌习俗的前提下，因地制宜地通过各种方式、渠道推进佤族生育健康向更科学的方向发展。

（作者单位：思茅师范高等专科学校）

少数民族习惯法与艾滋病的防治

——以佤族、拉祜族为例

杨璐

一、少数民族地区艾滋病流行状况

在西南或西部省和自治区里，受疾病侵害最严重的往往是它们的偏远贫困地区和贫困群体（包括城市里的农村流动人口和城市贫困居民）。如云南的德宏傣族景颇族自治州、临沧市、普洱市、红河哈尼族彝族自治州，四川的凉山彝族自治州，广西的百色地区，新疆的伊宁市等。

少数民族人群的艾滋病感染人数远远高于汉族。中国的少数民族人口只占全国总人口的8%，但在登记的HIV阳性病例中，少数民族占36%。[1]有关资料显示，傣族和景颇族是目前两个艾滋病病毒感染率最高的少数民族。云南德宏、西双版纳、四川凉山、新疆的伊犁等地已经成为全国艾滋病防疫和监测的重点。云南省民族地区的情况更严重，专家估计云南省艾滋病感染者人数已经超过8万人。仅德宏州的盈江、陇川和瑞丽三县就有死亡报告病例一千多。[2]

云南、新疆、四川三地区毒品泛滥严重，属毒品重灾区，一项对1991—2000年云南思茅地区九县一市高危人群的调查显示：检测15 635份血清，检出阳性279例，阳性率1.78%，共有23种民族，其中有8例抗体阳性。279例HIV阳性中汉族占50.54%，傣族占23.29%，拉祜族占9.32%，佤族占7.17%，彝族占3.94%，哈尼族占3.23%，回族占0.36%。[3]据2005年9月5日云南思茅的《茶城周刊》报道：澜沧拉祜族自治县2005年开展艾滋病筛查检测，共采集各类人群血清标本1 766份，初筛阳性37份；孟连县开展艾滋病筛查检测共采集各类人群血清标本2 570份，初筛阳性29份。目前，经静脉吸毒感染艾滋病是我国少数民族群体中艾滋病感染与传播的主要途径。但是，在我国，随着吸毒人群基数越大，性传播的可能性就越大，艾滋病也就越难控制。在我国HIV/AIDS经性而传播的趋势在增加。现在我国艾滋病的传播途径逐渐由毒品传播向性传播转移。性病发病率的快速增加助长着艾滋病的蔓延。

艾滋病对生活在社会边缘的民众和社会下层的伤害最为显著。在面临艾滋病的风险时，少数民族更脆弱，相对于汉族来说，少数民族处于弱势，属于弱势群体。有效地预防和控制艾滋病在少数民族地区的蔓延是防艾大战中的重要一环。而在以往的研究中，发现少数民族传统文化中蕴涵着丰富的与预防和控制流行性疾病有关的知识和经验，如习惯法等。

二、少数民族习惯法的内容

（一）习惯法的概念

习惯法是人们公认并具有法律约束力的一些习惯、惯例和通行的做法。从法律社会学角度出发，凡是为了维护社会秩序，进行社会管理，依据某种社会权威和社会组织，具有一定强制性的行为规范，均属于法范畴，法体系之列，包括国家制定法和各种习惯。[4]习惯法独立于国家法之外，依据某种社会权威和社会组织，具有一定的强制性的行为规范。

（二）习惯法的内容

在一些调查中发现，云南的一些少数民族地区，各民族在实施法律时，还普遍沿袭、保存、使用着本民族的习惯法，对习惯、道德的遵从大大超过对法的呼唤，国家制定法往往处于次要的补充地位，在大多数情况下主要依靠禁忌、习惯、道德、族规宗训来调整社会关系，解决社会矛盾，人们接受、应用法律的能力、频率都非常低下。在艾滋病正威胁着少数民族人民生命健康和社会经济发展的今天，某些少数民族习惯法或多或少、或好或坏地影响着艾滋病的防治工作和艾滋病在少数民族地区的传播。有关影响艾滋病在少数民族地区传播习惯法的内容有：

1. 引起社会性别不平等的习惯法。在佤族世代相传的生活规则中，来自生活、生产等方方面面的风俗习惯，成了初始的具有"法"的性能的具备指引意义的行为惯例，而影响其性别不平等的习惯法主要表现为：佤族社会中政治宗教管理者一般由男性来担任，女性被排斥在公共领域之外。几乎所有的少数民族习惯法都把女性限制在家庭之内，只有少数几个民族的习惯法规定，村寨的管理者或宗教活动的主持可以由女性来承担，这些民族是拉祜族、纳西族、基诺族、傣族、怒族等。佤族的婚姻实行一夫一妻制。在一夫一妻的小家庭中，男子掌握家庭的经济大权，男子代表家庭参加一切政治、军事、宗教和对外交往活动。女子在家处于支配地位，无权过问家庭中的重大事务，主要是生儿育女，照料家务，侍奉丈夫等等。佤族习惯法认可买卖婚姻。规定了娶妻的身价和自己母亲的身价相等。财产继承方面，若有一子，有权继承全部财产；有两个以上儿子者，留在老房子之子有优先继承父母财产的权利。[5] 妇女没有继承权，即便没有儿子，女儿也不能继承自家财产，财产由同姓人继承。

拉祜族是云南少数民族中具有悠久历史的民族之一。拉祜族分两大支系，即拉祜西和拉祜纳。两支系有着共同的信仰和习俗，共同的文化传统，大体同步的社会发展进程。拉祜族山地耕牧型的农耕经济文化，决定了其习惯法的特征。拉祜族习惯法中体现了男女平等的思想，丈夫、妻子在家庭和社会上地位平等。关于财产继承：拉祜族子女皆有继承权。确定继承权是以赡养父母与否来决定。若儿子奉养父母，那么儿子有继承权；而女儿奉养父母，同样有继承财产之权利。[6]

2. 有关性行为的习惯法。少数民族的习惯法中有关性行为关系的习惯法大都是婚姻习惯法。各民族的婚姻习惯法规定了婚姻的成立、婚姻的缔结程序、夫妻关系、离婚等方面的内容。

佤族青年男女婚恋自由，青年男女十五六岁便开始了谈情说爱，谓之"串姑娘"。通常男青年串姑娘的形式是群体进行，单独成对活动的较少。串姑娘期间，男女群居的现象比较普遍，但却恪守不发生两性关系的习俗。[7] 佤族习惯法规定：婚前男女恋爱自由，但不能发生性关系，少数发生了性关系的必须马上结婚，否则会受到舆论的非难或物质的处罚。佤族的婚姻实行一夫一妻制，但男子可以同时多妻。依习惯法规定，若与有夫之妇发生性关系，该妇女的丈夫有权到奸夫家中拉牛、抄家，直至将奸夫杀死。若原夫发现妻子与人发生性关系，一般把妻子丢弃。

拉祜族的习惯法对两性关系的规定与佤族不同。拉祜族实行一夫一妻制。男女青年社交公开，恋爱自由，对婚前的性行为不予指责，有公共的社交场所——"格格"。父母不包办婚姻。男子十五六岁，女性十二三岁即可结婚。非婚生子被视为极不道德之行为，会遭到舆论的严厉谴责和寨规的惩处。私生子不得于寨内出生。拉祜族习惯法禁止不正当的两性关系：私通有夫之妇者罚款，无款者拉其猪、牛供全寨人杀吃，并打扫寨内环境卫生；佛爷与妇女私通者杀。[8]

三、少数民族习惯法对预防艾滋病的影响

能否正视艾滋病传播的社会历史背景，并改变或纠正造成其蔓延的社会历史环境，无疑是关系到能否有效地遏制艾滋病传播的社会政治问题。少数民族习惯法在某种程度上反映了少数民族社会的规范，是少数民族文化的一种体现。在少数民族地区艾滋病的防治工作中应注意民族的文化、风俗、习惯等因素的影响。虽然新中国已成立了五十多年，但各少数民族在观念、行为、制度各方面都可发现古老习惯法的痕迹，习惯法对正处于现代化建设中的少数民族地区起着积极的

或消极的作用，同样也在不同程度上对艾滋病的传播产生着积极或消极的影响。根据以上佤族和拉祜族的习惯法，我们可作出以下分析：

1. 积极影响。当前，中国艾滋病传播的主要途径是以静脉吸毒为主，但一些学者指出，以吸毒为主的艾滋病感染者的传播途径正在向以性乱为主的传播途径过渡，由高危人群向一般人群扩散，性传播速度逐年上升。

艾滋病最重要的传播途径是性行为混乱，因此防止性传播就成了最关键的措施。佤族有关性行为的习惯法禁止婚前男女发生性行为和婚后的婚外性关系。对不道德的有婚外性关系者都有明确而严厉的惩处。拉祜族实行一夫一妻制，其习惯法中体现了男女平等的思想，和国家男女平等的国策相一致，这些有利于艾滋病的防治工作。

2. 消极影响。拉祜族习惯法对婚前男女性行为的宽容，虽然满足了个体成员的需要，但也在很大程度上对艾滋病的防治工作产生了消极的影响。

我国艾滋病病毒感染者及艾滋病的性别分布以男性为主，女性艾滋病病毒感染者及艾滋病病例上升速度快于男性。虽然在流行过程中缺乏系统的分性别的统计数据，但从现有的一些数据可以发现：到目前为止，尽管我国艾滋病病毒感染及艾滋病病例仍以男性为主，但越来越多的女性已被感染艾滋病病毒或患艾滋病。在新的快速增长的艾滋病病毒感染者和艾滋病病例中，女性感染和发病的上升速度快于男性。在大多数社会中，强调男外女内的社会性别分工，女性则被置于私人领域，主要承担无酬的再生产劳动，负责家务。男性从事的有偿劳动通常被看做高于女性从事的无酬劳动，男性掌握决策权力，而女性处于社会边缘。在许多少数民族社会中，习惯法规定的社会性别关系同样是不平等的，它使原处于弱势民族群体中的妇女更加处于不利地位。例如：佤族的习惯法中规定了娶妻的"身价"，把女性等同于货币或实物；佤族社会虽然实行一夫一妻制，但男子可以同时多妻。低下的社会地位和家庭地位使妇女不能公平地享有资源，如教育、生产和公共卫生资源等，这些都影响着她们的身体健康，并提高了她们的易感染性。

四、对艾滋病防治工作的建议

少数民族习惯法是民族文化的主要内容之一，它受民族整体文化的影响和制约。少数民族习惯法文化不仅仅是个历史的范畴，它也属于现在、属于未来。少数民族法文化在今天的民族地区并没有死亡，民族习惯法观念还深深地扎根于各民族成员的头脑之中，少数民族习惯法规范在当今的民族地区还有极为重要的影响，对民族地区的人们还有较强的约束力。艾滋病是一个传染病，更是一个社会问题。仅仅关注艾滋病传播的生物病理过程和病原体，忽视其发生的社会过程以及社会力量的作用，只强调感染者的个人行为，忽视制约其行为背后的经济政治和社会文化因素，都是致使艾滋病防治工作成效不大的重要原因。只有同时关注生物的和社会的原因，并同时采取医学的和社会的有力措施，艾滋病才可能被有效地遏制。因此，少数民族地区预防和控制艾滋病的工作必须充分考虑到当地的社会因素和文化因素。要充分利用少数民族优秀的传统文化在预防和控制艾滋病中的作用，从而调动少数民族预防和控制艾滋病的积极性，提高他们抗病和预防的能力。然而，在一些少数民族地区至今仍然存在着与国家法律、法规相冲突，并严重影响艾滋病防治工作的少数民族习惯法，如早婚、抢婚、买卖婚、"公房"、共夫共妻等的习惯法，以及关于剥夺妇女继承权的习惯法既与国家的法律相矛盾，也对艾滋病的预防和控制工作带来不利的影响。在这样的地区进行艾滋病防治工作时，必须结合当地的实际情况，在宣传国家法律的同时，要根据不同人群的心理接受能力，进行由浅入深的有关艾滋病知识教育和宣传工作。

注释：

[1] [2] 侯远高. 西部少数民族地区艾滋病疫情及防治工作. http：//www. wrjd. com. cn.

[3] 景军、张玉萍. 中国少数民族与艾滋病的流行. www. careyouth. com.

[4] 高其才. 论中国少数民族习惯法文化 [J]. 中国法学. 1996（1）.

[5] [6] [7] [8] 王俊. 民族习惯：法的雏形 [M]. 云南科技出版社，2002. 143、95、124.

（作者单位：思茅师范高等专科学校）

佤族传统生态观的当代解读

董淮平

　　20 世纪可谓人类认识自然的转型时期。在此期间，人类不断反思工业化时期自身忽略自然本体性的偏颇，转而关注曾经被人类蹂躏的天空、大地、森林与海洋，重视环境的伦理即生态主义思潮应运而生。本文就是在这样的语境中，解读佤族传统生态观的合理内核以及它对于人类发展与进步的积极价值。

　　一、自然是有生命的个体：佤族传统生态观内核剖析

　　佤族传统生态观体现在佤族历史的诸多方面。佤族的生产活动、宗教信仰、民间习俗、神话传说、日常禁忌、祭祀仪式等等，都或多或少地涉及生态观念。生态观的核心内容，即人怎样认识自然与自身的关系。佤族原始崇拜中的"万物有灵"因素，使其将自然界的一切，大到天、地、水、火、风，小到动植物，都看做同人自身一样，是有灵魂的生物。而这一本质特征，又恰恰决定了佤族对待客观世界之平等，对待生命之尊重与敬畏的行为取向。也正因为如此，佤族人才具备了对自然的亲密情感与感恩意识，并通过禁忌这一特殊的惩戒体系，建立起对于自然——他们眼中的一种生命形式的责任与义务。

　　具体考察，佤族人对于自身与自然关系的体认是丰富多彩且层层递进的。

　　第一个层次是对于动植物的亲情。佤族人将动物视为自己亲密的伙伴："人类钻出葫芦，百鸟是人类的朋友；人类踏上大地，百兽是人类的伙伴。"[1]这句咏唱，反映了佤族人对于动物的深情。即便是为了生存而猎取虎豹，他们也要在祭祀仪式上宣告："岩舍（虎豹）呵！我们本不想使你流一点血，我们本不想把你打死。你把我们的鸡当食物，你把我们的水牛当做麂子，所以我们使你流血，所以我们把你打死。"[2]这样的深情同样体现于他们对于植物与庄稼的珍爱。佤族村寨附近都有神树林，任何人都不得砍伐。佤族"下种歌"如此释放人们的心声："小米、小米，你们生长在地里，是为了给人吃饭，吃了你人才会长大。一粒谷子，一颗小米，不掉在泥巴塘里，不掉在水牛脚印里。不丢你在打谷场，不丢你在树脚底，不让你流进打河里。我们把你驮回家，放在干燥的房子

241

里。"[3]佤族"叫谷魂"的祝词喊出了他们对于谷物的依恋:"稻谷魂,小米魂,银链魂,银杯魂,玉米、荞子、黍米、红米、各种庄稼、各种作物,是你们把我们喂饱,是你们把我们养大。我们要牢牢握住你们,我们要紧紧捏着你们。你们的爹在我们家里,你们的妈在我们仓里。我来接你们回家,我来请你们归仓。"[4]

第二个层次是对于大自然的感恩。佤族的自然崇拜就是感恩意识的最充分体现。佤族人崇拜天神、地神、雷神、谷神、水神、风神,针对诸神的宗教祭仪也非常频繁。佤族史诗《司岗里》传诵了人们对天空的谢意:"天空怒气不息,人类无法舂谷。人类向天空道歉,人类送去了礼物,金色的谷糠扬起,化成朵朵彩云,送给天空一件花衣服。"[5]佤族人庆祝新房落成时唱道:"喝吧!我们喝了不要忘记牛和狗,我们吃了不要忘记火和刀,我们饱了不要忘记竹和树,我们好了不要忘记山和水。"[6]佤族在他们每年一度的新米节上要敬谷魂、敬牛和敬狗,其内涵亦为感恩。佤族对动物的感恩最典型的表现是佤族有崇拜大象的节日贡象节,过这一节日的时候,佤族人对大象祈祷:"大象啊大象,你是百兽之王,是阿佤人的福星,我们敬你爱你!愿你与阿佤山同在,永不离开!"[7]另如佤族神话中有关于老鼠救人的故事,所以佤族对于老鼠去吃撒在地上的谷粒并不介意。

第三个层次是责任体系,这里又可分为两个方面:一是自然崇拜本身就蕴涵着人自身对自然的承诺;二是日常的禁忌从客观上制约着人们对自然的掠夺,从而使万物保持平衡。这就相当于有的研究者所提出的"与自然签约"[8]的概念。在佤族的自然崇拜观念中,诸神既能护佑佤族,又能给他们带来祸患,决定祸福的关键是人们如何对待神灵。善待之,便有好的回报;得罪之,则会招来灾难。为了不得罪神灵,佤族先民立下许多禁忌。如上所述,佤族村寨附近的神树林和水源林是禁止任何人砍伐的,而砍伐的灾难性后果将会波及整个村寨。这种严酷戒律的积极作用就在于能够最大限度地保护森林资源。如果需要在森林里砍伐树木,那么在伐木前须请求树神的原谅。对于水也是如此,如果有人堵塞了山泉,则会导致耳聋或者皮肤干裂。这一类的禁忌其实就是与自然的一种约定,它的句式是"如果……就会……"这在客观上规定了人们对于大自然应尽的义务。

由于具有上述集体意识,形成了佤族人珍惜自然资源的宝贵传统。例如佤历一月是佤语称"俄颂茸"或"永颂茸"的佤族新水节,也就是佤族祭祀水神的日子。据载,新水节的主要活动是迎新水,具体落实到修整水沟、修理引水槽、上山搭水槽等劳作方面,以及此后一系列相关的祭祀仪式中。佤族人特别珍惜水源和水流的传统,通过这一节俗事象得到清晰的昭示。而这一活动的整个过程,又使佤族敬水、惜水的伦理得到传承。又如佤族上山狩猎时,必须将每顿野味都吃完，不能有剩余带回家；新稻谷装进屯子和粮仓前，要更新屯子和修理粮仓。这种厚爱资源的优良传统，则通过教育与示范在佤族社会中代代相传。

二、非人类中心主义之向度：佤族传统生态观的当代解读

对于人类中心主义的反思，由美国历史学家林恩·怀特（L. White）发表于1967年的《我们的生态危机的历史根源》一文所引发，因为怀特在论文中提出，导致现代环境危机最深刻的思想根源是基督教观念中最根深蒂固的人类中心主义，此后，反思与批判"自然存在物不是人类道德义务的恰当对象"的伦理学预设，就成为学术界的热点，非人类中心主义环境伦理学也开始建构，"确立自然存在物（动物、植物、物种、生态系统、地球等）的内在价值、扩展道德义务的范围便成了现代主流环境伦理学的基本理论"。[9] 人类中心主义的价值取向，无疑对人类社会的现代化进程产生过积极作用，但将其扩展到极致的负面作用也是不容忽视的。具有反讽意味的是，纠正这种极致所造成的偏颇，有时能从人类童年时期的思维结构中汲取营养，这也就是笔者解析佤族传统生态观的用意所在。

孙道进先生在《哲学座架下的非人类中心主义梳理》[10] 一文中，从以下四个维度概括了非人类中心主义环境伦理学的哲学内涵："荒野"（指未被人类中介过的自然，受人类干扰最小或未经开发的地域和生态系统，罗尔斯语）自然观的本体论；自然的"内在价值论"；"敬畏生命"的方法论；"生态学范式"的认识论。其中第一个维度是"荒野"自然观的本体论，它具有系统性、自组织性、先在性和同质性等四大特征。如果以佤族原始宗教中"万物有灵论"的意涵与上述特征相对照，可以发现两者之间具有一定程度的通约性。

首先在系统性方面，非人类中心主义认同近现代生态学的发现，即荒野是一个复杂的有机体，其中每一个事物都履行着其他事物所不能替代的"元功能"，与其他事物一起共同履行生态共同体的系统功能，进而维持生态共同体的平衡状态。而佤族传统中将天、地、风、火、水等视为神灵，将动物与植物视为具有灵魂的生命个体的自然神论，则内在地规定了自然作为一个系统的独立存在，规定了万物的功能非人类所能替代。其伦理取向与非人类中心主义生态观一样，对维持生态共同体的平衡具有积极作用。

其次从自组织性角度看，非人类中心主义坚守人类是"大地共同体平等成员"的立场，特别强调荒野自然不以人的存在为条件的主体性，张扬其自我完善与自我修复的能力即自组织性，认为它能够自我生存与自我塑造，不需要人类干扰，也会走向自身更高的价值。对照佤族传统观念中的"万物有灵论"，两者之间的对应程度似乎是很高的。佤族的史诗、神话、谚语、歌谣中有许多赞颂自然作为生命体的篇章，在这里，自然现象具有喜怒哀乐，如"天空舍不得大地，天空气嘟嘟，大雨是它的眼泪，雷鸣是它的愤怒"。[11]动植物像人一样具有自己的感觉，并且人与动植物之间还会产生通感，如佤族有关生产活动的禁忌规定：撒菜子、种瓜果时忌抽烟草，否则蔬菜瓜果会苦涩。[12]不能用手指去指地里的棉花蕾和小嫩瓜，否则花蕾和瓜会坠落。[13]虽然这一切都产生于人类蒙昧时期的势单力薄，但却不自觉地凸显了自然的自组织性与主体性。

再次说先在性，非人类中心主义从地球进化史的知识出发，推断荒野在发生学的意义上先于人类而存在，也就是说在人类出现之前，地球上有许多物种已经建立起相互适应与相互依赖的关系，而人类只不过是自然演化的产物而已，因此人类尊敬与爱护自然应该是无条件的。由此观照佤族关于人类起源的神话，在《司岗里》的描述中，天与地、山与石，都是先于人类而存在的生命，也都是需要尊崇的对象。

最后就同质性而言，非人类中心主义通过上述自组织性和先在性的论证，自然得出人与自然或人与物同质同构的结论。既然人类作为动物的一种，也就必然受制于所有的自然规律而不以自身的意志为转移。再看佤族的"万物有灵论"，事实上已将他们自己所接触到的一切事物，都当然地视做有灵魂的生命体，而这就是佤族传统生态观形成的前提。尽管其产生于人类低水平的物质条件，但却使佤族保持了人与自然环境的和谐，成为佤族在并不理想的自然环境中得以生存与延续的动力。

其实佤族的传统生态观与非人类中心主义环境伦理学哲学内涵的第二、第三、第四个维度也存在某些对应，但由于本体论是价值论、方法论、认识论的前提，所谓自然的"内在价值"、"敬畏生命"的态度、"生态学范式"的认知，均能从本体论派生，笔者对后三个维度的比较便因此从略。

还需要说明的是，虽然通过上述各个维度的解读，佤族传统生态观的当代意义即其对当代全球生态战略的可借鉴之处得以凸显，但这并不意味着它可以全盘继承的"天下之公器"。因为在它形成的早期，人类对自身的主体地位尚无清晰的认识，更何况伴随着由于媚神而产生的猎头、屠杀动物等陋习，这些都是有待消解的因素。像所有的文化传统一样，后人在继承它们的时候，总是需要一个扬弃的过程，那就要离析，将杂质沉淀下去，让清澈的水继续流淌。

三、探寻传统与可持续发展的最佳结合点：佤族传统生态观的未来功能

非人类中心主义环境伦理学在当代兴起并非偶然。由于人类社会在现代化的过程中，始终遵循文艺复兴以来形成的人类中心主义价值观，将人的需要作为最高准则，导致了对自然的过度开发，对能源的过度消耗，从而使人类面临前所未有的恶劣生存环境。面对这一关涉人类存亡的严峻挑战，生态主义即非人类中心主义环境伦理取向得以萌生并迅速发展。由本文第二部分所总结的通约性进行推论，佤族传统生态观因其蕴藏着丰富的生态主义理念，而对当代人类社会的健康、可持续发展具有积极的价值。解读是为了挖掘、弘扬，使它的光辉烛照田野与山川，洞穿人类被物欲所遮蔽的视线，被贪婪所迷惑的心灵，进而与大自然和谐共生。

从世界的角度看，全球生态的保护需要祛除人类中心主义的偏见，而来自佤族传统生态伦理中敬畏生命的元素，则可以作为人类自傲地占有并主宰自然的解毒剂。现代社会科技的迅猛发展，已经使人对自身产生了无所不能的信念；然而与此同时，日益恶化的生存环境也警示着人类，大自然并不认同无限的欲求。由于发展的不平衡，一些国家与地区抢先以全球的资源为成本，促进了自身的富裕，当遭受到自然的报复、意识到发展的代价，进而对发展中国家提出保护环境的伦理时，自然会受到抵制，马来西亚前总理马哈蒂尔曾经反诘：为什么让我们来充当发达国家的肺？就是一个著名的例子。让发展中国家充当发达国家的肺，看起来确实很不公平。但全球生态如此脆弱，如果按照以前的高消耗模式发展，人类最终可能没法呼吸，当然这是推到极致的一种判断。要解决发达国家与发展中国家的这种内在紧张，必须建立普适性的伦理，而佤族传统中对日月星辰、对山川河流、对动物植物的敬畏，则可以作为其中的要件。事实上，来自自然的人类不管以后怎样异化，形成了怎样不同的文明，但作为自然之子，他们都携带着远古的信息，对自然保存着一份往往被埋藏在心底的亲情，更何况只要有散发兴致的闲暇，大自然还是他们挥洒胸臆、抒发赞叹的对象，他们在感性上有的是对大自然的热爱。从这个意义上说，敬畏生命的取向是符合人类本性的，应该使之从生命中焕发出来，使之弘扬光大，成为全球各国人民的共识。这样，也有助于解构国家主义、地区主义的偏颇，探寻非人类中心主义与人类中心主义两者间的重合（人类中心主义从当下的环境状态出发，即便仅仅为人类的将来着想，也应该设法或从理性上善待人类所依托的环境），形成一种全球性的合力，推动人类生存环境的改善。

就中国目前科学发展、协调发展的国家战略思维而言，佤族传统生态观中具有诸多有待整合的思想资源，特别是佤族在生产活动与日常生活中所体现的珍惜自然的观念与行为，亦有其诸多可借鉴之处。若从人类中心主义这一哲学维度来考察中国当下的发展战略，应该说它肯定不属于非人类中心主义范畴，因为这一战略导向具有"以人为本"的内涵。虽然它也提倡生态平衡，但这种平衡似乎是一种兼顾，是抵达科技进步与国力增长目标进程中的理性观照，是"为我所用"前提下对环境保持关注的一种姿态。即便如此，它毕竟已经开始重视环境参数，因而区别于一切以人的需要（包括不恰当的、无节制的、对人类社会进步无益的需求）为准则的人类中心主义的价值观。之所以有必要整合佤族传统生态观中的思想资源，是因为单纯的理性主义价值考量，在发展的过程中很难避免人类中心主义的陷阱。而在佤族的生产与生活中所体现的诸如自然资源的循环利用、节约的习惯、感恩的意识等等，则出于实实在在的感性体认，是人们从出生到死亡都信奉与持守的东西，甚至已经成为生命的一部分而不可分割。科学发展、协调发展国家战略的实施，不仅需要注重生态平衡，注重资源保护的明智认识，而且需要珍惜自然，呵护环境的内心关怀与行为自觉。这种感性体认在中华民族的传统中是源远流长的，却不幸被翻卷在快速现代化的大浪中，随波逐流，破碎不堪。因此，千万不要忽略至今尚存的佤族生态习俗给我们的启示，要利用传媒、教育、娱乐等各种手段，建构重视环境的生态主义话语氛围，丰富国人内心关于珍惜自然、敬畏生命的体认，使科学发展、协调发展从理性的认知转变为自觉的行动。

最重要的是与佤族自身幸福相关的方面：一是如何估量佤族传统生态观对于目前本民族健康发展的作用；二是如何将佤族原始宗教的自然神论、万物有灵论进行"创造性转换"（借用新儒家的一个概念），提炼出既符合生态规律，又能促进经济社会发展的元素，即探寻传统与可持续发展的最佳结合点，最大限度地发挥佤族传统生态观的功能。

佤族传统生态观的内涵以及与当代人类价值观之可通约处，已经在本文的前两个部分进行了具体阐述，至于继承与发展，则有待于佤族在现代化进程中的因革损益。值得提及的是，佤族传统生态观中也不乏"自律"与"他律"的精神。"自律"是发自内心的体验与约束，它可以使人类自觉地、毫无功利色彩地维护万物的共生；"他律"是禁忌、是惩戒体系，它节制人类对自然的奢求，使生态得以保持平衡。应该说，对于人类未来的发展，这是具有普适性的一种功能，这种功能也将作用于佤族社会的未来发展。如果要建立传统与可持续发展的最佳结合点，这当然是一个根本性的前提。另外，可持续发展的理念中蕴涵着平衡、全面的意味，这与佤族传统生态观的取向一致。因此佤族传统生态观还具有克服"落后等于绿色，发展等于破坏"的二元对立思维方式的功能，避免人们陷入高度消耗资源发展模式的误区，拓展其想象与创新的空间。

期待佤族人民生活在富饶而美丽的家园，同时也使全人类分享它的魅力。

注释：

[1] 刘永堤、陈学明整理：《葫芦的传说》，云南人民出版社，1980。

[2] 赵富荣：《中国佤族文化》，民族出版社，2005，第124页。

［3］赵富荣：《中国佤族文化》，民族出版社，2005，第123页。

［4］赵富荣：《中国佤族文化》，民族出版社，2005，第244页。

［5］赵富荣：《中国佤族文化》，民族出版社，2005，第121页。

［6］赵富荣：《中国佤族文化》，民族出版社，2005，第216页。

［7］段士林：《佤族节日文化保护与开发的思考》，《云南师范大学学报》2006年第2期。

［8］廖国强：《朴素而深邃：南方少数民族生态伦理观探析》，《广西民族学院学报》2006年第2期。

［9］杨通进：《寻求人类中心主义与非人类中心主义的重叠共识》，《西北大学学报》2006年第2期。

［10］孙道进：《哲学座架下的非人类中心主义梳理》，《山西师大学报》2006年第2期。

［11］赵富荣：《中国佤族文化》，民族出版社，2005，第121页。

［12］李国明：《佤族禁忌的起源及演变初探》，《楚雄师范学院学报》2006年第2期。

［13］赵富荣：《中国佤族文化》，民族出版社，2005，第251页。

（作者单位：高等学校文科学术文摘杂志社）

弃老型故事及佤族异文研究

李道和

　　在世界很多民族中都流传着弃老型故事，编号为 AT981，当然其母题还可有不同的组合。[1]学者已注意到，在中国境内多个民族及周边的日本、朝鲜、印尼等地均有这类故事流传，其原型可能出自印度，通过汉译佛经对中国产生影响。抛弃衰老病弱的老年成员，不仅是人类历史上的真实现象，也是民间故事中的重要母题，相关风俗和故事还伴随有一定的风物遗迹留存至今。[2]本文拟首先讨论弃老型故事的类别和内涵，然后分析佤族的弃老故事及其与敬老风俗的关系。

一、弃老型故事的类别和文化内涵

　　关于中国境内的弃老型故事的亚型类别的细化，林继富把它们分为"老有所用"、"人都要老"两个亚型，这大体是恰当的，但不免粗略，也有个别误举异文。类型的归纳有赖于多种异文的搜集，继丁乃通之后，刘守华、林继富、金宽雄都续有搜集，异文不断增多，近来笔者也发现不少，这种情况自然还会持续下去。现就已知材料，对该型故事的亚型再作分析。

　　我们首先需要明确的是，抛弃衰老病弱的老年成员，不仅在历史上出现，也是我们至今仍然存在的一个社会问题；不仅是某些民族的一种社会旧俗，也是某些个体成员常常犯下的道德错误。这些现象、风俗或行为也是民间故事或其他文学门类中常见的内容。由此，我们似可从大的方面，把弃老型的民间故事分为民族风俗和个体行为两类。尽管这样的分类意义不大，因为我们讨论的弃老型故事一般就是与弃老风俗相连的故事，但若能结合其他故事中某些个体的弃老行为来研究风俗类的弃老故事，也是很有益处的。另外，弃老型故事由于和人类历史存在关联，因而这类故事也可能带有传说成分。一般情况下，故事叙述的也是人类的道德观念终于由弃老转变为敬老乃至神化老人；被抛弃的老人既有父亲也有母亲等，但以上多个因素都不妨碍我们用"弃老型"一词专指某一类故事，即与民族弃老风俗有关并着眼于弃老风俗的原因、表现及其向敬老风尚转变的民间故事。

从弃老型故事中我们可以看到，人类由弃老逐步转变为敬老，不外乎两个原因：人从理智上认识到"老有所用"，从情感上体会到"人都要老"，从这个意义上说，林继富的分类是恰当的，但我们更愿意把弃老型故事分为"智决难题"、"换位触动"两个亚型，前者偏于理性认知，后者偏于情感触动。

亚型 A："智决难题型"。该型叙述民族或国家生活中面临重大难题（往往是异族挑衅）无法解决，本该依法从俗在特定年龄抛弃的老人由于儿子的藏匿躲避，最终用智慧或经验解决了难题；或者叙述因为老人富于生活经验，预知或解决了一般性生活问题，由此人们认识到老人的作用并废除了弃老的法规或恶习。该型又可细分为：

亚型 A1："智胜异族挑衅"。其梗概为：人老要被抛弃，某子藏其父，异族送来异物须加识别或制服，国中无人可以应对此一严重挑衅，被藏老人以祖宗之法或自身智慧决胜异族，国人由此知老有所用，不再弃老。此型即丁乃通索引之981"隐藏老人智救王国"。

这一类型最常见的母题是用猫决胜鼠精，此外还有辨别动物雌雄或子母、木头根梢，猜出葫芦子的数目等，从而解决了事关民族荣誉甚至摆脱异族威胁的重大难题。最早见于文献记载的是北魏汉译佛经《杂宝藏经》卷一《弃老因缘》中的弃老国故事[3]，而后有唐五代时敦煌《杂抄》殷纣王故事[4]；口传故事则集中在中国北方多省区及南方湖北。汉族故事如湖北《斗鼠记》[5]、陕西《"送老人家上山"的传说》[6]、《老而有用》[7]、宁夏《人活年岁久，经见阅历有》及其所附异文一[8]、河北《活埋老人的风俗是如何改变的》及《六十还仓》[9]、北京《皇帝改规矩》及其所附异文三[10]、山东《千年的老鼠怕狸猫》[11]，以及不知流传地的《做寿的由来》[12]少数民族如吉林朝鲜族《花甲宴的由来》[13]、蒙古族《花甲老人》[14]等。

此外，河南《六十老人不再活埋的来历》[15]、内蒙古《花甲葬的规矩是咋改变的》[16]、黑龙江鄂温克族《羊尾巴堵嘴的故事》[17]、吉林朝鲜族《花甲宴的由来》所附汉族异文[18]、汉族《五鼠闹东京》[19]、辽宁满族《真假娘娘》[20]、汉族《猫背数叨啥》[21]、甘肃《老有老的用处》[22]、宁夏《人活年岁久，经见阅历有》所附异文二[23]、北京《皇帝改规矩》所附异文一、二[24]，虽没有指出难题来自异族挑衅，但也是以猫制鼠的故事，鼠精多出现于皇宫，也是国家生活的大事，或是摆脱了异族威胁一说。[25]

亚型 A2："富于生活经验"。上述以斗鼠为中心的故事也表现了老人的智慧和经验，但那些难题是关系民族存亡的大事，除此以外还有关于一般生活经验的故事。如羌族《土葬的起源》说，一个儿子在抛弃父亲时，路上父亲教给他生活经验,他就把父亲背回来了。[26]新疆维吾尔族《一块黄金》说,被藏的老人知道始终捞不起来的湖底黄金,是西边山上黄金的影子。[27]陕西《家有一老,黄金活宝》也有湖底金影的母题,且另有保藏火种、寻找水源的经验。[28]新疆锡伯族《老人为什么受尊敬》亦述,在干旱时是被藏的父亲知道清泉的所在以及灭蚊之法。[29]前述河北《活埋老人的风俗是如何改变的》也说,在躲避活埋而去树林藏匿的途中,父亲让儿子在树上做标记,以便他今后不致迷路;类似情节也见于河南满族《撒树叶》。[30]四川《人老做生的来历》说,父亲在被杀死之前,还想着为儿子上房补屋预防漏雨。[31]这些生活经验都使年轻人解决了一般生活难题,也使老人避免了被抛弃的命运。

亚型B:"换位触动型"。该型叙述人们在抛弃长辈时,因为自己晚辈的提醒,或是来自动物待哺、反哺的感触,从换位思考、设身处地、将心比心的角度,体会到人都要老的自然规律,最终停止了抛弃老人的行为。该型又可细分为:

亚型B1:"晚辈留物"。其梗概为:某人抛弃长辈时,随行的孙辈将当时背负长辈的用具如箩筐、背带拿回,以备将来弃父时所用,弃老者因此醒悟。或叙某人虐待老人(往往是儿媳虐待公婆),给老人破碗吃饭,一顿一碗乃至半碗,孙辈设计留碗给虐待者将来衰老时使用,虐待者改变态度。此一亚型亦即丁乃通索引之980A"半条地毯御寒"。

该型故事最醒目的母题是弃老之物的留用,是弃老转向敬老的关键。此型中用箩筐等物弃老的故事,也可能出自汉译佛经《杂宝藏经》卷二《波罗捺国弟微谏兄遂彻丞相劝王教化天下缘》,然后形成中国版本的原谷故事、孙元觉故事。[32]汉族口传故事如河南《拉荆笆》[33]、江苏《祖孙三代》[34];少数民族多有,如四川彝族《摔父亲的儿子》[35]、四川藏族《老子、儿子和孙子》[36]、云南彝族《坟墓上栽草套竹笠的由来》[37]、云南傈僳族《父行子效》[38]、吉林朝鲜族《花甲葬的规矩是怎样改变的》[39]。此外,以饭碗为母题的故事,则有宁夏回族《小木碗》[40]、福建《传家"宝碗"》[41]、浙江《一只传代碗》[42]、江苏《葫芦瓢》及其所附异文《一只黄砂碗》[43]、陕西《葫芦碗》[44]、河南《补瓢》[45]、北京《留给婆婆用》[46],台湾台中县、漳化县也有类似故事。[47]严格地说这些故事中的弃老或虐待老人现象常常可能只属于个人行为而非普遍的弃老风俗,但也显然与花甲葬之类风俗有关(朝鲜族花甲葬故事直接是弃老风俗),其弃老方式特别是用箩筐弃诸山野也跟亚型A中的风俗一致。又如饭碗母题的《留给婆婆用》虽没有弃老的国法民俗,却有只给婆婆半碗饭的家规;《小木碗》称这种虐待老人之法为"抠咽喉",实让人联想到亚型A之饿死法。因此,我们仍然可以把"晚辈留物"母题归属于弃老型故事。[48]

亚型 B2："动物触发"。该型叙述儿子抛弃老人，在途中看到动物主要是鸟类待哺反哺中"尊老爱幼"的情景，由物及人，受到情感的触动，改变了弃老或虐待老人的行为。

目前，该型故事似仅见于云南佤族地区，有两篇异文：《敬老宴》[49]、《两兄弟卖爹》[50]；前述河南《补瓢》中孙媳补瓢后指示公婆看乌鸦反哺，后者醒悟，当是亚型 B1、B2 的混合。动物触发一型不仅少见，且存在个体行为，但仍然与弃老风俗及其向敬老风尚的转变有关，所以我们把它归属于弃老型故事，后文将做详细讨论。

以上我们梳理了弃老型故事的两类四种亚型，一共引录异文 53 例（后文还要提及山西《灶头神画像》，是以往学者引录数的三到四倍还多），其中亚型 A1，26 例；亚型 A2，6 例；亚型 B1，19 例；亚型 B2，2 例。除去汉译佛经的 2 例外，其余 51 例全为中国境内古今流传者，在此没有涉及日本、朝鲜等异文，因为它们大体都是中国故事传承的辐射。在了解了弃老型故事的多种异文、大体类别及基本母题后，我们可以在前人基础上对相关问题特别是其文化内涵略作分析。

第一，弃老型故事可能产生在母系社会到父系社会的过渡期，或母系社会晚期、父系社会早期。抛弃对象大体有父亲、母亲（河南《六十老人不再活埋的来历》、吉林朝鲜族《花甲葬的规矩是怎样改变的》、《花甲宴的由来》所附汉族异文、北京《皇帝改规矩》所附异文一）、兄长（新疆维吾尔族故事《一块黄金》）；抛弃老人留取筐箩的故事中多是父亲，虐待老人留取饭碗的故事中多是母亲。但绝大多数则是抛弃父亲，或是不分性别地抛弃年老的父母。抛弃老人的原因可能跟食物短缺、食人风俗有关，但弃绝亲生父母还有一个社会因素，即父子、母子关系的不确定或不稳定。弃老故事又随即叙述了人类体会到老人的用处或与老人生离死别的痛苦，并进而向敬老风尚转变，其社会根基也当在于生养关系特别是父子关系的确立。而大量父亲的被弃，似与父子关系的模糊有关。由此似可推知，在社会发展史上，弃老型故事可能出现在母系社会晚期或父系社会初期，人类从弃老向敬老的转变也当相应的发生在这一时期。

第二，老人被弃的年龄多为六十岁。老人一般是在六十岁时被弃，也有在七十（陕西《"送老人家上山"的传说》）、五十（新疆《一块黄金》）、八十（敦煌《杂抄》、宁夏《人活年岁久，经见阅历有》）者，最多的是六十"花甲"之年。在人生七十古来稀的时代，"六十"是一个在生命历程中合理的整数，在生死循环的信仰上又是一个周期的终点。另一方面，弃老时间往往又是在六十岁生日之时，这是后世为敬老而举行六十大寿礼仪的来源。六十岁作为被弃之年和祝寿之期的典型故事，有朝鲜族《花甲宴的由来》、四川《人老做生的来历》及不知流传地的《做寿的由来》。此外，佤族《敬老宴》说敬老宴在过年节或病痛灾祸时。

　　第三，老人被弃的方式多种多样。老人一般是被丢弃在野外山间，容身之所也可能有人工凿就的山洞或搭建的窝棚，老人在那里等待自然死亡，实际也是被饿死或被野兽吃掉。典型文例是湖北《斗鼠记》及其实际风物遗存的"自死窟"（寄死窟、老人洞），还有极端的强制性致死之法，如摔死（四川彝族《摔父亲的儿子》、内蒙古《花甲葬的规矩是咋改变的》、新疆锡伯族《老人为什么受尊敬》），堵嘴窒息而死（黑龙江鄂温克族《羊尾巴堵嘴的故事》），活埋（朝鲜族《花甲宴的由来》、蒙古族《花甲老人》、河南《六十老人不再活埋的来历》、河北《活埋老人的风俗是如何改变的》、北京《皇帝改规矩》及所附三篇异文、山东《千年的老鼠怕狸猫》），斩杀（《做寿的由来》、新疆维吾尔族《一块黄金》），甚至杀死用以待客（四川《人老做生的来历》）。此外，佤族有出卖给猎头者一说（《两兄弟卖爹》）。

　　多样化的抛弃或处死方式，实际关联了多种丧葬习俗。如俗语说老人之死为"上山"，就来源于让老者在山间等死的弃老风俗，陕西《"送老人家上山"的传说》就是这样的溯源解说。山间等死或摔死与野葬有关。东汉赵晔《吴越春秋·勾践阴谋外传》记古代著名《弹歌》云："古者人民朴质，饥食鸟兽，渴饮雾露。死则裹以白茅，投于中野。孝子不忍见父母为禽兽所食，故作弹以守之，绝鸟兽之害。故歌曰：'断竹续竹，飞土逐宍（宍，古肉字）'之谓也。"所记风俗正当处于弃老向敬老的转变期。野葬转变为土葬也与弃老故事有关，弃老故事中的活埋即是土葬。羌族《土葬的起源》讲的就是由于父亲教儿子生活经验，儿子不忍心野葬父亲，后来发展为土葬。杀死吃肉的方式则与由吃亲人死者肉改为吃动物肉的风俗演变史相联系，后者典型的例子是苗族《吃死人的风俗是怎样改变的》。[51]尽管这一苗族故事不属于弃老型，但由吃死人改由吃牛、猪等动物，也是弃老陋习转为敬老风尚的反映，这同样在弃老型故事中体现出来。四川流传的《人老做生的来历》说，人们最初是把六十岁的老人杀来待客，因为父亲在临死当天还为儿子上房补屋，于是儿子跟客人商量，改为杀猪给父亲做生。这跟苗族从吃父母肉改为杀牛待客大体一致，只是苗族说的是葬俗史，间接地与弃老、敬老风俗有关。

　　第四，老人被弃的原因很多，其中应当有食物短缺、食人风俗，或不能胜任战争、狩猎乃至一般劳动等因素，当然人类厌弃老弱的丑陋本性也当是不可忽视的原因，这在当今文明时代仍然存在。其中不能胜任危险、繁重劳动一项，可能是最重要的弃老理由，这可从"智决难题"的亚型 A 特别是"智胜异族挑衅"的亚型 A1 中看出。难题是异族提出的挑衅性威胁和恐吓，是民族间战争的另外一种形式，大多数故事均讲，若不能解决难题，则异族将逼迫称臣纳贡或兵戎相见。蒙古族《花甲老人》说，河东汗国强大，河西弱小，河东可汗"喜欢用智慧和武力向别的汗国挑逗"，原来兵戎之战与口舌之争没有本质区别。在真实的战争或狩猎活动中，病弱的老者显然不是助力，反而可能是累赘，抛弃他们也是一时情势所迫。但是，人类可能一时忽略了这样一种现象：老人虽不能参加兵戎之战，却可以利用自己的智慧和经验与敌相较，拯救国家于危难之中，或是解决一般性生活难题。

中国弃老型故事尤其是"智胜异族挑衅"的亚型多集中于东北、华北、西北恐非偶然，那是因为北方游牧民族的首要事务是战争和狩猎。《史记·匈奴列传》称匈奴："自君王以下咸食畜肉，衣其皮革，被旃裘。壮者食肥美，老者食其余，贵壮健，贱老弱。"《汉书·匈奴传》称"汉使或言匈奴俗贱老"。《后汉书·班超传》说班超出使西域，上疏言"蛮夷之俗畏壮侮老"，这反映了内地汉文化与边地牧民风习的区别。《后汉书·乌桓传》说乌桓："贵少而贱老，其性悍塞，怒则杀父兄，而终不害其母，以母有族类，父兄无相仇报故也。"《三国志·乌丸传》注引《魏书》亦云："以母有族类，父兄以己为种，无复报者故也。"这不仅说明了游牧民族贱老之风，也暗示了这种风俗与母系社会的关联。[52]

还需指出的是，在回应异族挑衅的弃老故事中，汉译佛经有九大难题却没有鼠精一项，以猫斗鼠的故事仅见于中国境内，我们怀疑这与中国用猫灭鼠的历史有关，但中国古代究竟何时以猫克鼠却是众说纷纭没有准定的疑案[53]，这一母题的源流还值得研究。有意思的是，宁夏《人活年岁久，经见阅历有》所附异文二（固原县）说，遗弃老人的国家没有猫，用以制服皇宫鼠精的猫竟是从尊老不弃的"老人国"借来的，后来就留用不还了；吉林《猫背数叨啥》说，宋朝包文正从王母娘娘那里借猫，亦未归还；北京《皇帝改规矩》附异文一（回族）说，人们后来就养猫避鼠。这应该和猫文化史有关。此外，汉译佛经通过难题显示天神训诫，而中国版本渲染的却是敌国发难，其间缘由亦耐人寻思。[54]

第五，弃老型故事反映了人类由弃老到敬老的认知过程，人终于体会到老有所用的客观性和人终究要老的必然性；前者显示了人类社会观的合理化，后者则折射了伦理观的逐步完善。在这里，社会伦理的认知过程、风俗习惯的演变历史乃至整个人类由野蛮而文明的历史进程，都在弃老型故事中得到了反映。

在这一认知过程中，有三点认识值得注意。一是老有所用的观念，特别是智决难题故事渲染了老人的巨大作用，很多故事都明确揭示了弃老者或弃老法规制定者，在严峻考验得到老人化解之后，终于认识到"老人是个宝"这一观念的真实性。如湖北《斗鼠记》中春秋麋国国王说"老人真是个宝"，陕西《"送老人家上山"的传说》中秦始皇说"家中有个老，胜似有个宝"。而"老人是个宝"又是很多孝子得宝、不孝子贪宝得石故事中常见的主题[55]，只是后类故事所谓的"宝"是物质的金银财宝，而弃老型故事所谓"老人是个宝"则是比喻人类从老人那里获得了智慧和经验，亦即精神财富，但这些与老人、宝贝相关的故事却显然都与弃老、敬老伦理的演变相联系，我们完全可以做合并观察。

二是神化老人的思想。很多弃老故事都讲，老人不但不可以遗弃，不仅是个宝，甚至反而还是神，我们将在下文讨论此点。

三是人性的自觉。亚型 B 的思维方式是换位，人从设身处地、将心比心的角度体会到老人之不可弃，从而唤醒了初萌或沉埋了的人性。晚辈留物的故事以遗弃或虐待老人的用具为关联，时常提醒着弃老者以心换心，要像关心自己一样善待老人。在这里，人意识到自己的言行会"一辈传一辈"，"老子是儿子的复制品"，良好的人性是需要培育和传承的。动物触发的故事则把人置身于自然界，甚至人不如物的地步。在这里，人意识到自己应有高于动物的灵性也就是人性，人能尊老爱幼是他之所以为人的一种特质。

二、佤族弃老型故事异文的个性和共性

在我们上文分析的亚型 B2"动物触发"中仅列举了佤族的两篇异文，这是因为我们目前还没有发现跟佤族类似的其他异文，这已足以说明佤族异文的特殊个性。当然，若经过仔细研究我们也可看到，佤族异文与其他民族相关故事仍然存在一些共性。在讨论佤族异文的特征之前，我们需要先列出这两篇故事的梗概，然后分析其特征：

从前，有一家人生活穷困，兄弟俩商量说，父亲老了，与其大家一起等待饿死，"不如把父亲送到山上去，让山神照顾他"。他们没有按当时的习俗给老人吃上一顿饱饭，就背他到山间去做饿鬼。在他们为父亲搭建容身也就是葬身的棚子时，父亲看见附近鸟窝里的一幕：两只小鸟张开嫩黄的小嘴，一张一合地等待母鸟喂食。父亲触景生情，就对儿子说："你小的时候，也就像这小鸟一样，张开小嘴只知道要吃，我也像这只母鸟一样，辛辛苦苦把你们养大。今天，你们就忍心把我这样丢在山上吗？"兄弟俩却仍然把父亲饿死在山上。父亲委屈的阴魂来到山神处，控诉了儿子的不孝行为，山神转告社神，社神为了惩罚野蛮的不孝行为，连旱九月，连涝九月。后来巫师告诉阿佤人，如需消灾免祸，"就要改变这种遗弃老人的恶俗，要爱老、敬老"，"在过年节的时候，要为老人设'木考括'（即敬老宴），这样老人的'部安'（即福命）才会保估自己的儿孙们清吉平安"。于是，阿佤人不再遗弃老人，在过年过节，或是遇到疾病和灾祸的时候，都要给自己在世或已过世的父母设"敬老宴"，还要念诵祈求老人赐福的祝词。（《敬老宴》）

从前，有兄弟俩觉得年迈的父亲是自己结婚的累赘，谁都不愿赡养老人。哥哥想娶了老婆搬到外面住，要弟弟在家养爹，而弟弟根据祖传规矩要哥哥留在家里照顾老人。最后，兄弟俩决定干脆"把阿爹抬到街上交给人家守旱谷去算了"。他们谎称抬爹去赶街，途中，兄弟俩发现画眉鸟窝，四个小画眉整齐地张开嫩黄的小嘴，鸣叫不止。他们不知此情此景的含义，父亲说，小画眉是在等画眉娘喂食，祖辈说"画眉养大一窝儿，羽毛要落九十九"，"你俩小的时候，我也像雀鸟一样，一口饭、一口水地把你俩养大"。兄弟俩听后非常愧疚，把父亲抬回家中，尽心赡养。他们敬养老人的事不断传开。"每当在山涧里见到雀儿觅食，阿佤人就思念起父母的养育之恩。"敬养老人的风尚就这样一辈一辈、一寨一寨地传承开来。（《两兄弟卖爹》）

我们先将佤族弃老型故事与其他民族比较，看看佤族故事的个性和共性。

第一，动物特别是乌鸟对人的触动。佤族两篇故事都与弃老风俗、敬老风尚相关联，显然属于弃老型故事，但又和其他民族不同，最主要的就是从弃老向敬老的转变契机是动物的触发。在这里，是鸟儿或具体的小画眉嗷嗷待哺的情景，使遗弃老父的兄弟俩有了良心的发现和人性的觉醒，《敬老宴》又得力于父亲的教诲；《两兄弟卖爹》则出自兄弟的自我觉悟，后者是因为父亲以为儿子好意地抬他赶街，没有看出儿子的恶意。但无论如何，两篇故事中都同样是动物的舔犊反哺本能，对人类形成了情感的触动，这恐怕是人类获得尊老爱幼之人性的一个途径。

佤族弃老故事的母题组合及其文化意蕴的特殊性即在于此点，但这样的弃老故事也绝非个别民族的构想。我们可以发现很多民族的民间故事，均常常从动物特别是鸟类的待哺与反哺现象中得到借喻和启迪。大多数故事往往叙述：一个忤逆不孝、虐待母亲（偶尔是父亲角色）的儿子，常常对母亲恶言相向，拳脚相加，要母亲按时把饭送到他劳动的场所，迟了就要遭到打骂。一天他看见老鸟（常常是乌鸦）衔来虫子，嘴对嘴地喂窝里的小鸟吃，或是小鸟反哺老鸟。他被鸟儿的举动触动了，决心今后要善待母亲，现在就要去迎接母亲。已经迟到的母亲见儿子飞奔而来，以为又要面临打骂，绝望地撞死在大树上。儿子懊悔不已，他要永远悼念母亲。

通过鸟类本能引发人类情性并使不孝之子改变的这一类型故事，都讲述了一个本不该发生的悲剧，儿子往往通过悼念母亲的方式来表达迟来的孝心，而这又是与一系列礼仪风俗相伴随的。如上海汉族说，儿子后来做白布帮、红布后跟的鞋，以示追悔和纪念，因为白色代表娘的脑汁，红色代表娘的鲜血。[56]浙江天台传说，儿子砍下母亲撞死的树木，做成母亲的木主牌位，早晚在家中供奉赎罪[57]；绍兴传说，儿子不孝其父，看到小乌鸦衔食反哺老乌鸦，但父亲先已绝望于儿子的不孝而撞死在门上，儿子把门板做成木牌，牌上写"木主"二字，"主"字上一点需用红色，表示鲜血。[58]湘东传说称母亲为了教育儿子，让两个不孝子去看乌鸦和猫头鹰过日子。儿子看到鸟儿待哺与反哺情景后，也变得孝顺了，可这时母亲已来不及享受就去世了。所以在安葬母亲时，他们"模仿乌鸦羽毛的颜色"，穿黑服，照猫头鹰毛色披麻衣。[59]

据此，我们似可发现古代著名孝子丁兰刻母奉养故事的实际背景。《太平御览》卷三九六引《孝子传》说："丁兰早孤，不识其母，乃刻木作母而事之。"卷四一四又引孙盛《逸人传》："丁兰者，河内人也。少丧考妣，不及供养，乃刻木为人，仿佛亲形，事之若生，朝夕定省。"本来是不识其母，何以刻其貌？又真的是母死不及供养吗？我们今天据口传故事才知道，丁兰可能是虐待母亲而导致母亲自杀，四川、宁夏传说误传其为丁郎，陕西则径直为丁兰[60]，说的都是上述那类"虐待老母—逼母送饭—乌鸦触发—老母自杀—刻母补孝"的故事，这不禁又使人惊喜：丁兰刻母的文献故事乃由口传故事知其本相。

乌，在中国古代文化中是孝亲的象征物。《说文》四上《乌部》："乌，孝鸟也。"清段玉裁注："谓其反哺也，《小尔雅》曰：纯黑而反哺者，谓之乌。"晋崔豹《古今注》卷中："乌，一名孝鸟，一名玄鸟。"后唐马缟《中华古今注》卷下："乌，一名孝鸟，一名玄鸟。燕、白脰乌也。脰乌，子须食母，亦能自食其子也。"白脰指白头，谓其子等待母哺，又能反哺其母。宋罗愿《尔雅翼》卷一三："乌，孝鸟也。始生，母哺之六十日；至子稍长，则母处而子反哺，其日如母哺子之数，故乌一名哺公。而束皙《补亡诗》云'嗷嗷林乌，受哺于子'也。"在符瑞观念中也是如此，《宋书·符瑞志下》："三足乌，王者慈孝天地则至。"《艺文类聚》卷九九引《尚书纬》曰："火者阳也，乌者有孝名。"又引孙氏《瑞应图》曰："三足乌，王者慈孝，被于万姓，不好杀生则来。"古代孝子故事也常有群乌翔集的异闻，最著名者莫如颜乌事，宋祝穆《方舆胜览》卷七

256

说："《异苑》云：'东阳颜乌以淳孝称。父死，负土成坟，群乌衔土助焉，而乌口皆伤。'汉乌伤县以此名，今义乌是也。"1964年北京石景山出土东汉和帝元兴元年（106年）幽州书佐秦君石阙铭文，铭文自题为"乌还哺母"，篇首云："维乌维乌，尚怀反报，回况于人，号为四灵。"[61]1993年江苏省东海县尹湾村六号汉墓出土西汉晚期竹简《神乌傅（赋）》，是早期著名俗文学作品，其前半亦云："蜾蠃（飞）之类，乌最可贵。其姓（性）好仁，反餔（哺）于亲。仁义淑茂，颇得人道。"[62]

乌得人道，"尚怀反报，回况于人"，也是口传故事中儿子的感叹：禽兽都讲母慈子孝，难道人还不如禽兽吗？也许人类先天就有孝慈的本性，但不能否认在人类历史的早期或是某些个体特别是年轻人身上，总会存在忤逆的恶习，那么这些人能从动物那里得到一些尊老爱幼的感触和启示也是可能的。

看来，丁兰一类故事主要是汉族自古以来的传说，但也在布依族、纳西族等少数民族中流传[63]，那么具有动物触发个性的佤族弃老型故事，也可能在民族文化交流中具有共性，它的鸟类触发母题应该借自汉族古今相传的故事。稍微有所不同的是，以汉族为主的虐待母亲故事基本与祭祀风俗有关，佤族故事则与弃老风俗相连；前者当是父系社会以后的产物，而后者中的父亲自比于画眉娘之类的雌鸟，这种性别错位似乎更多地带有母系社会的特点。

在佤族故事中，乌鸦并不是一种十分突出的形象。在乌鸦和白鹇结仇的故事中，它诚实、憨厚、勤劳、讲究礼貌，但被狡诈的白鹇涂抹成浑身黑漆漆的。[64]在另一故事中，贪心的乌鸦偷了猎人的一包饭，独自享用，而对饥饿的铁铃哥鸟的哀求毫不动心，所以后来总是被铁铃哥狠啄。[65]至于画眉鸟形象也较模糊，在《两兄弟卖爹》中画眉是慈孝的，在另外的故事中或是惹事、胆怯的角色[66]，或是表面笨拙实际聪明的大巧若拙者。[67]虽然这种模糊两歧的形象特征并不妨碍它们都具有关爱老幼的本能，但基于乌鸦在汉文化中的强势传播，佤族弃老故事中的画眉是有可能来自汉族乌鸦的。

第二，敬老宴的由来。前文我们已论及老人被弃的年龄多为六十岁，进而往往又在六十花甲生日之时，为敬老而举行六十大寿。如朝鲜族《花甲宴的由来》说，废除了六十活埋的"高丽葬"[68]，改为摆花甲宴，为六十岁的老人祝福祝寿。四川《人老做生的来历》说，本来是要杀老人待客，现在改成杀猪为老人做生。不知流传地的《做寿的由来》说，被弃老人化解了邻国的挑衅，皇帝要召见他，这天恰是老人的生日，他接受了皇帝的三拜礼。后来人们便到老人六十岁时就设宴祝寿，做生日，尽孝心。据说，拜"受"被读书人误用成拜"寿"。但佤族《敬老宴》说敬老宴在过年过节或是遇到疾病灾祸之时，还要诵读祝词，这又是佤族故事的特殊性。当然，佤族敬老宴没有确定在六十大寿，也是跟其遗弃老者年龄的不确定是一致的。此外，中国古代可能早有敬老宴会之制。《礼记·王制》云："凡养老，有虞氏以燕礼，夏后氏以飨礼，殷人以食礼，周人修而兼用之。"虽有偏重酒、食之别，实际也是宴会之需。《礼记·祭仪》有天子"食三老五更于大学"之礼，《后汉书·礼仪志上》述其大略是："其日，乘舆先到辟雍礼殿，御坐东厢，遣使者安车迎三老五更，天子迎于门屏，交礼，道自阼阶，三老升自宾阶，至阶，天子揖如礼，三老升，东面，三公设几，九卿正履，天子亲袒割牲……五更南面，公进供礼，亦如之。"《礼记·月令》又有仲秋"养衰老，授几杖，行糜粥饮食"之礼，《后汉书·礼仪志中》又云："仲秋之月，县道皆案户比民，年始七十者，授之以王杖，餔之糜粥；八十、九十，礼有加赐。王杖长（九）尺，端以鸠鸟为饰。鸠者，不噎之鸟也，欲老人不噎。"此为朝廷敬老宴，佤族则似为家宴。当然，只要各个民族有自己的慈孝伦理，就都可能有敬老的各种礼仪，除了在老人生日特别是大寿之日，还可能在其他年节场合设宴敬待老人。

第三，弃老故事与祖先崇拜或老人崇拜。佤族《敬老宴》中委屈的父亲灵魂得到山神、社神的同情，而举行敬老宴的目的是要老人的福命保佑子孙的平安，老人尤其是死去的祖先似已获得某种神性，这种特点在敬老宴的祝词中更有清晰的表现。祝词颂赞祖先造就子孙身体，赐予魂命，祈愿祖先保佑子孙有儿有女，有吃有穿，平安健康，简直把祖先当成了赐福荫庇的神灵。佤族故事的这一情况虽然和其他民族弃老故事类似，但相对较为突出。如黑龙江鄂温克族《羊尾巴堵嘴的故事》中说，以前人的寿命都很长，至少能活上三二百岁，后来觉得老人无用，就把他们堵嘴窒息致死。有个放羊的男孩把他已是三百岁的父亲藏匿，人们竟不知他家还有位"活寿神"。陕西《"送老人家上山"的传说》称，秦始皇发现"家中有个老，胜似有个宝"，就封过去被弃死的老人为"土地神"，他自己的父亲为土地王。陕西户县《老而有用》也说把老人封为土地神。山西《灶头神画像》说，从前凡是年满六十岁的人，在生日那天，都要穿着打扮一新，到太行山去升天做仙人。[69] 相对而言，佤族老人的交通神灵、赐福保民的特点更为突出，其他民族不过是白封一个名号而已。很多民族都有祖先崇拜和老人崇拜，但在考察从弃老到敬老再到神化老人的这些故事时，我们却可以推知祖先崇拜的形成至少与敬养老人的伦理观念有关，并非纯粹的死而为神、物老为精观念的产物。同时，弃老型故事神化老人的现象，跟其他故事常见的神仙化身为老者的母题也是可以结合观照的；后文将要论及的"家中有神仙不必远烧香"故事，径直把父母当成佛或神仙，也是神化老人的故事，故老人的神化或崇拜也来源于养老、敬老风尚的传播。[70]

以上三点是我们大体在弃老型故事的范围内，分析佤族异文得到的启示，我们认识到佤族的弃老型故事跟其他民族相比，是同中有异，异中有同的。但是，佤族异文的特殊性尚非仅此而已，下面我们着重在佤族文化的范围内再作讨论。

首先是佤族弃老的原因和方式。《两兄弟卖爹》明确说他们准备"把阿爹抬到街上交给人家守旱谷去算了"，"守旱谷"就是佤族曾经实行的"猎头祭谷"风俗。虽然佤族猎头祭谷的对象一般都是外族或其他部落的人，反过来外族人猎取的也是别的民族或别的部落人，但两兄弟要把父亲作为守旱谷的牺牲品，却暗示了佤族弃老的一个原因可能在于猎头祭谷的风俗。猎取人头显然是一种战争形式，这样残酷恐怖、剧烈惊险的部落活动在南方民族中相对罕见，而跟北方民族的狩猎、战争却差不多，都是需要年轻力壮、强健猛勇者作为主要成员的。在猎头这种宗教信仰的背景下，老人由于衰迈病弱自然成为嫌弃的对象，甚至沦为猎头祭谷的牺牲品，当然应该是其他部落猎取的对象。恰恰是这些年老者最有可能是满脸满头的须眉发髻，正是促成谷物生长上好的祭谷供品。

说到猎头祭谷，粮食短缺也应该是佤族弃老的另一原因。之所以要采取惨烈的猎头祭谷措施，也是部落食物供应的严峻性所致。纵观佤族民间文学及风俗习惯，我们可以发现佤族是极为珍惜谷物的。早在神话时代，谷魂就是相当脆弱的。传说最初的谷种是动物特别是蛇艰难地从海水里捞出来的；小红米、旱谷跟金银争地皮，遭到驱逐，小红米躲进河底，旱谷躲到森林里，人们没有吃的，也是在动物协助下才又把小红米和旱谷请回来。[71]又说，从前阿佤人种旱谷，吃饭不成问题，就开始好吃懒做、大吃大喝，糟蹋粮食，后来老天爷气愤了，只给每棵谷杆留下一穗，杂草丛生，辛苦一年也只够一年吃。从此阿佤人再也不敢偷懒，懂得爱惜粮食了。[72]佤族传统上在七八月要过两次新米节，现已法定为农历八月十四日，其背景就在于前述争地皮故事，节日是为了安抚来到地面的旱谷的灵魂。新谷装仓要杀鸡敬神，在捡起散落于地的谷粒时还要祷念："对不起你们，让你们掉落了，让你们在地里受凉了，受委屈了，回家吧，家里的火塘暖和、仓库暖和。"[73]可以感觉到在佤族观念里，谷魂是极为脆弱的，需要悉心护惜，乃至不惜以鲜血和生命为之供祭。《敬老宴》中兄弟俩抛弃父亲就是因为旱涝不定、缺少食物甚至面临饿死的威胁，《两兄弟卖爹》又要把父亲卖给人家守旱谷，就是佤族文化的反映。

卖给人家守旱谷，也是佤族弃老故事在弃老方式上的特点。人口买卖如奴隶、妇女、儿童的交易古今不绝，但买卖亲属在现实生活中却极为罕见，当然民间故事中不乏其例，也都是劝人孝亲的用意。所以在一般性虐待老人的故事中有卖亲母题，但弃老型故事中似以佤族《两兄弟卖爹》为仅见。不过佤族两兄弟的卖爹也不外乎是弃老的一种形式，值得探讨的是卖给别人守旱谷，这却是符合佤族传统的。原来佤族祭谷猎取的人头也可以是买来的。民国年间，殷生（疑是笔名）《卡瓦人》说："人头可以拿去卖。人头的价值，也分等级的。白人的头可以值到三百多卢比（印度币名，一卢比约等于国币一元）一个，汉人中的美髯公的头可值到二百卢比一个，汉人而无胡须的头可值九十多卢比一个，其他如摆夷、猓黑人的头则很不值钱。"据说有些村寨为了避免结仇，干脆偷砍死人头，或买人砍头。例如岳宋寨就经常买人砍头，用以祭鬼。龙坎寨永别灵小寨，因几年来谷子收成不好，也全寨凑钱于1957年春播后向外寨买人砍头为祭品。买来或被卖砍头的人，绝大多数为奴隶，是被奴隶主出卖的。[74]那么，故事中两兄弟要卖父亲去守旱谷，也当来源于佤族买卖人头的风俗。

其次需要讨论的是佤族虽有弃老故事，但与弃老相反相成的是，佤族也有良好的养老敬老风尚。按照佤族养老习惯，夫妇若只有一子，婚后即与父母合住养老；若有两个以上，父母选其中一个留居，其他的分家另住。父母选留儿子的标准是"心好些"，或劳动好、听话等，也要能够担负起主要的养老之责，分出的儿子也分担一些。[75]由于择子没有强制性和固定性，所以我们会看到《两兄弟卖爹》中两人都以为父亲是自己成家的累赘，不愿赡养老人，弟弟说按祖辈规矩应该由哥哥养老，那是因为父母选择长子的可能性较大的缘故。

据调查，阿佤人十分尊重和关怀老人，歧视或虐待老人者会遭到谴责。老人知识渊博，阅历丰富，自然受到尊重和爱戴。逢年过节的各种宴席上，人们要请老人在上等座位就席，首先喝头道水酒，接受吉祥的鸡头。家中老人座卧之处不得随意占用，老人病时要细心伺候衣食，出行时以老人为先等等。[76]我们在佤族故事中也可看到老人备受尊崇，除了敬老宴祝词的集中颂赞外，民间故事反映了佤族还奶钱的风俗，就是子女为了报答父母的养育之恩，要给父母还奶钱[77]，即使是父母因为生活困难或是重婚而抛弃了儿女，儿女成人后也要奉上金银财宝作为还奶钱。还有的故事说，在老人向儿子们传授劳动、打猎、生活经验时，儿子常常不耐烦，以致什么事也办不成，连一只野猪也没打着，险些丢了性命。[78]或说哥哥不愿养老，弟弟留居父母身边孝敬赡养他们，后来在山洞里得到了财宝，哥哥贪财却被压死在洞里。[79]

这种体现报答养育之恩的还奶钱风俗，与乌鸟反哺的故事如出一辙；突出老人智慧、经验对年轻人重要性的故事，也显然跟其他民族弃老型故事亚型A的主题近似；而孝亲得宝的主题也就是亚型A"老人是个宝"的意思。进一步说，老人不仅是后人的精神财富，也是后人的保护神，这是包括佤族在内多民族之弃老型及相关故事的共同主题。佤族故事说，浪子不孝敬老父，还带上礼物去求仙，仙人告诉他应先回家敬献召巴威，后来才知道仙人所指正是自己的父亲，所以才改邪归正，善待父亲。[80] 又有故事讲，儿子岩章做了糯米粑粑，不给母亲吃，却拿到佛寺中供佛。大佛对他说，家里就有两尊大佛，应先供奉他们。岩章回到家，意识到所谓"佛"原来就是自己的父母，于是就把粑粑给父母吃。后来，佤族青年都向岩章学习，凡是有好吃的都要给父母尝尝，养成了孝敬父母的传统。[81] 这种"家中有神仙不必远烧香"的故事，又是在很多民族中常见的[82]，而把家中父母当做宝贝和神仙恰恰也是弃老型故事所渲染的主题。由此，我们可以看到作为一个历史相当悠久的民族，佤族叙述的弃老故事和国内其他地区和民族的弃老故事一样，都是在自身特定历史文化及多民族文化交流中产生的，虽然暴露了某些古往陋俗，但人类也正是在从弃老到敬老甚至再到神化老人的精神发展史中，逐步获得了人性的觉醒和文明的进步。

注释：

[1] 如 922＊、980A、981 型，参见丁乃通《中国民间故事类型索引》，郑建成等译，中国民间文艺出版社，1986 年，第 286～288 页、319～321 页。

[2] 1981 年刘守华先生在中国率先发表弃老型故事研究文章。相关成果参见刘守华《民间故事的比较研究》，中国民间文艺出版社，1986 年，第 56、63～78 页；《中国民间故事史》，湖北教育出版社，1999 年，第 213～216 页；《比较故事学论考》，黑龙江人民出版社，2003 年，第 153～154、158～170 页；《走进"寄死窟"》，载《民俗研究》2003 年第 2 期，第 123～128 页；王晓平《佛典·志怪·物语》，江西人民出版社，1990 年，第 243～250 页；林继富《从"弃老"到"敬老"——"老人是个宝"故事解析》，见刘守华主编《中国民间故事类型研究》，华中师范大学出版社，2002 年，第 616～627 页；金宽雄《略论"弃老型"故事在中韩两国的流变》，《延边大学学报》2000 年第 2 期，第 46～49 页；阎勇、王桂芳《湖北的"寄死窟"与胶东半岛的"模子坟"》，《民俗研究》2005 年第 1 期，第 235～237 页。此外，于长敏：《中日民间故事比较研究》，（吉林大学出版社，1996 年）也论及该型故事，最近陈骞有硕士论文《父亲的悲剧——"弃老"与"弃父"的风俗研究》（云南大学，2006 年 5 月，段炳昌教授指导）。

[3] 《杂宝藏经》，北魏孝文帝延兴二年（当南朝宋明帝泰豫元年，公元 472 年），由西域僧人吉迦夜和北魏时僧侣首领昙曜汉译，后作《世说新语》注的南朝梁刘孝标时年 11 岁，为之笔录（陈垣、罗国威说，见罗氏《刘孝标集校注》，上海古籍出版社，1988 年，第 179 页）。此一弃老故事见引于唐释道世《法苑珠林》（百卷本）卷四九《不孝篇》（参周叔迦、苏晋仁《法苑珠林校注》，中华书局，2003 年，第 1500～1502 页；下文提及的亚型 B1 故事同篇接引，第 1502～1503 页）。又此故事虽是天神提出难题，但天神对国王称"若别雄雌，汝国得安，若不别者，汝身及国七日之后，悉当覆灭"，则亦与异族

挑衅同质。

[4] 参见朱凤玉《敦煌写本杂抄研究》，载《木铎》第 12 期，台北，1988 年，第 129 页。

[5] 陈庆浩、王秋桂主编：《中国民间故事全集·湖北卷》（以下简称"故事全集"），台北，远流出版公司 1989 年，第 347～351 页。

[6] 雪犁主编：《中华民俗源流集成·丧葬卷》（以下简称"民俗源流"），甘肃人民出版社 1994 年，第 515～517 页。

[7] 《中国民间故事集成·陕西卷》，北京，中国 ISBN 中心 1996 年，第 426～427 页。

[8] 《中国民间故事集成·宁夏卷》，中国 ISBN 中心 1999 年，第 560～562 页、562～563 页。

[9] 前例见前引《民俗源流·丧葬卷》，第 578～579 页；后例见《河北民间故事选》（无编选者），河北人民出版社 1980 年，第 169～174 页。

[10] 前者见《中国民间故事集成·北京卷》，第 664～665 页；后者第 667～668 页。

[11] 陶阳选编《中国民间故事大观》，北京出版社，1999 年，第 487～489 页。

[12] 李凤英采录，见前引《民俗源流·仪礼卷》，第 170～171 页。

[13] 黄龟渊讲述，朴赞求翻译，金在权采录于延吉县，见《中国民间故事集成·吉林卷》，中国文联出版公司 1992 年，第 345～347 页；亦见《民俗源流·仪礼卷》，第 176～180 页，文字略异。

[14] 赛野搜集整理，见前引《故事全集·蒙古卷》，第 97～102 页。据内蒙古语言文学历史研究所文学研究室编《蒙古族民间故事选》（上海文艺出版社 1979 年，第 155～160 页），知是一位蒙古族老牧民讲述，流传于昭乌达盟北部。

[15] 娄渊良采录，见前引《民俗源流·丧葬卷》，第 576～577 页。

[16] 娜仁挂讲述，见前引《民俗源流·丧葬卷》，第 580～582 页。

[17] 阿列克塞讲述，马名超采录，见前引《民俗源流·仪礼卷》，第 103～104 页。

[18] 常玉杰讲述，左春艳采录于梅河口市，见前引《中国民间故事集成·吉林卷》，第 347～348 页。

[19] 参见刘锡诚《中国民间故事中的鼠观》，载《民俗研究》1996 年第 3 期，第 27～36 页，引见第 35 页。按，山东省文联主编、梁兴晨等选编《精怪故事选》所收《五鼠闹东京》（北京，华艺出版社 1993 年，第 113～116 页，无讲述、采录、流传地说明）以及下述辽宁满、汉两故事均是类似故事。

[20] 李马氏讲述，见张其卓、董明整理《满族三老人故事集》，春风文艺出版社，1984 年 12 月版，第 307～309 页。辽宁《真真假假》（陈铎玉讲述，胡良木搜集整理，见前引《故事全集·辽宁卷》一，第 328～330 页）、浙江《猫的来历》（潘奶儿讲述，丁远苑采录于缙云县，见《中国民间故事集成·浙江卷》，第 454 页），亦述猫制服鼠精事，但无弃老情节。

[21] 张义秋讲述，徐冰娜搜集整理，见前引《故事全集·辽宁卷》一，第 326～327 页。

[22] 高满盈讲述，高仲选采录于合水县，见《中国民间故事集成·甘肃卷》，第 765～766 页。

[23] 马勇花讲述，郭望岚采录于固原县，见前引《中国民间故事集成·宁夏卷》，第 563 ~ 564 页。

[24] 前者为回族故事，马启凤讲述，张伯利采录于宣武区，见前引《中国民间故事集成·北京卷》，第 665 ~ 666 页；后者马建国讲述，张樟采录于顺义县，第 666 ~ 667 页。

[25] 甘肃汉族有《皇帝和老鼠》（张得祥搜集整理，见前引《故事全集·甘肃卷》，第174 ~ 176 页），述青年农民用狸猫制服皇宫中的"妖精"老鼠，但无弃老情节，当是弃老型故事的发展和变异。

[26] 祁道清讲述，阿强、蓝寿清采录，见前引《民俗源流·丧葬卷》，第 529 ~ 530 页。

[27] 刘发俊搜集整理，见前引《故事全集·新疆卷》之一，第 178 ~ 179 页。

[28] 张青山讲述，尚虹采录于神木县，见前引《中国民间故事集成·陕西卷》，第 427 ~ 428 页。

[29] 维祖讲述，忠录搜集整理，见前引《故事全集·新疆卷》之一，第 445 ~ 449 页；亦见前引《民俗源流·仪礼卷》，第 87 ~ 89 页。

[30] 同振武讲述，李桂林采录于南阳县，见《中国民间故事集成·河南卷》，第 541 页。

[31] 温重登讲述，陈越、钱正杰采录，见前引《民俗源流·仪礼卷》，第 172 页。

[32] 佛经为弟谏兄弃父，原谷、孙元觉事为谏父弃祖。原谷事见《太平御览》卷五一九引《孝子传》，不知作者，有可能是南北朝时期受佛经影响的产物。孙元觉事见句道兴《搜神记》（王重民等编《敦煌变文集》卷八，下集，人民文学出版社，1957 年 8 月版，第 885 ~ 886 页），句书约成于唐代。又，颇疑孙元觉事为原谷事的误传，二人谏父弃祖的方式、言语、程度均似，年皆十五。"元觉"即"原谷"之音误名，"孙"是误会身份所致，缘于原谷之为"孝孙"、"纯孙"。原谷"不知何许人也"，元觉被落实为"陈留人"，后者文本也较具体，自然是后续之作。按，日本《后成恩寺殿赋役令御抄》所引《孝子传》云，"孝孙原谷者，楚人也"；《今昔物语集》卷九又变原谷为厚谷；《沙石集》卷三十乃称"汉朝有元君"（见前引《佛典·志怪·物语》，第 246 页）。知此孝孙之名屡变，"元君"跟"元谷"、"元觉"之间可能形成形、音混淆。"孝孙原谷"之"孙"字确有可能被作为元觉姓氏，谓其为楚人，也较原谷里籍明确。

[33] 孙德生讲述，陈文杰采录于原阳县，见前引《中国民间故事集成·河南卷》，第 534 ~ 536 页。

[34] 王庭槐讲述，杨素英采录于昆山市，见《中国民间故事集成·江苏卷》，第 659 ~ 660 页。

[35] 吉姑打吹讲述，萧崇素搜集整理，见前引《故事全集·四川卷》之二，第 207 页。据李德君、陶学良《彝族民间故事选》，（上海文艺出版社 1981 年，第 346 页）知流传于凉山州。

[36] 鲁绒日丁讲述，边仕周采录于木里县，见《中国民间故事集成·四川卷》，下册，第 1081 ~ 1082 页。

[37] 杨学成讲述，王云森采录，徐华龙、吴菊芬编《中国民间风俗传说》，云南人民出版

社，1985 年，第 794~795 页，亦见前引《民俗源流·丧葬卷》，第 601~602 页。

[38] 王辉玛讲述，杨春茂搜集整理，见前引《故事全集·云南卷》之五，第 221~222 页。

[39] 金德顺讲述，裴永镇搜集整理，见前引《故事全集·吉林卷》之二，第 79~81 页。按，篇题中的"怎"字，据裴永镇整理《朝鲜族民间故事讲述家金德顺故事集》（上海文艺出版社，1983 年 6 月版，第 62~63 页），原作"咋"字。为避免与本文前引蒙古族故事同名，兹据《故事全集》作"怎"。

[40] 马成贵讲述，谢荣搜集整理，见前引《故事全集·宁夏卷》，第 153~154 页。

[41] 詹国铭讲述，詹彦忠采录于建阳县，见《中国民间故事集成·福建卷》，第 718~719 页。

[42] 金钟溶讲述，应梅堂采录于绍兴市，见前引《中国民间故事集成·浙江卷》，第 785~786 页。

[43] 前者戴王氏讲述，戴成冒采录于东海县，见前引《中国民间故事集成·江苏卷》，第 666~667 页；后者管秀芳讲述，倪伯荣采录于启东市。

[44] 高娥娥讲述，桑康云采录于高陵县，见前引《中国民间故事集成·陕西卷》，第 611~612 页。

[45] 胡应芳讲述，孟庆安采录于息县，见前引《中国民间故事集成·河南卷》，第 536~537 页。

[46] 李荣弟讲述，姚二林采录于延庆县，见前引《中国民间故事集成·北京卷》，第 810~813 页。

[47] 参见洪淑苓《台湾民间故事中的"巧女"故事——兼论台湾民间故事中的"媳妇"形象》，纪念娄子匡先生百岁冥诞之民俗学国际学术研讨会论文，第 14~20 页，台南，成功大学中文系、台湾文化研究中心，2005 年 8 月 20 日~21 日。

[48] 有些故事没有提到饭碗，但也是让老人挨饿，不是孙辈谏阻，而是长辈自己以诗教子（《老爹劝儿》及其所附异文，见前引《中国民间故事集成·河南卷》，第 539~541 页）；不说吃饭，而是毒打老人（《屋檐滴水点点照》，同上，第 541~542 页；又《哭棒》，见前引《中国民间故事集成·陕西卷》，第 612 页），似已属丁乃通索引之 1215 *（第 334 页），但都表现的是"一辈传一辈"的主题。

[49] 萧达铎讲述，魏其祥采录整理，见前引《故事全集·云南卷》之一，第 490~497 页；前引《民俗源流》仪礼卷作《敬老宴的由来》，第 97~101 页。两篇个别文字略异。《民俗源流》和《中国民俗传说故事》（吉星编，中国民间文艺出版社，1988 年，第 638~642 页），当均据《山茶》1986 年第 3 期转录。

[50] 俄稿讲述，建军、建华整理，流传于沧源县，见尚仲豪、郭思九、刘允褆《佤族民间故事选》，上海文艺出版社，1989 年，第 174~176 页；亦见前引《故事全集·云南卷》之一，第 503~506 页。

[51] 杨正方讲述，刘德荣整理，见前引《中国民间风俗传说》，第 816~820 页；亦见前引《民俗源流·丧葬卷》，第 568~575 页。据燕宝编《苗族民间故事选》收《子更易俗的

弃老型故事及佤族异文研究

传说》（上海文艺出版社，1981 年 6 月版，第 38～46 页），知故事流传于云南文山麻栗坡、马关。

[52] 此外，《隋书·突厥传》亦云，"其俗畜牧为事，随逐水草，不恒厥处"，"贱老贵壮"。《旧唐书·吐蕃传上》又称吐蕃"重壮贱老，母拜于子，子倨于父，出入皆少者在前，老者居其后"。

[53] 参马昌仪《鼠咬天开》，社会科学文献出版社，1998 年，第 129～141 页。

[54] 王晓平以为，这可能是六朝社会动荡与唐代边关多事的现实反映，参前引《佛典·志怪·物语》，第 250 页。

[55] 孝子得宝最著名者莫如《法苑珠林》卷四九《忠孝篇》引汉刘向《孝子传》之郭巨埋儿得宝事。至于口传不孝子贪宝得石故事，如《两个儿子不如一箱石子》（宋哲搜集整理，见前引《故事全集·山东卷》，第 341～343 页）、《九子不如"石子"》（张福盛搜集整理，见《故事全集·山西卷》，第 342～344 页）、《儿女的心在石头上》（乔兴年讲述，南野采录于酒泉，见前引《中国民间故事集成·甘肃卷》，第 681～682 页）等。又参丁乃通《中国民间故事类型索引》745A "命中注定的财宝"、982 "想要一箱金，子女才孝顺父亲"，分见第 233～234、321～322 页。

[56] 《白帮红后跟鞋的来由》，希稼整理，见前引《中国民间风俗传说》，第 386～387 页，亦见前引《民俗源流·丧葬卷》，第 364～365 页。

[57] 《为啥要给祖先供"木主"》，曹志天搜集整理，见《中国民间风俗传说》，第 735～737 页。

[58] 《木主的来历》，徐志芳讲述，陈丽丽采录，见《民俗源流·丧葬卷》，第 583～584 页。接下一篇《灵牌和羹饭的来历》内容大同，惟说还需在木主前供奉羹饭（李德舜采录，第 585 页）。

[59] 《穿黑服披麻衣的来历》，汤亚平搜集整理，见《中国民间风俗传说》，第 806～807 页；亦见《民俗源流·丧葬卷》，第 362～363 页。

[60] 《供亡人牌的来历》，巫希尧讲述，肖继伟采录，见《民俗源流·丧葬卷》，第 586～587 页；《丁郎刻母》，谭氏讲述，道连聪采录于同心县，见前引《中国民间故事集成·宁夏卷》，第 492～493 页；《丁兰刻母子孝村》，张过、何冰搜集整理，见《故事全集·陕西卷》，第 166～169 页。另一传说《供灵牌的来历》（孟庆华、陈子谦编《古风·异俗·趣事——来历传说三百则》，山东人民出版社，1996 年 7 月版，第 101～103 页，无流传地、采录者情况）亦直指二十四孝中的丁兰。

[61] 邵茗生《汉幽州书佐秦君石阙释文》（载《文物》1964 年第 11 期）所作录文，据刘昭瑞《考古发现与民俗学研究二三事》，载《中山大学学报》2001 年第 2 期，第 122～129 页，引见第 126 页。

[62] 据裘锡圭《〈神乌傅（赋）〉初探》，收入其《中国出土古文献十讲》，复旦大学出版社，2004 年，第 408～423 页。

[63] 布依族《接木供样》，芦大成讲述，芦登洪翻译，兰昭耀整理；纳西族《露鲁供祖的由

265

来》，和崇仁、和士贤讲述，和汉整理，分见《中国民间风俗传说》，第 738～740、741～742 页。此外，壮族、彝族、哈尼族亦有，分见前引《民俗源流·信仰卷》，上册，第 118～120、139～140、192～193 页。

[64] 《乌鸦和白鹇》，达布勒口述，梁红伟搜集整理，流传于沧源县，见前引《佤族民间故事选》，第 346～349 页。

[65] 《贪心的乌鸦》，胡玉堂口述，郭思九搜集整理，流传于沧源县，见《佤族民间故事选》，第 323～324 页。

[66] 《画眉的叫声》，胡玉林口述，郭思九搜集整理，流传于沧源县，见《佤族民间故事选》，第 317～318 页。

[67] 《鹇与画眉》，杨程搜集整理，流传于沧源县，见《佤族民间故事选》，第 366 页。

[68] 按，前引《中国民间故事集成·吉林卷》黄龟渊讲述的文本没有提及"高丽葬"一词，而前引《民俗源流·仪礼卷》之同一文本（此无讲述者、流传地说明，且误翻译者朴赞球为朴赞求，采录者金在权误为舍在权，第 176～180 页）说其时在高丽时代，后人称六十活埋的风俗为"高丽葬"。

[69] 徐同春讲述采集，流传于上海宝山地区，见刘锡诚编《灶王爷的传说》，花山文艺出版社，1995 年，第 117～118 页。此故事开头也是弃老母题，但无法将其归属于某个亚型。

[70] 敬老的另一结果是老人政治或老人主持家国事务，壮族《老人厅的来历》（侬陆氏讲述，刘德荣采录，见前引《民俗源流·仪礼卷》，第 90～96 页）是老人政治的一个例子。

[71] 《司岗里》，隋嘎岩扫、岩瑞讲述，艾获、张开达搜集整理，流传于西盟、沧源县，见前引《佤族民间故事选》，第 9～10 页，15～16 页；《我们是怎样生存到现在的》，潘春辉整理，流传于西盟、沧源县，同上，第 20～22 页；《谷子的来历》，俄不拉口述，颖峰整理，流传于西盟县，同上，第 232～234 页。

[72] 《只留一穗》，饶隆庆搜集整理，流传于沧源县，见《佤族民间故事选》，第 154～156 页。

[73] 参见赵富荣编著《佤族风俗志》，中央民族大学出版社，1994 年，第 115～125 页。

[74] 殿生之说原载 1925 年《东方杂志》第 33 卷第 28 号，此处并见罗之基《佤族社会历史与文化》，中央民族大学出版社，1995 年 3 月版，第 333、337 页。

[75] 参见前引《佤族风俗志》，第 53 页。

[76] 参见《佤族风俗志》，第 87～88 页。

[77] 《还奶汁》，岩松、聂拉、岩垮搜集整理，流传于西盟县，见前引《佤族民间故事选》，第 150～153 页；《兄弟俩的遭遇》，赵娥鸾口述，周天相、尚仲豪记录，尚仲豪整理，流传于沧源县，同上，第 94～98 页。

[78] 《三兄弟打野猪》，申晋云整理，流传于沧源县，见《佤族民间故事选》，第 177～178 页。

[79] 《贪心的哥哥》，尼嘎口述，刘开春整理，流传于沧源县，见《佤族民间故事选》，第

179~180 页。

[80]《求仙的传说》，达万口述，梁红伟整理，流传于沧源县，见《佤族民间故事选》，第217~221 页。

[81]《孝敬父母的传说》，肖老大讲述，彭建新采录，见前引《民俗源流·仪礼卷》，第85~86 页。

[82] 如《拜"活佛"》，李向荣讲述，张玉林采录于四平市，见前引《中国民间故事集成·吉林卷》，第843~844 页；《家有活佛不远行》，李世德讲述，李世锋采录于西吉县，见前引《中国民间故事集成·宁夏卷》，第497 页；《孝子拜老母》，钞显增讲述，钞显俊、魏新来采录于新野县，见前引《中国民间故事集成·河南卷》，第533 页。

（作者单位：云南大学中文系）

论佤族文化与周边各民族文化

赵明生

佤族作为我国西南地区一支古老的民族，在复杂的自然环境中，历经封建主义及地方民族主义的血腥统治，然而，他们之所以绵延至今，依然屹立于世界民族之林，主要原因之一就是佤族依靠他们顽强拼搏、不折不挠、勇于进取、兼容并蓄、团结奋斗的民族精神的支撑。佤族的这一民族精神是佤族文化漫长历史的积淀，是佤族先民们在同自然、社会抗争的过程中产生的，是佤族文化在与其他民族文化相互交往、相互影响的过程中产生的。民族精神是民族文化的本质和灵魂，是一种巨大的精神力量，是一个民族实现共同的理想、目标的精神支柱。所以，考察佤族文化与周边各民族文化之间的关系，有利于全面认识佤族文化，有利于准确把握佤族的民族精神，这是一项不仅具有重要的学术价值，而且也具有重大现实意义的重要课题。

一、佤族文化圈的历史变迁与形成

文化圈又叫文化区或文化地域，"是指具有类似特征的文化和人们占据的地表空间，是人文地理研究的重要内容"。[1]每个民族都有自己民族的文化圈。佤族自然不例外。由于佤族是历史上迁移频繁的民族，所以，随着佤族的迁移，其文化圈也不断发生迁移。明清之际，佤族文化圈最终相对稳定下来，形成跨中缅边境，两侧以临沧、思茅的沧源佤族自治县、西盟佤族自治县和缅北佤联邦为中心的佤族文化圈。"研究人类的文化圈，就可以看出各民族文化在历史上的联系。"[2]研究佤族文化圈的历史变迁和形成，有助于我们认识佤族文化与周边民族文化的相互影响与交融。

要搞清楚佤族文化圈的历史变迁，首先要搞清楚佤族的起源。关于佤族起源，越来越多的学者对长期以来佤族是外来民族的说法提出了质疑，认为佤族应当是我国西南地区最古老的民族，马曜教授指出："古代的濮人即今孟高棉语诸族（佤族、布朗族、德昂族等——引者注）他们是云南最早的土著民族。"[3]

云南是人类起源地之一。秦汉时期，云南文化由新石器文化发展为青铜文化，这种文化，因其创造主体为滇人，一般称之为滇文化。"就目前发掘的考古资料表明，滇文化遗物的分布范围大致为：东至路南、泸西一带；北达会泽、昭通等地；南抵新平、元江及个旧一带；西到安宁及其附近地区。"[4]也就是说，滇中是滇文化的中心，也就是滇文化圈的中心。

但滇文化是由哪些民族创造的呢？目前学术界有三种观点：第一种认为古代滇人系氐羌族系，而以彝、白族说较为普遍；第二种观点认为滇人属于百越族系的一支；第三种观点认为应当属于濮人，即南亚语系孟高棉语族佤德语支各族。所以指出："秦汉时期的滇文化是以孟高棉文化为基础，并吸引了中原文化、百越文化乃至印度文化融合而成为一种新文化。"[5]

笔者认同第三种观点。该观点最早是由宇华和知余（当是笔名）两名学者提出来的，文章发表时间为 1985 年，这是滇文化佤德语支民族创造说的最早提出。继此之后，这种观点或多或少出现在一些学者的论著中。桑耀华先生在《云南社会科学》2006 年第 2 期的《论古代滇文化的民族属性》一文中，就通过对涉及滇文化的诸多记载和历史、考古、民族等学者的研究成果的综合分析研究后，明确提出："古滇文化是以孟人（南亚语系民族）为首创造的，同时包含着较多的氐羌文化和一些百越文化的因子。""……在西汉滇王国之后，直到爨氏称霸南中之前，除公元 14 年僰人若豆为首起兵反抗王莽政权及有些时间为汉族统治者外，滇池区域的权力在多数时间都掌握在孟人手中"。由此看出，佤族熟语中关于"滇池是输给人家的湖，昆明坝是输给人家的坝"，[6]不是凭空捏造的说法。

公元前 8 世纪至西汉末年，在今四川省西南部的西昌、米易、德昌、越西、喜德以及我省西部的姚安、祥云、弥渡、南涧、宾川、巍山、双江等地，分布着一种被称为"大石墓"的古葬墓，考古学家认为："孟高棉民族是滇西地区大石墓的主人。"[7]说明佤族这时已经逐渐由滇中向滇西广大地区迁徙，佤族文化圈发生了西迁。同时，佤族文化圈也部分南迁。据《蛮书》卷 4 记载："（扑子蛮）开南、银生、永昌、导传四处皆有。"《元史·地理志》也载："开南州、昔朴和泥蛮所居"。"开南"、"银生"一般包括今思茅市和西双版纳州，唐朝时这一带有濮人，说明佤族文化圈也部分南迁。近代以来，思茅市景东、墨江等县仍有濮人，也说明佤族在这一带也和哈尼族发生过文化交往与联系。

据彝文《西南彝志》载："造戈甲，备鞍马；杀牛议事，征讨濮人……"《扯勒征芷》："对外记扩地盘，扩张于濮地。"《恒的一家》："恒捕濮的人，取濮九个城。"《德布氏源流》："攻濮地而居，基业大发展。"[8]说明由于彝族不断迁徙到濮人居住的地区，并不断征讨濮人，这就导致了濮人不断迁徙，其居住区域越来越狭窄，人口越来越少。到东汉至两晋时期，佤族已逐步聚集到从大理永平、巍山往西到保山、德宏，往南到临沧及今缅甸北部的地区。当时，佤族先民在汉文献中称"哀牢"[9]、"闽濮"、"苍满"[10]，这时佤族先民先后建立了古哀牢国、永寿国[11]等。这里已经接近现代阿佤山的区域了。

唐宋时期，南诏和大理国先后崛起。据樊绰《蛮书》（《云南志》）卷4、6记载："望苴子蛮在澜沧江以西，是盛逻皮所讨定地。……南诏及诸城镇大将出兵，则望苴子为前驱。""（望苴子蛮）开元以前，闭绝与六诏不通。……阁逻凤以后，渐就柔服。"显然，南诏不仅征讨孟高棉民族，而且还进行奴役，这就必然引起佤族等民族的继续迁移。

元朝时，今德宏州内的傣族地方政权麓川兴起，它的对外扩张，也再次引起孟高棉民族的继续迁徙。

然而，明朝前期，孟高棉民族的先民"蒲人"应当还大量分布在今临沧市凤庆、云县及保山市昌宁、施甸等县内，正如康熙、雍正、乾隆《顺宁府志》等载，"顺宁古濮蛮地"。明朝万历二十六年（1598年），顺宁改土归流，蒲人在顺宁（今临沧全市及保山、昌宁等地）二百七十多年的统治结束。之后孟高棉各民族被迫迁移，到了清朝时期，他们在今凤庆、云县、昌宁等地已经寥寥无几了，有的被当地彝、汉等民族融合和同化了。

由此可以看出，佤族历史上经历过多次大规模的民族迁移。清朝乾隆年间成书的《文献通考·四裔考》载："胡卢国，一名卡瓦，在永昌府东南徼外，地方二千里，北接耿马宣抚司，西木邦，南生卡瓦，东孟定府。"根据《云南各族古代史略》"本书参考资料"按语，这里所指的范围即为今"孟连、澜沧、西盟、沧源、双江、耿马、镇康等佤族聚居区"。[12]这里与近代以来所称的阿佤山的范围基本上一致，即"佤族分布地区，约为东经99°～100°，北纬22°～24°，在澜沧江和萨尔温江之间，怒山山脉南段展布的地带。在这一带里，山岭重叠，平坝极少，故又称阿佤山区"。[13]

总之，历史上佤族先民经历过多次大规模的迁徙，到明末清初，他们的分布地区才基本相对稳定下来。1949年，中华人民共和国的成立彻底消灭了民族压迫、民族剥削和民族战争，佤族人民从此过上了稳定、发展的新生活。

从佤族迁徙原因来看，"政治因素是引起移民的重要原因"。[14]民族迁徙事实上就是民族文化的迁徙。对佤族文化圈迁徙的历史过程可做如下勾勒：先秦时期，以滇中为中心，包括云南省全部及四川、贵州两省部分地区；秦汉时期，包括昆明以西至保山，涵盖楚雄、大理、临沧、思茅、版纳等州市的广大地区；魏晋南北朝至唐宋时期，包括澜沧江上游以西、中游东西两岸的保山、临沧、德宏、思茅、西双版纳等州市的范围；元明时期，包括今临沧市全部、思茅市等地区；清朝至近代时期，包括今临沧和思茅两市交界的几个县份乃至缅北佤族聚居区。可以看出，佤族文化圈是经历了越来越缩小，逐渐向西、向南迁移的历史过程，这是因为"封建主义的民族政策是要削弱别的民族的"。

二、佤族文化与周边各民族文化相互交往和联系的历史过程

佤族作为我国西南地区，乃至东南亚一带历史悠久的民族，佤族文化与周边各民族文化同样有着悠久的相互交往和联系的历史过程。可以说，早在商周两朝时期，佤族先民就已经与中原王朝有了文化上的交往。关于这种文化交往，可以见于以下古籍：

《逸周书·商书·伊尹朝献》记载："伊尹受（汤）命，于是为四方令曰：臣请⋯⋯正南：瓯、邓、桂国、损子、产里、百濮、九菌，请令以珠玑、瑇瑁、象牙、文犀、翠羽、菌、鹤、短狗为献。"

《尚书·周书·牧誓》："（武王）曰：'逖矣西土之人'。王曰：'嗟，我友邦冢君⋯⋯及庸、蜀、羌、髳、微、卢、彭、濮人，称尔戈，比尔干，立尔矛，予其誓'。"

《逸周书·王会解》："成周之令⋯⋯氐羌以鸾鸟⋯⋯蜀人以文翰⋯⋯方人以孔鸟，卜人以丹砂。"（孔鼎《注》说："卜人，西南之蛮。"卢文弨说："卜，即濮也。"）[15]

史家认为，"百濮或卜（濮）人则是江汉平原到云贵高原都有分布的一个古老族群，其中包括云南孟高棉各族的先民在内"。[16]到清代，今临沧市凤庆县内的佤族、布朗族等族先民仍向中央王朝进献"短狗"这种传统贡品。这些零星记载说明，早在商周时期，佤族先民就已经与中央王朝发生了文化的交往与联系。

春秋战国时期，楚国崛起于江汉流域。据《国语·郑语》载："叔熊逃难于濮而蛮。"（按：濮在楚之西南）"楚蚡冒于是乎始启濮"。《史记·楚世家》载："（楚威王）于是始开濮地而有之。"[17]这些记载说明，楚濮之间早在春秋战国时期就已经有了密切的关系，甚至出现了相互融合的现象（濮而蛮，即相互融合），也就是说作为濮人的佤族、布朗族、德昂族的先民与地处江汉流域的汉族先民楚人已经发生了文化上的相互交往与联系。楚顷襄王在位时，历史上发生了楚国人庄蹻率领的农民起义军入滇这一重大事件。《史记·西南夷列传》载："蹻至滇池，地方三百里。⋯⋯以兵威定属楚。⋯⋯其众王滇，变服，从其俗，以长之。"当时的滇池地区分布的是"靡莫之属"，他们"以什数"，也就是说滇是由许多大小部落联盟组成的。至于"靡、莫之属"，桑耀华先生通过对文献资

料和考古学的最新成果的综合分析，认为"靡、莫之属""不只是一个族群，而是两个族群"。"靡"是彝、白民族先民，而"莫"即为孟人、莽人、茫人、蒲人，就是佤族等南亚语系民族。[18]这一资料分析为我们进一步搞清佤族文化与周边各民族文化的交往与联系提供了佐证。庄蹻进入滇池地区之前，当地人的经济生活是："随畜迁徙，毋常处，毋君长。"说明当时的滇池仍然处在比较落后的游牧经济阶段。庄蹻率领的农民起义军必然把楚国先进的文化和生产技术带到了滇池地区，为此"滇人是汉代'西南夷'中发展水平最高的民族，滇文化是当时西南各族文化中最高的文化"。[19]即到秦汉时期，佤族等南亚语系族群的文化是我国西南地区各民族文化当中最灿烂辉煌的地方文化。

根据张增祺先生研究，当时滇国的民族除了南亚语系民族濮人以外，还包括汉藏语系壮侗语族傣语支民族的越人族群及藏缅语族的昆明人、羌人、叟人及汉人、僚人。[20]这就说明，当时佤族文化已经和今天的汉族、彝族、白族、傣族、仡佬族等族的先民发生了经济文化交流。

然而，"在某一阶段曾经是先进的地区到了新的历史时期，就可以因为种种人为的或自然的原因而变得落后，与此相反，被人认为是一贯落后的地区，又有可能在遥远的过去焕发过异彩"。[21]佤族文化正是这样一种"在遥远的过去焕发过异彩"的民族文化。但是"当一种外来文化传入时，区域文化的封闭体系就会产生文化冲突。"[22]也就是说文化冲突是难免的，尤其在远古时期，文化交流、融合往往是以血淋淋的代价为前提的。在这种情况下，导致了佤族文化圈的迁徙、移动。前苏联学者布鲁克指出："在公元前2000年末期，印度支那的大部分地区都住着来自北方、来自中国西南地区的各个孟高棉部落。"[23]描述的应当是佤族文化在外来民族文化的冲击下所发生的变迁和转移。

古代各民族之间的战争也在一定程度上促进了文化交流与沟通。据《后汉书·西南夷传》记载，公元76年，彝族首领卤承率领其部众参与永昌郡太守王寻镇压佤族反抗有功，而被东汉王朝封为"破虏傍（濮）邑侯"。这一仗"是……作为南亚语系孟高棉语族佤德语支各族的先民与作为汉藏语系藏缅语族彝语支彝族的先民的一次战斗，意味着当时南下的氐羌族和北上的佤德族系在洱海以南澜沧江流域的一次战斗，战斗的结果使东汉王朝对永昌郡地区的统治进一步巩固了，永昌郡里的各族人民共同成为东汉王朝的编民"。[24]在这种情况下，大量的濮人即佤德语支各族被彝族同化了，以至于彝族文化研究专家张福先生指出："西南地区的彝族古代先民是由南徙'羌人'与土著'濮人'相融合而成的部落群体。"[25]民族融合是文化交流的最高境界，没有文化交融，那民族融合也只能停留在"融"而不"合"的不稳定状态上。

唐朝时期，今大理州巍山一带崛起了彝族地方政权——南诏国。据《蛮书》卷3记载，公元762年，南诏王阁逻凤"西开寻传，南通骠国"。而"寻传""指的是澜沧江以西、伊洛瓦底江以东的一片地方"。[26]这里正是佤族聚居区。同时，据南诏《德化碑》言："建都镇塞，银生于墨觜之乡。"即在"墨觜"人居住的地方建城镇设银生节度。这里的"墨觜主要是佤族先民"。[27]

从以上叙述可以看出，彝、佤民族文化交流历史悠久，到清朝至近代时期，这一文化交流仍然不曾间断，据康熙《蒙化府志》载，康熙年间，今巍山自治县内，除了有倮倮、回回、汉人以外，还有濮人，但到近代时期，濮人消失了，主要原因是"濮变彝"。[28]

唐朝时期，据《新唐书·南蛮传下》载"（六诏）南离东蛮，锅锉蛮"。锅锉蛮是拉祜族的先民。所谓六诏南包括的是临沧市全部等地，说明唐朝时，氐羌系的又一族群拉祜族已开始与佤族发生文化上的交往。

宋朝时期，白族段氏崛起，建立了封建制地方政权——大理国，代替了南诏在云南境内的统治地位。"大理国时期，作为云南统治者的白族，在云南设置八府四郡四镇，每一个府、郡、镇都派白族的首领统辖。在大理全境推行白族化，致使云南出现了'白族化'的趋向。"[29]在这种情况下，佤族显然也受到了白族文化的影响。

元朝是云南历史的又一个转折点。这时，中央政府已经在佤族分布中心地区设立了部分机构，如孟定路、镇康路、谋粘路及顺宁土知府等，它们都位于今临沧市内，并且元朝政府还大量任用佤德语支民族的首领为土官，如镇康路（包括今临沧市永德县、镇康县等地）土官尼囊，谋粘路（今耿马自治县等地）土官赛丘罗，而顺宁土知府的土官，也是"蒲人"孟氏，这就说明当时临沧全境是以佤族语支各族为主体民族的边疆地区。这些机构的建置为明清时期佤族与其他各民族更广泛的文化交流奠定了基础。

元朝统一云南确实扩大了佤族与其他民族的文化交流。据史学家研究，追随元朝大军征讨云南的契丹士兵，流寓到滇西保山、施甸、昌宁等县内的部分，大部分人融合到了佤族、布朗族当中。[30]这说明北方游牧民族文化也充实到了佤族文化当中。

佤族与傣族的文化交流历史悠久。元明之际，今德宏州境内傣族地方政权——麓川崛起。思任发在位时，麓川"侵占孟定府及湾甸等州，杀掠人民，焚毁甸寨"（《英宗实录》卷24）。"犯景东，剽孟定，杀大侯州刀奉汉等千余人，破孟赖诸寨，孟连长官司诸处皆降之"（《明史·云南土司传》）。麓川所侵犯的显然是"蒲人"地区。今临沧市内有90%以上的傣族用的是"傣哪"语，即德宏傣语。这就说明，傣族大量进入临沧，与佤族广泛接触，应当是在麓川地方政权的统治时期。临沧市傣族民谚："尚过法，腊过勐"，意为天是神创造的，而地则是"腊人"（佤德语支民族）开辟的，他们认为，在他们到达临沧之前，当地许多地方已居住着佤族。[31]

佤族与汉族的文化交流也源远流长。继庄蹻人滇之后，西汉武帝时期，有民谣："汉德广，开不宾。渡博南，越兰津。渡兰沧，为他人。"（《华阳国志》卷4"南中志"）说明中原汉人渡过澜沧江进入了佤族聚居区。东汉时期，中央王朝在"哀牢"聚居的地区保山设置永昌郡，汉族与佤族就有了更加频繁和广泛的接触。三国时，诸葛亮征南中，其劲敌之一孟获，据杨慎之说法："蒲蛮，实孟获之遗种也（《滇程记》"蒲蛮哨"条）。"地理学家徐霞客在其游记中也说："顺宁……本蒲蛮之地……土官猛姓，即孟获之后。"进而史学家桑耀华先生认为："孟获是接受了汉文化的'孟人'。"[32]这个观点是正确的，至今永德县内的佤族还保留着大量的"孟"氏。这就说明，到三国时期，佤族部分先民汉化程度已经比较深了。两晋时期，永昌郡内发生内乱，郡守逃到永寿避难，同时郡所随着南移永寿。据笔者考证，"永寿"是佤族建立的一个地方政权。[33]永昌郡郡守在危难之时选择投靠佤族地方政权，这充分说明佤族与中央王朝所设的地方政府友好交往，佤族是以开放的姿态积极吸纳中原汉族文化的。

明朝于万历年间在顺宁改土归流之后，汉、彝、白、傣等民族更加源源不断迁徙到蒲人分布的广大地区，正如旧《云县志》所言："云邑自明末改土设官，汉人攘攘迁入，蛮风渐革，文化渐兴。"从此，佤族与周边各民族的文化交流规模更大，范围更广，这就奠定了顺宁地区明清之际由原来的"夷多汉少"、变为"汉多夷少"的民族分布格局的形成。

明末清初，李定国率领大西军进入孟定、耿马、临沧城、沧源等地活动，并与班洪佤族、孟定傣族歃血盟誓，共同开发沧源茂隆银矿。这对佤族与周边各民族的文化交流发挥了积极的作用。[34]从此之后，"穷走夷方，急走厂"的各个民族络绎不绝地进入阿佤山区开矿，其中较为著名的首推石屏人吴尚贤。他继续经营了茂隆银矿，"打槽开矿走厂贸易者，不下二三万"。[（清）王先谦撰：《东华录》，乾隆十一年六月甲午，云贵总督张允随奏折]为此，"厂大赢，远过乐马（昭通境内又一银矿——引者注）"。（《永昌府文征·列传》卷3）而茂隆银矿被封之后，许多汉族矿工流落在了佤族地区，有的被佤族同化，他们的后代被称"过火"，即"汉人之子"或"汉人后代"。这样，到清朝中期汉文墓碑已开始零星分布在佤族聚居的中心区一带，比如耿马自治县东部山区的科目墓群[35]，沧源自治县勐省镇芒阳古墓[36]，年代有乾隆、嘉庆年间的，说明佤族文化与汉族文化出现了一定程度的认同、交融现象了。

明清是我国多民族国家最终形成的重要历史时期，也是我国民族文化实现大交流、大融合的重要历史时期。这时，继以上各民族与佤族进一步发生文化整合、调适以外，回族、景颇族、拉祜族等民族也都发生了或广或窄，或深或浅的文化交流。尤其值得一提的是，近代时期，佤族、拉祜族的抗清斗争，各族反抗帝国主义入侵阿佤山的反洋教斗争、"班洪抗英事件"、阿佤山抗日等，在斗争中，佤族与各民族建立了深厚的友谊，佤族与各民族进一步发生了深层次的文化交流，民族文化交流铸就了坚不可摧的边防长城。

总之，佤族作为我国西南地区古老的民族，它与周边各族的文化交流历史悠久，源远流长。还需指出，佤族文化同样也与东南亚一些国家的民族如缅族、泰族等发生联系与交流。正因为佤族文化有这样形成、产生的历史背景，所以它是以开放性为其显著特征，以强烈的爱国主义为核心内容的一种民族文化。当然，佤族特殊的自然生活环境和社会背景，也决定了佤族文化的多样性，但从一般意义上的佤族文化而言，它又是以司岗里和木鼓为主要象征的一种民族文化。

注释：

[1] 范淑梅. 浅析文化区的经济意义［J］. 锦州师院学报（哲社版），2000，第2期.

[2]［22］司马云杰著. 文化社会学［M］. 北京：中国社会科学出版社，2001. 194，295.

[3] 马曜著. 马曜学术著作自选集［M］. 昆明：云南人民出版社，1998. 280.

[4]［20］张增祺著. 滇国与滇文化［M］. 昆明：云南美术出版社，1997. 11，32～52.

[5] 宇华，知余. 滇人与佤崩民族关系试探［J］. 云南社会科学院民族学所：民族学与现代化（后更名民族学），1985，创刊号.

[6] 王敬骝主编. 佤语熟语汇释［M］. 昆明：云南民族出版社，1992. 100.

[7] 张增祺著，中国西南民族考古［M］. 昆明：云南人民出版社，1990. 74.

[8]［25］［28］张福. 彝族古代文化史［M］. 昆明：云南教育出版社，1999. 72、72、72.

[9] 方国瑜. 中国西南历史地理考释（上）［M］. 北京：中华出局，1987. 22.

[10] 尤中. 中国西南民族史［M］. 昆明：云南人民出版社，1985. 63.

[11]［33］赵明生. 永寿考［J］. 云南文史，2002，第1期.

[12]［15］［17］［19］马曜主编. 云南各族古代史略［M］. 昆明：云南人民出版社，1997. 319、267～268、272、24～25.

[13]［24］《佤族简史》编写组. 佤族简史［M］. 昆明：云南教育出版社，1986. 1、19.

[14]［16］李志华主编. 中国民族地理［M］，上海教育出版社，1997. 63、27.

[18]［32］［42］桑耀华. 论古代滇文化的民族属性［J］. 云南社会科学，2006，第2期.

[21] 童恩正. 略论我国西南地区的史前考古［J］. 四川文物，1985，第2期.

[23]［苏］布鲁克. 印度支那半岛各国的民族成分和人口分布［J］. 民族问题译丛，1956，

第4期.

［26］尤中著．中国西南边疆变迁史［M］．昆明：云南教育出版社，1987. 47～48.

［27］桑耀华．略论宋元时期傣族之北迁［J］．云南省历史研究所研究集刊，1982，第2期.

［29］林超民．汉族移民与云南统一［J］．云南民族大学学报（哲社科版），2005，第2期.

［30］杨毓骧．云南契丹后裔考［J］．思想战线，云南大学主办，1994，第2期.

［31］赵明生．临沧地区傣族与佤族关系研究［J］．傣族文化研究论文集（第一集，云南省傣学研究会编）．昆明：云南民族出版社，2004.

［34］赵明生．论李定国对阿佤山的开发与影响［J］．临沧教育学院学报，2002（秋刊）.

［35］杨铸主编．耿马傣族佤族自治县志［M］．昆明：云南民族出版，1995.

［36］李明富主编．沧源佤族自治县志［M］．昆明：云南民族出版，1998.

（作者单位：临沧市民宗局民族研究所）

取材于山 祈福于山

——从民俗生活看佤族的自然观

杨　洪

佤族是一个热爱自然的民族，其生产生活与自然息息相关，因此，他们珍爱自然，善待自然，并在实践过程中形成了一系列的自然意识。从表面上看，这些自然意识没有形成文字理论，没有形成系统体系，但是，经过不断完善、修正和发展，它们已经成为指导佤族生活行为的准则，成为佤族物质生活和精神生活的指导思想。

一、人类来源于自然

恩格斯指出："人类社会的再生产包括物质资料的再生产和人口的再生产两种形式。"[1]因此，佤族社会形成以后，就必须考虑并回答这样一个问题，即人类是怎样产生的？这是关系到种族延续的问题，也是一个哲学问题。当然，佤族不可能从现代医学角度来作出解释，他们只能根据自己的认知水平来对这一问题作出诠释。在佤族看来，人是自然的产物，是自然界长期发展的结果。这一点，可以清楚地从反映佤族对世界认识的神话和传说中得到验证。流传在西盟的佤族史诗《司岗里的传说》说道："人类是从司岗里出来的"；流传在沧源的《青蛙大王与母牛》也说道："人类诞生于葫芦。"这些神话和传说都认为自然为人类的诞生提供了物质基础，司岗里、葫芦孕育了人类的胚胎，早期人类就是在这些自然物体中发育生长的，他们从自然物体中吸取营养，满足成长的物质需要，因此，司岗里、葫芦成了人类的母体。至于葫芦，学术界普遍认为是人类生殖崇拜的象征，"司岗"是地名，形如葫芦，"里"是佤语，有"出来"之意，这则是佤族通过类比思维而得到的对人类来源的一种认识。在人类诞生的过程中，不同民族都认为是得到外力相助的结果，佤族也不例外。《司岗里的传说》是这样说的："小米雀啄一口岩石，苍蝇沾一口唾沫，打开了山门；孕育在山肚子中的人也才按一定的顺序依次从山洞中走出。"《青蛙大王与母牛》也说道："是达惹嘎木用刀劈开了葫芦，不同民族的人类祖先才依次诞生的。"[2]这样一来，不同的动植物在人类诞生时，就发挥了不同的作用，不同力量组合起来，形成合力，就促成了人类的形成。这些动植物是自然的组成部分，早于人类而出现，是不同神灵的外化形式，当佤族对自身生产问题感到困惑的时候，就"把神的一切作用，建立在具体物质形态的基础上"[3]，自然也就赋予了神性，能够用来解释人类的来源问题，并为自身的生产提供合乎逻辑的推理。

人是一个综合性的概念，是具体的、不同概念的集合体。既然综合性的人来源于自然，那么，人类具体的生理特征也来自于自然，这一点，在佤族的神话传说中表现得较为突出。沧源一带的佤族就认为："妇女的乳房是由于始祖偷吃了两个果子，咽到胸口时卡住而形成的；男人的喉结是妇女的始祖把一个果子塞到男人始祖的嘴里，因无法吞咽而在脖子上形成的。"《司岗里的传说》也说道："人类诞生的时候，身上灰扑扑的，面貌不清，老大抱住了一棵大椿树，老二抱住了一棵竹子，老三抱住了一棵芭蕉树，老四则抱住了一棵大车树。洗澡过后，佤族的皮肤就像大椿树一样黑红黑红的，拉祜族的皮肤就像竹子一样青黄青黄的，傣族的皮肤就像芭蕉一样白嫩白嫩的，汉族则像大车树一样又白又高大。"[4]在众多类似的传说里，佤族从形象思维的角度出发，认为自然界的某些物种和人体的某些生理特征存在着相似性，于是，竭力想证明二者之间存在着直接或者间接的联系，在人类来源于自然的这一前提下，也就得出了这样一个观点，即人体的生理特征是根据自然物的特点形成的，甚至是自然物直接演变的，至少是受到了自然物的影响而产生的。

语言是人类社会所具有的特征之一，是自然界在人脑中的折射反映。在佤族看来，不同的动物都具有各自的语言系统，只是因为动物物种出现的时间先后顺序不同，因此，语言也就有了不同的表达方式。人类出现晚于各种动物，所以，只能借助各种动物来掌握语言，反映客观世界。《司岗里的传说》中就提到："人类刚诞生的时候，没有语言，不会说话。于是，人类向木依吉要语言。木依吉叫汉族向鹦鹉学说话，叫傣族向画眉学说话，叫拉祜族向斑鸠学说话，叫佤族向老水牛学说话，所以，汉族、傣族、拉祜族的语言都很好听，而佤族则笨嘴笨舌，不善言谈。"从这里就可以清楚地看出，语言是自然界长期发展的产物，是人类向自然物种学习的结果，正是由于自然物种对人类施加刺激程度的不同，人类的语言才具有了悦耳动听之分，流畅笨拙之别。

二、人类依赖于自然

人类首先是自然的存在物，他必须具备一定的生存条件，土地、森林、气候、河流等自然资源以及在此基础上产生的各种生活资料就是为人类的生存提供物质保障的基础。这些前提条件先于人类而出现，只有这样，人类才能生活，也才能延续和发展，这正如马克思所说："人和动植物一样，是受动的、受制约的和受限制的存在物，也就是说，他的欲望对象是作为不依赖于他的对象而存在于他之外的；但这些对象是他需要的对象，是表现和确认他的本质力量所不可缺少的、重要的对象。"[5] 因此，人类主动地适应自然，尊重自然的演变，向自然界祈求生活资料，这已经成为佤族日常生活中的一个重要意识。

在佤族的民俗生活中，对自然的依赖首先表现出明显的功利性，这是世界不同民族所具有的共同特点。为了求得种族的繁衍，人类必须保证自己的生存，并不断提高生存的质量，所以，解决取暖问题、饥饿问题、居住问题是摆在佤族面前的现实问题，所有的物质生产和社会活动，都是以此为中心展开的。佤族从自然界获得的各种动物性产品和植物性产品，都是为了满足最基本的生存需要，解决衣、食、住等实际问题。因此，在实践过程中，佤族从"自我"角度出发，以"我"为中心，通过采取不同的生产方式和生活方式，保证并提高种族的质量。具有悠久历史的水酒和茶就是佤族在长期发展过程中形成的饮料，它们具有一个共同点，即散热清凉，解渴驱乏，健康人体，如佤族酿制的水酒系低度酒，"含有丰富的氨基酸、多种维生素和多种糖类，饮后，有解渴助消化、爽身除疲劳的效果；常饮水酒，则有减少疾病和增强抵抗力的功能"[6]。这些饮品原料取自于自然，成品通过作用于人体，使人类能够更好地适应自然，获得更多、更好的物质生活资料。这样，人类就成为连接自然链条的中介，成为自然界的主要成员之一，其活动的直接目的就是一句话——为了生存。

其次表现为物种的地域性，这是佤族所处的地理环境所决定的。佤族的起源中心是阿佤山区，活动范围包括西双版纳、思茅、临沧、德宏等区域。这里属典型的亚热带季风气候，温暖而潮湿，年降雨量为 2 700 毫米，适合各种动植物的生长，而且生长速度快，周期短，这就为佤族提供了有利的生活条件。但是，佤族所依赖的生活物种和其他民族有明显的不同。就动物性产品而言，仅在《司岗里的传说》中就有三十三种，包括豹子、蜘蛛、大象、犀牛、野猪、麂子、老熊、鹦鹉、啄木鸟、猫头鹰、鹞鹰、臭雕、小米雀、苍蝇、老鼠、蚱蜢、水牛、青蛙、格郎晚、马鬃蛇、乌龟、马鹿、木丙领木、团、黄牛、蜜蜂、猪、鸡、着等，其中大象、犀牛、马鬃蛇等物种在南迁民族的神话传说里是看不到的。如果和周边民族相比较，植物性产品如旱谷、小红米等也就变成了佤族的特产。至于蔬菜、瓜果类产品，传统佤族是不栽种的，所需皆取自于野生环境，这也是传统佤族物质生活的一大特色。

再次表现为发展的阶段性。随着认识水平的逐步提高，佤族适应自然的能力也越来越强，出现了不同的历史阶段。早期的佤族先民居住在洞穴，司岗里地区的南锡河畔就存在大量石洞，这是佤族最早的天然居住地。它证明了佤族在历史上曾经出现的第一个社会发展阶段，即穴居时代。伴随着游牧迁移式的生活方式的出现，早期的佤族居民也离开了洞穴，来到了河谷平坝。在这里，佤族依靠自然提供的资源，解决了居住问题。至今，西盟县还存在着这样的传说：佤族迁移到养不累的时候，累困交加，倒在草上睡着了。但是，一会儿就感到草像针一样刺人。所以，人们就决定把草拿来盖房子。从此，草既不刺人，又能遮风挡雨，人就这样解决了住房问题。这是佤族在历史上曾经出现的第二个社会发展阶段，即巢居时代。进入游耕生活以后，佤族发展到社会生活的第三个阶段，即竹木结构时代。无论是哪一个时代，佤族房屋建筑所依赖的原料都取材于自然界的木材、茅草和竹类等，尤其以茅草顶"干栏"式竹楼最为典型，这种两层的干栏式设计，使居住在二层的人可以避免大山里夜间的潮湿和低温，第一层又可以用来饲养牲畜，尖尖的屋顶还使得虽然经常遭受云南最大的降雨量，但茅草屋仍然滴水不漏。因此，这类房屋在设计上非常具有科学性。整个佤族房屋建筑工艺简单，原始粗犷，注重与自然界的色彩搭配，力图和自然环境保持一致的风格，风、云、雾时常透入住室，萦绕其间，让人感到直接生活在自然环境中。人是自然的重要组成部分，只有依赖自然，人类才能获得生存的空间。这样的建筑方式，正体现了原始居住文化的精神，即强调"人与生存环境的有机联系，相互感应；重视有机联系的空间环境，而不重建筑实体本身"。[7]

在这里，佤族的民俗生活已经涉及了美的观念。当最基本的物质生活得到保障以后，对美的渴望是所有民族都能产生的意识。佤族不仅对人体裸露的部分小心地加以爱护，[8]而且在此基础上，结合佤族对自然的神秘理解，赋予了自己对美的解释，对人体进行装饰，使男性带上佩刀以后更加孔武剽悍，女性戴上饰箍以后更加美丽迷人。各种饰品原料无论是在佤族的实际生活中，还是在神话传说中皆取材于自然。女性的饰箍就有如此传说："一名妇女在抬水的时候遇到了熊，为求自保，该妇女就把抬水的竹筒递给了熊，熊抓到了竹筒之后，高兴而去。这样，自然界中的竹子经过人类的粗加工，就从竹筒演变为竹箍，成为佤族妇女的常见饰物。"这样的传说和常见的饰品原料相结合，就使其本身带上了神秘而充满智慧的因素，使之有了不一般的含义，这正是类似的饰物能够在佤族地区广为传播，成为佤族地区传统时尚的重要原因。

需要强调一点，佤族对自然资源的需求不是无休止的索取，而是有原则的、可持续性的利用。《锄棉田》中的尼亚就是一个种棉能手，同时也是一个毁林种棉能手，最终导致"山顶和山腰变得光秃秃的，水源变得越来越少，气候变得越来越坏".[9]这就表明佤族已经意识到毁林与生态环境的变化存在着直接联系，前者是因，后者是果。为改变这一现象，达太借山神名义对尼亚进行惩罚，铲断了尼亚种植的棉花根，又借山神名义要求尼亚在秃山上栽种芭蕉树和竹种树，当尼亚一一落实了责任之后，达太就将自己的棉株移栽到了尼亚的田里，使其棉田获得了大丰收。类似的传说成为佤族传统文化的组成部分，通过口耳相授的传播方式流传下来，最终落实到佤山民众对自然环境的保护上。

在佤族看来，自然界为人类提供着无限的生存资源，但是在一定时期内自然界提供的生存资源是有限的，而且人类所需的生存资源还受到自然环境的制约，自然条件的变化决定着佤族的生产方式和生活方式。基于这一原因，佤族非常注重自然环境的变化，在现实的生产生活过程中，自觉不自觉地保护着自然，祈望自然"以土地的植物性产品和动物性产品的形式或以渔业等产品的形式"，向人类"提供必要的生活资料"。[10]为此，佤族选择了顺应自然、尊重自然的生产生活方式，即尹绍亭先生指出的那样，刀耕火种民族的资源观"会形成与之相适应的独特的农业技术体系"。为了避免水土流失和伤害树木根系，尽量采用粗放的刀耕技术；为了保证具有不间断的资源可以利用，采用了土地轮歇制度；为了顺应植被的生长状况，对土地进行分类耕作。[11]与这一套生产方式相应的，佤族就形成了不断迁移的、逐林地而居的生活模式。

迁移、游耕、抛荒、轮歇等生产生活方式之所以成为保护自然的重要原因，就在于这样的方式能够维持整个自然界的生态平衡。定居农耕的一个重要前提是人均占有可耕土地面积较少，而佤族在退居森林地带以后，人均占有可耕土地面积超过了30亩，物产能够基本满足人类的最低生活需要。同时，定居农耕需要在固定区域内消耗大量的自然资源，造成对自然环境的破坏，而佤族由于所处的地理环境不同，可以根据所处的区域来决定自己的生产生活方式。从生老病死和寒来暑往等有周期性的自然现象里，佤族发现了事物始终处于联系和运动当中，因此，当区域内的土地资源、水资源、动植物资源等消耗到无法满足人类需求的程度时，就拖家带口，举寨搬迁。这种生产生活方式带来的一个客观效果就是：土地肥力得到了恢复，生物物种得到了保存，水土得到了保持，整个自然环境又逐渐趋于平衡。长时间周而复始的同一现象，在佤族的意识里留下了深刻的印象，并逐渐融入佤族的传统文化得以流传。所以，保护自然环境，就是保护生物物种，保护佤族的生存之源，这一观念已经成为佤族民众生产生活的习惯，成为佤族社会评价个人、衡量集体的一条标准。

三、人类回归于自然

从社会的发展角度来说，人类的发展是无穷尽的，但是，从个体的角度来

281

说，生命是有限度的。因此，当佤族生活中出现了失去个体生命时，整个社会倾巢而出，集全体之力，根据死亡的原因，选择土葬或者风葬。如果属于正常死亡者就采取土葬。土葬时一般使用棺材，棺材用整木挖凿出槽加盖子，下葬时用竹席包棺材；墓地一般选在房前菜园子或房屋的晒台下，目的是防止被盗。若属于非正常死亡者，如被猎头或其他意外暴死者就采取风葬，一般非正常死亡者尸体不抬回家，而是用白布裹尸，搭建一座竹台，把死者置于竹台上，这就是风葬。无论采取何种方式，在佤族的观念里，都是把人体交回自然。因为人来源于自然，死后也肯定回归自然，这是因果关系中的必然联系。

在佤族的观念里面，人是有灵魂的，人的死亡是因为灵魂离开了肉体，从而导致生命的终结。所以，如何处置灵魂，是佤族必须解决的问题。不同地区的佤族在对待灵魂的态度上有不同的做法。居住在西盟大马散的佤族对死者进行土葬，但在垒起的坟墓上留一小洞，如果三天内有小虫从洞中爬出，亲属就认为这是死者灵魂转化的结果，因此，把虫子装进口袋里带回家进行供奉。这是典型的灵魂化为自然物现象。此外，更多的佤族则认为：灵魂活动在自然界里，依附在每一个自然物中；生命是灵魂依附于肉体进行活动的结果，生命的终结是灵魂离开肉体的结果。因此，当生命终结的时候，佤族一般都举行隆重的仪式，为灵魂送行。死了小孩，停尸二日；死了成人，停尸三日；死了德高望重的老人，停尸三日以上。死尸入棺之前跳棺材舞，夜以继日地敲打棺材，直至死尸入棺下葬。下葬时，由魔巴做鬼，剽牛、杀鸡、杀猪、看卦，选择适当的送行方向，这样才能把亡魂有效地集中安置在神树林里。这是典型的灵魂回归自然现象。无论是何种情况，在佤族眼中，只有这样一个道理：生命的存在是以灵魂为基础的，而灵魂是自古就存在的，并依附在一定的自然物体之上；当生命消失的时候，也就是灵魂回归自然物体的时候；自然—肉体—自然—肉体，这就是灵魂活动的周期，灵魂就是在这样的周期内循环运动而保存下来，而自然也就成为灵魂转化的中介和桥梁。

总之，在佤族的神话传说和生产生活实践中，大量内容都反映了人与自然的关系，揭示了人与自然的和谐内涵，这种深厚的文化积淀，使得佤族民众千百年来在生产实践和生活方式中，一直和自然保持着友好、和睦、协调的发展关系，并在客观上也使佤族文化得到了延续。

注释：

[1] 马克思恩格斯选集第 4 卷．北京：人民出版社，1970.2.
[2] [4] [9] 佤族民间故事集成．昆明：云南民族出版社，1990.38、8、228.

[3] 晓根．拉祜文化论．昆明：云南大学出版社，1997. 178.

[5] 马克思恩格斯全集第42卷．北京：人民出版社，1970. 167.

[6] 段世琳等．佤族酒文化的价值与开发的思考．云南师范大学学报，2003（6）.

[7] 张铭远．黄色文明．上海：上海文艺出版社，1990. 19.

[8] [德]利普斯著，汪宁生译．事物的起源．成都：四川民族出版社，1982. 38.

[10] 马克思恩格斯论环境．北京：中国环境科学出版社，2003. 7.

[11] 尹绍亭．人与森林——生态人类学视野中的刀耕火种．昆明：云南教育出版社，2000. 349.

（作者单位：思茅师范高等专科学校）

283

试析佤族的铜鼓与木鼓及其在
民族文化中的作用

刘 芳 郭 锐

　　古今中外，鼓在世界各民族社会生活中有着非常重要的地位和作用。鼓文化是中国文化的重要组成部分，鼓在各民族民间文化中占有极重要的位置。在佤族社会发展的历史长河中，由于鼓所具有的神圣性和集体性特点，使得世世代代的佤族先民在它的身上倾注了太多的情感、希望和祈求。与此同时，还赋予了它诸多民族历经沧桑的历史内容。研究它有助于我们从其自身文化的情境中去把握和正视一个民族的整体，了解他们看待世界的方式、方法以及他们因自己的传统而塑造出来的思想和灵魂。

　　一般的说，佤族的鼓，传统上专指木鼓。因为很长一段时间，无论历史调查还是文学的各种材料，绝大多数的观点都认为木鼓和木鼓文化是佤族文化特征中的一个极为彰显的文化事象。我们在三年前将佤族文化的木鼓研究作为研究对象时，也是基于这样一个认识。几年来，通过多次深入阿佤山实地调查以及查阅大量的资料，发现了一个至今让我们扼腕不已、本民族另一个濒临消失的子文化系统——铜鼓以及表现于其上的铜鼓文化。本文意在提出这样一个命题——佤族的鼓与鼓文化，借此以明示鼓及鼓文化在佤族社会中的功能作用，甚至提出为什么佤族群众从古至今将木鼓作为本民族文化的重要象征符号，铜鼓无疑在人们的思想意识中起到了奠基和催化的作用这样一个观点。

　　佤族传统的鼓分为两类：一类是木鼓，另一类则是铜鼓。

　　在我国有关铜鼓的研究从广度上讲是一个很大的研究系列，有关研究的各种著述已非常丰厚。但铜鼓研究一般属于考古学的范畴，一些学者就疏于关注佤族的铜鼓，事实上木鼓与铜鼓在佤族文化中属于两个子文化系统。

　　有关佤族铜鼓研究的提出和调查材料的搜集，要数著名的民族考古学家汪宁生教授。20 世纪 60 年代，他在阿佤山调查时发现，西盟佤族民间有大量的铜鼓存在，几乎每个村寨都有铜鼓，这引起了他极大的兴趣。在此基础上，他开始比

284

较系统地搜集佤族铜鼓资料，并写成《试论中国古代铜鼓》和《佤族的铜鼓》等文，曾在铜鼓研究界引起过不小的反响。他的基本观点认为：首先，历史上佤族地区曾经存在着大量铜鼓。20世纪50年代以前，佤族每个村寨都有铜鼓，在他的实地调查中，最多的一个寨子（歹格拉）就有铜鼓三十五面。在他们专门对此研究所选取的七个寨子中有四十二户人家有铜鼓，共有七十八件。按照他自己的保守估计，整个西盟县内至少有四五百件之多。其次，佤族铜鼓的来源。认为西盟佤族铜鼓和缅甸、泰国流行的铜鼓属于同一类型，而缅甸克耶邦是这种铜鼓的铸造中心之一，我国阿佤山中心区普遍存在的铜鼓很可能是由克耶邦辗转传入的。再次，铜鼓在传统佤族社会的用途及用法。一般都是在最重要的场合使用，如在死人、失火、举行宗教活动时都要用它，特别是在做大的宗教活动时，诸如"做大鬼"、"砍牛尾巴"、"做老母猪鬼"时都要敲铜鼓。最后，铜鼓的社会作用。主要表现在精神领域，是富人夸示财富，提高社会地位的一种工具。[1]

但是，令人非常遗憾的是，为数众多的佤族铜鼓尚未经过专家学者的认真研究，便在那段非常的年代遭到灭顶之灾——"1958年及其以后，铜鼓被当做废铜不断流入收购部门。据西盟岳宋收购点统计，从1958年到1970年，共收进铜鼓达两千面左右。西盟县已经基本全数收完"。[2]在当时的佤族社会，绝大多数人衣不蔽体、食不果腹，社会贫困程度比率十分地大，为什么还会保存那么多数目的铜鼓？"西盟佤族普遍使用铜鼓，过去每寨都有一对以上，富裕户有收藏铜鼓的习惯。大鼓可抵水牛两条，小鼓也值一牛。富裕户收藏铜鼓是为了显示财富和权势。群众遇有争端，按习惯法，要进行'说理'，说理时要'比牛头'和'比铜鼓'。如某寨的铜鼓大而音响好，它的威信就高，对他寨就具有号召力，别寨就不敢对他轻易进行挑衅。铜鼓只在大的宗教活动和庆典时才使用，诸如剽牛、砍牛尾巴、猎人头祭谷、做大鬼、盖大房子等，铜鼓还用于报警，如外人来袭、外人来本寨猎首等，击铜鼓以集众。"[3]

为什么在铜鼓身上会反映出传统佤族社会对私有财富如此强烈的追求欲望？而使用铜鼓往往和使用木鼓常常重叠在一起，原因何在？时至今日，虽然在我国有关铜鼓的若干划分类型上，尽管写着西盟铜鼓或克伦铜鼓（即佤族铜鼓）为其中之一类，然而佤族铜鼓的源头到底在哪里？依然还是一个没有完全解开的谜。至少半个世纪前的佤族社会，铜鼓曾普遍存在，而且，它在人们的社会生活中，特别是在精神领域里，起着十分重要的特殊作用。我们在缅甸佤邦调查时，就不止一次接触到至今仍保存于佤族民间的铜鼓。现在每年都要祭祀铜鼓，场面也庄严隆重。2005年6月，我们在缅甸的佤邦龙潭特区的一户人家观察祭祀铜鼓，虽然场景设在铜鼓拥有者家中，但从参与者身份看还是属于全寨共同的祭祀活动，其中许多内容同传统的"祭木鼓"十分近似。本文前面引述的资料也提到，过去佤族的木鼓和铜鼓总是出现在同样的祭祀场合，木鼓与铜鼓之间到底存在怎样的一种关系呢？同时，因为木鼓和铜鼓都是人类社会历史的文化产物，表现在佤族文化中究竟谁早谁晚，抑或谁又覆盖了谁？看来都是尚未可知的话语。

因此，笔者认为佤族铜鼓作为佤族文化的一个组成部分，非常值得我们做进一步深入的研究探讨，或许它能为我们打开另一扇大门，看到一个不一样的世界。

作为佤族的木鼓，虽然从经济价值上不能和铜鼓相提并论，但是木鼓所具有的群众性、传统文化性意义却是显而易见，不能低估的。木鼓在佤族社会的重要性，主要体现在传统社会中的上层建筑领域，它建立在佤族传统社会的经济基础之上，存在着前者决定后者，后者反过来又影响前者这样一种非常紧密的关系。因此，对佤族木鼓进行深入细致的研究，有助于我们拨开过往因山河阻隔、交通不便、族际隔阂等客观和人为因素所造成的那层神秘面纱，用立体的观念看待一个有血有肉的民族。

佤族的木鼓，音乐学上把它叫做体鸣木鼓。即用鼓槌直接竖向敲击鼓身而发出音响的鼓。

由于木鼓承载了佤族的历史和文化，成为一个民族文化的象征符号，一直以来，不但为本民族所珍视，也为其他民族所关注。但是，限于语言和文化的差异，彼此之间不可能进行完全的理解和沟通，也就是所说的话语权问题，使得借以木鼓表现出来的佤族文化在现代社会主流文化中展示出来的外在形式，总免不了多少有些走样，要么是表达欠缺，要么是言过其实。因此，经过训练的民族学研究者在这方面可以起到弥合缝隙的作用。

今天，我们虽然无法推知佤族木鼓产生的确切年代，但从其蕴涵的文化内涵看，也完全能够感受到它对于佤族文化的重要意义。为此，探究其文化内涵，梳理分析木鼓在其中扮演的角色，不但可以对木鼓在本民族中的文化价值做一个合理的定位，而且还能够用联系的观点对佤族文化的整体，从一个突出的视角和独特的方式加以考察，解析木鼓在佤族传统文化中的重要价值，从而回答为什么佤族木鼓在该民族历史发展进程中起到过重要的作用。不仅如此，还要回答今天的木鼓依然作为佤族的民族文化象征物得以流传下去的必然原因。

我们目前在佤族社会能够接触到的木鼓，无论从存在的时间上还是其在现实社会中的功能作用上都明显地分为两个类型。

一种是曾在佤族传统社会发挥着现实作用的木鼓，大概在 20 世纪 60 年代以前，人们用它来传递信息，召集寨众，表达信仰，它几乎完整地保留了佤族历史上使用木鼓的全部内容和含义，承继着传统文化所赋予它的全部意义，这样的木鼓我们叫它传统类木鼓。传统佤族村寨中都有木鼓房，里面均摆放有大小不一的两具木鼓。木鼓的长度和直径，各地方、各村寨各不相同，一般说来，鼓身长一般在 1.50~2 米之间，鼓的直径小的在 0.3 米左右，大的可达 0.7~0.8 米。它们多用当地常见的红毛树干的下端部分作为原材料。制作的方法是：将原木中部挖一狭长空隙，由上往下，从两端挖凿进去，挖凿时中部两端保留一层壁状原木成分，形同"蜂饼"，当地百姓称之为"蜂巢"，实际是起到内部支撑和紧固的作用，使其经久耐用。50 年前的社会历史调查资料表明，这一类木鼓，在 20 世纪 50 至 60 年代以前，还普遍存在于我国西盟地区绝大多数佤族村寨。后来由于随着"猎头祭谷"习俗的逐渐摈弃，木鼓的主要作用也逐渐消失，木鼓本身也被人们渐渐淡化，多成为村寨中多余的物具而被弃置，甚至是人为去除。目前为止，中国国内尚无任何一具传统类木鼓被发现。过去放置于云南沧源县广允缅寺中的一具木鼓，从其外观和制作时间应该属于此类型的木鼓，但其制作的初衷和目的，是作为佤族头人送给傣族土司表示其臣属关系的礼物而不具有传统的实际意义和作用。[4] 所以，它不具备带有传统典型功能作用的木鼓性质，该木鼓外表光滑、体形硕大，鼓身长 2.62 米，直径 0.59 米，凿槽长 2.1 米，宽 0.5 米。现已为当地文物单位收藏，但是从其制作形制、时间和制作人对木鼓本身赋予的民族性而言又具备传统类木鼓的文化内涵，因此，它又属于传统类木鼓。

另一种木鼓出现年代较短，迄今为止不超过 30 年，它是以一种民族文化"复兴"的方式，在新的时代里产生出来的文化器物，是一种在对传统文化继承和扬弃基础上产生出来的。在现实社会中，它主要是作为娱乐活动或文艺表演的打击乐器，以佤民族的文化象征物形式而存在的，本文将它称之为现代类木鼓。现代类木鼓尽管是完全按传统方式制作出来，外形也没有多大变化，但是其主要使用功能已经发生本质转换的木鼓。20 世纪 80 年代以后制作的所有木鼓，包括现存云南民族大学博物馆的那对木鼓，均属现代类木鼓。这一类型的木鼓，目前在我国佤族地区已有很多，云南省思茅市的西盟、孟连县和临沧市的沧源县以及省内各级相关文艺团体和博物馆内出于展示、表演和研究而制作和保存有一定数量的木鼓。这类木鼓的出现从时间上说最多不超过 30 年的历史。它们的重新出现主要与我国国内同民族地区少数民族的经济文化发展、旅游业方兴未艾、民族艺术弘扬继承的需要有关。

比较而言，两类木鼓既有历史的承继性又有时代的差异性。首先，传统类木鼓和现代类木鼓始终不变的一点，它们都是不同时代佤族文化的典型器物。在外部形制上，传统类木鼓和现代类木鼓外形基本相同，制作方法也相似，都是用手锤、凿子、长刀等传统挖凿工具；在内部结构上，现代类木鼓依然保持了传统类木鼓的两头深挖、中间保留两扇厚壁以紧固鼓身、同时客观上区别敲击不同部位发出不同声响的基本特点。其次，从时代的差异性来看，主要表现在制作目的、使用效力和象征意义三个方面。制作传统类木鼓的目的在于保佑各个村寨人畜平安，而制作现代类木鼓的目的在于象征性地表现和展示佤族文化。传统类木鼓的使用效力是不仅在人与人之间传达信息，而且在人与神之间彼此沟通，用以祈求神和娱乐神，而现代类木鼓的作用是以器物的形式，被作为佤族文化的典型代表，其象征意义在于被人们不断赋予、全力展示表现它所代表的丰富而深厚的民族文化内涵，因此它主要是作为连接过去与现在传统佤族文化中一个典型而又具体的文化象征物而存在。

在传统佤族社会的百姓看来，木鼓在现实生活中是不可或缺的，在信仰世界里它也是令人敬畏的。在信仰世界里，木鼓可以沟通"木依吉"[5]这个即可降灾也能赐福的、主宰世间万物的天神。人们坚信它的神力广大无边，若慢待了它、忽略了它，人类将受到它严厉的惩罚。反之，只要人类用最虔诚的态度，奉献最好的牺牲，供奉它、祭祀它、祈求它，人类的一切安危将得到它的护佑和保障。它将自己的信息通过自然现象或无法预知的灾变等形式告知人类，而人类则通过付出大量的牺牲（杀鸡、杀猪、剽牛等等），甚至奉献上人世间最昂贵和最高贵的头颅，经过木鼓的敲击声这一独特的沟通方式，侍奉它、顺服它，以求得它的好感和善待。[6]在这个过程中，木鼓被神性的光环所包围，它所表现出来的唯一性，具有无可取代的特点和作用。于是，人们把对看不见、摸不着的天神木依吉的敬畏之情幻化并依附在了现实社会中的木鼓身上。木鼓的神性便由此而生，并长久地影响着传统佤族社会中人们的思想、观念和看待世界的方式、方法，掌握并明白了这个道理，这对我们理性地分析现实社会中人们的不同表现是很有帮助的。

总之，我们所谓的物质文化主要是指与人类生活和生产活动有关的文化要素，源于自然环境的物质要素，有物质实体存在，但是不仅仅单纯地包括其具体的器物，还包括这些器物的生产、工艺、技术和制作过程，甚至还有承载这些器物文化的人们的精神、欲望、智慧、趣味爱好等精神文化的内容。物质文化与自然环境关系密切，物质文化产品都是由人类利用自然界的物质创造出来的，它反映了人与自然的关系，反映了人类对自然界的认识和把握运用、改造的深入，反映了社会生产力的发展水平。它是人类所创造的整个文化的基础。佤族木鼓在佤族文化中，即属于物质文化的内容，它不仅与传统佤族社会人们的生产生活关系密切，而且从它本身及其诸多具体文化表现上体现出佤族社会人们普遍的价值取向、认知水平、理想追求和处世态度等等。

目前较为普遍的观点认为，佤族木鼓来源于女性（女阴）崇拜。然而，这里面有两个不确定因素，其一，该说法的历史依据来源于传说故事。众所周知，传说源于历史，但不等于历史；其二，传说和木鼓一样，都是在该民族历史发展过程中由佤族先民创造出来的文化产物，二者谁早谁晚、谁先谁后，在没有确切实证依据的前提下不能妄下论断；其三，时至今日，关于佤族木鼓的来源除女性（女阴）崇拜说外，尚有"猪槽"说、"杵臼"说、"枯木"说等等，并各执己见。这就充分证明，佤族木鼓的真实来源确实还是一个存在争议的问题。最后，大自然千变万化，相似及其相像的事物比比皆是，仅凭感官或想象的臆断加以附会并妄下定论，显得缺乏科学的实证性而妄自菲薄。笔者认为有必要首先对各种有关木鼓来源的说法进行排队和归纳，分析其中的异同及其逻辑推演的向背，以趋找寻接近最具说服力的答案。这样做的目的在于还木鼓及其文化现象一个本来面目，使人们能够正确地看待这个民族的文化和创造这一文化的人们，尊重历史和尊重创造历史的人民。

马克思说过："人们创造自己的历史，但是他们不是随心所欲地创造，并不是在他们自己选定的条件中创造，而是在自己直接接触到了即定的，从过去继承下来的条件下创造。"木鼓作为佤族文化的一个典型器物，就是佤族人民"直接碰到的既定的，从过去继承下来的条件"，是影响佤族人过去、现在和将来的传统。传统是社会的一种生存机制和创造机制。借助于它历史才得以追续和飞跃，社会的精神成就和物质成就才得以保存和实现。历史辩证唯物主义对于人类社会的基本出发点是，物质决定意识，意识反作用于物质，物质世界是精神世界的基础和源头，物质世界决定着人们的精神领域，精神领域反过来影响物质世界，使之变化和发展。在认识事物的过程中，人的认识规律往往是一个由简单到复杂的适应过程。根据这一基本的哲学原理，笔者更倾向于认为源于生活的木鼓产生说是正确的。原因如下：

第一，木鼓和传说故事都是佤族社会发展到一定阶段的产物。他们都是佤族传统社会特有的文化产物，但就针对木鼓这一文化产物而言，根据物质和意识的辩证关系，只能是物质决定意识，而不是意识决定物质，这是第一位的。

第二，那种认为木鼓来源于女性崇拜或女阴崇拜的认识，所有依据都是来源于"司岗里"的传说。如前所述，传说并不等于历史，它还缺乏实证。

基于上述分析，笔者倾向性的结论认为，佤族木鼓并不是产生于某种传说故事，而是产生于他们先人的生产劳动之中。其过程必然是当人们在某个偶然的时间里，受自然的启发，首先做成响器，用于撵走和吓跑禽兽，将它发现并发明出来后，受到人们的普遍认可和接受。又由于这种响器的使用直接关系到与人类的生存最大之事即粮食收成的好坏，人们便愈来愈重视它，并更多地赋予了它观念意识中的文化内容，渐渐地，木鼓便由田野搬进了村寨，无论在范围上（由只管某家的旱地，到管全寨人家的旱地），还是程度上（由只管某家的事，倒要管全寨的大事）都赋予了另一更高层次的重要作用。这才是佤族木鼓产生的真实原因。

今天的佤族社会虽然在诸多方面发生了千年不遇的改变，木鼓本身在社会的改变中也跌宕沉浮，历经磨难，在社会变迁的历史背景下，经过扬弃之后，又以绚烂夺目的风采出现在世人面前。木鼓能够在佤族社会以崭新的面貌复出，本质性原因就在于它所承载和包含着的佤族传统文化的内容。如今的佤族木鼓已经是荡涤了历史尘埃，只包含了佤族文化中那些符合时代潮流的、在中华文化背景下具有崭新意义的、积极而充满活力的内容，它完全可以融入这个时代并为各民族的文化艺术增光添彩。传统的木鼓所具有的娱乐功能和佤族文化象征的作用，得到广泛的研究、介绍和传扬。木鼓作为佤族文化象征的意义逐渐获得国内外各民族人民的普遍认同，与佤族民族的自我意识逐渐合二为一，达到了一种超然的默契。木鼓作为佤族文化中最典型的代表性和象征性器物，被推向了全国，也推向了世界。当木鼓作为唯一可以沟通天神木依吉，并代表木依吉接受人们奉献的时候，人们在那样的自然状态下所形成的公正、刚毅、诚实、自尊、执著、本分的性格便顺其自然地受到了神性的感召，得到了进一步强化。随着年复一年相同的祭祀活动反复重现，潜移默化之中将这一性格特征深深植入人们的心灵深处，在自觉不自觉中内化为个人道德的标准，成为人们各种社会实践的原动力和尊崇的信条而世代延续，最终升华发展成了"阿佤理"的价值取向。随着社会不断向前发展，这些性格特征逐渐沉淀，使外人看来佤族给人的印象总是沉默、不多言多语、注重行动、待人实在这样一种外在的民族性格。

千百年来，佤族作为一个民族整体，虽然内部一直没有形成明显的阶级分化，阶级矛盾不成其为社会内部的主要矛盾，但长期遭受到来自于自然和社会的双重压力。正是因为这两个原因，他们对于民族自身的发展进步，更有一种非常强烈的渴望。在笔者为完成整个木鼓研究而行行重行行地穿梭于不同的佤族村寨时，在与很多人交谈和接触过程中，经常能够切身地感受到，绝大多数的佤族群众十分清楚自己民族与其他民族（包括周边一些民族）存在着相当的差距，这不仅表现在日常的衣、食、住、行上，而且反映在文化、教育、卫生等诸多领域。然而令人称奇的是，虽然他们的确过着在外人看来依然是贫困的生活，但你很少会听到和感觉到那种怨天尤人的叹息。这正是一个民族固有的民族性格的真实写照。刚毅、诚实、自尊、执著，这些人的内在气质在他们来说不是用文字能够书写出来的，而是用行动体现出来的。一个有着自省意识的民族，必然会拥有广阔的前程，因为这种意识只会来自本民族文化所铸就的内在的民族性格，那是历史和传统的结晶，是一个民族得以存在和发展的内动力。笔者深信，随着国家旨在帮助边疆民族地区早日走出贫困的各项支持的不断投入，地处遥远边疆的佤族社会必将会凭借这股推动力，秉持本民族传统文化中吃苦、忍耐、刚毅、诚实、自尊、自省的民族品质，在新的历史时代里获得更大的进步和发展，这正是一个古老民族千百年来矢志不渝的民族心结。

注释：

[1] 汪宁生．佤族的铜鼓．见中国铜鼓研究会，古代铜鼓学术讨论会论文集．北京：文物出版社，1982，20～204．

[2] 高崇欲．铜鼓研究与民族调查．见中国铜鼓研究会，古代铜鼓学术讨论会论文集．北京：文物出版社，1982，4：215．

[3] 同上：214．

[4] 沧源文化馆文物管理所保存的木鼓是清代佤族头人赠送给傣族土司的礼物。见武定云．临沧风物志．昆明：云南人民出版社，2000 年．81．

[5] 木依吉是传统佤族社会传说中最大的，主管天地万物的神。

[6] 在这一点上，铜鼓和木鼓的作用和意义极为相似。

（作者单位：云南省委党校研究生部，云南民族大学人文学院）

佤族木鼓象征与功能的文化解读

李 莲

木鼓是佤族文化的表征，是佤族传统社会人们文化心理结构中的重要标志，也是佤族民族文化认同和张扬的载体。它作为佤族传统文化网络系统的节点，黏合着诸多文化要素，叠加、承载着千百年来佤族精神、物质文化的沉淀。研究佤族木鼓的象征与功能，是我们了解佤族传统文化特质的重要途径。

一、佤族木鼓的象征

佤族木鼓是一种传统打击乐器，佤语称"克罗"。它用阿佤山优质硬木红毛树做鼓身，圆柱体，身长约 1.5~2 米，直径约 0.5~0.8 米，鼓身横侧有一条宽 0.05~0.06 米左右，长 1.4 米左右的扁长形凹槽，是为音腔孔，顺着槽孔至树心方向，凿出 0.1 米的深度后再逐渐把内壁凿宽，使其中空成腔，音腔内还凿有能使鼓声回旋共振发出响声的鼓舌和鼓牙。每只木鼓配有两只木质鼓槌，长约 0.3 米，两头稍大，中间部位收细为手柄，敲打时手握鼓槌，拳心向上，由上往下垂直击鼓，发出声震山野、音透密林的"咚咚……"响声。

作为文化象征符号，木鼓不仅是佤族宗教祭仪的主轴，亦是人们在心理上建构的安全屏障。因此，木鼓在佤族的传统文化心理结构中并非只是普通的打击乐器，而是神圣的祭器，乃至神的表征，承载着丰富的文化内涵，故对其象征意义的解读日益受到人们的关注。目前，学术界就佤族木鼓的象征意义这一问题主要有如下回答：

（1）木鼓是佤族人民用来驱邪做鬼，召集部落成员，告急友邻，出征决斗时不可缺少的工具。[1]

（2）木鼓是佤族的一种原始的打击乐器，也是佤族的一种古老祭器，是"通天神器"，是众人崇拜的吉祥物。

（3）木鼓是佤族的一种有灵魂、有知觉、有感情的灵物。[2]

（4）木鼓是佤族文明的象征，佤族文化可名之为"木鼓文化"。[3]

（5）木鼓是作为民族精神而存在的，凝聚着历史长河中一个民族的创世精神。[4]

（6）木鼓是佤族树神。[5]

（7）木鼓是佤族神物，是梅依格（即木依吉，又称莫伟）大神下到人间时依附的器物。[6]

（8）木鼓是万物灵性之源，"生命源于水，灵魂求于鼓（佤族格言）。"[7]

（9）木鼓是世界乐器中留存至今的最原始、最独特、最神圣的鼓，是佤族部落村寨存在与兴盛的特有标志，是佤族古老文化与浓郁民族风情特色的标志。[8]

（10）木鼓是佤族的母亲象征，是佤族妈妈。[9]

以上这些关于木鼓的象征研究，都从不同的视点和层面上进行了论述。但存在的一个突出问题是或多或少地就木鼓论木鼓，均未从佤族文化符号系统中将木鼓的特殊地位、作用、功能上做整体把握，系统观照。

本文从原始宗教信仰角度和民族精神心理文化角度考察，认为木鼓叠加、层累了诸多文化意义，例如佤族的精神意识、历史文化、宗教习俗等，这些概念结构是相互重叠、交织在一起的，从而木鼓的象征主要有三个方面：

（一）木鼓作为"通天神器"，是神之寓体，是心灵的守护神，主要象征佤族原始宗教中的主体神木依吉

佤族对于木鼓的崇拜，源于原始宗教的泛灵信仰。他们认为自然界和人类社会中的一切存在都是有灵性的，一切事物都是由鬼神在掌管和支配着的；自然界之所以充满活力，是因为有各种各样的灵力在激活着它；生命之灵在母体死亡或消灭后，仍能继续存在，它离开母体，或进入人体，或进入其他物体内，支配它们，影响它们；鬼神是与人相通的，人可能引起鬼神的高兴或不满。佤族这种对万物灵力的崇拜观念，由此又在他们的社会生活实践中转化为对某种具体对象的崇拜——对木鼓的崇拜。木鼓是鬼神的寓体，是心灵的守护神。"木鼓本身是鬼，是保寨子平安的。"[10]木鼓祭词云："你是众神之王，你是精灵之尊，你是山寨的主人，你是家邦的护神；你是先祖的精灵，你是父辈的灵魂。"[11]从中可推断出，木鼓虽然是一个具有多重意义的象征综合体，但是，其核心的象征意义是守护神，落实到具体的神格上，即为木依吉。传说木依吉是创造万物的神，他造了不同民族的人类和所有的动植物，并赋予他们各种机能。木依吉不仅创造了人类，而且还让小米雀将嘴磨得像刀一样的锋利，去啄司岗（即岩洞），人类才从岩洞出来到了地面上。木依吉无所不能，管很多的事情，诸如刮风下雨、打雷、人之生死、谷子长得好坏等等，都是他管的。至于他的形象，佤族的概念是模糊的，说他似风、似气、似光、似火，无所不在，尚未形成清晰的偶像。[12]传说中

293

有许多的鬼神，如地震鬼各拉日姆，雷鬼普扔，水鬼阿傭（又称达娜），风鬼达务，火鬼达瓦，大树鬼腔秃、谷鬼司欧布等等，诸鬼（亦即神，佤族对神与鬼在观念上没有区别）中以木依吉为最大。"鬼"与"鬼"之间，虽然没有统属关系，互不管辖，但木依吉作为最大的鬼却成了佤族供奉祭祀的主要对象，是佤族的主体神（即诸神中的突出代表，拥有诸神所具备的综合的神力）。拉木鼓，供人头，剽牛，做"薄由"鬼（在佤历六月，相当于公历 3 月下旬至 4 月下旬举行）都是为了供奉、祭祀木依吉，其目的是为了趋吉避害，否则就将触犯他，他会使谷子歉收，人畜生病遭殃，会让洪水淹没寨子。祭祀木鼓，是使神人沟通，达到趋吉避害目的的一个重要途径。当人们敲响木鼓时，住在天上的木依吉就知道人间发生了什么事情，木依吉听到了鼓声就会下来，受人供奉。所以，在佤族的文化心态中，木鼓是"通天神器"，是沟通人与鬼神的纽带；敲响木鼓也就请来了主神，祭祀木鼓也就祭祀了主神。木鼓是佤族至高无上的祭拜物。正因如此，久而久之，在佤族眼中神之寓体的木鼓就逐渐演变为诸神中的主要代表木依吉的化身，木鼓成为木依吉的象征。

（二）木鼓作为佤族祈求生存繁衍的崇拜物，是"生"的象征

佤族的原始宗教并没有什么抽象的意义或信条。其实，任何民族的原始宗教，其教义或信条就是神话。对于具有原始思想及神话思维的人们而言，大凡神话所讲述过的，必认定那是发生过的事实，而后还要继续影响世界，影响人类命运。神话是原始宗教的核心。[13] 佤族木鼓在原始宗教中是"生"的象征，是与《司岗里》神话传说相关联的。同时，另一方面，还应当看到原始宗教的基本的精神命题（即克利福德·格尔茨引用韦伯的话所说的"意义问题"），如生死、歉收、自然与社会的不幸事件，人们心理上的受苦、沮丧、迷惘等等，这些问题都与人们日常生活的具体细节密切地交织在一起，要解决它们，原始宗教往往借助于神话和巫术。[14] 格尔茨认为，正是大量的宗教象征交织在某种有序的整体之中，形成了宗教体系。对于那些信仰某种宗教的人来说，一个宗教体系似乎是在传递着真正的知识，而这些知识是生活展开所必需的基本条件。[15] 佤族传统文化符号群中，拉木鼓、猎头、剽牛、砍牛尾巴等，木鼓居于主轴或中心的地位，木鼓将这些象征符号置于有序的整体结构之中，构成了一个佤族的原始宗教体系。所有围绕木鼓的原始宗教祭仪模式对古老的佤族来说，都是比较充分地概括了这个民族对生活世界的理解，其中主要的一点就包括该民族对人与自然界存在方式——"生"的理解。

这里，"生"有三重由表及里的含义：一是生殖繁衍之意；二是催生之意，是使谷物生长之意；三是体现佤族的原始哲学思想，即"生—死—生"的轮回

观，是起死回生之意。

首先，作为"生"的象征，是生殖繁衍之意，这是佤族木鼓最直接、最直观的象征意义。由木鼓的女阴崇拜衍生出生殖崇拜，木鼓是佤族旺盛生殖能力的象征。木鼓是一寨之母，她保佑山寨的人有吃有穿，繁衍生息。木鼓房里的木鼓有一母（佤语叫"墨"）一子（佤语叫"管"），亦说为一雌一雄。母者居右，子者居左，大者为母（或雌），小者为子（或雄），无论大小，其音腔口皆模仿女性生殖器的形状，体现了对神圣的女性生殖能力的尊崇。生殖崇拜是世界各民族原始文化中普遍共同的内容，两性交合的欢娱神秘，人从女阴出的直观印象，部落人口繁殖壮大的极端重要性，自然而然地形成生殖崇拜。而佤族尤其突出对女阴的崇拜，并以质朴率真的形式物化于木鼓之上，且在木鼓起源的各种传说中赋予了丰富的女性角色想象，这在世界文化史上是极其罕见的。木鼓起源据当地佤族的传说，简言之，大致有四：一为据《司岗里》传说：佤族女首领安木拐受到莫伟的启发，指了自己的下身对人们说照着它的样子凿木鼓，果然凿出了响声很大的木鼓；[16]二为佤族男始祖岩城克立托为医治卧病的妻子而首先凿了一石鼓，初无声，经神的暗示砍了养子穷的头相祭，再敲击终有响声，其后石鼓演变为木鼓；三为格来都（传说佤族祖先）的大老婆颇托生病久治不愈，魔巴岩采照天的旨意，要求格来都照着颇托生殖器的样子做木鼓，并砍了养子岩砍摆的头相祭，果然木鼓咚咚作响，颇托的病也好了；四为母系氏族时期富于母爱的女首领夜间为击退野兽的袭击，无意间击打了空心的木头，木头发出震天的响声吓跑了猛兽，因受启发做了木鼓，初无声，终因一男子受其妻肚痛而拍打自己的肚子时发出咚咚声启示，把木鼓剜空，腔口模仿女性生殖器的形状，做成了木鼓。[17]

以上传说从一定程度上证明，木鼓的响声，象征着人从女阴出时生命诞生的嘹亮之音，对木鼓的崇拜，就是佤族对女阴的崇拜，表达了对女性生殖器给族人得以繁衍的感激，这种感激是佤族共同的民族情感。

其次，作为"生"的象征，是催生之意，是使谷物生长之意。木鼓在佤族的潜意识中是"佤族妈妈"，是母亲的象征，亦即掌握谷子生长的女神司欧布的象征，因为她与佤族先民的生存息息相关。这是木鼓生殖繁衍象征意义的进一步升华，由人的生存繁衍，进而扩展上升到万物的生生不息，又集中到对赖以为生的食物神——谷鬼的尊奉。佤族木鼓崇拜除了对主体神木依吉的崇拜之外，还有对谷神司欧布的崇拜，即通过对女性谷神所具有催生之神秘力量的崇拜体现木鼓"生"的象征。那么，在这里，木鼓为何是"一体多神"的象征体呢？佤族在20世纪前半期尚处于社会分工不很明确的社会发展阶段，其神话的神祇和原始宗教对神迹的崇拜，往往带有"多神一体，一体多神"的特征。有学者分析指出："正如历史上佤族是一个以若干部落组成的松散的人们共同体一样，由于人间还未出现明确的、一致公认的最高统治者，所以在神的世界中亦未出现统辖一切的至上的尊神。虽然创世神木依吉（或梅吉）的地位正在上升，但远未达到独尊一神的地步。佤族的原始宗教是一种互不统辖、'各司其职'的多神的崇拜……为何木鼓成了通神的圣物，甚至就是许多神的寓体，原因大概就在于此。"[18] 木鼓不仅是谷神司欧布的象征，而且她就住在木鼓房中（如果不建木鼓房，雨就会下不停，谷子就不能生长），每当盖木鼓房，祭木鼓时，就要祭祀她，否则谷子就长得不好，歉收。有学者认为，司欧布应当是佤族先民中的母系氏族长，她曾是带领氏族成员种植谷物有功的首领，后来佤族就将这个先祖奉为神灵尊奉。[19] 由此可知，佤族对司欧布的崇拜包含了原始宗教崇拜之祖先崇拜和自然崇拜两大对象，她集佤族女性始祖形象和自然精灵谷鬼的形象于一身，所有的佤族都是她的后代，她用春播秋藏，生生不息的旱谷养育着她的后代，她因具有浓厚的原始宗教的神秘色彩而受崇拜。通过魔巴（即巫师）的祈祷祭祀，敲响木鼓，与谷神司欧布相通，便可满足人们风调雨顺，谷物丰收的祈求。

再次，作为"生"的象征，体现了佤族的原始哲学思想，即"生—死—生"的轮回观，是起死回生之意。这是木鼓"生"的象征本质和核心。泛灵信仰构成佤族的原始哲学基础。总体上，佤族将木鼓视为有强大生命力量的神灵来崇拜，寄托着佤族原始宗教中的生死观。万物有灵观念信仰死后灵魂继续存在，认为人、动物、植物以及物的死亡或毁灭后，都会变成鬼魂或灵魂。根据近代"人类学之父"泰勒的"灵魂迁移"理论："对灵魂暂时移入物体——从人体移入树木或石头——的信仰，构成了原始哲学的主要部分。"意即死后的灵魂在其他人或动物、植物的躯体中复活，转移到了植物或非生物中。[20] 这种理念，对于生命极其脆弱、随时遭受死亡威胁的原始时代的人们来说，无疑是克服恐惧，追求幸福的抚慰剂。木鼓是佤族先民建构的心灵安全屏障。佤族原始宗教思想是非抽象、非逻辑、先验性的概括，从对狭义的具体生活情形的生与死这个首要的现实问题的思考出发，进而被延伸到更广泛的、更高层面上的带有普遍性的生死观上来。"人为什么会活着，为什么会死亡？"这是对现实问题的思考。而"为了活着，为了生命的延续，我们要用什么办法，应当采取什么特别的行动？"这就被归入更广泛、更深层的范畴之中，并具象代为木鼓。木鼓"生"的象征本质，就有着这样的一个由表及里的过程。《司岗里》传说："佤族砍人头，佤族才能好在"，[21] 指的是播种时节和秋收季节砍头祭木鼓（佤语称"牧克戛英"）的古老习俗，惟其如此，谷子才长得好，同时，也意味着被砍头之人的生命的回归（死者的灵力迁移到谷子中，从而在谷子躯体中复活），印证了佤族"生—死—

生"的轮回生死观。"我们缺吃少穿,我们衰败病亡,无奈祭人头。"[22]通过木鼓祭,消除灾祸饥馑,起死回生,使佤族对未来的所有希望因此得到了抚慰;通过一系列复杂的祭祀,将新的木鼓迎入木鼓房,使佤族从此能够告别衰败,送走晦气,得到幸运,获得兴旺。

(三)木鼓凝聚着佤族的历史文化发展轨迹和文化心理结构,是佤族的象征

作为民族的象征,木鼓在佤族深层的文化心理结构中有着神圣、权威的地位。木鼓的神圣性从两个方面得以强化:一是《司岗里》神话中对其神圣性、权威性的解释;二是木鼓作为佤族原始宗教祭祀活动中的核心地位。在佤族传统社会中,围绕着对木鼓的崇拜,产生了具有佤族典型特征的宗教祭祀活动:拉木鼓、猎头和剽牛。其中猎头是最具民族典型特征的一项。直到 20 世纪 50 年代末期,它才逐渐退出历史舞台。但是,它始终作为一个民族的象征性标志符号顽强地留存于佤族传统文化之中。佤族敬畏所有的神灵,更崇敬包括人和一切动物的头颅,因为头颅是灵魂的居所,是生命的象征,即使是肉体死亡了,头颅依然是有灵性的,是具有神秘力量的,因而它是向鬼神提供的最珍贵的至高无上的奉献。木鼓是主体神木依吉和谷神司欧布的化身,他们主宰着宇宙万物,尤其是人和谷物的生殖繁衍,理当享用至高无上的牺牲——人头(兽头不如人头灵验)。据《司岗里》云,佤族从"司岗"出来后不久便有了木鼓,而且砍人头祭木鼓是神的旨意,只有这么做,佤族才能避免死亡,洪水也就不会涨起来。佤族从此砍人头,剽水牛,剽黄牛,供人头,种地地就好。[23]"佤族砍人头,佤族才能好在",这就是阿佤理。

拉木鼓祭祀,猎头祭祀和剽牛、砍牛尾巴祭祀三者均为佤族木鼓文化的重要内容,都是最神圣、虔诚的活动,都有着一整套既相对独立,又与木鼓密切相关的祭祀仪式,共同塑造着佤族的民族性格与民族精神。这三大祭祀活动都由大魔巴主持。魔巴是佤族传统社会中做鬼的人,掌握着神人沟通之法,并了解本民族的历史、文化,懂得阿佤理,受到佤族群众的尊崇。魔巴是宗教活动的主持者,他们把对鬼神的信仰崇拜、愿望祈求通过念咒语的方式传达给鬼神,又把鬼神的意图以占卜方式传达给人们。佤族一般的咒语都有固定的格式,但内容繁冗,有的咒语可吟诵十几个小时。由于佤族无文字,故只凭口授记忆。不做鬼,无祭祀活动时严禁念咒。围绕着木鼓所举行的宗教祭祀活动既是佤族文化的积淀场,又是佤族文化重要的传承场。这主要体现在两个方面:

一是大凡活动,全寨全部落的人都参加,而且持续较长的时间(拉木鼓祭祀整个过程需 11 天,砍牛尾巴做大鬼需 10 天以上的时间,猎头祭祀需 15 天时间),仪式隆重而又不失欣喜狂欢;在极具虔诚而神圣的祭仪中,人们即可获得

极大的精神抚慰，可人神共飨，人神共乐，与此同时，一些重要的节日庆典和习俗得以产生，如播种节、新米节（又名谷魂节）、木鼓节以及吃"稀饭"（把献祭的肉切细连同米一道煮成的烂饭），喝水酒，看卦（以鸡卦为主，另有猪肝卦、牛肝卦），善歌舞（剽牛歌舞、木鼓歌舞、猎头歌舞，民族风俗歌舞）等，表现出奇异丰富的地域民情风俗，透着原始古朴的豪放和率真，颇具民族特色。

二是一系列祭祀过程中魔巴所吟诵的祭词或佤族创世史诗《司岗里》、部落、氏族或家族迁徙路线、家谱和家史等，它们是佤族漫长的社会历史演化的记录。其间，一方面贯穿着强烈的民族归属情感和民族认同意识。祭辞中各个氏族父子连名无论多少代，最早的祖先总是姓"司岗里"，家族迁徙的路线，无论哪个家族，其最早的居住地名总是"司岗"。另一方面又积极体现出佤族传统伦理道德观念、社会习俗和传统思想意识。主祭者滔滔不绝又说又唱，进入激情和陶醉的境界，如梦如幻，人神合一；参祭者毕恭毕敬，虔诚聆听，铭记于心，乐此不疲。结果，长期的耳濡目染，人们便自觉不自觉地将本民族的文化传统、宗教观念、内在的精神品质、价值取向等显现于社会风俗习惯和行为方式当中，并不断融入历史的和地域的因素。至今，这些祭祀活动基本上还保持着古朴、神秘的原始风貌，具有鲜明的民族特色。

二、佤族木鼓的功能

木鼓的功能，因自身原始而神圣的文化品质，丰富多样的象征意义而呈现出多重性。对此，值得对木鼓的功能进一步做深入的解读。

（一）核心功能——守护的功能，心灵上的安全屏障

木鼓在佤族传统社会生活中有着十分重要的作用，是人们在心灵上建构的安全屏障。如前所述，木鼓核心的象征意义是守护神，通过魔巴的祈祷祭祀，敲响木鼓，与神灵木依吉、司欧布相通，便可满足人们的各种祈求。可以毫不夸张地说，以木鼓为中心的一整套祭仪系统（拉木鼓、猎头、剽牛、砍牛尾巴等）就是佤族通过超自然力量寻求帮助和保护的精神仰赖系统，是佤族抵御各种危险，获取安康幸福的有力武器和盔甲。木鼓从表面上看是一个物质实体，是"器"的存在，但是，它传递的更多的是精神的信息，它所建构的安全屏障不仅是物质层面的，而且主要是精神层面的。前者如谷物丰收，六畜兴旺；祭木鼓后，如果祈求不灵验，就要更换新的木鼓再做祭祀，这首先就是视木鼓为有用的"器"，带有明显的物质功利色彩。后者如在佤族的精神心理深层建构起宗教情感，获得心灵上的安全屏障。通过木鼓祭仪系统这一手段，在特定的场合（祭场）凝聚社会成员，又经魔巴吟诵祭辞、咒语而不断产生和保持宗教情感，并且使这种宗教情感得到集体表达，从而使社会成员对木鼓的神圣性、权威性坚定不移，相信它趋吉避害的灵力，发挥它战胜疾病，抵御各种灾害和不幸的作用。如果没有这种情感的仪式性的表达手段，佤族的宗教情感就不可能存在，或者不能够世代相传。

（二）祭器的功能

作为"通天神器"，木鼓的初始作用是在祭祀时通神和娱神。作用于通神时就由魔巴主持祭祀活动，边念咒语边使用法器，还须由专人敲响木鼓，因为，只有木鼓的声响才能通达木依吉和司欧布，让他们知道人世间发生了什么事情。然后，再剽牛，猎取人头洒上水酒相祭，他们就会保佑村寨平安，谷子丰收，人丁兴旺。为了进一步表达人间对神的虔诚崇拜，在用木鼓祭祀时还伴以歌舞来娱神。木鼓在发挥祭器功能时集通神、祀神和娱神于一身。在当代社会当中，木鼓的这一古老传统功能，除了猎头的内容废除之外，其他的还在佤族的一些地方存活着（如西盟马散地等）。当然，在多数佤族散居地，木鼓的祭器功能，其外在的表现形式逐渐退化，已经从这些地方佤族的社会生活中淡出。

（三）凝聚族人，促进民族认同的功能

木鼓是佤民族的象征，它凝聚着一个民族的发展历史、宗教情感和社会习俗，是民族的符号和标志，它具有巨大的感召力和凝聚力。作为佤族人民崇拜的对象，木鼓具有民族群体行为的要素，群体行为便于产生群体情感，有益于社会整合，有益于民族认同。当初，为了消灾避难而寻求神的庇护，佤族团结起来，聚集在庄重神圣的木鼓周围；为了抗击仇人对村寨的侵犯，一致对敌，佤族闻鼓而动，威严的木鼓成了为本民族献身的一种召唤，且有强大的感召凝聚力量。现在，生活在现代文明中的佤族，其外在的及精神心理的深层，同样对木鼓有着亲切的认同情感。木鼓从远古的阿佤山大森林中走来，一路上带着阿佤山强烈的泥土气息，十分清楚地表达着一种意念：佤族是一个木鼓的民族，看到了木鼓就如同见到了佤族，了解了木鼓就如同明白了佤族。

（四）振奋民族精神的功能

木鼓的文化品质中，蕴涵着使佤族获得新生的能量，木鼓是他们民族精神坚强有力的支柱。从佤族的一些神话故事和创世神话《司岗里》得知，这个民族是一个饱受灾难，历经沧桑，而又奋力抗争，自强不息的民族，其中，与木鼓直接有关的传说试举两个主要片断：其一，达惹嘎木（又名达摆卡木或达梅吉）与黑母牛的传说。洪水淹没了大地，人和野兽都丧生于洪水中，只有达惹嘎木和自己的一头小黑母牛被一口大猪食槽所救，达惹嘎木和小母牛才得以繁衍后来的人和动物。[24] "其实那个所谓的木槽便是女性的生殖器，也是木鼓的雏形。"[25] 如是，则佤族在最初能重新来到世间就拜木鼓所赐。神话《司岗里》同样也印证着这一说法：受着神的指点，如果佤族砍头祭木鼓，就不让洪水涨，如果不砍头祭木鼓，就五年涨一次洪水。佤族不愿洪水涨，就杀了头。佤族因此避免了死亡。[26]其二，佤族和第二代女始祖安木拐在莫伟的启发下制造了木鼓的传说。[27]那个时候，有了木鼓，佤族成了能歌善舞的民族，通过歌舞娱神娱人，开始向鬼神、向人世间淋漓尽致地宣泄民族自身的精神情绪，证明民族自身存在的价值和理由；那个时候，木鼓给人们带来了安全、温饱和欢乐，成为佤族精神上的抚慰；那个时候，木鼓培养了佤族的勇敢精神，从此以后，在佤族汉子中英雄辈出，他们成了民族英雄，成了民族精神的代表。

木鼓，自它诞生的那一时起，就发挥着振奋民族精神的功能。

（五）现代社会生活中，民族文化传播的功能

综上所述，佤族木鼓文化以木鼓为载体，集佤族的宗教信仰、文化心理、民族情感、文化精神、社会礼俗于一身，内涵极其丰富。它具有原始而神圣的文化品质，其最主要的表现形式是拉木鼓祭祀活动和木鼓歌舞艺术。拉木鼓在佤历格瑞月（相当于公历12月）间举行，反映了制作木鼓的全过程：选木鼓树—拉木鼓—迎木鼓—凿木鼓—跳木鼓房，这一过程成为佤族生活中一项重大的宗教祭祀活动；木鼓歌舞艺术从祭祀歌舞中发展而来。祭祀歌舞是一种将古歌谣和祭词与原始舞蹈结合起来的一种艺术形式，伴随拉木鼓的每一过程都要举行祭祀和歌舞，久之便产生出一整套的包括木鼓祭词、咒语、古歌、音乐和舞蹈等相结合的木鼓歌舞艺术。最令人欣赏的是，至今，木鼓歌舞不单单是文艺舞台上的蜚声海内外的保留节目，而且还以顽强的生命力存活于民间，为佤族人民喜闻乐见。所不同的是它由过去的娱神已逐渐转变为娱人。今日阿佤人载歌载舞，粗犷豪放，热情四溢，释放出阿佤人那丰富的思想情感。

所以，木鼓文化是佤族文化最具典型意义的表征，在当今多元开放的国际国内各民族文化交流和传播中，佤族木鼓成为颇具独特魅力的文化载体，最能体现佤族的精神风貌。从木鼓文化中人们感知佤族、了解佤族、喜欢佤族。

注释：

[1] 魏志荣. 木鼓与佤族的历史文化 [J]. 云南档案. 2002 (3).

[2] [3] 熊元正. 佤族木鼓丝绸之路 [J]. 2001 (9).

[4] 李柏松. 佤族木鼓文化浅谈 [J]. 民族艺术研究. 2003 (3).

[5] 张波. 敲起木鼓唱新歌——佤族 [J]. 神州华人. 2001 (10).

[6] [7] 尼嘎. 佤族木鼓祭辞. 民族文学研究. 1994 (2).

[8] [19] 段世琳. 浅论佤族木鼓与木鼓文化 [J]. 思想战线. 1995 (4).

［9］毕登程．从部落王子到佤山赤子——隋嘎自述［J］．云南美术出版社，2005.77.

［10］［12］［21］［23］［26］佤族社会历史调查第二卷［M］．云南人民出版社，1983.32、80、195、193、192.

［11］［22］尼嘎．佤族木鼓祭辞［J］．民族文学研究，1994（2）.

［13］［18］李子贤．探寻一个尚未崩溃的神话王国［A］．昆明：云南人民出版社，1991.204、200～201.

［14］［15］［美］克利福德·格尔茨．文化的解释［M］．南京：译林出版社，2006.207、158.

［16］［27］佤族民间故事集成［M］．云南民族出版社，1990.17～18.

［17］罗之基．佤族社会历史与文化［M］．北京：中央民族大学出版社，1995.

［20］［英］爱德华·泰勒．原始文化［M］．重译本．广西师范大学出版社，2005.410、411.

［24］艾荻，诗恩．佤族民间故事．云南人民出版社，1990.5～10.

［25］袁智中．佤族木鼓舞溯源［J］．今日民族．1999（7）：42.

（作者单位：思茅师范高等专科学校）

木鼓的象征与功能

杨国元

在人类几千年的文明史中，各民族创造了各种各样的鼓文化，其中尤以佤族的"木鼓"文化最为神奇。

佤族是个古老的民族，有着悠久的历史，灿烂的文化。其中木鼓文化便是佤文化的主流和灵魂，是佤族的象征。本文拟从佤族木鼓的诞生、木鼓的象征、木鼓的功能以及木鼓文化的价值等做一粗浅的论述。

一、木鼓的诞生

木鼓积淀着佤族的古风遗俗，伴随着佤族从远古走来，是佤族个性化的表达和宗教信仰的重要组成部分。相传，在很久很久以前，有一对叫艾那和叶布勒的佤族青年男女在公明山结为夫妻，婚后生下聪明能干的四男四女，过着幸福美满的生活。不知过了多少年，艾那和叶布勒无疾而终，临死之前，给儿孙留下遗嘱：第一，为了节省土地，安葬时不砌坟墓；第二，要求做棺木，而且要现砍现做；第三，安葬后每10天供一次饭，连续供三次后不再认坟，这种风俗习惯一直延续到今天。艾那和叶布勒死后，儿孙们上山砍树做棺木。在山上他们忽然遇到一只猛虎，情急之下，老大用斧头敲了一下旁边的一棵空心树，树"咚"的一声发出巨响，把老虎给吓跑了，人们得救了。几个儿子砍回树后。一边做棺木一边掉泪。夜晚老四梦见自己用一种木头做成的鼓纪念母亲。于是他们砍来一节红毛树，仿照梦中的模样制作木鼓。经过3个月的精心雕凿，木鼓做成了。老大说，既然空心树会响，那么木鼓一定也会响。于是他就用手中的木棒轻轻一敲，木鼓果然发出"咚！咚！"威严而动听的声音，就像母亲那洪亮而又亲切的话语，大家都感到十分的惊奇。纷纷拿起木棒敲打木鼓，木鼓不断地发出"咚！咚！咚！"的声音，越用力敲打，声音就越大。木鼓声使公明山上的小鸟停止了歌唱，使山坡上的牛羊停止了吃草，伴随着木鼓"咚！咚！咚！"的声音，人们高兴地又唱又跳，从此，阿佤人的木鼓诞生了。透过这个美丽的传说，我们可以得出这样一个结论，木鼓是佤族先民在长期与大自然抗争中，受到某种启发，经过不断的实践而形成的创造物。木鼓的诞生，使佤族人民跨越了同大自然抗争的被动时代，使他们在大事、急事突发时能及时地聚集在一起同生死、共奋争。因为，那时佤族还没有弓弩、长矛、大刀，只会用木棒、石头作为工具或武器。围捕野兽要靠大伙的力量，白天，人们敲击木鼓、集中起来，上山打猎。夜晚，人们敲击木鼓，载歌载舞。听见木鼓声，野兽吓得躲了起来，木鼓保护了人类的安全，又能给人们带来欢乐。从此，佤族很敬重木鼓，把各种猎到的野兽头砍下来祭供木鼓。佤族是我国少数民族中经历原始社会时间最漫长的民族之一。很久以来，佤族一直居住在山林中，是典型的山地民族，生活条件十分艰苦。他们经历了采集、狩猎、农耕等经济形态，极低的生产力，强盛的自然力迫使他们选择血祭和歌舞的原始宗教祭祀方式谋求民族的繁荣发展。山林是佤族的家园，木鼓是佤族之魂，阿佤人世代传承木鼓文化，木鼓文化叙述和展示了很长的社会历史。

二、木鼓的象征

木鼓古朴、神奇，是阿佤人传说中的通天神器，敲响木鼓能把人间的声音和愿望传达给天地鬼神。走近木鼓，犹如走近一段远古的历史；聆听木鼓之声，犹如佤族长者在倾诉那如烟的往事；感受木鼓文化，就是感受一个又一个惊天地、泣鬼神的历史故事。木鼓又是佤族崇拜的吉祥物、信号联络的工具和古老的乐器。是佤族原始崇拜、自然崇拜、动植物崇拜的进一步发展，是鬼魂崇拜和人的血亲观念相结合的产物，积淀着人类思维发展过程的丰富内容。可以说，木鼓文化是佤族的一首优美的史诗，一幅壮丽的历史画卷，它凝聚着历史长河中佤族的创世精神，是佤族历史文化的象征，是佤民族特有的性格和民族气节的象征，是佤族人民勤劳勇敢、热情奔放、团结奋争和开拓进取的民族精神的象征，是佤族的象征。在佤族村寨，木鼓被奉为"一寨之母"和"生命之源"。世俗生活和宗教活动都离不开木鼓。可以说，佤族是一个以木鼓通神的民族，一个以木鼓为精神象征的民族。

三、木鼓的功能

木鼓在佤族社会生活中有着不可替代的功能，概括起来，有以下几点：

（一）木鼓的文化功能

1. 祭祀功能。佤族历史上凡是举行会议决定重大事项，出征战斗、部落迁移、王位更迭、庆贺胜利、表彰英雄、接待异族使节、告急友邦、发生水灾、火灾或组织大规模社会活动时，都要敲响木鼓召集族人，并举行相应的祭祀活动。在庄严的祭祀活动中，木鼓的祭祀功能得到了充分的体现。古代木鼓用于祭祀征战、召唤、消灾避邪、祈求五谷丰登、六畜兴旺，村寨、部落平安。

2. 娱乐功能。随着社会的发展，历史的变迁和人类精神生活的需求，木鼓的社会功能由最初的消灾避邪，祈求神灵护佑的原始宗教祭祀功能延伸为寓教于乐的文化娱乐功能。万物有灵的原始自然崇拜和鬼魂观使佤族在木鼓祭祀活动中产生了主持祭祀、又会念咒语的魔巴，在砍木鼓树、拉木鼓、制作木鼓等活动中，在魔巴那大声吟诵和富有节奏的指挥中，人们的喊叫声、踩脚声伴随着来回拉动木鼓的声音，那长发飞舞的黑色旋风、那粗犷豪放的剽牛呐喊声、那展示十足野性的弹动舞步、那激情飞扬、催人奋进的木鼓声音，汇成了一首气势恢弘、原始古朴的交响曲，在这种原始古朴、气势恢弘的宗教祭祀活动中，体现了娱神娱己的娱乐功能。在拉木鼓、制作木鼓、剽牛祭鼓，把木鼓安放在木鼓房中，出征猎头、迎接人头、送头、贡送等活动中，为取悦神灵、鬼魂，人们手舞足蹈欢呼雀跃，于是就派生出了剽牛舞、跳木鼓舞、刀舞、迎头舞、供头舞、送头舞等原始宗教舞蹈，人们通过这些舞蹈，在娱神之中尽情欢乐，激情得到了释放，娱乐功能得到了完美的体现，在欢乐之中增强了凝聚力。

（二）木鼓的社会功能

1. 历史文化的传承功能。佤族崇拜木鼓，剽牛祭祀木鼓，以歌舞娱悦鼓魂。在生产力极为低下的农耕初期，在万物有灵的原始观念驱使下，人们认为只有用虔诚的心不断地祭祀谷魂以及万能的梅依吉神和掌管谷物生长的司欧布女神，才会五谷丰登。在这种思想支配下，人们不但用牛血、牛头祭祀木鼓神灵，甚至还用人头祭祀神灵。佤族认为一切动物之魂都附于头部，所以人们把头看得很重，用人头去祭木鼓魂、谷魂、神灵，才会博得神灵极大的欢心，谷物才会长得旺盛，人们才能解决温饱问题。伴随着祭祀活动产生的木鼓文化传承了原始习俗，是佤族历史文化的见证。

2. 热爱生活的教育功能。木鼓用圆形优质红毛树或花桃树制作，一般长约2米，直径0.5~0.7米不等。制作时在鼓身凿开一条长形口子，从口子着手把鼓凿出鼓腔，腔中心部分呈三角形状，两面各有一半凿音腔，以便敲击时发生共振，木鼓发出之音分高音、低音，又称公音和母音。木鼓的造型酷似女性生殖器，象征着母体及母性生殖功能。祭拜供奉木鼓，除了求得保佑谷物丰收外，也希望求得人畜的兴旺发展。木鼓起源所体现出的生殖崇拜与原始宗教合为一体，旱谷是佤族首先种植的一种粮食作物，它使佤族先民得以世代繁衍生息下来。司欧布女神是掌管谷物的神灵，因此，也就是掌管生死的神灵，敲响木鼓，跳起木鼓舞祭拜她、取悦她，最终也是为了族人五谷丰登，六畜兴旺。因此说，木鼓崇拜具有热爱生活、热爱劳动、热爱本民族的教育功能。

3. 展示民族精神的功能。在长期的木鼓祭祀活动中产生了一种原始古朴的舞蹈——木鼓舞。木鼓舞是佤族独具特色的原生态的民间舞蹈，是史前原始舞蹈的遗存，是佤族的灵魂象征。木鼓舞因木鼓的神圣而神奇，木鼓因木鼓舞的产生而得到传扬。趟过历史的长河，走过生命的延续，木鼓成了佤族精神与生命里最重要的、至高无上的通天神器，它折射出佤族顽强不屈的民族精神。由木鼓祭祀活动派生出来的木鼓舞，凝聚了佤文化的精华，它用歌舞形式，充分展示了佤族是一个用木鼓与天神对话的民族，一个用头发跳舞的民族，一个用心灵歌唱的民族。木鼓既有娱神娱己的功能，又有展示民族精神的功能。它内涵精深、特色鲜明，是佤民族向往光明、追求幸福、热爱生活、奋发向上的形象写照，具有很强的文化凝聚力和感染力。它展示了佤民族热情豪放、奋发向上的民族精神。

佤族民间流传着这样一句谚语："生命靠水、兴旺靠木鼓。"随着社会的发展和时代的进步，原始的木鼓祭祀活动也在长期的传承中，在革除陋习后有了新的发展，成为佤文化的品牌，成为中华民族民间传统文化殿堂上的瑰宝。

4. 不同地域的文化认同功能。木鼓作为通天的神器是佤族承传的原始信仰，木鼓祭祀活动作为娱神娱己的文化遗存，是佤族社会不可缺少的生活之需，木鼓的诞生和传承得到了不同地域的佤族人民的认同。无论你走到天涯海角，还是流落异地他乡，只要论及木鼓文化，你都能找到自己的同伴。

5. 增强社会凝聚力的功能。自古以来，佤族生存的自然条件十分艰苦，在生产力水平很低的情况下，依靠个人的力量是难以生存的，人们只有联合起来，才能战胜自然界带来的诸多困难和灾难。人们要结成大大小小的共同体就需要一种精神力量来维系人心，增强凝聚力，在这种情况下，木鼓文化也就顺理成章地成了这种具有社会凝聚功能的精神力量。

6. 增强民族团结，稳定社会的功能。在古代的历史条件下，人们的认识有限，木鼓不仅被盲目崇拜，而且被神化了，木鼓被赋予超乎人力的威力和作用，在这个前提之下，具有消灾避邪、祭祀、战争等功能的木鼓也就很自然地成了民族精神力量的象征物。朴素的集体观念在趋利避害本能的诱导下，与追求丰衣足食、吉祥兴旺的目标得以紧密结合。就是在祭祀活动的娱神娱己时，人们都要手拉手围成圈，"司岗"（团结）在一起。无论何时何地都要像祭木鼓、跳木鼓舞一样团结起来，民族才会强大的思想得到了全体族人的认同。木鼓成了维系人们关系的纽带，有了至高无上的权威，木鼓一响，没有任何人敢违抗这一神圣的"命令"。木鼓一响，部落族人或聚集于木鼓旁载歌载舞，或杠起刀枪，整装待发。因为远古时代的佤族祖先认可了木鼓的权威作用，他们才能在木鼓精神的维系下，一代一代地与命运抗争，顽强地繁衍生息下来，佤民族才得以发展壮大。正因为这样木鼓文化也才具备了增强民族团结，维护社会稳定的功能。

7. 口头文学的传承功能。佤族历史上没有自己的文字，民间大量丰富的口头文学作品就是靠世代口语传承下来的。如《司岗里的传说》、《达赛玛的传说》等等，木鼓文化在长期的演变发展过程中，传承、发展和丰富了民间口传文学作品的内容。以拉木鼓及木鼓歌词为例，拉木鼓歌中唱道："大家齐迈步呀/稳住脚跟慢慢走啊/遇到阻挡不要慌呀/大家用力要均匀/别学蟋蟀跳呀/要像水牛慢慢走啊/步子不匀容易累/均匀迈步拉到底啊。"木鼓歌中唱道："花桃树好木鼓/快快回到你的家/红毛树好春臼/我们请你来当家/选中的藤条开白花/选中的木鼓结红果/喝的泉水清又甜/我们的歌声震山谷/爬起来吧好木鼓/千人请你来当家/万人请你来做主/快快回到你的家。"木鼓祭词大意是："我们剽水牛/我们祭木鼓/梅依格你最大/众神灵里你为王/回来吧好木鼓/赶走晦气/找回吉祥/回来吧好木鼓/告别衰败/获得兴旺/木鼓房与天同高/木鼓房与地同宽/村村寨寨都建它/座座山头都有你。"

上述歌词语言精练，通俗易懂，写作上运用了比喻法和拟人法，还应用了"呀、啊、嘿"等衬词，句式匀称，韵律具有佤族的个性特征，有很高的文学性，可与唐诗宋词媲美。传承了佤族珍贵的口头文学。是后世佤族口传文学的源头。

8. 乐器功能。木鼓还是佤族独有的最古老最具代表性的打击乐器。研究佤族的历史、民俗、农耕、狩猎、宗教祭祀、文化艺术、音乐舞蹈都离不开木鼓这个话题。无论是由祭祀活动派生出来的木鼓舞，还是剽牛舞、砍头舞、迎头舞、送头舞、供头舞等都是用木鼓为主要伴奏乐器的。作为一种古朴原始的伴奏乐器，无论它的音腔共鸣，发声或音腔的雕凿方面都有一套科学的内涵，体现了木鼓文化粗粝古拙的原始特征。

四、木鼓文化的价值

木鼓文化在佤族社会发展进程中有着重要的地位，具有丰富的价值。

（一）艺术价值

在木鼓祭祀活动中产生了一系列的舞蹈，这些舞蹈的伴奏乐器主要是木鼓，于是就派生出了婚丧事务及宗教活动的木鼓经曲、部落械斗报警的鼓点经曲、欢庆鼓点经曲、部落首领用于传递信号的口令鼓点曲谱。这些曲调、鼓点博大精深，折射出佤民族悠久的历史文化，是中华民族文化艺术中独特的艺术种类，具有很高的艺术价值。

（二）文学价值

在庄严的木鼓祭祀过程中产生出来的"拉木鼓舞"、"木鼓祭词"、"木鼓舞"的歌词运用了拟人法、比喻法，句式匀称，韵律有个性特点，可与唐诗宋词媲美，具有很高的文学价值，是后世佤族口头文学的源头。

（三）宗教学价值

宗教是人类社会发展到一定阶段的产物。木鼓文化贯穿于原始宗教的整个过程，是原始宗教活动的产物，是宗教意识的一种形式，是原始崇拜、自然崇拜的进一步发展。在原始、古朴、神秘、狂野的木鼓祭祀活动中，我们可以窥见万物有灵的观念，鬼神观、偶像观等幼稚的宗教雏形。这对研究和探索原始宗教起源具有活化石的作用。

（四）历史学价值

木鼓祭祀活动，包含着佤族社会礼俗、宗教、农事、天象、人生观等内容，记述着佤族的社会发展史。据有关专家考证，木鼓产生于佤族母系氏族社会晚期，随鼓而生的一系列木鼓祭祀文化作为原始宗教活动的产物，在漫长的佤族社会发展史中统领着人们的思想意识。所以说木鼓文化对研究佤族各个社会阶段的历史，有着活化石的作用。特别是对研究佤族的社会、文化、经济、宗教等方面具有历史学的价值。

（作者单位：沧源佤族自治县政协）

木鼓的功能研究

高宏慧

佤族是一个跨境民族，中国境内的佤族约有三十九万余人，主要分布在云南省西部和西南部。木鼓是佤族先民心目中神圣不可侵犯的崇拜物，从拉木鼓到祭木鼓都有一套严格的程序，他们将木鼓视为神灵、祖先及其人间的长者而加以供奉，有佤族村寨就有木鼓房，木鼓是佤族村寨存在与兴盛的标志。

一、关于木鼓的传说

关于木鼓的起源，各地佤族的传说略有不同，大体可分为以下三类：

第一类，相传在女子领导人类的时候，佤族生活在深山密林中，一天晚上女首领发现野兽趁夜逼至，情急之下便敲打起身边的木桶，想不到竟能发出"咚咚咚"的响声，不仅吓跑了野兽，而且还惊得沉睡的部落臣民火速聚集到她的周围。从此，那木桶就成了佤族头人施号传令、组织社会活动的重要器具。木桶枯烂后，他们就模仿木桶试制木鼓，但制出的木鼓敲不响。一天，一个男人发现他的妻子拍打肚子时会发出"咚咚咚"的声音，很像鼓声，于是从中得到启示，他模仿女性的生殖器做成了第一个木鼓。

第二类，佤族女首领安木拐听到从蟋蟀洞里传出一种非常好听的声音，如歌声一样美妙，于是她叫人搬来一些石头，照着洞里小石头的样子，做成石鼓，但石鼓总是敲不响。后来，她又派人砍来大树，照着洞里小石头的样子，做成木鼓，一敲果然叮叮咚咚地响，可就是声音不响亮，安木拐常为此事苦恼。一天晚上，她梦见"木依吉"笑眯眯地拍她的肚皮，肚子发出咚咚的响声，声音很大，把她给震醒了，安木拐明白了。第二天，她指着自己的肚子对人们说，以后你们就照着它的样子凿木鼓吧！后来凿出的木鼓，果然响声很大，传得很远很远。从那以后，佤族就有了木鼓。

第三类，传说很早以前，格来都娶了三个老婆，大老婆颇托不会生育，与丈夫商定买了岩砍摆做养子。后来格来都外出做生意，一去多年，岩砍摆长成了英俊的小伙子。岩砍摆与颇托发生了性关系，因为颇托的不检点，得罪了神灵，不久颇托生了病，久治不愈。格来都回来后，请大魔巴杀鸡做鬼，卜卦问天。格来都依照大魔巴问天的结果，按照颇托的生殖器做了木鼓，砍了养子的头祭鼓，鼓的声音很大，传得很远，颇托的病也逐渐好转。从此，砍木鼓猎人头祭就一直流传下来。

这是关于木鼓起源的三种类型的传说，第一类说明木鼓的创制过程，是佤族人民不断发现、认识与实践的过程；第二类传说认为木鼓的制作是依照天、依照神灵的旨意而完成；第三类传说说明木鼓的起源、供人头习俗的产生与传统的生活规范有直接的关系。木鼓创制成功后，在长期的使用过程中，除了本身所具有的神性外，人们还根据自身生产生活的需要，不断地赋予它一些特殊的功能与作用，以达到预期目的。

二、木鼓的功能

（一）木鼓的基本功能

1. 神器。木鼓的基本功能就是通神、祀神、娱神。木鼓是佤族的神物，不仅本身具有巫性，也是"木依吉"等神灵降临人间时依附的器物，凡有重大的活动都要祭木鼓。新中国成立以前，整个佤族地区的生产力水平发展十分低下，尤其是佤山中心区，除生产力水平低下外，历史上还是一个封闭半封闭的文化地带。在这样的生存状态下，人们的认知能力十分有限，普遍相信万物有灵。佤族认为人类、动物、植物、山川、河流、日月星辰及一切自然现象都有灵魂，山有山神，水有水灵，树有树魂，甚至于风雨雷电都有自己的灵魂。在所有的鬼神中，"西也"、"西永"和"木依吉"是三个最大的神，佤族将其视为创造并主宰万物的最高神灵。西也属男性，是天神。世间万物的演变、发展和消亡，包括人的生老病死、悲欢离合以及贫穷富有等等，全都是由西也安排。西永是女性，为地神。其代表是龙，管理着世间的晴、雨、旱、涝，负责惩治人世间的恶人，给崇拜她的人带来健康和长寿。木依吉是保佑万物的神灵，住在每一个寨子后面森林中的小草房里。人们遇到什么不幸或是要举行什么重大活动，如起房盖屋、婚姻丧葬、生产活动、节日活动等等，都要先上神林祭祀木依吉，祈求他的保佑。有些地方的佤族在吃饭喝酒之前，还要先洒一点在地上，以示对木依吉的敬奉。对灵、鬼、神的笃信，形成了一系列频繁的宗教祭祀活动，在这些祭祀活动中，木鼓充当了人与神灵沟通的媒介，成了神灵的代言者，在世俗生活中行使着诸多权力。

佤族支系中的勒佤人在佤历一月欢度接新水节时，第一杯新水首先要献祭给木鼓。庆祝新米节，第一碗新米饭也要献祭给木鼓。有一首供头歌舞词唱道："木鼓啊木鼓，我们猎得人头来祭你，保佑村寨得平安，保佑人畜不生病。木鼓

309

啊木鼓，我们猎得人头来祭你，保佑谷物得丰收，人们有吃又有穿。"人们深信只要敲响木鼓，无处不在的木依吉就会知道人间发生了什么事情；只要剽牛、猎取人头祭木鼓，木依吉就会保佑旱谷得到丰收，保佑村寨清吉平安、免除灾难。直到新中国成立前夕，西盟部分地区、澜沧雪林和沧源单甲等地，还延续着猎头祭祀习俗。猎人头每年分两次进行，春播前和秋收前各一次。有些地方的佤族，必须先用人头祭祀木鼓及木依吉之后，才能开始播种。盛行猎头习俗的西盟佤族认为，只有用人头祭祀神灵，谷子才会长得好，村子才会安定繁荣。沧源佤族则认为，木鼓是"通天神器"，只有用最高贵的人头祭祀，才会发挥其应有的作用。可以说，佤族猎头祭祀的一系列活动，主要还是围绕木鼓进行，通过木鼓祭祀相关神灵，在这些祭祀活动里，木鼓是通神、祀神、娱神的一种重要器物。

2. 重器。木鼓是权势的象征。从拉木鼓到木鼓的雕凿完成，整个制作过程都有一套严格的程序，其间又伴随着各种严肃的祭祀活动，充分说明木鼓在佤族人民心目中占有着神圣而崇高的地位。关于木鼓的使用与管理也表明了木鼓神圣不可侵犯的权威性。木鼓房的管理者为世袭窝朗，木鼓的敲击则由专人负责。窝郎是建寨氏族的头人，他的权威最直观的表现就是掌管木鼓。各姓氏的窝郎管理本姓木鼓房，一个村寨有几座木鼓房就有几名窝郎，他们之中又推举产生一名大窝郎，大窝郎管理的木鼓房是全寨共同举行祭祀及庆典的场所。每个村寨的窝郎、头人和魔巴都没有脱离生产劳动，他们凭借在群众中享有的威望，遵照传统道德及习惯法办事，也通过木鼓依靠神的权威使习惯法得到彻底的执行。所以说，木鼓又是权势的象征。

3. 礼器。木鼓也是一种礼器。婚礼与丧礼是世界上各民族最隆重、最古老的礼俗。木鼓作为最重要的礼器在佤族的婚礼与丧礼中占有特殊的地位。佤族的婚礼一般要举行二至三天。第一天由男方组织人到女方家送礼，送礼队伍不少于二十人，其中未婚女青年六至八人，领路人为男方的舅舅，送的礼有鸡、酒、米、盐、糖、茶等。第二天，男方家要杀鸡、杀猪、备酒请女方父母、亲戚朋友及双方家族中有威信的老人、村寨头人吃饭。当天，新娘子被迎接到男方家，当新娘子进门时，有条件的人家就要敲响神圣的木鼓，一是为喜庆热闹。二是为表示欢迎新娘子成为家庭新成员，同时也有祈福禳灾的含义。

佤族是一个厚养薄葬的民族。寨子里的老人、长者，无论是在家庭生活中还是在社会生活中都备受人们的尊重与爱戴。若有德高望重的长者去世，断气时就要敲木鼓、放铜炮枪，而一般人则没有这样的礼遇，通常只是放铜炮枪。枪声、鼓声一方面起到了报丧的作用，使左邻右舍、亲戚朋友得知噩耗前来吊丧；另一方面是用来驱鬼避邪，使死者亡灵顺利回到祖先居住的故地。木鼓在丧礼中的现身显示了死者非同一般的社会地位。

4. 发令传信。木鼓的使用与村寨生活息息相关。木鼓作为发令传信的功能古已有之，从木鼓起源的第一类传说可以看出，木鼓产生的初期，就充当了发号施令的工具，猎头祭祀习俗的盛行，更是使这一功能得到了强化。人们把最高贵的人头都献给了木鼓，还有谁敢违背木鼓发出的神圣号令呢？所以只要抓获了俘虏或是猎到了人头，进寨之前，铜炮枪一响，人们就会敲响木鼓。听到木鼓发出的信号后，全寨的人都会涌到寨门口迎接猎头队伍，并举行相应的仪式。据载，1957年春旱，西盟永广寨饮水不够用，头人夜间出来巡视，碰巧发现本寨艾香的养子与同姓姑娘发生性关系，他立即到木鼓房击响木鼓。顷刻间，许多村民手持长刀及火把蜂拥而至，他们在村里四处奔跑，一边诅咒一边肆意砍杀路上遇到的家畜以发泄怨气。按照习俗，这时无论砍死了哪家的牲畜，一概由乱伦者赔偿。艾香赔偿了一切损失。

在长期使用木鼓的过程中，人们形成了各自相对稳定的鼓语，短促而急速的咚咚声是紧急信号，听到这样的鼓声，全寨的成年男子都必须拿起武器，集合在一起；如果鼓声悠扬，那是举行庆典聚会的信号，听到这样的鼓声，人们就会穿上节日的盛装汇集在一起载歌载舞。

（二）木鼓的特殊功能

木鼓在佤族的世俗生活中，除具有以上列举的一些基本功能外，还承担了凝聚人心、调整人们的行为规范、维护和传承当地文化模式的功能，这种功能是非常特殊的。

1. 维系群心，增强团结。以现代人的眼光来看，鼓，纯粹是一种打击乐器。但是过去，在少数民族的传统生活中，它不仅仅是作为一种乐器来使用，其社会功能也是多方面的。

首先，由于历史上佤族没有自己的书写文字，在长期的生产生活实践中所形成的信仰、道德规范、行为准则，只能依靠非语言符号的实物来维持与传达，围绕木鼓产生的一系列民俗事象，无疑传达出了这样的信息。

其次，佤族大多繁衍生息在山区，自然条件比较差，生产力水平低下，依靠个人、家庭的力量难以生存。人们只有联合起来，形成团体，才能战胜自然界带来的诸多困难，适应环境而得以生存。人们结成大大小小的共同体之后，就需要有一种精神力量来维系人心，保持群体凝聚力，通过增强团结来实现群体目标。在无文字时代，由于鼓在人们生活中所处的特殊地位，它被赋予了这种特殊作用，成为民族精神力量的象征物之一。于希谦先生在《中国南方鼓文化与地域社区生活》一书中认为："在不少地区，当地居民就是使用鼓这种器物来表达群心的抽象概念及有关思想感情。"对于鼓的这一重要作用，我们可以在一些民俗活动中找到佐证。佤族的拉木鼓活动就形象生动地说明了这一点。

佤族视木鼓为"一寨之母"。他们的世俗生活与宗教活动都离不开木鼓。建一个寨子，首先要选好水源；其次要选好建木鼓房的地址。佤族格言说："生命源于水、灵魂求于鼓。"在佤族村寨，每个较大的姓氏都有自己的木鼓与木鼓房，一个寨子有几座木鼓房，这个寨子就由几个人口较多的姓氏组成。每个木鼓房都置有一公一母两个鼓，母在右，公在左。佤族尚右，右方通常代表主方。一个木鼓一般使用十多年便逐渐腐朽，这样就需要经常拉木鼓进行轮换、补充。在举行拉木鼓活动时，几乎全寨的人都来参加。第一天，寨子先组织人到山里挑选做木鼓用的红毛树，砍倒后截下两米长的树干做鼓料，凿出两个鼓耳，拴上四根粗藤。第二天早晨，全村男女老少盛装打扮，上山会餐后就开始拉木鼓，人们手握粗藤使劲向前拉，还有人在旁边呐喊助威。鼓料沉重，山路崎岖，无论力气大小，在这种情况下只有依靠大家一齐使劲，才能够发挥作用。在拉木鼓的活动中，个人力量的弱小，生产劳动的艰辛，只有依靠集体力量才能够战胜困难而有所作为的道理，在鲜活的实践中得到了充分体现，这一活动无疑增强了人们的集体归属感及其向心力，团结意识油然而生。第三，猎头祭谷习俗的存在，也是促使团结意识得到加强与巩固的重要原因之一。每当猎到异寨的人头是令全寨人极度兴奋的一件大事，猎到的人头通常要被接进木鼓房，接受人们的供奉，整个祭典过程，把离群的危险与恐怖以最富于刺激性的方式呈现在众人眼前。无须言说，生动的场景足以深刻地教育每一个人。任何人都会联想，自己如果脱离集体单独行动是一件多么危险的事。个人只有依靠集体才能得以生存，合群才会有安全和幸福的意识自然会在内心深处产生，这样，谁敢不服从这神圣的号令！木鼓成了社区群体凝聚力的启动器。

2. 调整行为，维护和传承当地文化模式。佤族崇拜木鼓，祭祀木鼓，最初的原因当是源于农耕民族的"农本"思想意识。西盟岳宋佤族传说，很早以前就有了木鼓，当时不砍人头，谷子长不好，人和家畜病死了很多。人们用狗头、猴头祭祀，不行，最后砍人头祭才好了。还有一种传说是，佤族祖先大格浪的妹妹嫁给了一位名叫艾薅的外族人，哥哥向妹夫借谷种和鸡蛋，妹夫把谷种和鸡蛋煮熟借给他，结果长不出谷子，孵不出小鸡。第二次去借，妹夫给了他九粒谷种和一个生鸡蛋并嘱咐说，要砍人头来供九个木鼓房，谷子才长得出来，小鸡才孵得出来。大格浪回去后，没有找到人头，就砍了一个蛇头供木鼓，谷子长得很好。后来，他们又砍了一个人头来供木鼓，谷子长得更好。通过这两个传说可以看出，佤族先民在开始从事农耕生产的早期，由于缺乏经验，粮食生产不理想，收成没有保证。尤其是在刀耕火种中，人们对山林的任意砍伐更是招致了自然灾害的发生。在崇信万物有灵的时代，人们自然会联想，是不是自己的行为得罪了神灵。为此人们常常会改变以往貌似冒犯神灵的一些行为，并不停地举行一系列的祭祀活动，求得神灵的原谅和护佑。较为科学的轮耕轮歇农耕制度就是这样在长期的生产实践中逐步形成的。在这一过程中，人们所付出的代价非常昂贵，可以说是用一颗颗血淋淋的人头换取的结果。"我们缺吃少穿，我们衰败病亡，无奈祭人头。""为了得吃高粱饭，为了得尝小米粥，我们才去砍木鼓，我们才去打冤家（猎头）。红懋树阿茫呵，黄葛树女王；赐我们丰收，赐我们富有。"这首木鼓祭词充分反映出了佤族猎头祭木鼓的目的是为了丰衣足食，这也是猎头习俗在阿佤山中心区之所以盛行的原因。

在佤族的习惯法中，同姓不婚，严禁乱伦，是每个人都必须严格遵守的律令。为了禁止同姓婚及惩治乱伦现象，佤族不仅用严厉的社会习惯法加以防范，还利用神秘的鬼神加以禁止。他们认为，只要发生类似情况就会触怒鬼神，必须对当事人进行严惩，方能求得宽恕。新中国成立前，澜沧南盼寨的魏撒木塞已有妻子，又与同姓女子魏窝克亨发生了性关系，并使其怀孕。寨人发现后，对他俩进行了严惩，并罚魏撒木塞剽牛砍木鼓；魏尼腊与同姓之女魏窝友发生性关系，被发现后，魏尼腊受到了剽牛祭鬼和拉木鼓的惩罚。

从以上的传说和事例中可以看出，木鼓文化的起源与当地传统生产制度及生活制度等社会规范的形成有密切的内在联系。佤族先民在祭祀木鼓时主要的目的是为了祈求谷物丰收和村寨平安。他们边祭祀，边观察生产生活中发生的变化，如果祭祀之后，遭受自然灾害或是发生了不好的变化，他们就会认为原来的做法不符合鬼神的意思，于是就不断地校正、改进自己的做法，调整人们的行为方式，以便生产生活按既定的方向前进，如此周而复始。假如有人做了违背阿佤理的事情，或是出现了乱伦现象，他们就要对当事人进行严惩，如果不这样做，他们认为就会招致鬼神降临灾难。通过这样的途径，他们逐渐形成了自己的生活制度、风俗习惯及道德风尚等方面的传统规范和行为准则。

在没有文字的时代，由于木鼓被视为"通天之鼓"、"通鬼之鼓"，被尊为"一寨之母"，自然而然地承担起了传承当地文化模式的功能。加之在祭祀木鼓的活动中，祭司们不停地轮流祷告，祭词包括人类起源、建寨历史以及拉木鼓和祈求新木鼓保佑村寨平安等内容，从天上到人间，从远古到现在，包罗万象，每一个到场的人都能反复接受本民族文化的熏陶，了解本民族的历史，并达到促使人们认真遵守和完善先民构建的文化体系、道德体系、行为规范体系之目的。木鼓文化应运而生，并构成了佤族特殊的象征文化。

三、木鼓功能的演变

随着历史的发展，木鼓作为聚会传信、神器、重器及其维持整合当地文化模式的功能已逐渐消退，萦绕在木鼓身上的神秘光环已渐渐散去，更多的时候木鼓是作为礼器、乐器来使用。源于木鼓的木鼓舞丰富多彩，"砍木鼓"、"拉木鼓""敲木鼓"、"跳木鼓房"和"祭木鼓"等舞蹈过去都是祭祀性舞蹈，只有在庄严的祭祀活动中为了祀神、娱神，为了消灾避难获得神灵的庇佑而跳。如今，在众多的庆典、节日活动里，敲木鼓、跳木鼓舞主要是为了娱人，是人们对新生活的祝福和歌唱。

（作者单位：临沧市民宗局民族研究所）

浅论佤族木鼓的社会功能和艺术价值

文清风

佤族木鼓是世界民族大家庭所有"鼓"的系列品种中最原始、独特、奇异、神圣的一个品种，是佤族传统文化的标志物，其原始、古朴、粗犷、神秘的文化内涵十分丰富，并在佤族文化发展进程中占有极其重要的统治地位和主导作用。

一、佤族木鼓的起源及制作

木鼓，佤族称"克罗"，早期是佤族先民用来驱邪除病的祭祀工具，后又是报警、巡夜的工具，具有宗教法器、乐器等多重性质和功能。它是佤族召集部落成员、出征决战、宗教祭祀、节日娱乐必不可少的通神器具，也是佤族幸福和吉祥的象征，是民族感情的寄托物，是佤族文化传承的线索，是代表佤族的民族性格、精神象征和生命图腾的神器。舞台上佤族木鼓舞粗犷淳朴、热情奔放，浑厚的鼓点震撼人心，气势恢弘，因而享誉世界。

关于木鼓的起源有多种传说，而且每个传说基本上都有不同的版本。创世史诗《司岗里》说，最早敲木鼓的是一种叫做"乔"的鸟。还有一个传说，佤族神灵世界最大的神木依吉创造了人之后，住到远远的太阳上去了，人们有事请求帮助，他听不见。有一天，女首领安木拐敲响了木鼓，木依吉就听到了，就可以与木依吉交流沟通了。从此，阿佤人就敲木鼓了。

笔者认为，木鼓的产生与佤族氏族社会的生产、生活息息相关，是与它的社会形态相一致的，既有偶然性，也有其历史必然性。

在莽莽森林中，靠采集野果和狩猎为生的佤族先民过着寂寞艰难而又不乏生趣、野性的原始生活。阿佤山这块古老的土地，气候温和，雨量充沛，土地肥沃，适于树木和经济作物的生长，但佤族先民种出的旱谷经常被野兽糟蹋、破坏，人们居住的茅草房或洞穴，也经常遭到猛兽的袭击。为了生命的安全，为了庄稼的丰收，为了祭祀先祖中的民族英雄，生产、生活中的人们——而不仅仅是哪一位先人，从"树空经敲打能发音"这一事实出发，人为地将整筒圆木掏空制作了木鼓，用木鼓"咚咚"的声音来驱赶野兽，传递信息，为族人壮胆。粗大的整筒红毛树是力量的象征，抠凿的鼓槽似女性生殖器，是母性崇拜和母系社会的产物，也反映了当时粗放、低下的劳动技能。由于木鼓能驱逐野兽，保障寨子安全和粮食丰收，人们开始敬畏木鼓，祭祀木鼓，以木鼓为中心，围绕木鼓展开了一连串的宗教文化活动，随之，佤族社会中的原始宗教、礼仪习俗便产生了。再以后，随着人们认识自然能力的提高，宗教法器功能的逐渐减弱，其歌舞娱乐功能日益突出便顺理成章了。

木鼓制作，分为选料、拉鼓、制鼓、上架四个过程，合称为"拉木鼓"。"克鲁克罗"是阿佤人拉木鼓的日子，大约在每年开春之前。"拉木鼓"简直就是佤族的狂欢节。

1. 选料。"克鲁克罗"这天一早，几十个强壮的佤族汉子扛着枪、斧、刀等东西，来到山上事前看鸡卦选好的大红毛树下，先由魔巴念上几句咒语，然后几十支火枪向大树叶齐鸣，意为赶走树鬼，然后轮流砍伐，直到砍倒大树后才歇手。

2. 拉鼓。精选一段二米左右的树干砍下，凿上两个耳洞，拴上四根粗藤条，众人齐心（拔河姿势）拉回村寨。在拉回途中不间断地有人加入到拉木鼓队伍中去。魔巴骑在树身上喊号子，大家边拉边唱。木鼓拉到寨子边时，全寨男女老幼穿上盛装，唱歌，跳舞迎接。拉回寨内后，剽牛人家（自愿出牛）将牛剽杀后分食。全寨饮酒、歌舞狂欢，通宵达旦，一连数日。

3. 制鼓。祭毕，即开始制作木鼓。先剥去树皮，把树身上部的两侧凿空四处，深浅不一，所以，敲击木鼓会发出四个不同音阶的声调。木鼓有公、母之分，公木鼓敲打时，音节中低，音色较粗重；母木鼓敲打时，音节较高，音色清脆。一般敲打木鼓时 2~4 人合奏，有时 1 人也可以敲打。祭谷、报警、巡夜、跳舞时敲打木鼓，鼓点声各有不同。

4. 上架。制作木鼓之后，必须把木鼓架到每个村寨都有的用竹片或茅草盖的木鼓房。一般一间木鼓房内支放着两三个木鼓，大寨的木鼓房也有最多放六个的。各姓有各姓的木鼓，因为木鼓是氏族的标志。

二、佤族木鼓的社会功能

木鼓创制成功后，在使用过程中，佤族根据生产、生活的需要，不断地赋予其社会功能和作用，以达到预期的目的。

1. 佤族木鼓表达了佤族的原始宗教信仰和思想感情。佤族在很长的历史长河中没有自己的民族文字，其信仰和"阿佤理"只能靠实物来记录，围绕着木鼓所产生的一系列民风民俗，无疑最能表达佤族的宗教信仰、道德规范和思想感情。"生命源于水，灵魂求于鼓"，佤族建一个新寨子，一要选好水源，二要选好盖木鼓房的地址。佤族敬畏木鼓，信仰万物有灵，认为木鼓通神。木鼓在佤族生产、生活中具有特殊的地位和作用，是佤族民族精神和思想感情的载体。

2. 佤族木鼓增强了佤族的集体归属感和向心力，团结意识油然而生。由于历史、地理等因素的制约，佤族当时的生产力极其低下，依靠个人、家庭的力量难以保障生存，只有联合起来，形成团体，凝聚成一股力量才能战胜自然界和外族带给他们的诸多困难和挑战。通过拉木鼓和击鼓出征，表明了阿佤人充分认识到了木鼓的向心力和凝聚力。

3. 佤族木鼓具有通神、祀神、娱神的神器功能。木鼓是佤族的神物，具有神性，是木依吉等神灵降临人间时依附的器物。村寨凡是举行重大的宗教活动都要祭木鼓。每年佤历一月三日的接新水节所接的第一（竹）筒新水首先要献祭给木鼓；农历八月十四日至十六日的新米节第一碗饭要献祭给木鼓，以求木依吉保佑村寨平安、粮食丰收。

4. 佤族木鼓具有聚会传信的功能。在保卫寨子平安方面，木鼓发挥着战鼓和军令的作用。不同的鼓点表示不同的信号，如短促而急速的咚咚鼓声是紧急信号，听到这样的鼓声，寨子的成年男子均立即拿起武器集合在一起；如果鼓声悠扬动听，那是举行庆典聚会的信号，人们就会穿上节日的盛装汇聚在一起，载歌载舞欢庆节日。在佤族的婚丧嫁娶中，木鼓还充当着礼器的作用。

三、佤族木鼓的艺术价值

木鼓通神，于是阿佤人便围绕着木鼓用语言（咒语）、歌声、舞蹈来表达心里的喜、怒、哀、乐，于是便有了跳木鼓房、舂碓舞、剽牛舞、甩发舞等一系列舞蹈。内容反映佤族社会、人生、农事、天象、宗教、礼俗的长篇叙事诗——《木鼓祭词》便产生了，这是一部佤族社会发展史，可惜已经失传了。

佤族木鼓具有雕刻、绘画、音响三位一体的功能，木鼓舞包括音乐和舞蹈的艺术。显而易见，木鼓不但具有神器、祭器功能，更具有艺术品的功能，它从一个侧面反映了人类原始艺术的起源，具有永恒的艺术价值。

总之，佤族木鼓属于佤族民间文学、民间美术、民间音乐、民间舞蹈及民间信仰等文化表现形式相关的文化空间范围，它是开启佤族传统民族文化宝库最好的一把金钥匙。木鼓文化是佤族古代、近代、现代社会精神生活的主要内容，它在佤族文化中占有相当的分量和特殊的位置。研究佤族社会历史、民俗、农耕、狩猎、宗教、文学、音乐、舞蹈、绘画、雕刻等都离不开木鼓这个关键词。

（作者单位：西盟佤族自治县文联）

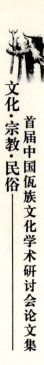

关于打造佤族文化品牌的断想

李明富

佤族，源于百濮族群，是我国南方的一个古老民族。佤族文化底蕴厚重，丰富多彩，是中华民族优秀文化园中的奇葩。打造佤族文化品牌，充分展示佤族文化的特色和优势，对于弘扬我国民族优秀传统文化，推动和发展边疆民族地区文化事业和文化产业，建设个性鲜明、文化内涵丰富的民族文化旅游品牌，促进产业结构调整，培育新的经济增长点，实现经济的可持续发展，加快佤族地区社会主义新农村建设步伐，具有重大的现实意义和深远的历史意义。

进入 21 世纪以来，随着云南省委、省人民政府"建设民族文化大省"战略思想的提出，经过佤族地区各级党委、政府的精心策划和大力宣传，打造佤族文化品牌的活动取得了显著成效：打造佤族文化品牌的氛围初步营造，打造佤族文化品牌的体制、机制、载体初步建立，佤族文化越来越为更多的外界人所认识和认同，佤族木鼓敲响祖国大地，佤族的黑头发甩向海内外，从而推动了佤族地区经济社会各项事业的发展。但由于主客观诸方面的因素，打造佤族文化品牌的工作仍然面临着许多困难和问题，致使效果还不尽如人意。本文试图通过研究什么是佤族文化，对如何进一步打造佤族文化品牌提出自己的浅见，以求教各位专家和学者。

一、关于"什么是佤族文化"的思考

（一）几种佤族文化的定义

什么是佤族文化？目前学术界主要有以下几种观点：

第一种观点，佤族文化是司岗里文化。其理由是佤族从"司岗"出来，佤族创世诗《司岗里》是佤族文化的源头，是佤族文化的核心，在佤族的发展历史上最具影响力，因而佤族文化就是司岗里文化。这种观点，虽然反映了佤族文化的源远流长和厚重的历史积淀，但却不能充分展示内容丰富和不断发展的佤族文化，即只能说清"源"，而不能表现"流"，因此我认为是不全面的。

第二种观点，佤族文化是木鼓文化。其理由是过去许多佤族地区信仰原始宗教木鼓教，加之木鼓是母亲的象征，是佤族的通天神器，木鼓和"司岗"一样重要，一样神圣，拉木鼓不但形式独特，而且含义隽永，因而木鼓文化即佤族文化。不可否认，木鼓文化一度是佤族这一共同体共同的文化特征，是他们最大的文化圈，这一文化构成了佤族最具代表性的民族文化；木鼓本身显示了佤族精湛的木刻艺术，厚重的木鼓表现了佤族勤劳勇敢、善良诚实的民族个性，木鼓舞成为佤族最具代表性的舞蹈。然而，自从"赛玛教"和大乘佛教传入佤山许多村寨以后，大部分佤族地区不再信仰木鼓教，废除了猎头祭谷的习俗，木鼓文化在许多地方已经不发展，不再成为佤族文化的核心和代表。因此，木鼓文化虽然内容丰富，并曾在佤族发展史上辉煌一时，但把佤族文化说成木鼓文化，我认为也是不全面、不完整的。

第三种观点，佤族文化是牛头文化。其理由是佤族崇拜牛，牛是佤族的图腾，遇有重大祭祀和节日庆典活动，佤族都要把牛作为牺牲品，用于祭神敬祖宗。但是，通过认真分析发现，佤族的图腾不是牛，佤族也不崇拜牛。牛，一方面是佤族的生产工具，是佤族忠实的劳动伙伴；另一方面是财富的象征，在重大的祭祀、庆典等活动中，佤族不惜牺牲自己忠实的劳动伙伴来祭鬼神祭祖先，但并不是时时处处都能剽牛，也不是每一户人家都能剽牛，只有在举行重大活动时少部分有权有势的人家才能剽牛。这说明神灵、祖先比牛更重要，更伟大，剽牛祭神敬祖，意在舍财免灾，舍财求安康幸福。过去，许多富裕人家以能剽牛、房头上的牛头越多作为家庭富足、身价显赫的体现。由此得出，牛头文化也不能完全囊括佤族文化。

（二）对佤族文化的理解

我们知道，文化通常是指人民群众在社会历史实践过程中所创造的物质财富和精神财富的总和。同样，佤族文化是佤族人民在长期的社会历史实践过程中创造的物质财富和精神财富的总和。因此，要研究佤族文化，首先要研究佤族的历史、经济、宗教、习俗以及社会发展情况等，只有了解了该民族的方方面面，才能了解这一民族的文化内涵。佤族文化之所以神秘莫测，之所以丰富多彩，主要是佤族文化与佤族悠久的历史有关，与佤族信仰万物有灵的原始宗教有关。基于这样的分析，我认为佤族文化是一种充满神秘色彩的魂灵文化，或者叫祭祀文化。即魂灵像一条红线贯穿佤族文化的始终，而司岗里文化、木鼓文化、牛头文化、祭祀文化等，都是由魂灵文化派生出来的，或者说是魂灵文化的表现形式和主要特征，它们犹如一颗颗五彩斑斓的珍珠镶嵌在"魂灵"这棵中柱上。此外，佤族文化还应包括节日文化、服饰文化、饮食文化、火塘文化、酒文化、神文化、鬼文化等，这些文化也体现着万物有灵的原始宗教信仰。所以说，佤族文化的核心是魂灵文化,祭祀活动既是她的传承载体,同时也是她的主要表现形式。

二、对打造佤族文化品牌的几点建议

打造佤族文化品牌是一项长期、艰巨、复杂的系统工程,它贯穿于建设民族文化大省的全过程,贯穿于佤族地区社会主义新农村建设的全过程。因此,我们必须坚持从实际出发,把长远规划同阶段性的任务结合起来,统筹规划,合理布局,突出重点,突出特色,分步实施,使之在不太长远的时期内大见成效。

(一)营造氛围

通过几年的大力宣传和精心打造,佤族文化已日益被越来越多的外界人所认识和接受,打造品牌的氛围初步形成,为进一步打响佤族文化品牌创造了条件。但仍有一部分干部、群众缺乏正确的认识,比如在临沧,一部分人认为:临沧不是佤族自治地方,为什么只打造佤族文化品牌,而不打造其他民族文化品牌;打造佤族文化品牌,会影响其他民族的感情,会压抑其他民族的文化,会影响民族团结,带来新的不稳定因素。究其原因:一是宣传力度不够;二是工作缺乏系统性和连续性;三是缺乏应有的载体;四是缺乏标志性建筑物和文化标志。由于上述问题的存在,致使打造佤族文化品牌的氛围没有真正形成,在很大程度上影响着品牌的打造。因此,我们必须强化氛围的营造,为佤族文化品牌的打造大开绿灯。要强化氛围的营造,首先是要加大宣传力度,即广泛地、深入地、有声势地开展佤族文化的宣传活动。通过广泛深入地宣传佤族文化及打造佤族文化品牌的意义,使佤族地区的各族干部群众充分认识到:打造佤族文化品牌是贯彻落实"云南民族文化大省建设纲要"的客观要求,是佤族地区加快社会主义新农村建设的需要;打造佤族文化品牌,有利于挖掘和弘扬佤族优秀的传统文化,有利于开发佤族文化资源,发展佤族文化旅游业,有利于佤族地区的对外开放,促进经济社会发展。这是利在当代、惠及千秋的民心工程。其次是要兴建载体,塑造形象,诸如在重要城镇兴建一批标志性建筑物,兴建佤族文化生态村,干部带头穿着佤族服饰,在重要服务部门或窗口推行佤族文化标志系列工程等,为佤族文化品牌的打造营造浓烈的社会氛围。只有这样,打造品牌的工作才能顺利进行,卓有成效。否则,将阻力重重,雷声大雨点小,达不到预期目的。

(二)加强研究

搞好研究工作,是塑造品牌、打响品牌的基础和前提。目前,需要研究的具体问题很多,诸如什么是佤族文化、佤族文化的核心和精华,如何确定与保护品牌问题,如何规范佤族文化品牌开发与市场营销问题,如何建立健全有效的研究和发展机制问题,如何使打造品牌的活动更好地为建设社会主义新农村服务的问题,如何解决打造佤族文化品牌与弘扬其他民族优秀传统文化冲突的问题等。可谓急需研究的课题很多、任务很重。而我们目前的状况是什么呢？一是没有专门的研究机构；二是没有联合起来的研究队伍；三是没有必要的研究经费；四是没有具体明确的研究计划和目标。许多业余研究人员多是业余爱好、各自为政、单打独斗，形不成规模，成不了气候。因此，佤族文化的研究和品牌的打造举步维艰，成效不尽如人意，对经济、社会的发展起不到应有的推动作用。

要彻底扭转这一不良局面，使佤族文化品牌的研究和打造卓有成效，必须切实加强理论研究工作。一是要依托省级研究机构、民族院校的科研力量和优越条件，加强重大课题的研究，使之起到指导和帮助作用；二是要在临沧、普洱等佤族文化荟萃的地区建立高规格的研究机构，并调配数量充足、业务精通的研究人员，真正担负起繁重的研究任务，真正成为名副其实的佤族文化研究机构；三是要切实解决研究经费、工作条件等具体问题，为研究工作创造良好的环境和条件；四是要积极创办佤族民间文化传习院（班），促进特殊人才的培养，要保护好高龄文化传承人，培养中、青年文化传承人，以确保佤族优秀文化的挖掘、整理、传承后继有人；五是要坚持理论与实践相结合、近期目标与长远目标相结合的原则，制订切实可行的研究方案、任务、目标，使之更好地为佤族地区建设社会主义新农村服务，使佤族人民早日摆脱贫困、步入小康。

（三）培育支撑

这是一个如何使理论研究与经济建设相结合的问题。我们的研究工作不能是纸上谈兵，不能为了研究而研究，必须使研究工作与当前的经济建设很好地衔接，以实现很高的经济、社会效益。这样，我们的研究才有价值、才会出成果、才能得到领导和群众的大力支持。如何做到这一点呢？那就是在加强理论研究的同时，要逐步应用我们的研究成果，着力培育文化产业支撑体系，既可以解决研究经费缺乏的问题，同时又使我们的土特产品增加文化含量，为打造文化品牌提供更广阔的空间。如云县茅粮集团生产的司岗里木瓜酒、沧源生产的崖画牌牛干巴等品牌产品，就是很好的例证，既推出了自己的品牌，又宣传了佤族文化，收到了很好的经济和社会效益。

在《临沧地区打造佤族文化品牌课题研究报告》中，我们从佤族服饰、佤族建筑、佤族医药、佤族旅游商品、佤族歌舞等五个方面，提出了二十多个开发项目建议。如果这些项目能得到社会的认可，并逐步得到开发，就可以为佤族文化品牌的打造培育庞大的产业体系，不仅打响了佤族文化品牌，而且促进了地方民族工业和民族文化旅游业的发展，使文化研究与经济发展实现有机地结合。为此，我们在强化研究工作的同时，要积极寻求研究工作与项目开发紧密结合的有效途径和最佳方式，并加大招商引资的力度，不断拓宽投、融资的渠道，使更多的研究课题变为有经济效益的项目开发，为打造佤族文化品牌培育产业支撑，并逐步形成庞大的集群体系。

（四）健全机制

研究、打造佤族文化品牌受到严重制约的又一个重要方面，就是尚未建立健全相关的制度和机制，缺乏应有的政策和制度保障，缺乏应有的发展机制和激励机制等。因此，必须尽快研究和制定相关的政策和法规，建立健全相关的制度和机制。首先，佤族地区，特别是佤族自治地方要尽快研究、制订有利于打造佤族文化品牌的条例和规定，重点是制定和完善文化资源、文化知识产权保护等方面的条例和制度，为品牌的打造提供强有力的法制保障。其次，要建立健全文化产业发展机制，即建立与社会主义市场经济相适应，以资本为纽带、政府宏观调控、多种所有制形式并存的文化产业发展机制，尽快培育和发展佤族文化市场。再次，要建立健全有利于佤族文化产业发展的激励机制，鼓励研究人员大胆创新，重奖为研究和打造品牌作出突出贡献的部门和个人。第四，要建立区域联动机制，即实行上（省）下（市、县）左右（境内市与市、境内与境外）联动机制，成立跨市、跨省、跨国的学术研究机构，定期举办学术研讨会，适时进行沟通与交流，做到资源、信息共享，联手做大、做强佤族文化品牌，使佤族文化品牌打响全国，打响全世界！

（作者单位：临沧市政协民族和宗教委员会）

浅谈西盟佤族宗教信仰现象及其
价值取向和社会意义

岩 改

一、西盟佤族的宗教信仰

西盟佤族的宗教信仰是万物有灵的原始宗教。在人们的观念中，山川河流、动物植物、任何有生命的东西以及一切还没有被人认识的自然现象皆有"灵魂"或"鬼神"。认为鬼神世界和人类世界一样，要吃要喝，要穿要用，要睡觉要劳动，鬼神存在于整个宇宙空间，无所不在、无所不包、无所不为，左右着人们的凶吉祸福。诸如刮风下雨，久旱不雨，地震崩裂，洪水淹没，雷电伤人，寨子失火，瘟疫流行等等，都认为是鬼神所致。因此，事情无论大小，佤族人民都要杀鸡占卜，预测凶吉，杀牲畜祭祀，求神灵保佑，消灾避邪，六畜兴旺，粮食丰收，寨子平安。

西盟佤族的原始宗教主要表现为自然崇拜、先祖崇拜、鬼魂崇拜、神灵崇拜、英雄崇拜、图腾崇拜、动植物崇拜等。自然崇拜，是佤族最初的崇拜形式，其崇拜对象是天体、土地、山河、水火、雷电、洪水、风雨等；先祖崇拜，是对已故祖先的崇拜，其实是对已故先祖们的一种怀念方式。佤族在做大小祭祀活动，平时用餐、喝水、喝酒和吃其他食物时，都要把第一滴酒、第一滴水、第一粒饭、第一支烟等先给他们，同时也要祭给其他鬼神，然后才给活着的人，以保人畜平安兴旺，避免疾病感染、祸患上身；鬼魂崇拜，是佤族主要崇拜之一，佤族认为，一切事物都有灵魂，即使已死了几百年、几千年的祖先，他们的鬼魂还时时跟我们在一起，都在保护着每个人。他们不允许我们做任何错事，一旦做了就会受到严厉的惩罚；神灵崇拜，也是佤族主要崇拜对象之一，它是对所有神灵的一种崇拜，其崇拜对象是土地、山神、河神、水神、火鬼、动物鬼、人鬼等。佤族认为，神灵无处不在，人不要得罪他们，不然他也会害人；英雄崇拜，是对本民族最具影响力和号召力、常常被当做神的象征来崇拜的人物的崇拜，像神话传说中的机智人物江三木落等人物形象，是佤族人民智慧的象征，是所有佤族男女崇拜的偶像。过去佤族猎砍人头，一旦部落中强壮的男子被别的部落砍掉了脑袋，部落的人就会把他当英雄来崇拜，并教育后一代年轻人；图腾崇拜，在佤族所有信仰中是比较神圣化的崇拜对象，主要表现为把谷子、木鼓、牛、老鼠、鸟、老鹰、蛇等动植物当做神灵崇拜。在佤族生活中，免灾是常有的事，为谷子招魂也是一年中必不可少的祭祀活动之一。在万物有灵的原始宗教意识中，他们认为"木依吉"和"阿依俄"是创造万物的神灵，是世界最高主宰者。"木依吉"神是最高的神祇，人类的一切凶吉祸福都是由他安排的。"阿依俄"神，供奉在室内"鬼火塘"边的显著位置，主人在遇到生育、死亡、婚娶或建盖房屋、收买养子、奴隶时，要祭祀祈祷，祈求保佑。

新中国成立前，由于万物有灵的宗教信仰很深，导致了西盟佤族较频繁的宗教活动，不管做任何事情，他们都要求助于和告知"鬼神"。除了家庭、个人经常性的祭祀活动以外，每年照例举行的全寨性较大的宗教活动，有祭木鼓、供人头、砍牛尾巴、剽牛、做老母猪鬼、祭司岗里、祭龙摩爷等等。传统社会的西盟佤族，遇有天灾人祸要做鬼，家中和个人的重大事情要做鬼看卦，有了疾病也要做鬼求愈。基于宗教信仰的禁忌也是很多的。每年宗教活动的安排和时间，各个寨子大体一致，略有不同。

祭木鼓：佤语称"苦鲁克落"，木鼓是佤族的最高崇拜物，是通天神器。在过去，佤族各寨都有一个或两个以上的木鼓房，房里支放着一对木鼓（俗称一公一母），供奉着人头。供人头和砍牛尾巴都是围绕着祭祀木鼓而进行的。在佤族人的意识中，木依吉神平时住在天上，只有当他听到了木鼓声才来到人间，住在木鼓房里，附在木鼓上接受人们的崇拜。因此，祭木鼓也就是祭拜木依吉神。木鼓是集合群众的信号，在做某些鬼时也要敲木鼓，有时候也用于娱乐。

供人头：传说在17至20代人以前，人类在迁徙途中遇到了洪水之祸，于是砍人头去祭。另一传说是很久以前，人类遇到天灾人祸，人和牲畜大批死亡，谷子也长不好。人们用各种兽头祭"鬼神"求救，但无效，后来砍人头祭鬼，才免于灾难。这说明佤族砍头之习俗由来已久，是在人与自然的斗争中产生的。对于人头本身也有不同的看法：有人认为是祭品，有人认为是祭品同时又是崇拜的对象。其意义是祈求木依吉神保佑寨子平安，人丁兴旺，粮食丰收。由于砍人头血祭，村寨部落之间的纠纷械斗频繁。近百年来，砍人头血祭的习俗已由原来对祖先和鬼神的崇拜发展到民族复仇，严重影响了民族团结和社会进步。

砍牛尾巴：砍牛尾巴的意义是把供在木鼓房里的人头骨送到"鬼林"里去安放。时间在公历3~4月，年内只能安排一户主祭，人口多的寨子也不能超过四户，全过程历时12天。主祭户（涅农）要邀请一户亲家做陪祭户（涅鲁）支持。砍牛尾巴习俗，现在已基本被废除了，以往是佤族较为普遍和较大的宗教活动之一，各寨每年砍牛尾巴的次数不一，时间也不相同。砍牛尾巴的意义是送人头鬼，即把旧人头送出寨外。砍牛尾巴的牛是黄牛，但同时还要剽杀一至数头水牛。被砍的牛，肉由大家抢食，抢肉的场面很惊险。

剽牛：佤语称"要嘎拉"或"要梅"。不纯属宗教活动，但又与宗教活动密切相关，每逢大的宗教活动都剽牛，一是作为祭品，二是用于招待被宴请的头人。

除宗教活动剽牛外，平时的剽牛请客是三天。第一天开门，把正门拆开扩大，栽牛角叉，祭祀木依吉神，祈求保佑；第二天剽牛，请客吃饭，客人喝酒、唱歌、跳舞，祝贺主人；第三天关门，把拆开的门重新安好，打扫环境，客人返回，剽牛活动遂告结束。

佤族剽牛不剥皮，大部分连皮带肉分送给哥哥，右后腿送给弟弟，左后腿和脖子送给姐妹，牛身一剖两半，一半招待客人，另一半分送所有来客，主人只剩头脚。

做老母猪鬼：是祭祀"家神"（阿依俄）的宗教活动，意义是传授本姓人的家史。什么时候举祭由本人决定，不需头人会议批准。

祭拜"龙摩爷"：龙摩爷是佤语，意为圣地。相传是众神灵的聚集地，佤族用吉祥物——牛头祭祀龙摩爷，久而久之龙摩爷便成了佤族心目中不可侵犯的圣地，人们只要在龙摩爷的牛头桩上挂上麻线，祭上米、烟、酒、茶叶、钱物等，便与神灵有了自然的联系，一年中就会得到神灵的保佑，遇到凶险时，会逢凶化吉，平安无事。挂线时若是诚心地许下心愿，神灵会帮助实现，若是做了坏事，就会受到神灵的惩罚……其实这是一种人们对真、善、美的向往。从前佤族祭祀的礼节是：男性祭祀姿势为右手扶左肩，左手伸到膝盖前指路，慢步而过；女性祭祀姿势为，左手护胸，右手伸至脚膝盖搂裙。每当举行重大活动或者部落之间需要解决矛盾和纠纷时，就把水牛作为庆祝活动最好的吉祥物，举行盛大的剽牛活动，并把牛头保存在龙摩爷，渐渐地，龙摩爷里的牛头越来越多。走进龙摩爷，映入眼帘的到处都是奇形怪状、千姿百态、极具震撼力的牛头，无形中给龙摩爷增添了神秘的色彩。

二、西盟佤族原始宗教的价值取向和社会意义

（一）西盟佤族原始宗教的价值取向

西盟佤族原始宗教的价值取向主要反映在农业生产和对祖先的崇拜等方面。西盟佤族原始宗教崇拜的对象往往指向与人们的农作物生产和生活有密切联系的各种自然物以及对祖先的挂念。如：原始的"刀耕火种"，佤族祖先并不是想要

砍哪里的树林地就随便砍哪里的树林地，想砍多宽就砍多宽，而是首先要选定好日子，并在当天下午大约 3 时到 4 时这一时段之间，到自家看好的那片地上砍光一小片就返回家中。这一天一家人就必须进行禁忌，不迎接远方客人，晚上睡觉时，就要注意梦见了什么或者有些什么反映。家里人如果梦见的是吉祥物，认为就是给自家粮食生产带来大丰收的好兆头，就在那里的树林地砍 5 ~ 10 亩左右的农用耕地。如果梦境不好，就得重新选地点和日子等等。

自古以来，西盟佤族居住在处于怒山山脉南段的阿佤山中心区，属中高山峡地带。这里雨量充沛，气候温和，光照适中，适宜亚热带各类作物的发育生长。很早以前，西盟佤族就学会了种植稻谷、包谷、荞麦、小红米和豆类等农作物，主要以种植旱稻、小红米为主。在长期的生产劳动中，他们掌握并熟悉了各种植物的生长过程和特点。

原始宗教是原始时代人类对于自然的认识和理解，在一定的条件下产生，必然带有自己的特点，打上特定环境的印记。从事种植业特别是旱地种植，离不开山、水、地、雨、太阳、雷、河、天等自然物，树木、牛等又是重要的生产资料。由此形成的原始宗教观念不能不指向与人们的生活、生产具有密切联系的各种自然现象。山、水、地、树、雨、太阳、雷、河等成了佤族先民崇拜的对象，具有超自然的力量而被神化。西盟佤族居住的地方适宜从事旱谷、小红米、荞麦、包谷和豆类等农作物的种植，他们所崇拜的只能是与他们所从事的这些农作物生产对象有关的自然现象。

西盟佤族耕地有水田和旱地两种。旱地可分犁挖地和"懒火地"两种，犁挖地就是把地上的小树和杂草铲倒、晒干、烧光后，再用锄头挖或用牛犁进行翻土的地。"懒火地"就是刀耕火种的地。新中国成立前，西盟佤族就是靠旱地来种植旱谷、小红米、荞麦、包谷等农作物来维持生存的。佤族种植旱谷、小红米、包谷、荞麦的文化丰富多彩，历史悠久，浸透着大量的原始宗教观念。种旱地主要靠火烧、矛点种、牛犁等工具。牛是从事耕种不可缺少的，很早就用于牛犁耕作，牛和佤族人民结下了亲密的关系，人们处处加以爱护。由于牛与劳作有关，在进行宗教活动时，才剽牛祭祀"司岗里"、龙摩爷、木依吉，牛头成了一种吉祥物，牛也被当作了一种神灵崇拜。旱谷是佤族的主要粮食作物，佤族神话传说中流传着的谷种的来源足以证明谷子对佤族先民的重要性和必要性。在原始社会中，佤族先民把教育后代如何珍惜粮食、如何种植农作物等传授给子孙后代，希望他们不能忘记这些最基本的、赖以生存的物质条件，并得以世代相传。因此，一旦遇到年景不好，天旱雨毁，颗粒不收，为了得到充足的物质生活，佤族先民便借助于"神灵"或"鬼神"，祈求赐予好年景，让谷子、小红米、包谷、荞麦等农作物丰收满仓。这样一来，在他们的思想观念中，便产生了招谷魂等宗教祭祀，这些与人们生产生活息息相关的农作物及其相关的自然物便成了人们的崇拜对象。

农作物种植业的产生，使佤族先民的注意力普遍集中到与这些农作物有关的自然物上来，带来了与这些作物文化有关的各种崇拜活动，形成了具有农耕文化色彩的原始宗教。由于生产力低下，思维认识能力落后，对于种植农作物及其有关的自然现象只能通过幻想来认识和理解，于是产生了与种植农作物有关的宗教观念，人们对自然现象进行崇拜，山神、水神、树神、土地神、雷神、太阳神等出现了。随着种植业的发展，人们不但要崇拜自然，而且要改变自然、利用自然，要发展提高种植业技术，于是就产生了佤族祖先造万物的传说神话：木依吉、阿依俄造出了天地、河流、山川、风雨、太阳、月亮、田地、泥土、犁耙、镰刀、房屋、火、筛子、锄头等等。这不就是一个佤族农作物种植的生活方式、生产方式吗？人们的想象始终以旱谷、小红米、荞麦、包谷等农作物生产为基础，从崇拜山川河流、日月星辰、土地树木到创造天地万物、田地工具，不仅把人们崇拜对象由物转移到人，而且反映了佤族种植旱谷、小红米、荞麦、包谷等从无到有、由少到多的过程。佤族先民种植农作物不是从来就有的，也不是神灵赐给的，而是通过人们的辛勤劳动、通过人们的努力实践得来的。

佤族祖先崇拜分为两种，一是一姓人的始祖，一是当代人所敬奉的父母和祖父母之灵。佤族对已故祖先的崇拜，不仅仅是对已故先祖们的一种纯粹的怀念和尊敬，更重要的是对祖先们在生产生活、血缘家庭教育、社会交往处世、抚育引导、护佑平安等方面为子孙后代所作出的滴血汗水和牺牲的一种悼念和敬仰。在恶劣的自然环境、贫乏的物质生活、众多的社会压力下，面对凶猛野兽、自然灾害、部落械斗等等，佤族祖先们一代接着一代，为了保护、抚育、教育、引导自己的子孙后代能够苗壮成长，他们不惜一切代价，与猛兽和大自然作了艰苦卓绝、不畏艰难的斗争，想方设法创造有利条件。为了获取更多的生存食物、提供丰厚的物质基础，他们不断开辟天地、发明创造，作出了巨大的牺牲。正因为如此，人们在举行祭祀祖先活动或平时用餐、喝水酒，甚至在吃其他零食的时候等等，总是念念有词："祖先们，走好啊！你们在土底下，好好保重！也要让我们儿女、子孙后代在人间过个安康吉祥的日子。让我们走好路，不误入歧途，不受伤害。"正是因为祖先们通过和自然进行搏斗，为后代创造了生产生活资料，提供了生存环境，同时，用自己的言行举止，努力做到"大凡教子有方，教子有成的人"，使原始家庭、血缘关系能守规矩、平等团结、和睦共处地发展，因此，人们把祖先神圣化，作为崇拜对象进行崇拜。

在原始的佤族社会里，人们吃、喝用的旱谷、小红米、包谷、荞麦等农作物要靠土地来播种养育、出土发芽、开花结果、成熟收获；吃饭、防寒取暖靠火、柴禾等，同时，火也会引发火灾、烧毁房屋、森林，甚至庄稼、人畜等；盖房住宿靠树木、竹林；解渴、洗东西等要靠泉水，打捞捕鱼靠河流，而河流也会泛滥、发生水灾等等，这一切的一切，无不与人们的生产、生活有关，离开了这些最基本的生存条件，人们必死无疑。因此，人们的观念中产生了对这些自然物的种种幻想和想象，把它们当做崇拜的对象进行祭拜。从而产生了土地神、山神、河神、水鬼、火鬼、林鬼等等。另外，佤族的宗教价值取向还反映在某些对自己生产生活有用的动植物上来。从上述来看，万物有灵的佤族原始宗教价值主要取向于与他们的生产生活有关的自然物和人，他们往往把这些自然物当做崇拜对象，以通过祭祀这些被神圣化的自然物和祖先来解脱自然界带来的现实苦难。现在西盟虽然崇拜自然，具有浓厚的原始观念，但他们并不因此完全相信神灵的作用，而是依靠自己，依靠人的力量，发挥阿佤人的创造精神，发展生产，提高生活。在创造阿佤独特文化中，表现了人们的奋斗精神。阿佤人崇拜山、水、土地、雷、太阳、树木等，但他们并不害怕这些鬼神。由于地理条件、自然气候对生产生活的影响很大，有时对生产生活有利，有时则无利有害。每当灾害出现时，人们往往挺身而出，奋不顾身，与大自然作斗争。这正是西盟佤族宗教信仰价值取向由神灵的力量转向人的力量的一大转变。

（二）西盟佤族原始宗教的社会意义

一是维系社会。在人类社会形成和发展的早期，佤族社会是被神圣化的。换言之，原始佤族社会的存在依据往往被说成是神圣的，而归其存在之合理性的说明，是由万物有灵的原始宗教来承担的，即由佤族社会中创造万物的神灵木依吉和阿依俄来操纵一切。这一点，可以从佤族宗教活动中得到印证。

二是提供意义体系。在传统佤族社会，万物有灵的原始宗教是人们认识世界、解释世界的手段。宗教为自然界的一切现象——日月星辰的运转、四季的更替、各种自然灾难，人的生、老、病、死，人生的凶、吉、祸、福以及社会秩序——财富、力量和权利的等级，提供了一种论据，为人提供了一种基本的世界观。

三是影响、约束人的观念和行为。在佤族传统社会中，万物有灵的原始宗教承担着整合社会价值观的力量。佤族先民伦理道德的价值判断及行为规范主要来自宗教。佤族原始禁忌对整个佤族社会都具有重要影响，这些与宗教观念、原始崇拜紧密相关的禁忌是佤族先民日常言行、生产、生活、婚姻、饮食、生育、殡葬、服饰、节日、礼仪等方面的基本指导和主要评判标准。

一言以蔽之，原始宗教在佤族传统社会的意识形态方面具有垄断地位。它不仅维系着整个社会的秩序，而且论证着整个社会存在的合理性；与此同时，又在政治、教育、道德等方面发挥着巨大的影响。佤族宗教禁忌，是人们从事生产活动、进行相互交往以及日常生活中必须遵循的规范。另一方面，作为一种社会现象，万物有灵的佤族原始宗教必然随着社会的变化而不断调整自身。那么，处于原始社会末期直接过渡到社会主义社会的佤族原始宗教，还具有它在传统社会的那些价值与意义吗？

　　作为生活在社会主义社会的佤族人民，已经"以理性的、此岸的天命取代了非理性的、神意的天命"，也就是说，社会主义社会的佤族人民不再需要木依吉神和阿依俄神作为说明自己存在之合理性的帷幕，佤族社会从神圣化或宗教化，逐渐变得非神圣化即世俗化，祭拜"司岗里"、龙摩爷不再是真正意义上的为了祈求神灵赐予吉祥安康，而已经成了一种特有的文化习俗。在科技迅速发展的今天，科学理论已浸透佤族人民的思想观念，佤族人民对社会的看法及日常生活的观念也随之发生了改变，万物有灵不再能够为全社会提供共同价值准则与基本世界观。由于社会结构的多元化和人的认识结构的改变，人们的生活行为准则也变得多元，判断其对错是非的是法律。因此，原始宗教的那些禁忌对人们行为的影响只局限于个人，不再具有普遍的社会约束。诸如在祭拜"司岗里"、龙摩爷等祭祀活动中，除了魔巴和随行举行祭拜仪式的人外，多数在场的人都是处于一种好奇心而前来观望的，他们并非必须守约于祭拜仪式的相关规定。

　　尽管这些重大的变化使得佤族原始宗教的价值和社会意义逐渐衰落，但是，由于它们主要是体现在精神上，在现代社会中仍然能够体认出传统、原始的价值和意义。

　　原始宗教在现代社会虽然丧失了某方面的价值，但它并没有被其他意识形态或文化形态所替代，如：佤族的思想观念中，还一直认为木依吉、阿依俄等"鬼神"左右着人们的生产生活、饮食起居。这是因为，原始宗教独具的价值和意义在今天更加凸显。由于现代社会的结构日益复杂，为人提供的各种机会增多，致使人的欲望增多，竞争也增多，因此，现实与理想之间的差距会越来越大，可能影响人的生活的因素也越来越复杂。此外，科学并不能够解决人的存在问题，因此，原始宗教的"宗教价值"反而由于现代社会生活的单面化、非人化、非情感化，由于人与自然的疏离，人与人之间的隔膜而得到强化，由于物质生活丰富与精神生活贫乏的反差而得到强调，由于现代社会给人带来的孤独感、冷漠感而更为人所需要。原始宗教在现代社会转向加强了对道德的强调，尤其是强调宗教与整个社会相同的规范与价值取向，由于个人的身份趋于复杂化，在这种状态下，宗教的认同价值得以加强。原始宗教的这种价值与社会意义尤其对于社会中的孤独者、社会地位低下的民众等更具有重要意义。宗教是否具有某种永恒的价值和意义？舍勒（M. scheler）说，宗教是"人的头脑和灵魂的一种基本天赋"。贝格尔（p. Berger）认为，人是一种精神动物，他不只是寻求生存的手段，他也关注生存的意义，而且是在最深层次上寻求生存的意义。

总之，万物有灵的原始宗教在西盟佤族先民的思想观念中已根深蒂固，在佤族社会的每一个历史发展阶段中都带有神灵或鬼神的烙印。在他们的生产生活中产生了各种各样的、离奇古怪的崇拜现象和崇拜对象，支配着他们的精神世界。如今，西盟佤山独特的人文景观、自然风景、风土人情和神奇迷离的宗教文化已经吸引了不少中外有识之士和游客。作为一种最古老而又原始的西盟佤族原始宗教信仰，它所隐喻的价值取向、宗教价值和社会意义，应该是值得我们子孙后代去探究、思考和评析的问题。

（作者单位：普洱市西盟县广播电视局）

浅谈西盟佤族神话与宗教习俗在旅游产业发展中的运用

谢佳学

　　云南省西盟佤族自治县是世界佤族文化的发祥地和荟萃地，是阿佤山的中心地区，是全世界佤族共有的心灵家园。西盟佤族从 20 世纪 50 年代的原始社会末期直接跨入现代社会，由于社会形态的直接过渡，使这片土地上古老的原始神话、宗教习俗和现代文明有机地结合在一起，因此，西盟在人们的眼中古老而又神秘，具有较高的旅游开发价值和科研价值。

一、西盟县在旅游业中利用神话与宗教习俗的情况

　　阿佤人与其他民族一样，从原始社会中走来，当其他民族在漫长的历史发展长河中对神话与宗教习俗渐渐淡忘时，阿佤人却像昨天走过的路一样，将其清晰地留在了脑海中。佤族没有文字，靠口耳相传的形式记录着本民族的神话与宗教习俗，印刻着原始社会末期的佤族先民对自然和人类的认识痕迹，内涵非常丰富。当时，由于生产力极度落后和科学知识的缺乏，佤族先祖不能正确地理解自然现象和各种灾难，从而产生恐惧心理，就用自己所能理解的方式去诠释万事万物，祈祷神灵能够保佑人们：山洪不要暴发、大地不要颤抖、雷火不要出现、谷物不要受灾、保佑人畜平安，祈盼神灵帮助人们主宰世界。因此，佤族的神话与宗教习俗和生产生活紧密地融合在一起，成为阿佤人认识世界的唯一规范，阿佤山也就成了人神共居的神奇家园。

　　（一）西盟县佤族神话、宗教习俗概况

　　西盟县佤族最崇拜的是大鬼"木依吉"，佤族人民把他看做是创造万物的"鬼"，认为他创造了世界，并赋予动植物和人类各种不同的机能。他似光、似水、似空气，无处不在、无所不能。开天的达路安，辟地的达利吉，管地震的各拉日姆，掌管打雷的达阿撒，佤族先民古时候的领导克里托，都是木依吉的儿子，他们分别掌管不同的职能。为了使司职各种职能的鬼神保佑人们健康、平安，需要针对不同的鬼做不同的祭祀和朝拜活动。佤族剽猪、剽牛和猎人头，都是为了供奉木依

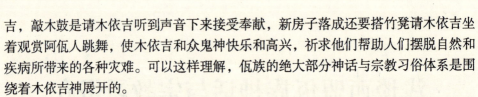
吉，敲木鼓是请木依吉听到声音下来接受奉献，新房子落成还要搭竹凳请木依吉坐着观赏阿佤人跳舞，使木依吉和众鬼神快乐和高兴，祈求他们帮助人们摆脱自然和疾病所带来的各种灾难。可以这样理解，佤族的绝大部分神话与宗教习俗体系是围绕着木依吉神展开的。

西盟佤族的神话中始终贯穿着善恶评价，给人以明晰可感的伦理教训。诸如《司岗里》中记述："雷神（达阿撒）和妹妹彩虹（牙董）发生了性关系，致使村子遭到洪水的冲毁，谷物受灾，使人们生活在痛苦之中，兄妹俩见此十分羞愧，从此，雷神上了天，在即将上天的时候告诫人们以后不能像他一样，否则会遭到他一掌劈死；彩虹妹妹无地自容地钻到土里，发誓永不相见，只是在雷声响过、雨过天晴的时候偶尔可以看到。"这一神话形成了佤族同姓之间不结婚的习俗并一直流传下来，使该民族的人口得到生生不息的优质繁衍。在当时的原始社会就利用自然现象来规范人们的伦理道德和行为观念，与当今科学的生育观不谋而合，在种族的生息繁衍发展中起到的作用是不言而喻的。诸如此类的神话传说在《司岗里》中记叙得很多。

西盟佤族自治县的佤族崇拜的是万物有灵的原始宗教，在他们的观念中，一草一木皆有灵魂，山有山鬼、路有路鬼、水有水鬼，无故去打扰它们是会遭到报应的。所以，佤族很注意处理自然与环境问题，不随便乱砍滥伐，如砍树时要在树桩上根据树的大小放上相应大小的石头，意为已经给"腔秃"钱，树的灵魂才会放心地离开，特别是砍红毛树做木鼓，还要鸣枪驱赶树的灵魂。对旱谷崇拜到了五体投地的境界，把同伴珍贵的人头敬献给尊贵的神灵，希望"司欧布"能管好谷物，让谷物很好地生长，成为人们生活的依靠，所以崇拜它、祭祀它。动物崇拜中最突出的是对水牛的崇拜，人们用心爱伙伴水牛的头敬献神灵，并把它供奉到圣地，以此希望得到神灵的保佑。

在《司岗里》中还有这样的记述："苍蝇吐唾液、小米雀用黑线缠嘴帮助人们凿开山洞，帮助人们从司岗里出来；大树要压死人，蜘蛛不让树砸死人类，用打赌的方式把堵在洞口的大树赶走，帮助人们扫清洞口的障碍；老虎等在洞口等着要吃从司岗里出来的人，老鼠咬了老虎的尾巴，老虎负痛逃跑，帮助人类从司岗里出来。"所以佤族从古至今对小米雀、蜘蛛、苍蝇、老鼠等都心存感激，让它们和人一起生活而不去伤害它。每年都要举行的节庆活动都与宗教、祭祀有关，如新水节、木鼓节、新米节、接新火节等都和神话与宗教有着密切的联系，诸如此类的神话传说和开展的祭祀活动很多。佤族的先民们希望借助神话与宗教的力量来解释、协调人类社会和自然界的关系，克服对自然和生老病死现象的恐惧。

在西盟县，传承和保护神话与宗教习俗最有功绩的是"魔巴"。魔巴是最有知识、最有学问和擅长做宗教祭祀活动的主持人。他们往往在盛大的节日里，以念咒语的方式，将大量神话与宗教习俗融进传说中而得以传承。如《司岗里》中，把神话宗教习俗、伦理道德有机地融合在一起来传述天地的形成、人类的诞生、动植物的形成等。

总之，佤族的神话与宗教习俗很多，而且具有鲜明、独特的民族性和地域性，与其他民族的宗教与神话有较大的区别，而这些奇特的宗教与神话传说满足了当今社会的人们渴望了解人类初原的愿望和需求，是人们了解原始社会和开发旅游产业不可多得的宝贵资源。

（二）旅游业中神话与宗教习俗的运用情况

丰富的神话与宗教习俗是西盟县最有特色的文化旅游资源之一，在旅游开发打造中有计划、有步骤、有选择地注入丰富的神话与宗教习俗资源，可以提升旅游的文化内涵，增强西盟县旅游对外界的吸引力。因此，自 2004 年以来，西盟县利用神话与宗教资源开发打造了一批旅游产品，主要有：中国佤族木鼓节、世界佤族文化保护区、木依吉神谷、龙摩爷圣地、司岗里佤族村庄等旅游产品。

中国佤文化保护区：标志建筑主要有寨心桩、古榕树迎宾、祭祀桩等。佤族寨心桩是寨子村民相互依存、和睦相处、同心同德、维护山寨利益、与山寨共存亡的标志，因此，把佤族寨心桩作为中国佤文化保护区主体标志性建筑，意为到了这里，就到了佤山的中心地区，进入了佤族世世代代居住的地方。用寨心桩和象征最高神灵木依吉经常驻足的古榕树为主体景物，来迎接四面八方的宾客。这里，把神树、寨心桩、祭祀桩等成功地运用在了景点建设上，建成了具有鲜明地域特点和民族特征的景点。

木依吉神谷：传说中人类从司岗里出来后不久，只能采摘野果充饥，后来慢慢学会了狩猎，但是由于没有精良的捕猎工具，许多动物受伤后仍可以从容逃生。人们发现动物受伤后总是往同一个山谷中逃去就能很快痊愈，他们认为这就是创造万物的木依吉居住的地方，是木依吉帮助了动物才会这么快就痊愈。后来人们就像动物一样，每当重大灾难降临或不能解决的困难出现时，就到山谷里请求神灵的帮助，后来，这里成了佤族民众心中的圣地——木依吉神谷。为此，在木依吉神谷的建设上，把现实和神话传说有机地结合起来，让游客穿梭往来于现实与神话传说之间，自己去定位神秘、万能、创造并主宰万物的木依吉形象，同时把司岗里传说、江三木落的故事、安木拐与水牛的故事、木鼓的传说等用崖画的方式展现出来，让游客在游览景点的同时，能够充分地了解博大精深的阿佤文化。该景点将最大的鬼木依吉和许多的传说成功地运用在景点上，达到较好的

eff果。

　　龙摩爷景点："龙摩爷"是佤语发音，意为圣地。传说在很久以前发生的一次洪灾中，许多动植物和村寨都被洪水冲走，一天，幸存下来的佤族女始祖安木拐一不小心又掉进了洪水中，水牛奋不顾身跳进洪水中把安木拐救了出来，安木拐与水牛结成了好朋友。以后，水牛又多次无私地帮助安木拐以及人类做了许多好事，水牛成了人类最有力的助手。水牛在自己即将去世之前，还是放心不下安木拐，用打赌的方式让人们许下了"人要吃水牛的肉、牛头必须供奉起来"的诺言。后来人类为了实现对水牛许下的诺言，思念死后都在想如何帮助人类的——水牛，就吃水牛肉，并把牛头当做图腾供奉在龙摩爷，遇到解决不了的困难和问题时就到龙摩爷去寻找水牛的灵魂来帮助人们。随着岁月的增长，龙摩爷里的牛头越来越多，成为宗教祭祀活动神秘的场所。该景点的成功在于将神化传说故事形象地展示了出来，龙摩爷成为游客到西盟后必到的景点。

　　木鼓节：是佤族最盛大最隆重的传统节日之一，在佤族万物有灵的自然崇拜中，木依吉是佤族传说中最高的神祇，是主宰宇宙万事万物的至尊，而木鼓又是人与木依吉交往的媒介，是阿佤人与神灵对话的通天神器。

　　每年的 4 月 11～13 日都要举行盛大的木鼓节，期间要举行热闹隆重的拉木鼓、剽牛祭拜司岗里、朝拜龙摩爷、民风民俗展示、民族歌舞表演等系列活动。届时浑厚悠扬的木鼓声响彻佤山，整个佤山沉浸在人与神相互交流的快乐中，人们和着欢快的鼓声，踏歌起舞。游客们在这里忘记身份、地位、年龄、种族的差异，参与其中，洗涤一年来的疲惫和伤痛，把一年来的喜、怒、哀、乐告知神灵，祈求神灵保佑来年风调雨顺，粮食丰收，人畜平安。现在，西盟佤山把木鼓节一直沿袭下来，用敲木鼓的方式演绎成感谢心中的恩人，感谢帮助佤山人民过上幸福生活的人们。

　　除此之外，在剽牛、祭祀、歌舞节庆活动等方面处处都有神话与宗教习俗的影子。

二、运用神话与宗教习俗资源发展旅游产业的思考

　　旅游资源不仅仅指自然资源，而且还包括人文旅游资源，神话与宗教习俗属于人文旅游资源范畴，是无形的文化资源。文化是旅游发展的灵魂，而旅游则为文化的传承、保护提供了展示的平台。目前，西盟县在利用民族神话与宗教习俗的过程中有了一个好的开头，得到了县内群众和广大游客的一致认可，其作用在旅游产业发展中开始显现出来。当前，如何更好地利用丰富的民族文化与宗教习俗来吸引游客，发展旅游经济，是摆在我们面前的一个重要课题，我们有必要进行认真的分析研究，使之更好地为旅游产业的发展服务，因此，在旅游产业的开发过程中，主要应做好以下几方面的工作：

1. 成立佤族文化研究机构，全面挖掘、收集、整理民俗文化。由于佤族没有文字，很多有价值的神话传说、宗教习俗等优秀的民族文化只能以口耳相传的形式传承下来，这些神话与宗教习俗容易变形、失真，甚至消失，如果不加快收集、整理、保护、研究，许多有价值的文化资源可能从此就会离我们而去，也就谈不上在旅游业中的运用。

西盟县自实施"阿佤文化兴县"战略以来，全县上下兴起了佤文化研究、交流的热潮，并开展了许多具有深远意义的工作。如四届中国佤族木鼓节的成功举办、摄影大赛、新闻异地采访、歌舞演出、黄金周活动安排等，对宣传西盟、推介西盟产生了良好的效应，外界对西盟的认识从根本上得到改观。这些活动的开展，有力地带动了西盟旅游产业的发展，促进了阿佤文化兴县战略的实施。但是，这些举措还远远不能满足阿佤文化兴县战略的需要，阿佤文化兴县战略需要厚重的文化积淀，需要把神话与宗教习俗提升到理论层面，来指导相关产业的发展，否则，永远只会有学术价值和科研价值，资源优势转变不了经济优势。为此，成立佤族文化研究机构刻不容缓。机构设置中应囊括相应的歌舞、建筑、农耕、饮食、祭祀、茶俗、神话、宗教习俗研究等相关的内容，保证经费到位、人员到位，拿出成果，以此来进行系统、深入的研究，指导相关产业的发展，从根本上保证阿佤文化兴县战略有坚实的理论基础。

2. 营造具有浓郁民族风情的旅游环境，丰富旅游形式。西盟县城是一个生态环境较好的边境小城，被许多专家称为"中国生态第一城"，县城周围原始森林环抱，美丽的勐梭龙潭和县城相依相伴。游客到西盟后对优美的自然景观赞不绝口，但也惋惜县城的建筑没有和民族文化有机结合起来，和全国其他地方的县城没有什么过多的区别。从游客的角度看，游客游览和自己生活的环境没有什么区别的地方对他们是没有吸引力的，利用铺天盖地的宣传诱导游客来旅游消费，会使游客产生"不去时感到终生遗憾，去了后感觉遗憾终生"的负面效应。

外出旅游就是要体验不同的风土人情、生产方式和生活习惯。游客每到一个地方，首先看到的是建筑风格和民族服饰，然后接触到民族语言、生活习俗、风土人情。为此，在力所能及的前提下，建议把传统的建筑风格尽量展现出来，如：县城建筑采用"穿衣戴帽"的方式尽可能地补救，在屋顶上可以把传统的吉祥鸟——燕子雕刻上去，还可以考虑把神话传说中的家神阿依俄木雕也展现出来。县城的商店、宾馆、酒店、饭店等都统一采用佤语名称，宣传动员全县人民尽可能穿戴民族服饰，特别是窗口行业，规定必须身着佤族服饰。县城周围村寨要有计划、有步骤地恢复民族特色，如：建筑、歌舞、服饰、饮食等生产生活习俗，利用这些村寨的榜样和影响慢慢地扩展延伸。通过不断改善旅游环境，让游客从中亲身感受到与众不同的佤族风情，从而让浓郁的民族风情、宗教习俗活动成为西盟旅游经济发展的助推器。

3. 加强宣传营销，扩大知名度。当代，宣传营销的重要性已经得到人们的认识，并被摆在重要的位置上，当年"酒香不怕巷子深"的理念已经在市场经济冲击中消失得无影无踪。以原始社会文化为主要旅游资源的西盟，当年一首《阿佤人民唱新歌》唱遍了大江南北，让全中国的人们知道了在祖国的西南边陲生活着一个勤劳善良的民族。但是，把旅游当做支柱产业加以培植的今天，这些名气显然是不够的，需要建立全面、系统的宣传促销体系。现代旅游营销是以政府为主体的营销，必须在宣传营销的策划、资金的筹集等方面措施到位，保证宣传营销的顺利实施，改变"只生产、不销售"的传统观念。

宣传营销的方式很多，特别是以办节庆的方式进行宣传营销，得到了业内人士的普遍认可。但是，节庆能否有强盛的生命力，能否长久地举办下去，并产生良好的社会效应和经济效益，是必须认真考虑的。衡量节庆成功与否的共同特点是看定位是否准确，看是否得到当地人们的真心喜爱、支持、认可并广泛参与，看游客和嘉宾人数的比例，看投入和产出的比例（直接产出和间接产出）。

西盟的神话与宗教习俗为内容的节庆活动很多，在办节方面也积累了丰富的经验，今后，在此基础上应充分考虑和研究改进办节方式，有效地发挥节庆的功能，扩大宣传营销效果。

4. 扩大区域合作，实现资源共享。独立的、不依靠其他旅游发达的市县而单打独斗，闭门造车，要想促进旅游经济的发展几乎是不可能的事情，为此，我们必须和周边旅游产业发达、旅游体系成型、客源市场稳定的市县联合起来，充分利用各种社会资源，共同开发民族文化旅游资源，互相借鉴成功的经验，取长补短，加强合作，形成合力，实现优势互补，资源共享。

总之，只要认真研究和提升神话与宗教习俗素材，用科学的发展观、世界观、价值观来甄别宗教与神话传说。可以预见，宗教与神话传说将为旅游经济的发展提供广阔的市场。

（作者单位：云南省西盟县旅游局）

解析佤族人名中"岩"与"娜"的起源

岩 嘎

佤族作为中国的少数民族之一，其发展已有近千年的历史了。在发展进程中，由于历史、自然条件，居住环境等因素的制约，各地方经济社会发展的程度也都不一样。这在某种程度上形成了佤族文化形式多样、内容丰富的特性。这里就佤族人名中常见的"岩"与"娜"字的起源，做一个简要的说明。或许对佤族文化研究工作有一定的参考价值。

一、历史的因素

佤族在发展过程中，可以说每个地方发展的程度都各具特色，因而造成了佤族文化形式多样、内容丰富的特性。在佤族姓氏的区别中，从佤族语言的角度讲，同一个姓氏都有一个相同的称谓，不同的姓氏都有不同的称谓，这是佤族姓氏中很普遍的现象。但是，从汉语的角度讲，根据佤族群众居住的环境和地域的不同，同是一个姓氏的佤族则出现了多种不同的称谓，而产生这种现象的主要因素是历史造成的。

佤族在发展进程中，由于各个地方发展的历史条件、经济社会状况不一样，对佤族文化的传承和发展产生了重要影响，因而产生了在一些地方佤族的人名中，凡是男性都带有"岩"字，凡是女性都带有"娜"字的现象。例如在云南省普洱市的西盟县和孟连县，这些地方的佤族群众中，绝大多数人名中都带有"岩"和"娜"这两个字，这是为什么呢？

新中国成立初期，由于这些地方佤族群众的观念相对比较落后，通晓汉族语言文化知识的人比较少，使这些地方还依然保留着原始、神秘、古朴的民族文化——佤族文化。当时，由于佤族没有自己的文字，如何书写自己的名字，这成了生活中的一道难题。自从汉族文化传播到佤族地方后，这个问题就得到了解决。但是，我们在为这个问题得到解决感到高兴的同时，还存有一些遗憾。当时，懂汉语的佤族比较少，而一些汉语教师对佤语一窍不通。所以，在佤族群众送自己的小孩到学校接受汉语文化教育过程中，特别在登记新生姓名的环节时，老师把佤族学生的名字翻译成汉语，由于发音不准确，因而产生了人名中带有"岩"和"娜"的现象。因此，可以说出现这种现象，是语言差异和文化落后的结果，是历史的因素。

二、发展的因素

从人类社会发展的角度讲，在佤族群众的人名中产生"岩"和"娜"的现象，在某种程度上讲是社会发展滞后因素带来的后果。为什么这样说呢？在佤族这种民族的语言里，这里所谓的"岩"与"娜"是具有实际意义的词语。但是，如果从语音的角度分析，"岩"与"娜"字，在佤族语言中是不存在的。这是由于翻译者在翻译过程中，把佤语译为汉语时，因为译音不标准而产生的。而在这两个字的音译中与佤语比较接近的表述："岩"的发音应该为"ai——轻声"或写成"埃"（ai——轻声）；"娜"的发音应该为"nan——轻声"或写成"楠"（nan——轻声）。在佤语中"埃"（ai——轻声）字的含义与汉语中的一词多义是一样的道理，其意义：一是排行中的老大，特指男孩子；二是亲昵的称谓，相当于汉语里的"阿强"中的"阿"、"小张"中的"小"字等的作用，特对男子的称谓。三是修饰作用，对男子所谓的"姓名"中"名"起到修饰作用。然而，在佤族这种民族中人名一般都不带姓氏。因为他没有自己的文字，只能用口头传承自己的文化，以口头的方式传给自己的子孙后代，并代代相传。因此，可以说在现实生活中，佤族群众对自己的姓氏都了如指掌。那么，佤语中的"楠"（nan——轻声）又是什么意思呢？"楠"（nan——轻声）在佤语中的含义：一是一种亲昵的称谓，特对女子的称谓，二是修饰作用，对女子所谓"姓名"中的"名"起到修饰作用。

佤族中有一个传统而普遍的起名方式（有些地方还沿用至今），在给刚刚出生的孩子起名字时，最常用的方式有：第一，"排行＋属相（名）"。例："埃来"（岩来）、"埃门"（岩门）中的"埃"是排行，"来"、"门"是属相，即：出生的日子。第二，"排行＋押韵（名）"。例："埃来"（岩来）、"尼斋"一词里，在佤族语言中"来"与"斋"是押韵或是比较顺口的。第三，"排行＋属相＋父名"。例："岩来门"中，"岩来"是这个人的名字，"门"是他父亲的名。

有的人说，佤族没有姓氏或认为"岩"与"娜"就是佤族的姓氏，这些都是一种片面、错误的观点。对佤族的姓氏持有这种观点的人，他们并不了解真正的佤族姓氏文化。佤族是有姓氏的，只不过在名字中没有体现出来而已。但是，在佤族人民的现实生活中，姓氏的界限是分明的。佤族虽然没有自己的文字，但是佤族人民通过口头的方式传承佤族文化，使原始、神秘、古朴的佤族文化深深印在了人们的脑海中，对于姓氏文化的传承也是如此。

佤族地区随着经济的发展，社会的进步，特别是在党和政府无微不至的关怀和帮助下，佤族地区的各项社会事业，特别是教育事业得到了前所未有的发展。在传承佤族文化的同时，逐步接受了汉族文化。受汉族文化的影响，佤族为孩子起名的方式也逐渐趋于汉族的起名方式。而这种情况，只是在有一定文化知识的佤族群众或佤族知识分子中出现。在农村边远、贫困山区里，绝大多数还是沿用佤族传统的起名方式。但是，在译成汉语时有些地方却带上了"岩"与"娜"字。所以说，佤族地区经济社会发展的程度，也是"岩"与"娜"在佤族名字中产生的因素之一。

三、观念的因素

不论在任何时候，谈到人的思想观念，在某种程度上，这是决定一切的重要因素。思想观念解放的程度如何，决定着一个人发展潜力如何的问题。佤族的人名中，之所以至今还存在着带有"岩"与"娜"字的现象，这是观念问题在起作用的结果。

有些人认为，凡是佤族其名字必须带有"岩"或"娜"字，才是具有佤族的特点，这种观点是片面的、不科学的。产生这些观点说明了什么问题呢？说明这些人对佤族的文化渊源不是那么清楚。对于持有这种观点的人，我们要通过加大佤族文化的宣传力度，引导他们加深对佤族文化的认识和理解，特别是在佤族姓氏文化方面。

有些地方的佤族，在给孩子起名字时，至今为何仍然离不开"岩"或"娜"字呢？存在这种现象的主要因素：一是对佤族文化没有深入地了解，以为使用"岩"与"娜"字，就是弘扬佤族文化。二是在一些文化落后、观念滞后的佤族群众之中，特别是在一些欠发达、落后地方的佤族群众中，因为汉族文化的知识水平低，对于"岩"或"娜"的理解都还处于模糊状态，根本就不知道"岩"或"娜"是从何而来，是个什么东西？认为别人给自家的孩子起名时，一般都带有"岩"或"娜"字，他（她）也就跟着起，并使用了"岩"或"娜"字。他们根本就不知道，也根本就没有考虑过，为自己小孩起"学名"时，带上"岩"与"娜"字是个什么意思，他们自己都不清楚，也没有人对这个问题进行过思考。而要转变这种观念，就必须从转变这些欠发达、落后地方的佤族群众的观念，从发展汉族文化教育事业入手，提高佤族群众的汉族文化素质。所以说，佤族群众的观念问题，也是"岩"与"娜"存在的因素之一。

四、习惯的因素

在佤族人名中出现"岩"与"娜"字，这里除了历史的、发展的和观念的因素外，还有一个更重要的因素就是"习惯"。在有些地方的佤族群众中，对于"岩"与"娜"的使用，已经成为了不可缺少的东西，习惯了便成自然，这句话在这里得到了验证。

从"岩"与"娜"字在佤族的人名中出现以后，便成了一个专用名词，并且在使用"岩"或"娜"这两个字的佤族群众头脑中，"岩"或"娜"成了非用不可的字眼，成了为孩子起名字时不可遗忘的东西，以至于代代相传下来。这种现象，将随着这些佤族群众汉族文化素质的提高而发生新的变化，使佤族的起名方式逐步走向规范。这样，在一定程度上就能避免"岩"与"娜"在人名中频率比较高的现象。

综上所述，在佤族群众中存在"岩"与"娜"替代"姓氏"这种现象的原因，并不是佤族群众人为造成的，而是由于历史的、发展的、观念的和习惯等因素造成的。

（作者单位：西盟佤族自治县县委办公室）

附录：

佤族文化：一个民族在历史与现实之间的灵魂穿透

——"首届中国佤族文化学术研讨会"闭幕词

西盟佤族自治县人民政府县长　岩　再

尊敬的专家学者、新闻界的朋友们：

下午好！

为期一周的首届中国佤族文化学术研讨会在先后历经思茅、西盟两地的交流和研讨后，圆满完成了会议的所有议程，就要在神奇美丽的勐梭湖畔闭幕了。在此，我谨代表首届中国佤族文化学术研讨会组委会，对研讨会的成功举办表示由衷的祝贺！同时，对关心、支持和热爱佤族文化并对此次研讨会给予高度重视，亲临佤山的专家学者和新闻界的朋友们及为研讨会默默奉献的全体工作人员，表示崇高的敬意和最诚挚的感谢！

在价值和文化多元的时代，我们更看重专家学者严谨治学的学术品质和追本溯源的精神，因为你们的贡献不仅在于提出了真知灼见，还在于你们对社会作出的极大贡献。也许，这可以作为在座的各位专家学者佤山之行的真实写照。你们的到来使历史悠久、积淀深厚的佤族文化得以从历史的深远处和时光的流逝中变得更加鲜活。如果一个边疆少数民族的历史文化可以在多元一体的中华民族文化中占有一席之地，或者说，如果佤族文化在日趋丰富的中华民族文化宝库里因其独特性、神秘性和不可替代性而备受民族文化学术界瞩目的话，那么，我们完全有理由相信：佤族文化正在成为透视佤族人民在历史与现实之间潜藏的灵魂的一面镜子。认识、理解了佤族文化，也就寻找到了保护、挖掘、继承、弘扬悠久厚重的佤族优秀传统文化资源的路径。经由佤族文化这把钥匙，一个曾在历史的暗河中徜徉了数千年之久的民族的社会生活、历史文化、宗教精神、俗世追求，包括民族精神、性格、心理乃至服饰、饮食、建筑、祭祀等文化之门，将由此开启。

在漫长的历史进程中，特殊的地理位置及其独特的地形地貌，使西盟民族文化的历史呈现出多元性、封闭性、立体交叉性和交融性等显著特点。佤族人民不仅开拓了这块神奇迷人的土地，还创造、发展了丰富多彩的佤族文化。大量的神话、传说、服饰、歌舞、乐器，构成了祖国民族文化百花园中艳丽的奇葩。它们作为珍贵的历史遗产日益显示出特有的民族精神和民族文化价值。作为佤族文化的原生地之一——西盟，完整地保存着全国最具特色的原生态佤族文化。千百年来，阿佤民族积淀了厚实的民族文化底蕴，而西盟多民族聚居环境，形成了各民族共同生活、劳作，民族文化相互交融渗透、文化风貌各放异彩的格局，同时也形成了各自独特的历史文化系统。丰富的民族文化，多层次、多角度地折射出西盟原始古朴和别具风格的多元文化色彩。

我们相信，在西盟期间，绵延不绝的阿佤群山，纵横交错的江河溪流，宁静美丽的勐梭龙潭，神秘虔诚的龙摩爷祭拜仪式；阿佤莱、岳宋之行看到的佤族服饰、生产工具、生活用品，佤族捻线、织布、舂米表演，听到的传统乐器演奏、情歌对唱等一系列民俗风情活动，气势雄浑的拉木鼓，惊心动魄的剽牛祭拜"司岗里"……一定给你们留下了深刻的印象。在这些佤族优秀传统文化符号、祭祀活动和民俗风情的后面隐藏的，正是一个民族千百年来从血脉里就流淌着并延续下来的历史真相和本来面目。而最让我们高兴和感动的是，在此次研讨会上，我们在收到文化类、神话类、宗教类六十多篇学术论文的同时，还共享了迄今为止关于佤族文化研究的最前沿、最权威、最新颖的学术成果。远在一百五十年前，法国文学家蒙田就说过："唤醒久远的过去，是为了更清醒地认识现在。"这句话，也许可以恰如其分地概括此次研讨会的目的和意义。

在这里，我们特别要提及佤族文化研究的先行者凌纯声教授以及稍后的田继周、罗之基、宋恩常、汪宁生、王敬骝、魏德明等各位学者为佤族文化研究所作出的贡献和努力，他们的工作，标志着佤族文化研究的开端。也正是由于他们细致深入的调查和研究，佤族文化研究由此进入了一个严谨、缜密的治学层面。而新时期以来涌现出的赵富荣、郭锐等一大批专家学者，更把佤族文化研究推向了另一种高度、深度和广度。如研讨会期间李子贤教授提交的论文《佤族与东南亚"U"形古文化带》，以神话系统比较为中心，提出了令人耳目一新的假说："西端从云南的佤族开始，中经中南半岛、印尼、菲律宾群岛，直至东端我国的台湾高山族，存在着一个'U'形东南亚古文化带"。对佤族文化在"U"形古文化带中的地位、作用与影响作出了分析。这一假说首次把佤族文化纳入东南亚文化体系，为佤族文化追本溯源提供了令人信服的佐证，同时也为佤族文化研究方向开辟了另一条道路，指出了另一种可能。学者杜巍教授提交的论文《古典神话与佤族活形态神话》，则从古典神话与活着的神话的共性与差异性的比较中，敏锐而深刻地发现：活形态神话的存在，"可以让我们体会到人类童年的真实状况，看到早期人类毫无修饰的自然与和谐"。

由于时间关系，无法对提交的论文逐一表达我们的敬意和感谢，但有一点是显而易见的，在你们卓有成效的努力下，佤族的历史，佤族的昨天，开始从蒙昧不明逐渐走向有迹可寻，有路可走。在佤族的历史与现实之间，你们同样在寻找着那条共同的道路，而且，你们走得比任何人还要近，你们已经触摸到了佤族文化神秘而引人入胜的部分。

各位专家学者、新闻界的朋友们！纵观此次研讨会，无论在学术论文质量方面，还是在佤族文化挖掘深度和发展方向及取得成果等方面都达到了预期目的，并呈现出以下几个特点：

一是佤族文化研究的首创性，这体现在：（1）首届中国佤族文化学术研讨会群英荟萃，吸引了一批文化学、人类学、社会学、民俗学等学科的专家学者共八十余人参加；（2）学术氛围浓厚。中央民族大学、中国社科院、中山大学、云南大学、厦门大学、山东大学、四川大学、云南民族大学等知名学府、研究和出版机构积极响应；（3）不分地域的国际交流与合作。除佤族聚居区的西盟、思茅、沧源、临沧、缅甸佤邦外，尚有日本丽泽大学、泰国清莱皇家大学等国外知名学者与会研究佤族文化；（4）媒体关注。新华社、香港《大公报》、《云南日报》、《大观周刊》、《春城晚报》、思茅电视台等12家媒体给予密切关注并派记者采访报道。其规格、规模和层次，首开佤族文化研究之先河，在佤族文化研究史上是空前的，更是无比珍贵的。这是民族文化研究进程中的一件大事、喜事、盛事，必定会载入佤族文化学术研究的史册。

二是首届中国佤族文化学术研讨会坚持学术平等、学术自由，坚持实事求是，坚持"百花齐放，百家争鸣"方针，是一次高规格、高层次、高水准、高收益的佤族文化学术研究盛会。通过对佤族文化渊源的探究、存在形式的研究、脚踏实地的深入调查，佤族的社会、历史、文化、宗教、民俗，越发明朗和清晰起来。研讨会形成了这样一个共识：佤族文化是佤族人民创造的，但同时也是中华民族文化的组成部分，是全人类共同拥有的历史文化瑰宝。首届中国佤族文化学术研讨会在佤族学术、文化史上已经具有了里程碑的意义，对推介佤族文化，促进佤族文化研究，使之从西盟走向云南、走向全国、走向世界起到了积极的推动作用，其影响是深远而不可估量的。

三是本届学术研讨会围绕神话、宗教、民俗这个主题，展开了对佤族文化的深入研究。我们认为，六十多篇学术论文分别从不同视角，不同层面对佤族文化进行了全方位的梳理和思辨，举凡佤族的历史文化、社会生活、宗教信仰等均有述及且达到了佤族文化研究的崭新高度。资料涉及范围之广，时间跨度之长，研究内容之深，调查门类之多，取得成果之丰硕，都是罕见的。如果说，构成佤族历史文化、社会生活、宗教信仰等一切存在元素是无数颗散落在佤山的珍珠的话，这六十多篇厚重、深刻、纯粹的学术论文，无疑就是把珍珠串联起来的哲思之线。

四是首届中国佤族文化学术研讨会不仅是一次学术盛会，更是一次坚持民族平等、讲求民族团结的盛会。会议的成功举办，体现了国家民族政策充分尊重和保障各少数民族管理本民族内部事务权利的精神，体现了国家坚持实行各民族平等、团结和共同繁荣的原则。通过此次研讨会，我们进一步建立和维护了平等、团结、互助的社会主义新型民族关系，在此基础上，我们又朝着佤族地区各民族之间"大联合、大团结、大发展"的目标迈出了坚实的一步。

在研讨会即将结束之际，我们尤其感谢思茅师范高等专科学校为本次研讨会所作的重要贡献。思茅师范高等专科学校前瞻性的发展远见和建设性的这一文化举措，不但有利于进一步研究佤族文化、有助于思茅民族文化大市的建设，而且与西盟县正在实施的"阿佤文化兴县"战略不谋而合、相得益彰。同时，我们还要向倡导和策划这次研讨会的李子贤教授表示衷心的感谢，并以阿佤人民的名誉向他致以最崇高的敬意！

我们相信，首届中国佤族文化学术研讨会必将加速"原始秘境、木鼓之乡、《阿佤人民唱新歌》诞生的地方——西盟佤山"的现代化进程，佤族优秀的传统文化一定会得到进一步的保护、挖掘、继承、弘扬。"路漫漫其修远兮，吾将上下而求索"，佤族文化探索之路是难以穷尽的，对佤族文化的研究、探索，不仅需要专家学者的参与，更欢迎广大有识之士和青年才俊投身其中，群策群力，最终促进地方经济文化建设的持续、健康、协调发展！

女士们、先生们、朋友们！我们期待着，在这片历史文化悠久灿烂、民俗风情独特迷人、歌舞艺术热情豪放的滇南原始秘境再一次聚会！我们有信心、有决心，争取早日举办佤族文化国际学术研讨会！

我们期盼着，在有着蓝天白云、绿水青山，有着香飘万里的水酒和热情好客的阿佤人民的西盟佤山，为阿佤文化的弘扬与提升作出更大的努力、更大的奉献，再一次收获我们用辛勤汗水和智慧浇灌的丰收果实！

最后，衷心祝愿大家万事如意、一路顺风！

谢谢大家！

研究佤族文化的一次学术盛会

——"首届中国佤族文化学术研讨会"综述

白应华　李娅玲

　　由思茅师范高等专科学校和西盟佤族自治县人民政府联合主办的"首届中国佤族文化学术研讨会"，于 2006 年 8 月 8 日至 14 日在思茅和西盟分段举行。其间 8 月 9 日在思茅师范高等专科学校举行开幕式和进行大会学术交流，8 月 10 日至 14 日在西盟进行了力所乡阿佤莱、岳宋乡岳宋村两个典型的佤族村寨的考察，组织了剽牛、拉木鼓、祭木鼓、祭司岗里等民俗活动；进行了分组学术交流和闭幕式。开幕式由本届研讨会组委会主任、西盟佤族自治县县长岩再主持，思茅市委副书记朱飞云代表市委、市政府致欢迎辞，对远道而来的省内外专家学者表示欢迎，对他们给予佤族文化的关注和研究表示感谢；本届研讨会组委会主任、思茅师范高等专科学校校长杜巍致开幕词，强调了挖掘、保护、弘扬佤族文化的重要性和必要性，高度评价了本届研讨会的学术意义和现实意义。闭幕式由本届研讨会组委会主任、思茅师范高等专科学校校长杜巍主持，本届研讨会组委会副主任、思茅师范高等专科学校白应华教授做学术小结，本届研讨会组委会主任、西盟佤族自治县县长岩再致闭幕词。

　　本届研讨会有八十余名专家学者参会，共提交论文六十余篇。本届研讨会学术总顾问、云南大学李子贤教授作了主旨发言，中国社会科学院民族文学研究所刘亚虎研究员，厦门大学彭兆荣教授，四川大学张泽洪教授，中央民族大学赵富荣教授，中山大学叶春生教授，山东大学叶涛教授，云南民族大学谢国先教授，思茅师范高等专科学校左永平副教授、薛敬梅副教授，日本丽泽大学欠端实教授，西盟佤族自治县岩再县长等作了大会交流发言，其他与会学者也都在分组讨论会上作了学术交流。与会学者济济一堂，各抒己见，以"佤族神话、宗教、民俗"为主题，对大家共同关心的佤族文化特质、《司岗里》神话、木鼓文化、原始宗教信仰、风俗习惯等论题进行了广泛深入的研讨。

第一，关于佤族文化特质问题。云南大学李子贤教授通过对佤族文化特质和高山族文化特质的对比研究，指出佤族和高山族有共同的文化要素：（1）木鼓。（2）干栏式建筑。（3）猎头习俗。（4）巨石崇拜。（5）"犬祭"或狗崇拜。（6）刀耕火种之旱作文化及农耕祭仪以及传统农作物皆为粟、甘薯等块根植物。（7）人形、动物形木雕。（8）精灵崇拜等等。认为佤族与高山族存在许多共同文化要素，属同一文化型。

第二，《司岗里》神话研究。《司岗里》神话作为一部在佤族中流传最广、影响最大而又最具有代表性的远古神话，引起了与会学者极大兴趣。与会学者从不同的角度对《司岗里》神话作了深入探讨。毕登程、隋嘎对"司岗里"含义作了全新的解释，认为"司"是总的、总根的、为首的意思；"岗"是佤族的一个原始男祖先，尊称"达岗"；"里"是佤族的一个原始女祖先，尊称"牙里"，因此，佤族背家谱时最后都要追溯到"司岗里"。中央民族大学赵富荣教授认为《司岗里》神话是佤族历史文化的恢弘开篇，是阐释佤族信仰、心理、伦理、道德与法律的宝典，是一部佤族口传百科全书，在佤族文学中占有重要地位。昆明市财政局赵铃铃从整体上阐述了《司岗里》神话传说的历史文化价值，认为《司岗里》神话传说具有诠释佤族的全部秘密和行为符号的多方面价值，在佤族文化中占有非常重要的地位。临沧市地方志办公室段世琳编审探讨了《司岗里》的历史价值，认为《司岗里》神话对深入研究佤族的"童年时代"提供了直接证据。云南大学公共管理学院情报与档案学系胡立耘教授通过世界各民族的几则人从石洞出神话的比较，认为《司岗里》神话是一种复合体系神话，解释性神话，神圣性神话和活形态神话，具有重要的学术研究价值。云南大学人文学院秦臻副教授运用叙事学的理论和方法，分析了《司岗里》的叙事模式，认为《司岗里》是以神的"故事"叙述情节，呈现神灵系统，构成神灵——人祖——动物关系的三重组合的叙事模式，体现神话叙事与宗教仪式的"交融"。有的学者还对《司岗里》神话的传承、传承场等问题进行了探讨。

第三，佤族木鼓文化研究。佤族木鼓文化是以木鼓为载体，集佤族的宗教信仰、民族情感、民族精神、社会礼俗于一身，内涵极其丰富的文化。与会学者对佤族木鼓文化的起源、象征、功能及作用进行了探讨。思茅师范高等专科学校历史系李莲副教授认为：木鼓象征着佤族原始宗教中的主体神木依吉，同时又是佤族生的象征和民族精神的象征。木鼓的功能主要具有祭器的功能、民族认同功能和感召功能、振奋民族精神的功能，以及现代社会生活中民族文化传播的功能。沧源县政协杨国元不仅研究了佤族木鼓的象征与功能，而且还探讨了木鼓的价值。佤族宗教民俗是与会学者比较感兴趣的问题，而且还从艺术、文学、宗教、历史的角度论述了木鼓的价值。

第四，佤族宗教民俗问题研究。佤族原始宗教是本届研讨会讨论的一个问题。上海文艺出版社徐华龙编审指出佤族认为鬼与人之间存在一定的联系和斗争。正是在人与鬼的争斗过程中产生了人鬼故事。佤族鬼话故事呈现出人鬼和谐一人鬼对立一人类反鬼的随社会发展的轨迹。临沧教育学院周家瑜分析了佤族原始宗教的历史作用，认为佤族原始宗教以信仰的自发性、崇拜的多元性、无教派性和活动场所不固定性等特点，渗透到佤族生产、生活的方方面面，对其文化和社会发展产生过重大影响。思茅师范高等专科学校朱力平探讨了佤族原始宗教与疾病观的关系，认为由于受原始宗教的影响，佤族对疾病采取"神药两解"的治疗方法，对佤族群众的健康和疾病的治疗有着重要的影响。临沧教育学院罗春梅探讨了佤族的巫舞，认为集宗教、历史、诗歌、舞蹈、音乐为一体的佤族巫舞，源于佤族的原始宗教、自然崇拜，扎根于人民群众，主要用于娱神媚神、祭祀祖先、消灾祈福、增强同根意识和凝聚力，为保障民族的强盛和集团的稳固，保障本民族生存意识和生命意识的觉醒提供了有力的精神纽带。中央民族大学付爱民博士探讨了佤族宗教造型艺术中的生态符号，认为在佤族宗教造型艺术中具有突出生态象征意义的动物、植物、自然体等各类主题形象，包括小型鸟雀、青蛙、牛、斑鸠、葫芦、芭蕉、松柏、洞穴、森林、火、木鼓、头颅等不同历史时期形成并传承下来的生态主题符号，表现出一些基本相同的造型思维心理和宗教艺术意识，体现出族群在传统宗教民俗传承过程中的共同心理和集体意识。

佤族猎头习俗是与会学者感兴趣的问题。云南民族大学谢国先教授通过20世纪前期世界各民族中仍然存留猎头习俗的比较研究，认为猎头习俗和猎头神话具有平等社会中社会秩序的维护、平等社会中权威的获取、民族关系和心理压力的释放等社会功能。思茅师范高等专科学校左永平副教授探讨了佤族猎头祭祀的起源、内涵、社会功能和最终废除的原因，认为佤族人头祭祀不仅仅是单一的原始宗教祭祀活动。它是佤族文化的特质和核心内容，具有很强的社会功能，包含着宗教、祭仪、战争、外交、歌舞、饮食等丰富的内容。赵泽洪副教授从历史的角度分析了佤族猎头习俗的起源、内涵及功能。刘平副教授则从文化学的角度分析了佤族猎头习俗作为一种文化现象的变化及革除的过程和原因。

佤族魔巴是沟通人神两界的桥梁，是宗教仪式的主持人和民族文化的传承者、传播者，在佤族生产生活中起着很大的作用，因此引起了与会学者的讨论。思茅师范高等专科学校李娅玲副教授分析了魔巴和传统祭仪在佤族社会生活中的地位、作用及影响，认为魔巴是佤族传统信仰和生产生活的导师，是人们精神生活的主宰和文化生活的百科全书。传统祭仪是生产生活的主旋律，充分外化了佤族人民内在的社会文化心理，是佤族传统文化表演传承的特殊仪式和民俗文化遗产。李亚宏副教授分析了西盟魔巴的现状，认为西盟佤族村寨的魔巴呈现出兴盛之势，其原因是魔巴赖以存活的文化生态系统相对稳定，尤其是处于系统核心地位的信仰体系、价值取向没有发生根本转变。此外，有的学者还对佤族祖先崇拜等问题作了讨论。

第五，关于深入研究佤族文化，提升佤族文化研究层次和水平的问题。云南大学李子贤教授指出，佤族历史悠久，文化积淀深厚，还有许多未解之谜，还有着极大的提升空间和全新的研究领域。进入 21 世纪的今天，应与时俱进，寻找佤族文化研究的多维视点：如独具特色的佤族文化丰富了多元一体的中华民族文化宝库；佤族文化与宗教民俗的深层研究，诸如《司岗里》、木鼓、人头祭、以牛作牺牲、牛头、牛尾、血、木依吉（天神）等一组组符号系统的深层解读；百濮族系（南亚语系孟高棉语族）文化探幽：佤族文化与布朗族、德昂族及克木人文化的比较研究；东南亚"U"形古文化带的两端：我国云南佤族与台湾高山族文化的比较研究；佤族文化——东南亚古型文化的鲜活样品；佤族文化——文化人类学研究的最后一块绿洲；佤族传统文化的现代适应与跨越式发展等。这极具学术价值，又宛如谜一般的佤族文化，应当引起学术界的高度关注，当激励有志于佤族文化研究的学者不断提升佤族研究的层次和水平，拓展学术视野，追求理论创新，力争取得突破性的成果。广东中山大学叶春生教授提出，佤族神话研究中要正确处理神话思维与科学思维、神话与历史、神话与现实、口头与文本的关系，注重文化人类学田野调查，取得新的学术成果。有的学者指出，由于历史和地域等因素的制约，至今尚未形成佤族文化研究的学者群，要通过交流与合作，尽快形成佤族文化研究的学者群。

本届学术研讨会是一次高规格、高层次、高水平的学术盛会，体现出以下几个方面的特点：

第一，论题新颖，有开拓性，为佤族文化研究提供了许多新思路、新课题，拓展了佤族文化研究领域。过去，尤其 20 世纪 50~60 年代，佤族文化研究大多注重社会组织、阶级关系、经济形态、宗教信仰等问题的解释性研究。本届研讨会从不同的视点和角度对佤族文化进行了深入的研究，其中不乏论题新颖、有创见、有开拓性的论文。云南大学李子贤教授的主旨发言《佤族与东南亚"U"形古文化带——以神话系统的比较为中心》最具代表性。云南大学公共管理学院情报与档案学系胡立耘教授的文章，收集梳理了世界各民族人从石洞出的神话，并从比较中阐明佤族《司岗里》的独特价值。云南大学人文学院李道和教授《弃老型故事及其佤族异文研究》一文，分析了弃老型故事的典型类别，揭示其文化内涵，讨论了佤族异文的个性与共性。四川大学宗教学研究所张泽洪教授以汉文史籍为中心，论述了佤族的历史及其宗教。云南民族大学的谢国先教授在《佤族猎头习俗与猎头神话研究》一文中，对中国西南内陆地区的佤族、中国台湾的高山族、加里曼丹岛的伊班人、菲律宾的伊弋罗特人和伊隆哥特人的猎头习俗进行比较研究，从而认识佤族猎头习俗与猎头神话，具有全球视野。中央民族大学郭锐、付爱民两位博士对佤族木鼓、猎头的解读提出了一些新的、富于创见的学术见解。思茅师范高等专科学校罗承松的《佤族农耕祭仪及其功能》一文，把拉木鼓、猎人头、砍牛尾巴视为紧密联系的祭祀仪式体系，并对其在佤族社会所起的和谐、稳定的重要作用进行了分析。云南大学民族研究院杨文辉博士的《佤族"司岗里"神话的历史人类学研究》一文，运用历史人类学研究的理论和方法，分析《司岗里》神话与佤族历史的互动关系。这些论文触及许多新的问题，提供了理解和解释佤族文化的新的思路和途径，对拓展佤族文化研究是有积极意义的。

第二，对佤族文化的文化符号、文化事象作了深层解读。佤族历史悠久、文化积淀深厚，有许多未解之谜，在本届研讨会上，有的学者对《司岗里》、木鼓、人头祭、以牛作牺牲、牛头、木依吉等文化符号、文化事象作了深层解读，加深了对佤族文化的研究。

第三，本届研讨会在佤族文化研究上有一定的理论创新和突破。佤族文化别具一格，个性鲜明，极具学术价值。这次研讨会，在前人研究的基础上又有新的突破。云南大学李子贤教授的大会主旨发言《佤族与东南亚"U"形古文化带——以神话系统的比较为中心》一文，将佤族文化与"东南亚古文化区"以及台湾高山族的文化特质进行系统的比照之后提出一个假设：西端从中国云南的佤族开始，中经中南半岛、印度尼西亚、菲律宾群岛、直至东端的我国台湾高山族，存在着一个"U"形东南亚古文化带。认为东南亚"U"形古文化带东西两端的高山族与佤族属同一文化型，佤族聚居区一直保留着东南亚古型文化的基本特征，可能就是东南亚"U"形古文化带中各民族的祖地及文化发祥地之一，是东南亚古型文化的鲜活样品。董淮平副编审提出佤族传统生态观蕴涵着丰富的生态价值理念，对当代人类社会的健康、可持续发展产生积极意义。赵明生副研究员《论佤族文化与周边民族文化》一文指出，长期以来佤族与汉、彝、傣、拉祜等民族就有着密切的文化交往和相互联系，形成你中有我，我中有你的文化交融状态。思茅师范高等专科学校杜巍校长的《古典神话与佤族活形态神话》一文，通过希腊神话与佤族神话的比较，指出古典神话与活形态神话在世界的诞生、生命的起源、动物在人类生活中所起作用、洪水和宇宙等作为神话主题等问题上有着共同的认识，但在神话的时序、内容、影响上有很大的差异性。中国社会科学院民族文学研究所刘亚虎研究员的文章，分析了佤族神话形态的典型意义。这些文章在佤族文化研究上有一定的理论创新和突破。

　　总之，本届研讨会不仅在许多方面体现出当前佤族文化研究的新进展、新突破，还为佤族文化的进一步研究提供了许多新思路、新课题，为佤族文化研究的拓展、提升打下了良好的基础。我们相信，通过此次学术研讨会的召开，将会吸引更多学者的关注、研究佤族文化，不断提升佤族文化研究的层次和水平，拓展学术视野，追求理论创新，取得突破性的成果，开创佤族文化研究的新局面。

（作者单位：思茅师范高等专科学校）

佤 山 印 象

叶春生

在佤山听《阿佤人民唱新歌》

　　走进佤山——祖国西南边陲一隅神秘的大地。满目青山，苍翠欲滴。人在云中走，车在雾中行。阿佤人说，我们的男孩子会走路就会跳舞，女孩子会说话就会唱歌。果然，一进村就受到他们载歌载舞的热烈欢迎，响彻碧空的就是那支歌："村村寨寨，打起鼓，敲起锣，阿佤唱新歌……"那么热烈，那么奔放，充满豪情，刚劲柔美，正如阿佤人的性格，阿佤人的心声，难怪村村寨寨，城镇乡间，礼宾娱乐，都唱着这支歌，简直成了一个民族的主题曲，其受欢迎的程度，从他们如痴如醉的歌声和欢快的舞步中便可体会，即使不善歌舞的人们到了那种场合，也会自觉不自觉地加入他们的行列。

　　回到了广州，我找出了几个版本的磁带、光碟，反复播放，想寻回在佤山听歌的那种韵味，都没法找到，包括权威音像出版社录制的《云南民歌》DVD，也都走了调。山民硕健奔放的豪情没有了，姑娘们甩着头发飘逸的舞姿不见了，欢快热烈的山民之歌变成了柔情似水的轻音乐。我这才体会到，什么叫做"原生态"、"原汁原味"！要听这支歌，还是到佤山去吧！

　　我想起了在西盟佤山幸会这支名曲的作者杨政仁先生的一席话：那时我是个通信兵，架线来到佤山，在班哲、岳宋村一带，一驻就是九年，从战士、班长到文化干事，管起了"吹拉弹唱、打球照相"的事儿。解放军来了，村民们很高兴，每天晚上在山场上点起篝火，唱歌跳舞。他们唱得最多的是《白鹇鸟之歌》，欢快热烈，爱慕崇敬。白鹇鸟那洁白的身躯，不与群鸟争斗的性格，自食其力的精神，深受佤族人民的爱戴。他们的歌声，也饱含着对亲人解放军的感情。杨先生就用那支歌的主旋律，加以润饰、提高，创作了这支名扬四海的歌曲。最近，美国一家影音公司还给他寄来了稿费。如今，杨先生已经66岁，从成都军区歌舞团退了下来，把家安在昆明，但他仍然忘不了孕育他艺术生命的阿

351

佤山，经常回去探望那里的战友和乡亲，所到之处，人们最喜欢的就是和他一起高唱《阿佤人民唱新歌》。唱到得意时，人们摇头晃脑，真是从心里发出"毛主席怎么说，阿佤人怎么做"的欢声，那么诚挚，那么坦然。那歌词今天看来有点"凡是派"，但那是一个时代的产物，一个时代人民的心声。给我印象最深的是，在一次全国性的学术研讨会的闭幕式上，佤族县长岩再指挥大家唱这支歌，唱到那两句时，他提高了嗓音，坚持"原创"歌词，一边点头，一边挥手，大家也唱得特别带劲。

送别时，热情的佤山人依例拦路敬酒，唱祝酒歌，末了，还是忘不了高唱一曲《阿佤人民唱新歌》。杨政仁先生也为佤山人的深情感动了，给我哼了一曲《白鹇鸟》，聪颖的目光里还闪烁着泪花。西盟佤山，那绝对环保的茶乡，空气清新得可以罐装出口的地方，和那支豪情奔放的佤族之歌，一起融入了我的心房。

"司岗里"出来的阿佤人

在佤语中，"司岗"是石洞，"里"是出来的意思。佤族同胞认为，他们是从"司岗里"来的。现村村寨寨，都有大小不等的石洞，被视为他们的"司岗里"，他们的"圣坛"，他们的精神家园。

逢年过节，或村里遭遇了三灾六难，人们就要剽牛祭祀"司岗里"，祈求神灵保佑。他们相信"万物皆有灵"，主张人与自然和谐相处，保护生态，否则就要受到大自然的惩罚。他们创造了一个绝对环保的世界，苍翠的群山，清新的空气，黝黑硕健的山民，还有姑娘们飘逸的长发，胜过所有洗发产品夸张的广告，彰显着自然生态的活力。多美的阿佤山，多么可爱的"司岗里"人！

走进佤山，最明显的标志就是牛头。村寨的门楼上挂着牛头，神山里供着牛头，村民的家门口也挂着牛头，服饰上也有牛头的造型、牛头的图案。佤族人崇拜牛，在他们的创世神话中，认为人和动物都是母牛的后代，佤族的祖先是在牛的帮助下找到生息繁衍的地方的。因此，牛头也成为他们崇拜的圣物。

他们认为，"树长靠尖，物长靠芽"，头部是万物生长灵泉，没有头部，也就没有了本源。所以，在剽牛、砍牛尾巴等活动中，牛头都留给主持家。牛头成了权势和财富的象征，也是人们祈求风调雨顺、平安吉祥的圣体。但他们和印度人视牛为神、不吃牛肉、不用牛皮制品不同，佤族人吃牛肉，把牛皮炸成像油条一样的美食，他们说，"牛皮不是用来吹的，是可以吃的"。每次剽牛后，他们把牛体分成四腿，送给邻村的支系，以及缅甸佤邦前来助兴的同胞。

此外，佤族同胞还有个崇拜物——木鼓。每个村寨都有一个以上的木鼓房，房里放着一对木鼓，每个长 1.5～2.2 米，直径 0.5～0.8 米，通常用红毛树干做成，中间镂空一条宽 0.05 米、长 1.1 米的槽，槽中仿照女性生殖器留有凸出的木鼓舌，两侧成蜂巢状，以产生共鸣。敲击时由男人手执两根木槌，轮番撞击鼓身，暗示男女交媾，发出震天巨响，那是母亲的召唤。鼓声和谐、欢快，则有喜事，或宾客来临；鼓点急促、激昂，则有外敌入侵，或要救灾抢险。全寨群众闻声聚集，紧急应对。他们认为，木鼓是通天的神器，敲响木鼓，天神木依吉听到了，就会下界福佑万民。

木鼓房里的木鼓，需轮流更换。换木鼓是件庄严的大事，前后历时一个多月，包括选木鼓树、砍木鼓、拉木鼓、迎木鼓、凿木鼓、送木鼓、祭木鼓等环节，每个环节都有特定的仪式，如砍木鼓树前要向树梢鸣枪射弩，由魔巴念咒做鬼，砍倒树后截取中间一段，用两根藤索拉回村，全村男女老少，载歌载舞迎接。木鼓要在寨门外停放一两天，待巴猜杀鸡问卦后才能进寨。进寨时巴猜还要诵唱《司岗里》，村民围着歌舞；开始制作后每天都要杀鸡祭拜，完工后敲响木鼓，向全寨报喜，然后安放、祭拜，过去还要"猎头祭"，说是用高贵的人头祭祀天神木依吉，木鼓才有灵性，才能作为"通天神器"，自 1958 年经周恩来总理耐心说服，才革除这一风俗，但拉木鼓、祭木鼓的隆重仪式依然保持。现西盟县共有木鼓五百多具，被誉为木鼓之乡，全世界最大的佤族木鼓也在西盟，鼓树是在缅甸佤邦的深山里选中的，单是拉回途中就用了三个多月，因为要边拉边唱边歌舞，有时巴猜还要骑在树身上，沿路问卦做鬼，好不容易。

现全世界佤族人口约一百万，我国约 35 万，主要居住在云南西盟、沧源一带，他们有悠久的历史，更有丰富多彩的民间文化，保存了许多古朴恢弘的神话史诗，《司岗里》就是他们关于人类起源、开天辟地、文化创造的大百科全书，是一部至今仍活在人们口头上，指导人们生活的奇书。好一个"司岗里"出来的民族！

飘逸的长发妹

现代工业文明的污染，不但吞噬了姑娘们乌黑的长发，也使男士们一个个变成了 V 型额发的"金融家"。于是洗发产品广告铺天盖地而来，从发根到发梢，都有专门的洗发水护理，经过特技处理的发像登上广告，但无论如何，都比不上佤山姑娘们的长发自然柔顺，乌黑亮泽。那是笔者在村头随意拍到的看热闹的姑娘，这样的"长发阵"，在佤山比比皆是。

笔者随意访问了其中的一位："那么亮丽的头发，你们用什么洗发水？"

姑娘羞涩地笑道："洗发水？我们用不起，普通的香皂就好。"

"有什么秘方吗?"

"没有。听说傣族姐妹用淘米水,我们佤族没有,就这样。"

"你们平常吃什么补品吗?"

"不知道有什么补品。我们吃玉米、佛掌瓜、南瓜、瓜苗,过节还有鸡肉、牛干巴。"

"那头发怎么长得那么好?"

"这是大山养人呀!"一位中年妇女搭腔道。她同样长着一头浓密的黑发。后经人介绍,才知她是县里的宣传部长叶林。她说得有道理,也许就与这大山的环境有关。清新的空气,没有一点污染;清澈的山泉,没有一点杂质;不含农药的蔬菜、水果、粮食,不正应了"一方水土养一方人"的话吗?!还有那平平淡淡的山乡生活,没有商场的尔虞我诈,没有职场的钩心斗角,更无政治斗争中的文攻武卫、反恐维和等烦恼,山里人省心多了。

这使我想起了乡间的一句俗谚:"人闲养指甲,心闲养头发。"山里人心地清明,淳朴善良,不与人争雄称霸,也不怕狗仔队曝光,自然是养护头发的最佳心境。成龙大哥也说:"我的头发好,全靠养。"只是他的"养"法和山里人不同而已。

阿佤姑娘不但养得一头美发,还练就一手"甩发功"。头部前俯后仰,左右摆动,头发居然像提线木偶似的听她指挥,甩得那么刚劲柔美,飘逸动感。我想,那些枯黄开叉的头发,就是大牌导演用一等特技也做不出来的。精明的商家们,怎么不去开发那阿佤山的洗发水,抢注一个阿佤牌的商标呢?!那原料就是青翠的阿佤山,创始人就是清纯的阿佤人。

(作者单位:中山大学民俗研究中心)

后　记

　　为了进一步挖掘、整理、研究和弘扬佤族优秀的传统文化，推动国内外学术对佤族文化的进一步关注，让佤族文化走出佤山，走向全国及至世界，在云南大学李子贤教授的倡议和策划下，由思茅师范高等专科学校和西盟佤族自治县人民政府联合主办的"首届中国佤族文化学术研讨会"，于2006年8月8日至14日在思茅和西盟分段举行。本届研讨会有八十余名国内外专家学者参会，提交论文六十余篇。此次研讨会不仅在许多方面体现出当前佤族文化研究的新进展、新突破，还为佤族文化的进一步研究提供了许多新思路、新课题、新方法，为佤族文化研究的拓展、提升打下了良好的基础。《文化·宗教·民俗——首届中国佤族文化学术研讨会论文集》就是这次研讨会成果的集中体现。

　　思茅师范高等专科学校校长杜巍教授十分关心论文集的出版工作，对论文集的编辑、出版做了总体策划并给予具体指导。社会科学系丁春荣副教授、李娅玲副教授、杨洪副教授、罗承松讲师对论文的审定、修改做了大量工作。白应华教授对论文集做了统稿。

　　由于篇幅的限制，我们对有的文章文字进行了适当的删节，还望作者见谅。编者的经验不足、水平有限，论文集中难免存在疏漏和缺憾，恳请学界同仁、读者给予批评指正。

　　最后，在论文集即将付梓出版之际，谨向所有关心、支持我们工作的领导、专家学者、云南大学出版社表示诚挚的谢意。

编者
2007 年 7 月